I Classici Universale Economica Feltrinelli

Gioacchino da Fiore (1135-1202) è il più grande scrittore apocalittico dopo l'evangelista Giovanni. Mistico e pensatore fra i più originali e fecondi del nostro Medio Evo, fu, in vita, tenuto in grande considerazione da papi e monarchi. Abate cistercense, ma in contrasto con l'ordine, lo abbandonò verso il 1190 fondando un suo ordine monastico, quello dei *florenses*, che accentuava il rigore della regola benedettina. Fra gli scritti principali di Gioacchino vanno ricordati la *Concordia Novi ac Veteris Testamenti*, l'*Expositio in Apocalypsim*, lo *Psalterium decem chordarum*, il *Tractatus super quattuor Evangelia* e l'*Adversus Iudaeos*. All'abate di Fiore furono attribuite numerose profezie apocrife che concorsero a creare la leggenda del "veggente" calabrese, che va da Dante a Montaigne, da George Sand a Yeats e Joyce. Nel 1215 il Concilio Lateranense IV condannò la dottrina trinitaria gioachimita e, in seguito, il nome di Gioacchino riaffiorò in concomitanza con i più noti movimenti ereticali del Medio Evo, dai francescani spirituali ai dolciniani, dai fratelli del Libero Spirito agli anabattisti di Thomas Müntzer. Ma il contributo principale di Gioacchino fu la sua peculiare visione della storia che, attraverso successive mediazioni culturali, giunse a influenzare le grandi filosofie della storia del XIX secolo, quelle di Hegel, Schelling, Comte e Marx.

GIOACCHINO DA FIORE
Sull'Apocalisse

Traduzione e cura di Andrea Tagliapietra

Testo latino a fronte

Feltrinelli

Prima edizione nell'"Universale Economica" – I CLASSICI
febbraio 1994
Seconda edizione ottobre 2008

ISBN 978-88-07-82089-2

Bisognerebbe leggere, credo, soltanto i libri che mordono e pungono

Franz Kafka, *Lettera a Oskar Pollak,* 27 gennaio 1904

Avvertenza

Per le frequenti citazioni delle opere di Gioacchino da Fiore sono state impiegate le seguenti abbreviazioni:

Concordia Novi ac Veteris Testamenti	=	*C*
Expositio in Apocalypsim	=	*E*
Psalterium decem chordarum	=	*P*
Adversus Iudaeos	=	*AI*
De articulis fidei	=	*AF*
De septem sigillis	=	*SS*
De ultimis tribulationibus	=	*UT*
De vita sancti Benedicti...	=	*VB*
Dialogi de prescientia Dei...	=	*DP*
Expositio de prophetia ignota...	=	*EI*
Intelligentia super calathis	=	*IC*
Praefatio super Apocalypsim	=	*PA*
Liber Figurarum	=	*LF*
Enchiridion super Apocalypsim	=	*EA*
Tractatus super quattuor Evangelia	=	*T*
Protocollo di Anagni	=	*PrA*

Altre abbreviazioni sono p (*prologus*), i (*introductorius*). I numeri romani indicano gli eventuali libri in cui è divisa un'opera. Per le edizioni moderne si è citata la pagina e la riga dell'edizione critica, per le cinquecentine delle tre opere maggiori (*C*, *E* e *P*) il numero arabo sta per il folio, mentre le lettere a, b, c, d rimandano alle colonne (a, b per il recto; c, d per il verso). Nel corso del saggio introduttivo, degli apparati e del commento, il *Sull'Apolicasse* qui tradotto è stato indicato con il titolo latino di *Enchiridion super Apocalypsim* che, molto probabilmente, non è di Gioacchino, comparendo nell'*incipit* e nell'*explicit* di un solo manoscritto (vedi *infra*, introduzione al testo, e traduzione rr. 1 e 2650, dove il termine "*enchiridion*" è stato reso con "manuale"). Si è adottata questa soluzione per distinguere la presente opera dagli altri scritti "sull'*Apocalisse*" del corpus gioachimita.

Negli indici, nel saggio introduttivo e nel commento il riferimento numerico rinvia alle righe del testo latino dell'*Enchiridion*. Per esempio, "*EA* 1070" significa riga 1070 dell'*Enchiridion super Apocalypsim*. Analogamente, negli indici "Joachim 1, 2650" significa che il nome "Joachim" compare alle righe 1 e 2650 del testo latino. Inoltre negli indici sono state adottate le seguenti abbreviazioni: e. = ecclesia; l. = liber/libri; S.S. = Spiritus Sanctus.

Abbreviazioni bibliche

Antico Testamento

Genesi	Gen.	Tobia	Tb.	Ezechiele	Ez.
Esodo	Es.	Giuditta	Gdt.	Daniele	Dn.
Levitico	Lv.	Ester	Est.	Osea	Os.
Numeri	Nm.	1 Maccabei	1Mac.	Gioele	Gl.
Deuteronomio	Dt.	2 Maccabei	2Mac.	Amos	Am.
Giosuè	Gs.	Giobbe	Gb.	Abdia	Abd.
Giudici	Gdc.	Salmi	Sal.	Giona	Gn.
Ruth	Rt.	Proverbi	Pr.	Michea	Mi.
1 Samuele	1Sam.	Ecclesiaste	Eccl.	Naum	Na.
2 Samuele	2Sam.	Cantico	Ct.	Abacuc	Ab.
1 Re	1Re	Sapienza	Sap.	Sofonia	Sof.
2 Re	2Re	Siracide	Sir.	Aggeo	Ag.
1 Cronache	1Cr.	Isaia	Is.	Zaccaria	Zc.
2 Cronache	2Cr.	Geremia	Ger.	Malachia	Ml.
Esdra	Esd.	Lamentazioni	Lam.		
Neemia	Ne.	Baruc	Bar.		

Nuovo Testamento

Matteo	Mt.	Efesini	Ef.	Ebrei	Eb.
Marco	Mc.	Filippesi	Fil.	Giacomo	Gc.
Luca	Lc.	Colossesi	Col.	1 Pietro	1Pt.
Giovanni	Gv.	1 Tessalonicesi	1Ts.	2 Pietro	2Pt.
Atti	At.	2 Tessalonicesi	2Ts.	1 Giovanni	1Gv.
Romani	Rom.	1 Timoteo	1Tm.	2 Giovanni	2Gv.
1 Corinzi	1Cor.	2 Timoteo	2Tm.	3 Giovanni	3Gv.
2 Corinzi	2Cor.	Tito	Tt.	Giuda	Gd.
Galati	Gal.	Filemone	Fm.	Apocalisse	Ap.

Nel testo della traduzione sono indicate fra parentesi tonde le citazioni bibliche esplicite, mentre abbiamo racchiuso fra parentesi quadre le criptocitazioni.

IL "PRISMA" GIOACHIMITA

Introduzione all'opera di Gioacchino da Fiore

di Andrea Tagliapietra

Il meglio della religione è che essa suscita eretici.

ERNST BLOCH, *Ateismo nel cristianesimo*

Il pensiero

"Case in rovina, la mia, la sua e tutte le altre... Escine fuori, Stephen. Non è là la bellezza. E neanche nella baia stagnante della biblioteca di Marsh dove leggevi le sbiadite profezie dell'abate Gioacchino. Per chi? Per la marmaglia della cattedrale. Odiatore della sua specie, ne fuggì lontano nella selva della follia, la criniera schiumante alla luna, i bulbi degli occhi alle stelle" (Joyce 1922, pp. 40-41).

Nell'*ouverture* dell'*Ulysses* di Joyce ecco il provvido consiglio di zio Richie al nipote Stephen Dedalus. Il pericolo è grande e Stephen/Joyce ha già dato prova del suo talento visionario nei profetici "sogni a occhi aperti" della giovanile biografia d'artista, la crittografata simbologia di *Dedalus*. Allora, infatti, "tutti i secoli erano per lui come uno solo" e, all'eco del suo nome, "gli pareva di udire uno strepito di onde confuse e di scorgere una forma alata volare sulle onde e ascendere lentamente nell'aria. Che cosa significava questo? Era forse una bizzarra divisa sulla prima pagina di un qualche libro medioevale di profezie e di simboli, un uomo in forma di falco che vola verso il sole sopra il mare: una profezia dello scopo che egli era nato a servire e che aveva seguito attraverso le nebbie dell'infanzia e dell'adolescenza: un simbolo dell'artista che rifoggia nel suo laboratorio, dalla materia inerte della terra, una nuova creatura, ascendente, impalpabile, indistruttibile?" (Joyce 1916, p. 204).

Zio Richie vuol tenere Stephen lontano da questa "metafisica d'artista". La bellezza non è nelle sbiadite profezie dell'abate Gioacchino. La bellezza è nella vita: non nell'arte, non nel raccontare. Zio Richie forse ricorda le parole di Owen Aherne, nel breve racconto di William Butler Yeats *The Tables of the Law*. Senza dubbio le ricorda

il giovane Joyce che davanti alla prosa di Yeats avverte come lo "squarciarsi del velo del Tempio" (Mt. 27,51). Gioacchino, scrive Yeats, "riteneva che coloro il cui compito è vivere, e non rivelare, fossero dei bambini, e che il papa fosse il loro padre; ma insegnava segretamente che certi altri, gli eletti, il cui numero sarebbe andato vieppiù crescendo, erano stati scelti non per vivere ma per rivelare la sostanza nascosta di Dio, che è colore e musica e soavità e dolce profumo; e che questi ultimi hanno un solo padre: lo Spirito Santo. Così come poeti e pittori e musicisti lavorano alle loro opere, costruendole con materiali leciti e illeciti, pur di dar corpo a quella bellezza che va oltre la tomba, questi figli dello Spirito Santo lavorano in ogni attimo della loro vita con gli occhi rivolti a quella sostanza luminosa su cui il Tempo ha ammonticchiato i rifiuti della creazione; perché il mondo esiste solo per essere racconto porto alle orecchie delle generazioni future; e il terrore e la gioia, il nascere e il morire, l'amore e l'odio, e il frutto dell'Albero, non sono che strumenti di quell'arte suprema che dovrà strapparci alla vita e farci entrare, insieme, nell'eternità, come colombi nella colombaia" (Yeats 1897, p. 38).

Ma la colomba dello Spirito è qui l'usignolo d'oro dei versi yeatsiani di *Sailing to Byzantium* (1927), "quella forma che orefici greci/ Fanno d'oro battuto e foglia d'oro" (vv. 27-28) e che, "sopra un ramo d'oro posata", canta, "ai signori e alle dame di Bisanzio/ Di quello che è passato, che passa, o che verrà (*of what is past, or passing, or to come*)" (vv. 31-32) (Yeats 1928, pp. 82-83). L'oro, la sostanza luminosa dell'eterno, custodisce lo sguardo di chi indaga fra i rifiuti ammonticchiati del tempo.

Tra i molti fraintendimenti che accompagnano la figura dell'abate di Fiore e la recezione delle sue opere, il Gioacchino di Joyce e Yeats non è né più vicino né più lontano degli altri dalla verità degli eventi e delle parole. È forse solo più bello e in fondo a questa bellezza c'è come una verità dipinta all'incontrario. Una verità che non sta nella "selva della follia" dell'"odiatore della sua specie", né, tantomeno, negli appartati giardini di Bisanzio. Una verità che è propria di quella vita che esce dalle rovine e dai rifiuti e si chiama, di volta in volta, terrore e gioia, nascere e morire, amore e odio. La grandezza di Gioacchino sta tutta in quello sguardo che, sciogliendo

l'oro sbalzato degli orefici greci (*Grecian Goldsmiths*) (v. 27), rifiutando la dorata fissità dell'eterno – l'ambigua eredità della filosofia ellenica –, riprende a brillare con lo sguardo dei profeti, con la perspicacia di occhi abituati al deserto. Occhi che non sono di colomba, né d'usignolo ma sottili pupille di falco, pronte a scorgere il bagliore del movimento, il riposto pulsare della vita. Poco a poco, ecco lo sguardo abbracciare, nell'apparenza dell'immobile, la realtà di un moto che si estende all'orizzonte e ingloba l'eterno, lo sperimenta nell'esser - già del non-ancora, nella previsione del progetto. Poco a poco, ecco lo sguardo abbracciare la storia.

Gioacchino non ha inventato la storia. Ha solo guardato da più in alto, come sa fare il falco che si avvita nel cielo. Gioacchino non ha inventato la storia. Ha solo visto il movimento e l'ha chiamato col nome del Dio uno e trino.

Nell'eremo di san Benedetto, a Subiaco, un affresco raffigura san Gregorio Magno mentre stende uno dei suoi famosi *Commenti*. Il santo, chino sulla pagina, non è però solo. Appollaiata sulla sua spalla, una candida colomba infila l'esile becco nell'orecchio di Gregorio. Lo Spirito, ancorché autore della Scrittura, vigila e guida la mano dell'interprete che ne ripercorre il tracciato, ne insegue gli enigmi, ne affronta le difficoltà, secondo l'antico principio che l'interpretazione della Scrittura è anch'essa una grazia, un "carisma": come gli evangelisti, nell'iconografia medioevale, sono rappresentati nell'atto di scrivere per dettato degli angeli, così i grandi maestri dell'esegesi spirituale condividono l'"ispirazione" di quei redattori materiali della sacra pagina a cui dobbiamo il meraviglioso arazzo del Libro dei Libri, la Bibbia. Ricordava Beryl Smalley ne *Lo studio della Bibbia nel Medioevo*: "Un discepolo di Origene, san Gregorio Taumaturgo, era convinto che il suo maestro fosse partecipe dell'ispirazione di cui avevano goduto gli agiografi: lo stesso Spirito che aveva ispirato i profeti aveva guidato Origene nell'interpretazione delle loro profezie. Tale privilegio sarà in seguito rivendicato anche per altri grandi maestri dell'interpretazione mistica" (Smalley 1952, pp. 37-38).

A questo medesimo intreccio di spirito oggettivo e di spirito vivente – in altre parole di scrittura e interpreta-

zione – appartiene l'opera e l'avventura intellettuale di Gioacchino da Celico, abate di Fiore. Un'avventura che, muovendo dalle discipline tradizionali del pensiero cristiano – l'esegesi e la teologia –, giunge a una nuova visione del mondo e quindi, se ascoltiamo il suggerimento di Franz Wiedmann là dove afferma che "è più simile a un filosofo chi parla più volentieri della realtà invece che della filosofia" (WIEDMANN 1988, p. 17), a un'autentica e rivoluzionaria filosofia. Gioacchino da Fiore non è definibile altrimenti se non attraverso una galleria di figure che parte dall'esegeta – le sue opere sono tutte dei minuziosi commenti della Scrittura, quasi delle riscritture della Scrittura – giungendo, si potrebbe dire suo malgrado (GRUNDMANN 1927, pp. 148-163), al teologo eterodosso, che si oppone alla "nuova teologia" dei dialettici e delle *Summe*, emblematicamente rappresentata da Pietro Lombardo, e al "filosofo", allo "speculatore" che "dette lo stimolo più fecondo alla filosofia europea della storia" (HEER 1961, p. 283).

Intorno a queste tre figure – l'esegeta, il teologo e il filosofo – si riassumono i tre plessi cardinali del pensiero di Gioacchino, vale a dire (1) la teoria ermeneutica; (2) la dottrina trinitaria; (3) l'interpretazione della storia. Tre nuclei che non sono, tuttavia, tre autonome ripartizioni del pensiero, dotate di una propria autosufficienza disciplinare, bensì tre prospettive diverse che inquadrano un'identica intuizione, rifrangendosi reciprocamente come le facce di un prisma. Così, infatti, l'esegeta, il teologo e il filosofo convergono nel pensiero di Gioacchino. La teoria esegetica, come duplice concordia dei due Testamenti e dei tre stati, è radicata nella teologia trinitaria, nelle relazioni fra le persone della Trinità descritte, come vedremo, da una *prima* e da una *secunda diffinitio*. Ma esegesi e teologia necessitano del quadro generale dell'interpretazione della storia, della scansione degli *status*, dei *tempora* e delle *aetates*, che esse sorreggono, incontrandosi in una perfetta triangolazione, dove nessuno dei vertici può fare a meno dell'altro. Sarà forse per questo che Gioacchino, spezzando la circolarità virtuosa del sistema, pone all'origine della sua teoria esegetica e della sua teologia trinitaria due esperienze puramente intuitive e visionarie, che egli stesso si incaricherà di raccontare sulla soglia di due delle sue opere maggiori, l'*Expositio in Apocalypsim* e

lo *Psalterium decem chordarum*. Si tratta, in sostanza, della descrizione, affatto miracolosa o straordinaria, delle circostanze metalogiche ma non extrarazionali (ricordiamo, in proposito, che anche Cartesio raccontò il contesto metalogico dell'intuizione fondamentale del suo "metodo", il famoso sogno di Neuburg, accaduto nella notte fra il 10 e l'11 novembre 1619) in seguito alle quali Gioacchino entra in possesso, prima, nella notte di Pasqua del 1183 (o del 1184), del meccanismo esegetico delle *concordiae* – "mi accadde di cogliere con gli occhi della mente qualcosa d'una così grande chiarezza di intelligenza (*intelligentiae claritate*) a proposito della pienezza di questo libro dell'*Apocalisse* e di tutta la concordia dell'Antico e del Nuovo Testamento" (*E* I, 39c) – e, quindi, il giorno della Pentecoste, dell'intuizione fondamentale della sua dottrina trinitaria – "Subito mi si presentò alla mente l'immagine di un salterio con dieci corde e in questa immagine mi apparve così evidente e chiaro il simbolo della sacra Trinità che immediatamente fui indotto a esclamare '*Quale dio è così grande come il nostro Dio!*'" (Sal. 77,14) (*P* p, 227c). L'intuizione simbolica svolge, in questo frangente, lo stesso ruolo della candida colomba dell'affresco di san Gregorio Magno: il soffio dello Spirito mette in moto la macchina "pneumatica" dell'interpretazione. Il movimento a spirale del circolo ermeneutico "evacua" – cioè libera –, giro dopo giro, il corpo della Scrittura, la carnalità della lettera, in una "intelligenza spirituale" (*intelligentia spiritualis*) che, alla fine, non potrà che essere identica all'inizio, allo Spirito stesso, a quel soffio "senza parole" – a quel "libro senza sigilli" (Ap. 22,10) – in cui si "consumerà" l'*Apocalisse* della Scrittura, l'apocalisse di "ogni" scrittura.

Così, il libro con cui si conclude la Scrittura diviene, per l'abate di Fiore, la chiave per accedere al doppio mistero dei due Testamenti (*concordia duorum Testamentorum*) e della loro relazione con la storia del mondo (*concordia trium statuum*).

L'*Apocalisse*, scriveva Henri de Lubac, "è il libro privilegiato in cui Gioacchino scopre o verifica, di volta in volta, il principio della *concordia secundum coaptationem* (*C* III, 41d) e l'annuncio dettagliato del passaggio da un'età all'altra. Il punto di partenza del lungo combattimento che egli intraprese all'inizio delle sue meditazioni solita-

rie per strappare alle Scritture il loro segreto fu una percezione intuitiva dell'attualità dell'*Apocalisse* nel corso della storia" (DE LUBAC 1959-1964 II/1, p. 504). Ecco allora che l'intuizione pasquale, l'intuizione della *concordia*, avviene proprio in seguito all'affannosa meditazione di Gioacchino sul versetto dell'*Apocalisse* che gli aveva sempre fatto difficoltà: "Rapito in estasi, il giorno del Signore, udii dietro di me una voce potente, come di tromba..." (Ap. 1,10) (*E* I, 39b). Anche Gioacchino, come il Veggente di Patmos, si trova nel giorno del Signore, nell'ora della Risurrezione, anche Gioacchino, come il Veggente di Patmos, attende il soffio dello Spirito, l'ordine della scrittura: "quello che vedi, scrivilo in un libro" (Ap. 1,11)! Ma Gioacchino ha già il libro, la sua scrittura *non è più* l'evento creativo dell'estasi e *non è ancora* il dissuggellamento del libro, l'evacuazione della parola. Essa resta, quindi, esecuzione, interpretazione, imponente "digestione del libro" compiuta in osservanza del suo stesso dettato: "Presi quel piccolo libro dalla mano dell'angelo e lo divorai; in bocca lo sentii dolce come il miele, ma come l'ebbi inghiottito ne sentii nelle viscere tutta l'amarezza. Allora mi fu detto: 'Devi profetizzare ancora su molti popoli, nazioni e re'" (Ap. 10,10-11).

1. *Gioacchino esegeta: la teoria ermeneutica*

In un famoso aneddoto biografico riportatoci nel *Chronicon Anglicanum* di Ralph di Coggeshall e spesso citato dagli studiosi di Gioacchino, l'abate calabrese avrebbe dichiarato ad Adamo di Perseigne di non aver ricevuto a fondamento del suo sistema esegetico alcuna profezia (*prophetia*), né predizione (*conjectura*) o rivelazione (*revelatio*), ma Dio – disse – "che un tempo dette ai profeti lo spirito di profezia (*spiritum prophetiae*), mi fece dono dello spirito d'intelligenza (*spiritum intelligentiae*) per comprendere in tutta chiarezza, nello spirito di Dio, tutti i misteri della Sacra Scrittura (*mysteria Sacrae Scripturae*), come li compresero i santi profeti che un tempo la scrissero nello spirito di Dio" (*Rerum Britannicarum Medii Aevi Scriptores*, 66, 68). A partire, quindi, dal dono dello *spiritus intelligentiae*, "Gioacchino," ha scritto Henry Mottu, "si percepisce propriamente *esegeta* delle Scritture, e non

'illuminato' che immagina di aver ricevuto una rivelazione speciale; Dio gli ha fatto dono della comprensione (*intelligentia*) come un tempo fece dono ai profeti della profezia (*prophetia*); la prima è una riattualizzazione della seconda, ma permangono distinte, per quanto legate, di modo che comprendere il testo, per Gioacchino, significa nel contempo ottenere l'intelligenza con l'illuminazione dello Spirito Santo e *discernere* i segni dei tempi. In questo senso ogni buon esegeta è buon profeta: discernere il senso degli avvenimenti contemporanei con l'aiuto del testo e *comprendere* questo nel suo rapporto intrinseco con quelli, tale è lo scopo di questa 'intelligenza'" (Mottu 1977, p. 22). In questa declinazione "apocalittica" dell'ermeneutica gioachimita si conferma, al di là dei metodi e delle tecniche esegetiche, l'intento per nulla "allegorico" della sua interpretazione.

Se il padre dell'esegesi biblica, Filone di Alessandria, assumeva, come scopo della sua allegoresi, il "dimostrare che tutto ciò che il testo ispirato vuol dire, preso in senso interiore o spirituale, è in armonia con la dottrina platonica" (Smalley 1952, pp. 25-26), non così avviene per Gioacchino. Per lui, precisa Herbert Grundmann, "né l'obiettivo del suo ricercare, né l'impalcatura della sua ricerca consistono in queste esegesi allegoriche; bensì la sua operazione autentica, l'aver coniato il corso complessivo del mondo, poggia su un'altra trattazione del materiale biblico che non rientra nel metodo dell'allegoria" (Grundmann 1927, p. 44). Non si tratta semplicemente di osservare come in Gioacchino vengano a comporsi i due assi principali dell'esegesi cristiana, l'allegorismo alessandrino – giocato sostanzialmente sull'antitesi paolina di lettera γράμμα (*grámma*) e spirito πνεῦμα (*pneũma*) –, e la tipologia antiochena – modulata sulla relazione temporale fra il "tipo" ὁ τύπος (*ho týpos*) e le sue proiezioni future ὁ μέλλων (*ho méllōn*) –, bensì di constatare il rifiuto, da parte di Gioacchino, della soluzione "platonica" dell'allegoria, in cui la scrittura si evade solo in direzione dell'eterno. Per Gioacchino, proprio perché il senso spirituale, la totalità del senso per eccellenza, ci verrà rivelata solo nell'*éschaton*, la via più sicura per giungere all'eternità è la storia stessa: "l'*altro* senso dell'allegoria non è solo quello che si trova al di là della lettera, è anche e soprattutto il senso futuro" (Mottu 1977, p. 183). Scrive Gioac-

chino nel *Tractatus super quattuor Evangelia*: "E così, come un tempo la lettera della legge (*littera legis*) fu tramutata in vino, a maggior ragione, quando giungerà quel tempo [il terzo *tempus*], l'acqua della *lectio* evangelica verrà tramutata in vino, secondo il detto dell'apostolo: '*Quando verrà ciò che è perfetto, svanirà quello che è imperfetto*'" (1Cor. 13,10) (*T* I, 191, 26-192,1).

L'"intelligenza spirituale" si salda alla storia della salvezza, il profilo conoscitivo dell'ermeneutica si misura con la sua "traducibilità", con la sua "corrispondenza" – *concordia trium statuum* – nella storia: "Nel secondo stato si rivela la gloria del Figlio (*gloria Filii*) e, in parte (*ex parte*), quella dello Spirito; nel terzo si deve rivelare proprio la perfetta gloria dello Spirito, sicché scomparirà (*evacuetur*) ciò che è in parte" (*C* V, 96a).

Con Gioacchino la Scrittura non ruota attorno alle verità del cosmo, della natura, dell'uomo e di Dio intesi come *essenze*, ma attorno alle verità della *plenitudo historiae*: "Il lettore deve considerare attentamente quanto grande sia l'importanza di questo libro dell'*Apocalisse* che, anche se con poche parole (*verbum exiguum*), tuttavia racchiude la pienezza della storia" (*E* I, 64d). Gioacchino realizza, quindi, all'interno dell'esegesi cristiana, la massima consapevolezza del complesso rapporto fra Scrittura e storia: "L'essere storico della Bibbia," nota Claudio Leonardi, "sta nel suo contestare la storia, e attraverso questa contrapposizione cercare di segnarla della sua parola di pienezza" (LEONARDI 1972, p. XXIV). Profezia e storia si rimandano secondo una circolarità di corrispondenze e di non-coincidenze, di inesauribilità e di compimento. "Se la Bibbia non può essere considerata una fissità eterna, ma una parte della storia, coinvolta nella storia, una corretta metodologia d'indagine si dà per la ricerca esegetica, in un ambito al cui vertice stia il destino dell'umanità: l'escatologia, e l'annuncio di essa: la profezia" (LEONARDI 1972, p. XXIII). Quest'osmosi fra Scrittura e storia declina, a suo modo, anche se nella prospettiva di un esaurimento apocalittico del testo – dunque secondo un *progresso* che è, insieme, superamento della parola nell'*intelligenza spirituale* –, l'antica formula esegetica per cui *la Scrittura cresce con chi la legge*. "Ogni parola biblica," scrive Pier Cesare Bori, "rinvia alle parole precedenti e a quelle che seguono, sino al futuro che va oltre le

soglie della storia sacra racchiusa nel canone biblico, giungendo al presente di chi la legge e vi trova prefigurata la propria esistenza" (Bori 1987, p. 68). Il *Grande Codice* della Scrittura non si esaurisce in un rapporto "interno" al mondo dei *segni*, per cui la Bibbia sarebbe, "un gigantesco mito, una narrazione estendentesi sull'interezza del tempo, dalla creazione all'apocalisse, unificata da un corpo di *imagery* ricorrente 'congelata' in un singolo nucleo metaforico" (Frye 1981, p. 286). La Scrittura è, nella prospettiva gioachimita, autentica "riconfigurazione del tempo" (Ricoeur 1983, p. 91) e, di conseguenza, parola che "sporge" sulle cose, parola che "diviene", essa stessa, "cosa". Come afferma Gioacchino proprio nell'*Enchiridion super Apocalypsim*: "Ciò che fu rivelato da Daniele [...] si compì, comunque, secondo la lettera (*ad litteram*), con Alessandro Magno, con il suo successore e anche con re Antioco, così come si videro compiuti con Salomone e con il suo Tempio quei simboli che in verità si dovevano realizzare completamente in corrispondenza del Cristo (*veraciter consummanda erant de Christo*), perché le parole (*verba*) non rivelassero soltanto gli avvenimenti futuri (*futura opera*) – vuoi buoni, vuoi cattivi –, ma anche delle figure storiche (*figurae*) li anticipassero (*praecurrerent*), e le moltitudini dei popoli che verranno potessero riconoscere il Signore Creatore quale vero Dio *nella misura in cui, in quelle figure, le parole e i fatti concordavano nello stesso significato* (*quanto in eis verba et opera in eadem sententia consonarent*)" (*EA* 1117-1124).

La nozione fondamentale per la comprensione del sistema esegetico di Gioacchino è quella di "*concordia*", termine che si potrebbe tradurre – noi l'abbiamo mantenuto immodificato per sottolineare l'originalità dell'impiego gioachimita – con "armonia", "somiglianza", "correlazione", "compensazione" (Mottu 1977, pp. 91-102). La differenza fondamentale fra la "*concordia*" gioachimita e le forme "allegoriche" dell'esegesi medioevale è ben riassunta dal de Lubac: "Altro è dunque l'*allegoria*, che è *intelligenza spirituale*, altro è la *concordia*, che è, come precisa Gioacchino, *concordia litterae*. [...] Ora è questo parallelo, è questa '*concordia litterae*' a costituire nell'interpretazione della Scrittura l'apporto proprio di Gioacchino" (de Lubac 1959-1964 II/1, p. 446). Il significato ultimo della "concordia" gioachimita è, invece, anticipato dal Mottu: "Il

metodo della concordia fa chiaramente apparire che il filo conduttore, il criterio e il punto di arrivo di questa ermeneutica altro non sono che la teoria storica propria della visione teologica di Gioacchino" (Mottu 1977, p. 90). D'altra parte, l'originalità dell'approccio gioachimita era già stata intuita dai suoi contemporanei. Come scrive Ralph di Coggeshall in un altro luogo del suo *Chronicon* citato in precedenza, Gioacchino "mostra in modo convincente a qual punto l'Antico Testamento concordi con il Nuovo (*evidenter ostendit Vetus Testamentum Novo Testamento concordare*), applicando i racconti dei due tempi gli uni agli altri, con un calcolo serrato (*chronicis utriusque temporis adhibitis et diligenter supputatis*)" (*Rerum Britannicarum Medii Aevi Scriptores*, 66, 67).

Si possono distinguere almeno quattro "insiemi di significati" per il termine chiave di *concordia*: (1) *armonia dei testi* nel senso moderno di "sinossi"; (2) *somiglianza* come "parallelismo" di figure, avvenimenti, alleanze, luoghi geografici ecc., dell'Antico e del Nuovo Testamento; (3) *correlazione* delle varie "periodizzazioni" (*status, tempus, aetas*) della storia; (4) *compensazione*, ovvero una sorta di "regola generale" che ha la funzione di sospendere la riserva di significato contenuta in un testo, permettendo di distinguervi un altro significato ancora da realizzarsi.

I primi due significati riproducono i due sensi tradizionali del termine *concordia*, rispecchiando uno degli a priori epistemologici più costanti del Medioevo, quella che già Scoto Eriugena chiamava l'*universitatis concordia* (*De divisione naturae*, 638*a*). Esempi di tale concordia sono, da un lato le "armonie" fra i quattro Vangeli, dal *Diatessaron* di Taziano e dal *De consensu evangelistarum* di Agostino in poi, dall'altro l'armonia fra le decretali canoniche che Graziano, contemporaneo di Gioacchino, aveva ricostruito nella sua *Concordia discordantium canonum*. Invece, nel senso di "parallelismo" fra l'Antico e il Nuovo Testamento va letto il titolo dell'opera più nota di Gioacchino, la *Concordia Novi ac Veteris Testamenti*. Scrive Gioacchino: "Diciamo che propriamente la *concordia* è una somiglianza di eguale proporzione (*similitudo aequae proportionis*) tra il Nuovo e il Vecchio Testamento. Dico eguale quanto al numero, non quanto alla dignità (*quoad numerum non quoad dignitatem*). Così un personaggio e un personaggio (*persona et persona*), un ordine e un ordi-

ne (*ordo et ordo*), una guerra e una guerra (*bellum et bellum*), si guardano faccia a faccia (*mutuis se vultibus intuentur*) in virtù di una certa rassomiglianza (*ex parilitate quadam*)" (*C* II, 7bc).

Il terzo significato della *concordia*, quella correlazione che, secondo la definizione di Herbert Grundmann, si manifesta come la "legge strutturale dei decorsi temporali" (Grundmann 1927, p. 66), appare strettamente collegato al precedente. Il "parallelismo" fra i due Testamenti (*duo significantia*) produce un significato (*unum significatum*) che è insieme senso spirituale – *intelligentia spiritualis* – e realizzazione storica, storicità dello Spirito che completa la storia del Padre e del Figlio. In questo senso deve essere inteso l'asserto, che ritorna più volte nel corso dell'opera gioachimita, "i due significanti sono un unico significato, i due Testamenti un'unica intelligenza spirituale (*duo significantia sunt unum significatum, duo Testamenta unus spiritualis intellectus*)" (*C* II, 18b). Ecco che nella concordia Gioacchino può affermare, insieme, la continuità e la discontinuità della storia, essa "ricomincia secondo una stessa logica, ma si avvicina pure al suo fine" (Mottu 1977, p. 95). Se nella seconda accezione del termine *concordia*, nel "parallelismo" – quella che nell'*Enchiridion super Apocalypsim* Gioacchino chiama la "*concordia quae duobus Testamentis consistit*" (per esempio *EA* 1070) –, viene messa in evidenza la *continuità* storica, nella terza accezione del termine *concordia*, nella "correlazione" – quella che nell'*Enchiridion* sarà la "*concordia trium statuum*" (per esempio *EA* 657-658) –, si marcherà invece la frattura, la *discontinuità*, la "differenza" dell'*éschaton*.

Per illustrare la struttura della *concordia*, Gioacchino utilizza frequentemente due immagini mutuate dal patrimonio simbolico della Scrittura: i due cherubini che si guardano in faccia sopra il coperchio dell'arca ("I cherubini avranno le due ali stese di sopra, proteggendo con le ali il coperchio; saranno rivolti l'uno verso l'altro e le facce dei cherubini saranno rivolte verso il coperchio," Es. 25,20) e le ruote del carro della famosa "visione di Ezechiele" ("le ruote avevano l'aspetto e la struttura come di topazio e tutte e quattro la medesima forma, il loro aspetto e la loro struttura era come di ruota in mezzo a un'altra ruota," Ez. 1,16). La prima immagine sembra più adeguata a raffigurare la *concordia duorum Testamentorum*

e il senso del "parallelismo", mentre la seconda sviluppa la "correlazione" dei tre stati, ovvero la *concordia trium statuum*.

Nel suo saggio su *L'interpretazione infinita* Pier Cesare Bori ha seguito il percorso della "metafora della Scrittura come ruota" a partire dall'archetipo ermeneutico delle *Homiliae in Hiezechielem prophetam* di san Gregorio Magno (Bori 1987, p. 32). "Che altro designa la ruota," scriveva Gregorio, "se non la Sacra Scrittura, che gira da ogni parte per adeguarsi alla mente di chi l'ascolta e non è rallentata nel suo annuncio da alcun angolo, cioè da nessun errore? Gira da ogni parte, perché procede diritto e a terra, tra avversità e prosperità. Il cerchio dei suoi insegnamenti si trova ora in alto, ora in basso: ciò che è detto spiritualmente ai perfetti, si addice ai deboli secondo la lettera e quel che i piccoli intendono secondo la lettera, i dotti lo fanno salire in alto con l'intelligenza spirituale (*docti viri per spiritualem intelligentiam in altum ducunt*)" (*In Hiez.* I, VI, 2). Così l'immagine della Scrittura come ruota approda all'idea del "progresso del lettore": "la ruota è la Scrittura. Il movimento solidale è la lettura: il testo si muove, cresce, avanza con chi lo legge" (Bori 1987, p. 43). In Gioacchino questo "progresso della lettura" diviene superamento della Scrittura attraverso l'intelligenza spirituale. Di conseguenza, non si tratta più di stabilire le condizioni di un'inesauribilità della Scrittura – ovvero di un'"interpretazione infinita" – attraverso la circolarità "virtuosa" delle ruote, che anticipa metaforicamente il "circolo ermeneutico" dei moderni (Dilthey 1910, p. 225; Heidegger 1927, pp. 249-251; Gadamer 1960, pp. 312-357), bensì di annunciarne l'esaurimento, la fine dell'interpretazione come "evacuazione" della parzialità della Scrittura: "sicché, venendo ciò che è perfetto (*perfectus*), scompaia (*evacuetur*) ciò che è parziale (*ex parte*)" (*C* II,7b)!

In questa prospettiva, l'ermeneutica gioachimita rivela la sua caratteristica essenzialmente dialettica. L'annuncio dell'era dello Spirito si basa sul medesimo *rapporto* – ed è questo il senso dinamico del termine *concordia* – che si riscontra sul piano del *legame dialettico* tra i due Testamenti. Come afferma Morton W. Bloomfield, Gioacchino è l'autentico "antenato di Vico, di Hegel e di Croce" (Bloomfield 1957, p. 309). Nei suoi *Joachim-Studien,* Ernst Benz proponeva di leggere il significato dei due verbi-chiave

del pensiero gioachimita, *evacuare* e *consummare*, alla luce della duplicità dell'*Aufhebung* hegeliana, ovvero come contenenti simultaneamente l'idea di negatività e quella di ripresa positiva dopo l'assunzione e il superamento della negatività, "nella misura in cui lo *status* presente, con il sorgere del nuovo *status*, soccombe e svanisce, ma, nello stesso tempo, penetra in quello che sopraggiunge e da questo viene assimilato, trasformato e incorporato in un tutt'uno con esso, e così risorge in forma nuova e più compiuta, tanto che il rapporto fra l'età del mondo della Vecchia Alleanza e quella della Nuova si ripete nel rapporto logico-storico fra l'età del mondo presente e quella futura" (Benz 1934a, p. 63). L'immagine della ruota in mezzo a un'altra ruota (*quasi rota in medio rotae*) – che ritroveremo, fra l'altro, proprio all'inizio dell'*Enchiridion* (*EA* 84-85) – è, quindi, il simbolo della dialettica *per concordiam* fra i due Testamenti e la storia. Come notava Löwith, si tratta di "un'essenziale correlazione tra le Scritture e la storia e tra le loro rispettive interpretazioni. Esse devono illuminarsi reciprocamente, se la storia da un lato è realmente ricca di significato religioso e dall'altro il Vangelo è il *rotulus in rota*, ovvero il perno del divenire del mondo" (Löwith 1949, p. 204).

Infine, il quarto significato del termine *concordia*, la *compensazione*, realizza la convergenza della *concordia duorum Testamentorum*, ovvero del "parallelismo scritturistico", e della *concordia trium statuum* – il senso dialettico della "correlazione" dei tempi e delle età del mondo –, rappresentando una continua "eccedenza" della parola "agganciata" alla storia. Se il significato di un testo dipende dal "luogo" che occupa nella storia, allora esso non è mai integralmente compiuto. Ogni evento, ogni figura si riverbera nel futuro secondo lo "scarto" che separa una promessa dal suo compimento. Qui l'interpretazione sporge oltre la storia, diventando profezia.

Ecco che i quattro significati della *concordia* si ricompongono nell'unità dell'esegesi gioachimita, caratterizzandosi per un progressivo distacco dal senso tradizionale del termine: l'*armonia* dei Vangeli e dei Testamenti (1), passando attraverso l'elaborazione di un complesso rapporto di *somiglianza* dei testi e di *correlazione* dei tempi (2 e 3), giunge alla *compensazione* (4), ovvero al

meccanismo ermeneutico che proietta il "non-ancora" delle profezie sull'"esser-già" dei loro compimenti.

Questo autentico "sistema di calcolo" (*supputatio*) delle "concordanze" non ha alle spalle né l'*analogia entis* metafisica degli scolastici, né quella che sarà l'*analogia fidei* della Riforma, così che, a proposito dell'esegesi gioachimita, si è coniato il termine di *analogia historiae* (Mottu 1977, p. 110).

L'innovazione gioachimita rivoluziona la tradizionale ripartizione dei quattro sensi della Scrittura utilizzata come guida per l'intero svolgimento della storia dell'esegesi medioevale e riassunta nel tardivo distico di Agostino di Dacia: "*Littera gesta docet, quid credas allegoria, /Moralis quid agas, quo tendas anagogia*". In Gioacchino, invece, notava Bernard McGinn, "troviamo tre, quattro, cinque, sette, dodici e perfino quindici sensi della Scrittura! Ciascuna di queste ripartizioni richiede una spiegazione; ma in prima battuta è utile rilevare che la divisione di base, di cui poi le altre sono varianti, è quella dei dodici sensi" (McGinn 1985, p. 144). D'altra parte, Gioacchino sembra intendere propriamente come "sensi" solo la lettera, l'allegoria (*allegoricus intellectus*) e la tipologia (*intelligentia typica*), mentre le ulteriori suddivisioni di questi tre sensi principali figurano come "varianti" o "specie" (*species*).

Le "fonti" della teoria esegetica gioachimita muovono da una rosa di testi indicativa del "*cursus studiorum*" monastico. Vi troviamo, sulla scorta delle *Institutiones divinarum et humanarum lectionum* di Cassiodoro, il *De septem regulis* di Ticonio, il *De doctrina christiana* di Agostino e le *Formulae spiritualis intelligentiae* di Eucherio di Lione (questi primi tre testi riassumono l'indirizzo allegorico della "Scuola alessandrina"), nonché gli *Instituta regularia divinae legis* di Giunilio l'Africano e l'*Eisagōghé eis tàs theìas graphás* (Εἰσαγωγὴ εἰς τὰς ϑείας γραφάς) di Adriano (questi due ultimi titoli appartengono alla "Scuola tipologica di Antiochia"). Secondo Herbert Grundmann la teoria esegetica gioachimita rappresenta "lo sviluppo più integrale del metodo tipologico raggiunto nel Medioevo" (Grundmann 1927, p. 42). Tuttavia, il fatto che l'esegesi di Gioacchino componga, in realtà, la tipologia con l'allegoria, porta a una combinazione di schemi complessi, ulteriormente ingarbugliati dall'abitudine dell'abate calabrese di rivedere e modificare queste strutture in corri-

spondenza della "provocazione" della Scrittura, apportando alcune variazioni da un'opera all'altra. Cerchiamo, qui di seguito, di spiegarne le linee generali, partendo dallo schema-base dei dodici sensi scritturistici.

Per riassumere questi dodici sensi – o, meglio, "specie di sensi" –, Gioacchino impiega i termini collettivi di *intelligentiae spirituales* (*C* V, 103d; *P* II, 262d) o di *mystica interpretatio* (*C* V, 61d). Questi dodici sensi si suddividono, a loro volta, in due gruppi, *l'intellectus allegoricus* che ha cinque varianti, come i cinque pani d'orzo della moltiplicazione evangelica (Gv. 6,8; Mc. 8,5-6; Mt. 15,34), e *l'intelligentia* o *intellectus typicus*, che ne ha sette, come il numero dei sigilli dell'*Apocalisse* o dei doni dello Spirito Santo.

Le cinque *species* del senso allegorico sono l'intelligenza storica (*hystorica*), quella morale (*moralis*), la tropologica (*tropologica*), la contemplativa (*contemplativa*) e l'anagogica (*anagogica*) (*C* V, 60c).

L'*intelligenza storica* (prima *species*) non corrisponde alla "lettera" del testo, ma è già una forma d'interpretazione che si distingue dall'avvenimento storico come tale (*hystorica res*). Essa, scrive Gioacchino, "tratta del personaggio in riferimento al personaggio stesso (*persona pro persona*)", tuttavia permettendo quei raffronti fra persone ed eventi che forniscono la struttura fondamentale della storia esteriore e che, come notava de Lubac, espongono "analogie di situazione, individuali o collettive, utili per l'esempio e per la consolazione del cristiano" (DE LUBAC 1959-1964 II/1, p. 440). (Gioacchino impiega, a fini esplicativi, i personaggi biblici delle due spose di Abramo, Agar e Sara. Per quanto concerne il senso storico, esso prevede il semplice accostamento delle due figure, con l'esortazione implicita di assomigliare alla seconda, che è donna libera, piuttosto che all'ancella.)

L'*intelligenza morale* (seconda *species*) non ha, come la precedente, alcuno scopo conoscitivo, ma intende fornire un insegnamento pratico, introducendo, rispetto all'esortazione storica, un predicato di ordine morale. (Per esempio, di Agar, l'ancella, si dirà che rappresenta l'affezione carnale, mentre di Sara, la donna libera, si dirà che simboleggia l'atteggiamento spirituale.)

L'*intelligenza tropologica* (terza *species*) costituisce, per Gioacchino, una sorta di modalità autoclassificatoria del

linguaggio biblico, rinviando, di conseguenza, alle "diverse accezioni in cui vanno intese le scritture divine (*de diversis modis sermonum Dei*)" (*C* V, 60d). (In questo caso Agar rappresenterà la lettera, mentre Sara simboleggerà l'intelligenza spirituale.)

L'*intelligenza contemplativa* (quarta *species*) sposta il campo dei rinvii all'orizzonte spirituale dell'*éschaton* storico, ovvero al terzo *status* e alle sue caratteristiche. (Così, nell'esempio scelto da Gioacchino, Agar, l'ancella, designa la vita attiva, mentre Sara, la donna libera, rappresenta la vita contemplativa.)

L'*intelligenza anagogica* (quinta *species*), invece, indica la prospettiva escatologica tradizionale, proiettata sul piano metastorico extratemporale e basata sull'opposizione simbolica terra/cielo. (Qui, Agar sarà la totalità della vita presente, mentre Sara rappresenterà la vita paradisiaca del futuro.)

Si passa, quindi, alle sette *species* del *senso tipologico* (*sensus typicus*) che è il vero e proprio esercizio della concordia. Infatti, nel senso tipologico non si tratta più di opporre lo spirito alla lettera, come nell'allegoria, ma di rapportare la lettera con un'altra lettera, secondo la dinamica di promessa e compimento. Giunilio, nei suoi *Instituta regularia divinae legis*, definiva il "tipo" come la "manifestazione di cose sconosciute presenti, passate o future, mediante avvenimenti (*per opera*)". A differenza della profezia, che può essere detta un "tipo nelle parole" (*typus in verbis*), il "tipo" è "una profezia nelle cose" (*prophetia in rebus*) (*Instituta*, II, 16). Secondo Giunilio la relazione tipologica classica, sviluppata dagli antiocheni a partire dalle indicazioni paoline (cfr. 1Cor. 10,6-11; Rm. 5,14), mette in relazione i fatti dell'Antico Testamento con quelli del Nuovo, sicché essa va limitata all'ambito dell'Antico Testamento, mentre al Nuovo Testamento andrebbe applicata un'esegesi più specificamente allegorica. Successivamente, tuttavia, un'altra accezione di tipologia si sviluppò in seno alla tradizione esegetica cristiana. In questa seconda accezione la tipologia non si limitava a relazionare l'Antico Testamento con il Nuovo seguendo lo schema di promessa e compimento, ma estendeva questo schema al rapporto fra il Nuovo Testamento, l'*Apocalisse* e la storia della chiesa. Questo secondo tipo di esegesi tipologica si può vedere all'opera nei *Dialogi* di Anselmo di Havel-

berg (1149 ca.), il quale considerava i sette sigilli dell'*Apocalisse* come figure dei sette stati della chiesa (*Dialogi* I, 68), ricollegandosi, mediante la lettura tipologica dell'ultimo libro della Scrittura, all'interpretazione letterale di quest'ultima come "predizione di avvenimenti futuri" condotta dai primi padri della chiesa (Giustino, Ireneo, Tertulliano e Ippolito). Ecco che l'innovazione di Gioacchino consisterà nello sviluppo di questa seconda accezione dell'esegesi tipologica, trasformando il tempo morto che la tipologia tradizionale pone tra Cristo e il presente in un tempo pieno, sovradeterminato dall'attesa della venuta dello Spirito.

Come si è detto, Gioacchino distingue sette *species* di *intelligenza* o *senso tipologico*, determinate (1) da considerazioni numerologico-simboliche; (2) dallo schema agostiniano delle sette *aetates* della storia modellate sui sette giorni della creazione; (3) applicando una struttura derivata dalla speculazione trinitaria, che vede la combinazione di tutti i rapporti possibili fra le tre Persone (cfr. *C* V, 61ab; *P* II, 265a).

Abbiamo così la *prima specie* del senso tipologico in corrispondenza della Persona di Dio Padre (che è, quindi, la sesta *species* dello schema generale dei sensi scritturistici); la *seconda specie* in corrispondenza del Figlio (settima *species* generale); la *terza specie* in corrispondenza dello Spirito (ottava *species* generale). A queste prime tre combinazioni delle Persone "in sé", seguono, poi, le tre possibili relazioni fra due Persone: la *quarta specie* prende in considerazione il rapporto fra Dio Padre e il Figlio (nona *species* generale); la *quinta specie* quello fra il Padre e lo Spirito (decima *species* generale); la *sesta specie* quello fra il Figlio e lo Spirito Santo (undicesima *species* generale). Infine, v'è la completa relazione intertrinitaria di Padre, Figlio e Spirito Santo che caratterizza la *settima specie* del senso tipologico (dodicesima *species* generale). Ecco allora che le sette specie del senso tipologico forniscono una sorta di schema combinatorio generale per lo sviluppo della simbolica intertestamentaria. Nelle prime tre varianti gli elementi della tipologia collegano figure e personaggi fra loro omogenei, appartenenti allo stesso *status* indicato dalla Persona che le caratterizza (Padre = *primo status*; Figlio = *secondo status*; Spirito Santo = *terzo status*), ma scanditi, fra loro, secondo i tre momenti di una progressione (per esempio, le figure bibliche dei sacerdoti ebrei, del popolo d'Israele e della tribù di Le-

vi, appartengono tutte al *primo status* della storia, ma possono essere correlate fra loro in modo che la prima corrisponda al *primo status*, la seconda al *secondo status* e la terza al *terzo status*, rivelando, quindi, la dinamica insita nel loro rapporto, *C* V, 61ab).

Nelle seconde tre varianti, invece, abbiamo la scansione triadica di quattro elementi o personaggi, raggruppati in modo che il primo termine della successione contenga due figure corrispondenti alla combinazione delle due Persone trinitarie proprie della specie tipologica in questione, il secondo una figura che appartenga alla prima di queste due Persone e il terzo termine una figura che appartenga alla seconda (riprendendo i termini dell'esempio di Gioacchino a proposito della *quarta specie* del *senso tipologico* [Padre/Figlio], la relazione fra i sacerdoti ebrei e i vescovi greci si proietta nel rapporto dinamico fra sinagoga e chiesa ortodossa, la prima corrisponde al non-ancora dello stato servile, mentre la seconda allude già, per la dimensione dischiusa da questo accostamento figurale, al terzo *status* e alla liberazione dello Spirito). Infine, nella settima variante, si ritrova, come si è detto, l'intera relazione intertrinitaria, scandita secondo i ritmi definitivi dei tre *status*, ciascuno rapportato al riferimento figurale della Persona corrispondente. In questo modo la *settima specie* del senso tipologico ha una funzione paragonabile al senso anagogico dell'allegoria, solo che essa, invece di tracciare il percorso dell'anima individuale verso la dimora celeste, indica l'*éschaton* dell'intera comunità (ecco che nell'esempio gioachimita abbiamo i sacerdoti d'ogni tempo in corrispondenza del Padre, tutta la chiesa degli eletti dall'inizio alla fine della storia in corrispondenza della persona del Figlio, la Gerusalemme Celeste in corrispondenza dello Spirito Santo, *P* II, 265a).

Non ci soffermeremo ulteriormente su questi aspetti meramente calcolatori dell'esegesi. Infatti, perderemmo la caratteristica essenziale dell'ermeneutica gioachimita se pensassimo a questo complesso intrico di combinazioni di sensi come a un mero apparato di regole da "applicare" alla Scrittura. La foresta delle intelligenze scritturistiche coincide con la Scrittura, ne è sua emanazione conseguente, secondo il disegno trinitario. Il *solus Spiritus* gioachimita non è, pertanto, il contrario del criterio della *sola Scriptura* adottato dalla Riforma, bensì vorrebbe esserne la più auda-

ce e inconsapevolmente rivoluzionaria anticipazione: giacché la Scrittura stessa "si libera" (*evacuari*) nello Spirito, la Scrittura diviene interpretazione spirituale. Detto altrimenti: "l'*interpretazione* allegorica della Scrittura per mezzo dello Spirito diventa il *superamento*, in nome dello Spirito, di ogni Scrittura" (Mottu 1977, pp. 87-88). A questa circolarità "virtuosa" corrisponde il paziente girare delle "ruote" – *quasi rota infra rotam*! – della Scrittura e della Storia, dei due Testamenti e dell'intelligenza spirituale. Scriveva Gioacchino nel primo libro dell'incompiuto *Tractatus super quattuor Evangelia*: "La santa madre Chiesa confessa fermamente le due Persone della Divinità (*duas personas Deitatis*), di cui una è non generata (*ingenita*), mentre l'altra è generata ma non creata (*unigenita*). Confessa inoltre la terza Persona, che procede da entrambe (*ab utraque procedit*). Pertanto, in seguito a questo mistero e in conformità con esso, si mostra che la lettera del Nuovo Testamento (*littera Novi*) è nata da quella dell'Antico (*de littera Prioris Testamenti*) e da entrambe (*ex utraque*) procede una sola intelligenza spirituale (*unus spiritualis intellectus*)" (*T* I, 21, 24-22, 2). La teoria ermeneutica si riflette, così, sull'altra faccia del prisma gioachimita, vale a dire nella sua più originale prospettiva teologica: la dottrina trinitaria.

2. *Gioacchino teologo: la dottrina trinitaria*

L'intera opera di Gioacchino da Fiore si presenta come un grandioso tentativo di *pensare simbolicamente* la Trinità. L'esegesi e l'interpretazione della storia gioachimite sono impensabili senza il costante riferimento al polo simbolico della dottrina trinitaria. Come notava Ernesto Buonaiuti, "Gioacchino non fa mai riferimento al dogma *senza rinviare al simbolo che vi è implicato*, nella misura in cui il dogma è *verificato* dalla storia della spiritualità umana" (Buonaiuti 1930a, p. 21 n. 2).

Sul piano della storia delle idee (Löwith 1949) come su quello della storia della psiche ("La Trinità," ha scritto Jung, "significa un processo *secolare* di sviluppo della coscienza", Jung 1942, p. 268), il simbolo trinitario esprime l'*archetipo* della storia, il vero e proprio *inconscio storico*. Se si prescinde dallo sforzo di fondare ontologicamente la dottrina trinitaria messo in atto dai Padri della chiesa e

dai filosofi scolastici, rimangono, come notava Dieter Henrich, solo "le condizioni che l'articolo di fede delle Persone divine della Trinità impone all'interpretazione," ovvero "il dispiegarsi di un'individualità vivente che diviene consapevole della propria interiorità" (Henrich 1979, p. 612). Di conseguenza, prosegue Henrich, la "comprensione cristiana dell'unità della Trinità non si riferisce per prima cosa all'identità e alla sua individuazione. Il suo primo compito è pensare che cosa significhi la dipendenza dall'unica essenza divina di quel processo di creazione, invio e redenzione, il quale termina con la ricongiunzione nello Spirito. Questo significato processuale del simbolo della Trinità non è connesso al problema logico dell'identità, quanto, piuttosto, alla considerazione delle relazioni intertrinitarie nella pura essenza divina. Il suo centro logico sono i concetti di unità e di unificazione" (Henrich 1979, p. 620). Unità e unificazione spostano il baricentro del *mysterium Trinitatis* dalla logica sincronica dell'identità, che è propria della tradizione filosofica greca, alla dinamica diacronica del simbolo biblico, dove è possibile accogliere quel "significato processuale" della Trinità che inaugura il "senso della storia".

Ecco, allora, l'intima coesione del prisma gioachimita: pensare simbolicamente (= *esegesi*) il simbolo trinitario (= *teologia*) e mediante questo pensiero simbolico comprendere non solo la divinità, ma anche l'uomo e il mondo (= *filosofia*). L'intima coesione del prisma gioachimita è, quindi, il divenire stesso del simbolo, la sua storicità archetipica. Di conseguenza, il pensiero di Gioacchino risulta più nitidamente espresso là dove si dà immediatamente l'identità di forma e contenuto che è propria del simbolo, ovvero nelle immagini. "La mente di Gioacchino," ha scritto Marjorie Reeves, "era straordinariamente fertile quanto a immaginazione e si ha la sensazione che i suoi strani e intricati modelli di pensiero oggi si comunichino più immediatamente con queste potenti *figurae* che con le infinite ripetizioni del suo latino a volte ampolloso" (Reeves–Hirsch-Reich 1972, p. x).

Molte delle più profonde intuizioni di Gioacchino furono raggiunte attraverso rivelazioni colte in *figurae* simboliche. È questo il caso dell'intuizione fondamentale della dottrina trinitaria gioachimita, avvenuta la mattina di Pentecoste del 1183 o 1184, nel monastero cistercense di

Casamari, quando, proprio nell'*immagine* (*forma*) di un salterio con dieci corde, finalmente gli appare "evidente e chiaro il simbolo della sacra Trinità (*lucidum et apertum sacrae mysterium Trinitatis*)" su cui si angustiavano invano fede e ragione ("mentre entravo nell'oratorio per adorare Dio Onnipotente innanzi al Santo Altare, vi fu in me una sorta d'esitazione riguardo alla fede nella Trinità, quasi che fosse difficile da capire, per l'intelletto come per la fede – *difficile esset intellectu vel fide* –, vuoi che tutte le persone siano un unico Dio, vuoi anche che un solo Dio sia tutte le persone") (*P* p, 227c). Ecco, quindi, che per Gioacchino solo il simbolo è in grado di superare lo scacco reciproco di fede e ragione. Anzi, Gioacchino scorge la loro profonda unità, non in quell'*accordo di diritto* che proporrà Tommaso d'Aquino, frutto della sinergia fra l'*uso corretto* della *ragione* e l'*autorità* della *rivelazione*, bensì proprio in quel loro scacco – "*difficile esset intellectu vel fide*" – che è, altresì, la *necessità del simbolo*, la sua autentica "verità". Questo simbolo di fede e ragione, a differenza della *fides* tomista che si fonda "razionalmente" sull'autorità della rivelazione, cresce proprio là dove si fa esperienza della debolezza, della fragilità del dubbio. "Vi fu in me," confessa Gioacchino, "una sorta d'esitazione riguardo alla fede nella Trinità (*accidit in me velut hesitatio quaedam de fide Trinitatis*)" (*P* p, 227c). Ma questa esitazione, liberando il campo dai concetti della ragione e dai postulati della fede, permette l'epifania del simbolo e garantisce la continua "ri-creazione" del pensiero e del mondo attraverso figure, immagini, metafore e analogie, dove la *via metaforica*, per dirla con Ricoeur, "è la strategia di discorso in forza della quale il linguaggio si spoglia della sua funzione di descrizione diretta per portarsi al livello mitico, quello che libera la sua funzione di scoperta," confermando "la pretesa dell'enunciato metaforico di raggiungere, in un certo senso, la realtà" (Ricoeur 1975, p. 325).

La collocazione della teologia trinitaria di Gioacchino da Fiore nell'orizzonte peculiare del pensiero simbolico permette di interpretare l'eterodossia gioachimita nei termini di un'alternativa formale all'approccio concettuale della Scolastica. In questo senso la condanna del perduto libello giovanile di Gioacchino *De unitate seu essentia Trinitatis*, messo all'indice da papa Innocenzo III durante il Concilio Lateranense IV del 1215, assume il significato di

una vera e propria opzione del magistero ecclesiastico per un determinato “modo” di fare teologia. Di questa “modalità simbolica” della teologia gioachimita è testimonianza efficace lo *Psalterium decem chordarum*.

Nello *Psalterium* Gioacchino cerca di sviluppare il simbolo trinitario a partire dalla rappresentazione analogica del salterio (una sorta di cetra-chitarra a forma di trapezio isoscele). Come scriveva il Crocco, si tratta di “un'iniziazione analogica alla contemplazione della Trinità, attraverso il geniale simbolismo scoperto nell'immagine del salterio” (Crocco 1976, p. 126).

“Fra le opere del Signore che rappresentano il simbolo della Trinità (*mysterium exhibent Trinitatis*),” spiega Gioacchino, “ha un ruolo importante il salterio dalle dieci corde (*decacordum psalterium*). Si tratta, infatti, di un unico strumento musicale (*vas unum musicum*) che, pur essendo fisicamente (*quia corpus est*) divisibile (*dividi per partes potest*), non può esserlo rimanendo un salterio dalle dieci corde. Di conseguenza, finché è un salterio, resta indiviso (*indivisum*): se lo si divide in parti, subito cessa di essere ciò che era (*mox esse desint id quod erat*). Allora, questo strumento musicale non può essere che uno solo, anche se triangolare (*triangulatum*) e perfettamente integrato nei suoi tre angoli (*in tribus cornibus miro modo consistens*). A tal punto, infatti, l'unità indivisa (*unitas indivisa*) possiede quei tre angoli, da far apparire i tre come uno e l'uno come tre (*tria videantur esse unum et unum tria*) — cosa che si può scorgere meglio nella figura stessa, che spiegandola con parole appropriate (*quod melius in ipsa figura cerni potest, quam verbis competentibus explanari*). Del resto, nessuno dei tre angoli, qualora si voglia esaminarlo in tutta la sua estensione — vale a dire nello spazio delimitato dai due lati convergenti nell'angolo —, occupa una superficie diversa da quella occupata dagli altri due, ma questa indivisa rappresentazione della sostanza (*indivisa similitudo substantiae*) è meravigliosamente sufficiente per tutti e tre, sicché in ciascun angolo sono necessariamente compresi gli altri due (*in uno quolibet duo necessarie accipiantur*)” (*P* I, 230d-231a).

Per Gioacchino lo *psalterium* è una *similitudo* in grado di illustrare il simbolo trinitario meglio delle parole (*melius* [...] *quam verbis competentibus explanari*). Il problema dell'espressione verbale, della sua proprietà o adeguatez-

za (*verbum competens*), richiama le difficoltà della logica classica, "aristotelica", nei confronti della plusvalenza simbolica. La parola astratta – in questo caso la terminologia teologica di *substantia, persona* ecc. – appare insufficiente a esprimere la complessità del simbolo e, tanto più, a esaurirlo, come, invece, non richiede affatto la ridescrizione metaforica. Quest'ultima, accosta i simboli ad altri simboli, mettendo in parallelo i loro universi analogali (*inter opera Domini quae mysterium exihibent Trinitatis*) che si illuminano reciprocamente. Si tratta, dunque, di un'*interazione* fra immagini, e sulla natura immaginativa e sensibile di questa *interazione* paiono concordare le stesse spiegazioni moderne del "pensare per metafore". Come scriveva Max Black, "le risorse letterali del linguaggio che abbiamo a disposizione sono insufficienti per esprimere il nostro senso delle molteplici corrispondenze, interrelazioni e analogie fra campi convenzionalmente separati," sicché "il pensiero e l'espressione metaforici realizzano a volte delle intuizioni non esprimibili in nessun altro modo" (Black 1977, p. 123).

Ecco infatti che, terminando l'inferenza analogico-simbolica, Gioacchino conclude il brano in questione affermando: "Allora bisogna prendere i tre angoli come un'immagine (*in similitudine*) delle tre Persone (*trium Personarum*) della Trinità, non confuse – sicché tu possa riferire ciò che vuoi al Padre, ciò che vuoi al Figlio o allo Spirito Santo –, ma distinte, come richiede la cosa, ciascuna secondo il mistero della rispettiva proprietà (*in mysterio proprietatis suae*). Invece, bisogna prendere l'intero strumento musicale, il salterio, come immagine (*in similitudine*) della divina sostanza (*divinae substantiae*), che è una sola per tutte e tre (*una est trium*), non divisa in parti (*non in partes divisa*), ma tutta insieme (*tota simul*), proprio perché è nel Padre sia il Figlio che lo Spirito Santo, è nel Figlio sia il Padre che lo Spirito Santo, è nello Spirito Santo sia il Padre che il Figlio, in quanto essi sono una cosa sola (*quia unum sunt*)" (*P* I, 231ab). È evidente, in questa prospettiva e parafrasando quanto scriveva Dieter Henrich, il prevalere dei concetti di unità e di unificazione rispetto alla logica della mera identità. Infatti, non si tratta tanto di risolvere logicamente il problema della "*una substantia quae est trium personarum*", quanto di sviluppare simbolicamente la gamma delle *relazioni* inter-

trinitarie (REEVES 1969, pp. 16-29; DANIEL 1980, pp. 469-483; McGINN 1985, pp. 175-216).

Gioacchino sviluppa così due "modelli" che nel secondo libro della *Concordia Novi ac Veteris Testamenti* chiamerà *prima diffinitio* e *secunda diffinitio* (*C* II, 10b). Le due *diffinitiones* traggono la loro origine simbolica dallo schematismo della figura del salterio dalle dieci corde, il cui contorno somiglia a un'*Alfa* maiuscola (un trapezio isoscele molto verticalizzato) e il cui foro nella cassa di risonanza richiama l'*Omega* maiuscola (un cerchio che ha perduto, però, nel simbolismo gioachimita, i due trattini alla base). Questa schematizzazione permette a Gioacchino di giocare sull'esegesi del versetto dell'*Apocalisse*: "Io sono l'Alfa e l'Omega" (Ap. 1,8) (*P* I, 233b; *E* I, 33d-38d). L'Alfa maiuscola è, quindi, la sintesi della *prima diffinitio* che significa la duplice processione dal Padre (vertice della lettera) delle persone del Figlio e dello Spirito Santo (le due aste della lettera), mentre l'Omega rappresenta la *secunda diffinitio*. Come scrive McGinn, "l'interpretazione alquanto singolare che Gioacchino dà della lettera greca Omega, le conferisce una doppia funzione. Confondendo l'Omega maiuscolo (Ω) con un cerchio perfetto, sia nella figura del salterio sia altrove, egli usa questa lettera per indicare l'unità della sostanza divina; scritto minuscolo (ω), come un cerchio che si apre in fuori per rivelare una *virgula* o sbarretta che procede da due, esso indica la processione dello Spirito Santo dal Padre e dal Figlio, cioè il fondamento trinitario in forza del quale l'*intellectus spiritualis* trae origine dalla lettera dell'Antico e del Nuovo Testamento (*E* I, 37b). Era tipico di Gioacchino convertire il fraintendimento di una lettera greca in profonda intuizione" (McGINN 1985, p. 178).

Alfa e Omega come sintesi simboliche di *prima* e *secunda diffinitio* compaiono graficamente anche nella celebre tavola del *Liber Figurarum* raffigurante la Trinità come tre cerchi di diverso colore che si intersecano toccando ciascuno il centro dell'altro (*LF* XI), mentre ampie spiegazioni dottrinali sono fornite da Gioacchino nello *Psalterium* (*P* I, 228c-243c), nella *Concordia* (*C* II, 8d-10b; II, 19b-25b) e nei capitoli sesto e settimo del *Liber introductorius* dell'*Expositio* (*E* i, 6b-10a).

Riguardo al contenuto dottrinale delle *diffinitiones* il Daniel afferma che entrambe "enfatizzano il procedere

dello Spirito Santo dal Figlio, e in entrambe la piena realizzazione di ciò è ancora da venire. La prima *diffinitio* può maggiormente enfatizzare il ruolo dei due che sono mandati da uno, mentre la seconda presenta più distintamente l'uno che proviene da due, ma ciò indica semplicemente due immagini leggermente diverse dello stesso processo trinitario" (Daniel 1980, p. 481). In sostanza, mentre la *prima diffinitio* rappresenta una struttura binaria che corrisponde, sul versante dell'esegesi, alla *concordia duorum Testamentorum* e, sul versante della teologia della storia, a una visione essenzialmente bipartita (Antico e Nuovo Testamento), la *secunda diffinitio* sviluppa una struttura triadica, che trova la sua corrispondenza nella *concordia trium statuum* e nella suddivisione ternaria del tempo (primo, secondo e terzo *status*).

Tuttavia se, come abbiamo visto, il nucleo della dottrina trinitaria gioachimita è frutto di un'intuizione simbolica figurale (il salterio) e di una serie di approfondimenti schematici di questa intuizione originaria (simbologia della lettera Alfa maiuscola e dell'Omega maiuscola e minuscola), Gioacchino non rinuncia a confrontarsi, in chiave polemica, con le principali posizioni teologiche sulla Trinità. È in questo frangente che il "teologo poeta, geniale ideatore di simbolismi", si trasforma in "teologo speculativo": "Gradatamente l'esposizione *analogica* cede infatti il posto a lunghe disquisizioni dottrinali, trasformandosi così in un'esposizione *concettuale* del dogma, nella quale possiamo nettamente distinguere le linee maestre di un vero trattato speculativo sulla Trinità" (Crocco 1976, p. 127). Nelle vesti di "teologo speculativo" Gioacchino affronta i rischi maggiori sul piano dell'ortodossia, misurandosi con un linguaggio astratto e soggetto a repentine variazioni a seconda del prevalere delle diverse "scuole" teologiche. Così, se, come scrive il Crocco, "la sua professione di fede è pienamente conforme all'ortodossia, ma la spiegazione teologico-concettuale, che egli tenta di dare dei termini del dogma, non è del tutto adeguata alla sua fede" (Crocco 1976, p. 137), il severo giudizio di Tommaso d'Aquino, che definirà l'abate calabrese "rozzo (*rudis*) nelle sottigliezze dogmatiche della fede" (*In Decretalem secundum expositio*, 308) e quello di Bonaventura, che osserverà come Gioacchino attacchi la dottrina di Pietro Lombardo *ignoranter* (*Commentaria in* IV *libros*

Sententiarum, 121), sembrano conseguenti, di fatto, alla vittoria "postuma" del metodo scolastico sull'approccio mistico-simbolico di Gioacchino. "Il vero demolitore del metodo di Gioacchino," scriverà Beryl Smalley, "è stato Aristotele" (SMALLEY 1952, p. 405). La riscoperta della filosofia di Aristotele, prosegue la studiosa oxoniense, "contribuì a spezzare l'identificazione della teologia con l'esegesi. Sotto l'influenza del concetto aristotelico di scienza, i teologi furono portati ad ammettere in teoria ciò che essi avevano già da tempo riconosciuto nella pratica applicazione dell'insegnamento. La teologia è una 'scienza speculativa'; essa procede a nuove conclusioni da premesse rivelate, così come ciascuna delle scienze inferiori parte da principi indiscussi. *Il metodo teologico è argomentativo, non esegetico.* Infine i teologi raggiunsero quella sicurezza di sé, che consentì loro di lasciar cadere la finzione che tutto il loro lavoro fosse un mero addestramento per l'interpretazione allegorica. Di conseguenza, *dopo aver liberato formalmente la teologia dall'esegesi, liberarono anche l'esegesi dalla teologia*" (SMALLEY 1952, pp. 406-407).

Nella valutazione della teologia gioachimita non si può fare a meno di tener conto di quel fattore che Henry Mottu ha definito con la categoria antropologica del "marginalismo culturale", che unifica una serie di referenti *regressivi* rispetto allo sviluppo della linea maestra della teologia cristiana. "Con Gioacchino," osserva Mottu, "la 'teologia', nel senso greco del termine, che implica una riflessione relativamente autonoma *sul* testo, non esce ancora dal cerchio acritico di una *lectio* in cui testo e lettura rimangono quasi sempre allo stesso livello; e, correlativamente a questo stato monastico dell'ermeneutica, la teologia non abbandona ancora il convento per la città – anzi, fugge sui monti o nel deserto... Non solo il *monachus* reagisce con forza contro lo *scholasticus,* ma il monaco fugge persino dalla *schola* cistercense per ridiventare eremita! Nel pieno fervore di una nuova cultura che prende coscienza della propria forza, abbiamo qui un ritorno anacronistico a san Pacomio, a san Nilo – a un cenobitismo che sogna di tornare all'eremitismo radicale dei tempi eroici" (MOTTU 1977, pp. 18-19). Eppure, sarebbe sbagliato intendere questo "marginalismo culturale" in chiave meramente "evolutiva", ovvero come uno "sta-

dio arretrato" della storia della teologia. Sarebbe sbagliato perché non spiegherebbe il successo delle dottrine gioachimite durante e oltre la Scolastica, quel ribaltamento per cui Gioacchino, "sociologicamente un emarginato in ritardo, nella prospettiva dei 'tempi lunghi' fu ideologicamente un precursore" (MOTTU 1977, p. 21). In realtà, questo "marginalismo" è, a suo modo, il sintomo di un'eccentricità strategica, dal momento che, come ha scritto Enrique Dussel, "il pensiero critico sorge dalla periferia [...] e finisce sempre per rivolgersi verso il centro" (DUSSEL 1979, p. 51). Quindi, se oggi appare quantomai difficile parlare di "progressi" relativamente agli studi teologici o filosofici, si può vedere nella proposta gioachimita un "approccio teologico alternativo" rispetto alla Scolastica, un "altro pensiero" valutabile, in sé, esclusivamente in virtù delle sue coerenze interne e dei suoi fallimenti, e solo in seguito "comparabile" agli schemi categoriali della teologia di "coloro che si gonfiano di scolastica scienza (*qui scolastica inflantur scientia*)" (*T* III, 294, 25-26).

Sviluppando la relazione delle Persone trinitarie, la "storia" gioachimita interpreta la *memoria* nella dimensione della *volontà* e dell'*amore*, ricuperando la dinamica originaria del ricordare biblico che, come l'*Angelus novus* di Benjamin, pur guardando al passato, è spinto verso il futuro (BENJAMIN 1955, p. 80). Già "per i rabbini," scrive Yerushalmi nel suo studio sulla memoria biblica, "la *Bibbia* era non solo un compendio di storia passata, ma anche la rivelazione del disegno globale del mondo" (YERUSHALMI 1982, p. 34). Per Gioacchino la memoria storica è, nella sua essenza, l'annuncio dello sviluppo futuro, il suo contenuto profetico, la "traccia" del suo avvenire. A questa prospettiva – ben riassunta, per altro, da quella formula blochiana de *Il Principio-Speranza* che parla di un pensiero "del futuro anche nel passato" e che, quindi, "non conosce alcun passato fuori di quello ancora vivente, non ancora risarcito" (BLOCH 1959, p. 19) – ci volge la terza e ultima faccia del prisma gioachimita, là dove il simbolo della teologia trinitaria, il *mysterium Trinitatis*, si proietta traducendosi, d'un tratto, nel grande disegno dell'interpretazione apocalittica della storia.

3. *Gioacchino filosofo: l'interpretazione della storia*

Nelle storie della filosofia medioevale Gioacchino viene definito "veggente", "profeta" e "falso profeta", "teologo eterodosso" e "proto-eresiarca", mai o solo indirettamente "filosofo" o "pensatore". Se ciò accade, egli lo è, comunque, in senso molto derivato rispetto a Tommaso d'Aquino, Sigieri di Brabante, Bonaventura, e, vuoi anche, nei confronti di quel Raimondo Lullo che, per certi versi, sembrò condividere, un secolo più tardi, il "marginalismo culturale" dell'abate di Fiore. Di conseguenza, risultano in qualche modo giustificati sia la trascuratezza che la disinformazione dei filosofi e degli storici della filosofia in merito ai contenuti dell'opera gioachimita. Per fare un esempio significativo, nelle quasi mille pagine del classico studio su *La filosofia nel Medioevo* di Étienne Gilson, Gioacchino da Fiore non viene nominato neppure una volta (Gilson 1922). Agli occhi degli storici della filosofia medioevale il pensiero di Gioacchino da Fiore appare altrettanto estraneo alla "filosofia" in senso stretto (il razionalismo dei "dialettici" come Pietro Abelardo) che alla cosiddetta "filosofia cristiana" (l'equilibrio fra fede e ragione, esemplarmente raggiunto dal tomismo) (Gilson 1932, p. 44).

Nella sua appartenenza alla tradizione apocalittica, anzi nell'essere, come diceva Bernard McGinn, il più grande scrittore apocalittico dopo il Veggente di Patmos (McGinn 1985, p. 131), Gioacchino trova le ragioni della sua estraneità all'etichetta di "filosofo". L'apocalittica, infatti, rappresenta una risoluzione del mito che si compie dentro al mito stesso e che esaurisce il gioco dei simboli nella loro reciproca "quadratura" – nella loro specularità –, non nella solidificazione del concetto. Ecco, quindi, l'orginalità dell'approccio apocalittico che sviluppa e porta a compimento il dettato del mito biblico, secondo il suo stesso disegno, modulandone le coerenze e le contraddizioni prima dell'impatto totalitario del *logos* ellenico. Del resto, ciò non significa che nel mito biblico, come nella stessa apocalittica, non si possano scorgere influssi, tracce e risonanze del pensiero greco. Ciò significa, piuttosto, che la presenza di queste sfumature non intacca il filo rosso che si manifesta nell'apparato simbolico della Bibbia, la sua autentica "*concordia*". Di conseguenza, i simboli biblici possono compiersi nella scrittura di san Giovanni come in

quella di Gioacchino, nonostante quest'ultimo si trovi ormai ben all'interno del processo di assimilazione del cristianesimo alle categorie del pensiero greco. L'originalità di Gioacchino consisterà, semmai, proprio nella condizione della sua "marginalità culturale" che gli permette, contro i rigori della dialettica, uno sguardo verso lo smarrito *lumen orientale* e, soprattutto – anche se attraverso una scrittura che ricombina, quasi senza aggiunte, il dettato letterale dei Testamenti –, un'immediata relazione con il mondo. Ancora una volta è bene ricordare che "la filosofia, quand'è realmente filosofia e non sofistica o ideologia, non pensa la filosofia. Non pensa testi filosofici, e se deve farlo è solo come propedeutica pedagogica per potersi servire di categorie interpretative. La filosofia pensa il non filosofico: la realtà" (Dussel 1977, p. 50). Gioacchino è perciò, secondo la definizione di Franz Wiedmann, un autentico "pensatore d'urto". Si chiamano "pensatori d'urto," scrive Wiedmann, "perché hanno dato uno scossone al modo di vivere e di pensare dei loro contemporanei, hanno provocato scandalo, si sono affaticati dietro alla realtà, cosa che non può essere detta dei filosofi della riflessione. Sostengo che le spinte al pensiero provengano da coloro i quali hanno a che fare con la vita in maniera immediata. [...] Se è più simile a un filosofo chi parla più volentieri della realtà invece che della filosofia, allora i nostri [...] personaggi – i pensatori d'urto – sono tutti insieme filosofi legittimi" (Wiedmann 1988, p. 17). In questo senso, allora, Gioacchino può essere chiamato "filosofo", interpretando, così, il "tentativo di coordinare in un'ampia comprensione la Bibbia e gli avvenimenti mondani e di condurre la storia non solo fino ai propri tempi, ma oltre", come un "profetismo" che "ha meno somiglianza con i profeti di Israele che non con uno gnostico il quale esige per sé un 'sapere più alto'. E in quanto gnostico, anche Hegel si riconosce in lui" (Wiedmann 1988, p. 56). Se è questa la "filosofia" di Gioacchino, vale a dire l'originaria comprensione della temporalità e della storia attraverso il reticolo simbolico della Bibbia, è giunto ora il momento di vederne più da vicino i contenuti.

Antonio Crocco ha scritto che la concezione gioachimita della storia "occupa, senza dubbio, il posto di maggior rilievo nella storiografia dottrinale del Medioevo cristiano", dopo quella agostiniana del *De civitate Dei* (Crocco

1976, p. 75). Per Wilhelm Kamlah il pensiero storico-apocalittico di Gioacchino da Fiore costituisce l'autentico "superamento della teologia della storia cattolica" (KAMLAH 1935, p. 115). Ma l'alternativa fra la visione gioachimita e quella agostiniana era già stata sottolineata con forza da Herbert Grundmann (GRUNDMANN 1927, pp. 63-167). Se ciò che preme ad Agostino è l'annuncio della verità logica del cristianesimo e, anzi, nell'affermazione della storicità di questa verità si dà una teologia della storia solo come risposta alle sopravvivenze apocalittiche e millenaristiche giudaico-cristiane, inconciliabili con la dottrina ellenistica del Cristo-Logos, Gioacchino si collega direttamente alla "corrente calda" dell'escatologismo antico. Si tratta, dunque, di un autentico "ritorno al di qua della 'redazione' agostiniana" (MOTTU 1977, pp. 238-242). Nella sostanza, scrive Bernhard Töpfer, l'attesa gioachimita del terzo *status* "contraddice in linea di principio la concezione di Agostino," anche se "Gioacchino non ha nessuna remora a richiamarsi su questo punto direttamente all'autorità di Agostino; e certo gli scritti di Agostino sono i più citati tra tutti quelli dei padri della chiesa". Nonostante la sua volontà soggettiva di rimanere nel quadro della tradizione ecclesiastica dominante, sotto il profilo oggettivo Gioacchino "è essenzialmente più vicino al millenarismo del cristianesimo antico che ad Agostino, il quale nega uno sviluppo ulteriore. Infatti, il pensiero di Gioacchino è orientato a una profonda trasformazione delle condizioni esistenti, all'introduzione di uno stato di perfezione già all'interno della storia terrena, e nella sua visione solo allora sarà realtà in senso pieno il millenario regno di Cristo annunciato nell'*Apocalisse*; egli quindi persegue – anche se partendo da altri presupposti – un obiettivo analogo a quello dell'autore dell'*Apocalisse* e di altri millenaristi del cristianesimo primitivo" (TÖPFER 1964, pp. 94-95). Del resto, bisogna ricordare come la cultura dell'Alto Medioevo abbia finito per distorcere il senso della "de-escatologizzazione" agostiniana del messaggio cristiano primitivo, servendosi di Agostino per imporre l'idea che la chiesa è l'unica detentrice del potere nel corso del tempo *sub gratia* e che il periodo tra il tempo e l'eternità è mediato dalla chiesa stessa e da essa sola.

È questa la posizione sintetizzata dal passo agostiniano del *De civitate Dei* che afferma "pertanto, anche ora la

Chiesa è il regno di Cristo e il regno dei Cieli (*ergo et nunc ecclesia regnum Christi est regnumque caelorum*)" (*De civ. Dei* XX, 9,1). Allora, la *Città di Dio* agostiniana non deve modificarsi con il tempo, ma permane come una creazione ideale atemporale, identificata con il cristianesimo e con la sua verità immutabile, incontrovertibile. Se la chiesa, che è *significazione* (*significatio*) della *Città di Dio*, è, nella sua essenza, perfetta per quanto è possibile in questa forma terrena, la temporalità della storia viene configurata da Agostino e dalla teologia "fredda" del cristianesimo come crescita nell'estensione geografica, non nella sua forma intrinseca. La chiesa rimane come valore "relativamente immutabile" che rispecchia l'immutabilità assoluta di Dio. Di fronte a questa esaltazione della trascendenza dell'ideale cristiano, Gioacchino – ha scritto Henry Mottu – si conferma quale "teste esemplare della resistenza secolare dell'apocalittica a ogni opera di riduzione del futuro all''aldilà'" (MOTTU 1977, p. 242). Con Gioacchino, la trascendenza metafisica dell'*éschaton* si traduce nella figura storica dell'imminenza. Il futuro, più che essere ciò che sopraggiunge fuori dell'orizzonte della storia, è ciò che *contraddice* la storia presente. Il fine della storia non si limita a totalizzarla, ma diviene il criterio di giudizio che opera dal suo interno. Così il simbolo cristiano è messo alla prova nella triplice prospettiva del passato, del presente e del futuro.

La concezione gioachimita della storia è conosciuta principalmente per il famoso schema tripartito dei "tre stati". Eppure altre scansioni, in riferimento ai numeri quattro, sei e sette, completano le chiavi dell'interpretazione storica. Nell'intreccio di queste suddivisioni si manifesta in massimo grado quella numerologia simbolica che Gioacchino stesso, proprio nelle pagine dell'*Enchiridion*, chiamava "aritmetica spirituale" (*arithmetica spiritualis*) (*EA* 2397). L'aritmetica spirituale permette di cogliere l'"ordine vivente" (*vivens ordo*) (*T* I, 16, 8) della storia, non tanto in termini di precisione quantitativa (Gioacchino, scrive Grundmann, "è ben lontano da una concezione di calcolo matematico esatto, e quasi altrettanto lontano dalla scrupolosità per le cifre cronologiche," GRUNDMANN 1927, p. 50), quanto, riprendendo un'analogia sviluppata per Agostino da Henri-Irénée Marrou (MARROU 1968, p. 76), in termini musicali di *ritmo*. L'aritmetica spirituale

gioachimita consente, quindi, di pensare "lo scorrere del tempo nella sua razionalità simbolica" (DEMPF 1929, p. 367), non di determinarne – anche se approssimativamente – la durata in chiave "volgarmente" profetica. Nei suoi scritti Gioacchino ricorda più volte il detto matteano "Vegliate, dunque, perché non sapete né il giorno né l'ora" (Mt. 25,13). Leggiamo, a proposito dell'età sabbatica del Millennio, che "Dio Onnipotente vuole che rimanga indeterminato (*incertum*) il numero degli anni del terzo sabato che verrà (*numerum annorum tertii sabbati quod futurum est*), perché nessuno dei mortali sia in grado di conoscere in che giorno o in che ora il Giudice dei Giudici verrà per compiere il Giudizio" (*EA* 1458-1460).

Ecco allora che la "previsione" storica gioachimita non si esprime sul piano della quantità, come accade per il "profetismo ingenuo", ma sviluppa un sistema di relazioni qualitative, di paralleli e di contrappunti, di discrasie e di isomorfismi. Nell'aritmetica spirituale dell'abate di Fiore abbiamo un ottimo esempio della struttura funzionale di ciò che Ernst Cassirer, ne *La filosofia delle forme simboliche*, intendeva per "sistema dei numeri sacri o mistici", dove "il numero non è mai semplice numero ordinale, semplice indicazione del posto occupato in un sistema generale, ma ogni numero ha la sua propria essenza, la sua propria individuale natura e forza" (CASSIRER 1924, p. 201).

La prima nozione che incontriamo nella sistemazione gioachimita del tempo "secondo la qualità" è quella di *ordo* ("ordine" o "ordinamento"), che caratterizza la scansione cronologica a partire dai contenuti delle diverse tappe o "stati". Come scrive Henry Mottu "*ordo* sintetizza, strutturalmente e materialmente, il 'senso' generale della storia, quale lo concepisce Gioacchino, il contenuto delle sue tappe successive e la sua finalità escatologica. L'ordine è un'economia, una *dispositio* viva, un ritmo affine alle armonie musicali: è la *struttura*; ma quest'ordine qualifica pure il contenuto religioso delle tappe, per progressiva spiritualizzazione, e finisce persino col caratterizzare l''ordine nuovo' del rinnovamento del monachesimo: è il *contenuto* materiale. Vettore della storia e contenuto progressivo di questa, *ordo* ha pertanto in Gioacchino una connotazione 'economica' nettamente escatologica, più dinamica che stabilizzatrice, ricapitolatrice del passato

ma aperta sul futuro, fattore insieme di integrazione e di disintegrazione" (MOTTU 1977, p. 202; cfr. anche GRUNDMANN 1950, pp. 85 sgg.). Sin da questa prima determinazione "cronotattica" risulta evidente come l'autentica mira della *cronotassi apocalittica* e, in particolare, di quella gioachimita, non sia la formulazione di una "data" escatologica, di un *terminus ad quem* del procedere storico o, vuoi anche, di un singolo ciclo di eventi, bensì di alludere, attraverso l'aspetto simbolico di questi calcoli, a una "nuova disposizione" del presente. In Gioacchino il termine *ordo* svolge in maniera particolarmente evidente questo ruolo, perché esso è direttamente collegato alla struttura gerarchica e funzionalistica della società medioevale.

Molto meno connotati sul piano contenutistico sono gli altri tre termini tecnici con cui Gioacchino designa le tappe formali dello svolgersi del tempo: *tempus, status* e *aetas*. La mancanza di una precisa connotazione differenziale fra queste tre determinazioni temporali — a cui potremmo aggiungere anche quella di *saeculum* — fa sì che nessuna di esse possa essere associata univocamente a una precisa scansione numerica. Certo, nella sua formulazione più nota, la cronotassi triadica è collegata al termine *status*, mentre le cronotassi basate sul cinque e sul sette vengono prevalentemente descritte impiegando i vocaboli *tempus, saeculum* e *aetas*. Non mancano le eccezioni, ovviamente, come nell'esordio del *Tractatus*, dove Gioacchino parla di *tria aetates* per definire i *tres status mundi* (*T* I, 16,7-10). Tuttavia il termine *aetas* possiede un'accezione più "organica" e meno giuridica di *status*, alludendo a uno sfondo metaforico in cui la storia si sviluppa come le stagioni della vita. Il microcosmo individuale dell'uomo, l'arco settimanale, diviene il modello del macrocosmo storico, portando con sé una costellazione di nozioni derivate — crescita, maturazione, deperimento — che l'idea giuridica romana di *status* non implicava. Sarà forse per questa maggiore "neutralità" semantica che Gioacchino preferisce il termine *status* per la grande suddivisione triadica, mentre *aetas* compare nelle serie di settenari che sviluppano la corrispondenza organica fra gli *status*. A limitare l'impiego di *aetas* — e, in parte, anche quello di *tempus* e di *saeculum* — per quanto concerne la suddivisione più famosa del sistema gioachimita, può aver giocato la forte connotazione "tradizionale" di questi termini,

connessi, sin dalla prima speculazione cristiana sulla Bibbia, con il simbolismo ricavato dal libro della *Genesi*. Agostino aveva impiegato il simbolismo della settimana nel *De Genesi contra Manicheos* (I, XXIII, 35), ma soprattutto, per quanto concerne la fortuna del testo, nel *De civitate Dei* (*De civ. Dei* X, 14; XXII, 30, 5), mutuando le immagini più efficaci dal *Liber Generationis* di Ippolito Romano. Questa periodizzazione della storia del mondo fu accolta, nelle sue grandi linee, da Isidoro di Siviglia e da Beda, e attraverso l'opera di questi due autori divenne patrimonio comune della tradizione culturale dell'Alto Medioevo (Schmidt 1955-1956, pp. 289 sgg.).

Tuttavia, la scansione agostiniana della settimana cosmica, in cui la sesta età, cominciata con Cristo, durerà sino alla fine del mondo ("*proinde sextam aetatem inchoavit nativitas Domini, quae nunc agitur usque ad occultum temporis finem*", Agostino, *De Trinitate* IV, 4, 7), non faceva che esprimere, in tutta evidenza, "il carattere conservatore del sistema di fede ecclesiastico" (Töpfer 1964, p. 26). Invece, la profonda revisione delle scansioni della settimana cosmica che compare nelle opere di Gioacchino, dove la settima età è restituita alle vicende terrene, rispecchia e anticipa le esigenze dei movimenti spirituali del XIII secolo, per cui l'immagine statica della storia del mondo torna a mettersi in moto, ricuperando la dinamica millenaristica del cristianesimo primitivo. Ma il simbolismo della settimana è solo una delle fonti "numerologiche" delle partizioni gioachimite, che traggono molti materiali dai numeri già presenti nella Scrittura. Per esempio, il simbolismo del cinque e del sette si regge spesso sulle citazioni evangeliche delle moltiplicazioni dei pani e dei pesci, ove compare la combinazione dei cinque pani d'orzo e dei sette di frumento. Il libro di *Daniele* e l'*Apocalisse* di Giovanni sono fonti privilegiate di simboli numerici, con le loro sequenze di bestie, di giorni, di ore, di sigilli, di trombe, di coppe e di angeli, da cui si desume l'"aritmetica spirituale" di alcuni numeri-chiave, come il sette, l'otto, l'undici e il dodici.

Gioacchino utilizza in modo ossessivo i testi cardine di questa antichissima tradizione simbolica, facendoli interagire con gli episodi della storia passata e presente. Un esempio eclatante può essere visto in quel *draco magnus et rufus* che riassume l'intero percorso della storia post-

cristica, combinando, nella figura del dragone a sette teste (Ap. 12,3), il simbolismo desunto dall'*Apocalisse* e i nomi dei monarchi malvagi dell'era cristiana. Il numero è, qui come altrove, l'elemento che permette di cogliere l'unità, la sintesi significativa degli eventi umani e delle parole della Scrittura. Il numero, nell'accezione musicale di armonia e ritmo – due significati affini al campo semantico della *concordia* –, è ciò che istituisce il mondo come *saeculum*, ovvero nella sua "de-finizione" essenzialmente temporale (si pensi alla duplicità del termine αἰῶν (*aiōn* nella lingua greca). Gioacchino impiega il termine *saeculum* sulla scorta della *Vulgata*, dove questo significa l'espressione biblica "mondo", temporalmente determinata. La "fine del mondo" è, quindi, sia "*finis mundi*" (*T* I, 56,2) che "*consummatio saeculi*" (*T* I, 25,19), includendo, in entrambe le espressioni, l'idea della fine dei tempi e non, come nell'Antichità, quella delle sue "colonne d'Ercole". Altrove, là dove, come nell'*Enchiridion*, *saeculum* è impiegato come sinonimo di *tempus*, esso si applica, di solito, a suddivisioni settenarie (cfr. *LF* XVIII).

La nozione più generica fra quelle che Gioacchino utilizza nelle sue cronotassi è, come risulta evidente, quella di *tempus*, applicata prevalentemente agli schemi settenari, ma di sovente estesa anche alle altre ripartizioni, come sinonimo, dunque, di *status* o di *aetas*, e comunque traducibile con il termine generico di "periodo".

Ma, una volta trattati, per sommi capi, i problemi terminologici della periodizzazione gioachimita, veniamo ora a parlare dei suoi contenuti, limitandoci, per ragioni di spazio, alla più celebre ripartizione, quella che, impiegando la terminologia che compare con maggior frequenza soprattutto nel corso dei tre grandi commentari, è la cosiddetta teoria dei "tre stati" o "età", agganciata direttamente al simbolismo trinitario.

La divisione triadica, in sé, non era né nuova né originale. Anche Ruperto di Deutz aveva sviluppato, come Gioacchino, una suddivisione del corso storico in corrispondenza della Trinità, tuttavia il suo sistema rimaneva ancora all'interno dello schema statico tradizionale, di derivazione agostiniana, perché il terzo periodo, quello dello Spirito Santo, cominciava già con Cristo (*De Trinitate*, Prol., 198 sgg.). Con Gioacchino, invece, la succesione dei tre stati assume una caratteristica intrinsecamente dina-

mica. Il brano più famoso, in proposito, è quello tratto dal quinto libro della *Concordia Novi ac Veteris Testamenti*, dove vediamo all'opera l'ispirazione schiettamente poetico-figurale dell'abate di Fiore. Scrive Gioacchino:

"Così, tre stati del mondo (*tres mundi status*) testimoniano — come già abbiamo avuto modo di dire in quest'opera — i simboli (*sacramenta*) della pagina divina: il primo, in cui fummo sotto la legge (*sub lege*); il secondo, in cui fummo sotto la grazia (*sub gratia*); il terzo, che attendiamo da presso, che sarà sotto una grazia maggiore (*sub ampliori gratia*). Infatti, come dice Giovanni, il Signore '*ci ha dato grazia su grazia*' (Gv.1,16), vuoi anche fede su carità, sia, insieme, entrambe. Allora, il primo tempo fu quello della scienza, il secondo quello della sapienza, il terzo sarà quello della piena intelligenza; il primo è stato l'obbedienza servile, il secondo la servitù filiale, il terzo sarà quello della libertà; il primo fu la prova, il secondo l'azione, il terzo sarà la contemplazione; il primo fu il timore, il secondo la fede, il terzo sarà l'amore; il primo fu l'età dei vecchi, il secondo quella dei giovani, il terzo sarà quella dei fanciulli; il primo si è svolto alla luce delle stelle, il secondo fu l'aurora, il terzo sarà il giorno pieno; il primo fu l'inverno, il secondo l'inizio di primavera, il terzo sarà l'estate; il primo portò le ortiche, il secondo recò le rose, il terzo porterà i gigli; il primo dette l'erba, il secondo le spighe, il terzo darà il frumento; il primo dette l'acqua, il secondo dette il vino, il terzo darà l'olio; il primo si riferisce alla Settuagesima [la terza domenica prima della Quaresima], il secondo alla Quaresima, il terzo sarà la Pasqua. Il primo stato, dunque, si riporta al Padre, che è l'autore di tutte le cose e, di conseguenza, quel primo genitore iniziò quanto si riferisce al simbolo della Settuagesima [ossia all'inizio della storia sacra], giungendo fino al tempo degli apostoli. Se '*il primo uomo tratto dalla terra è di terra, mentre il secondo uomo viene dal cielo*' (1Cor. 15, 47), il secondo stato deve essere riportato al Figlio, che si degnò di vestire l'argilla di cui siamo fatti, in cui si può digiunare e patire per riformare lo stato dei primi uomini, che uccidevano per mangiare. Il terzo stato va riferito allo Spirito Santo, di cui l'apostolo dice '*dove c'è lo Spirito del Signore c'è libertà*' (2Cor. 3,17). Inoltre, il primo stato è rappresentato da quelle tre settimane che precedono il digiuno quaresimale; il secon-

do stato è simboleggiato dalla stessa Quaresima; il terzo è raffigurato dal tempo festivo che si chiama Pasqua" (*C* V, 112bc).

Il ritmico succedersi dei simboli raggiunge, in questo splendido brano, la coerenza formale e l'armonia musicale della poesia. La concezione dei *tres status mundi* si manifesta con una rara trasparenza stilistica, che mette insieme, senza sbavature, la visione genealogica della storia con la percezione storica della natura.

"Il cosmo tutto," ha scritto in proposito Henry Mottu, "vi è considerato come l'universalizzazione di quel ritmo tripartito fondamentale, che si interiorizza sempre più. Si verifica un'irreversibile 'evoluzione', che va nettissimamente dall'esteriorità all'interiorità, dallo stadio delle mediazioni e del male a quello dell'immediatezza assoluta e della perfezione, dalla costrizione alla spontaneità. La teologia (lo schema trinitario storicizzato) e le economie (Legge, Grazia, Spirito), le stagioni e i prodotti della terra, l'intelligenza progressiva del piano divino (scienza, sapienza, pienezza dell'intelligenza) e dei rapporti umani (schiavi, uomini liberi, amici), tutto l'universo viene inglobato in un triplice accordo di quattordici serie simboliche, che significano, ciascuna nel proprio ordine, il rinnovamento graduale del mondo" (Mottu 1977, p. 208).

Lo schema triadico è, quindi, il cuore di tutte le altre ripartizioni. Infatti, sviluppando la sequenza triadica dei "tre stati" secondo la scansione *sub lege, sub gratia* e *sub ampliori gratia,* Gioacchino giunge a formulare due schemi subordinati quaternari e quinari, ovvero di quattro o cinque *tempora,* facendo interagire il meccanismo degli *status* con la scansione tradizionale, di derivazione paolina, di *tempus ante legem, tempus sub lege,* e *tempus sub gratia* (oltre al "meta-tempo" *in pace*). La tripartizione si trasforma così in quadripartizione, dove i quattro tempora sono *ante legem, sub lege, sub gratia* e *sub ampliori gratia.* Inoltre, i quattro *tempora* possono essere ricondotti allo schema ternario "ortodosso", pensando al tempo *sub gratia* come a un tempo "doppio" (*geminum*) – *sub gratia* e *sub ampliori gratia* –, ma possono anche essere portati a cinque, aggiungendo alla fine il periodo eterno della visione di Dio nei cieli. In conclusione, un'altra periodizzazione combina la scansione dei tre stati alla suddivisione tradizionale delle sette età, facendo corrispondere al primo *status* le prime cinque *aetates* della storia, al

secondo *status* la sesta *aetas* e al terzo la settima, quella del regno terreno dello Spirito (*C* V,73b; *E* VII, 209d-210a).

In ogni caso, il tratto decisivo di tutte queste schematizzazioni temporali rimane quello che differenzia, in modo radicale, la concezione gioachimita della storia dalla visione tradizionale – quella di Paolo e Agostino –, per cui il tempo post-cristico è sostanzialmente uniforme. Per Gioacchino, invece, il sistema storico non è più cristocentrico (Bloomfield 1957, p. 307), bensì pneumatocentrico. L'asse della storia si protende verso il futuro. Di conseguenza, il cardine dell'interpretazione, il cuore luminoso dell'*arbor historiae* gioachimita, non è il passato dell'avvenuta incarnazione, ma il presente in cui inizia il futuro dello Spirito, l'esser-già del non-ancora. Qui i tre lati del prisma gioachimita convergono nel nome della speranza. Anzi, in quell'esercizio della speranza contro il muro dell'evidenza che non cessa di rilanciare il suo "sogno a occhi aperti" nella "crisi" di ogni presente, nella stessa disperazione del nichilismo contemporaneo, perché – come scrive Gioacchino in chiusura dell'*Enchiridion* – "proprio quando la gloria del mondo volge al nulla, incominci a essere rivelata la gloria del Regno (*cum gloria mundi tendit ad nihilum, revelari incipiat gloria regni*)" (*EA* 2580-2581).

Vita e cronologia

Le notizie che abbiamo sulla vita di Gioacchino da Fiore sono scarse. Come osservava Henry Mottu, su Gioacchino "abbiamo solo testimonianze *post eventum* discordanti e spesso contraddittorie", sicché "assume necessariamente forza di legge l'adagio ermeneutico secondo cui l'opera illumina la vita e non viceversa" (Mottu 1977, pp. 10-11). Ma non solo questo, aggiungiamo, perché la stessa "fortuna" dell'opera, la sua *Wirkungsgeschichte*, come la chiamerebbe Gadamer (Gadamer 1960), ci restituisce un'immagine di Gioacchino che si riflette nelle sue tarde e "inattendibili" biografie.

La tradizione biografica gioachimita ha sostanzialmente due fonti di riferimento. La prima, quella più autorevole e positivamente accolta dalla critica, rinvia alle testimonianze dello scriba di Gioacchino, Luca da Cosenza. Queste notizie, raccolte alla fine del XVI secolo da Giacomo Greco, monaco di San Giovanni in Fiore, e, quindi, edite una prima volta con il titolo non autentico di *Virtutum beati Joachim Synopsis* da F. Ughelli, nel 1662, furono pubblicate, assieme ad altre, dal gesuita Daniel Papebroch nel 1688, finché, ai giorni nostri, H. Grundmann non ne ha curato l'edizione critica (Grundmann 1960, pp. 539-544). Tuttavia, osserva in proposito il Buonaiuti, "è una circostanza niente affatto rassicurante che anche il testo di Luca, come la raccolta di *Miracula* riprodotta dal Papebroch, siano a noi pervenuti attraverso le mani poco innocenti di Giacomo Greco [...], che è, sì, il biografo di Gioacchino da cui poi tutti, indiscriminatamente hanno attinto, ma è anche, purtroppo, il rimanipolatore poco scrupoloso di tutte le più antiche memorie locali, relative al fondatore dell'ordine Florense" (Buonaiuti 1930a, p.

XVIII). D'altra parte, la *Chronologia* del Greco, come giustamente osservava il Crocco, si rivela totalmente inattendibile proprio nelle datazioni della nascita e della morte di Gioacchino, facendo slittare di più di un decennio l'intero arco della vita del nostro abate (CROCCO 1976, p. 11).

Dunque, la redazione duecentesca delle notizie biografiche di Luca da Cosenza non può essere letta senza tener conto del filtro tardo rinascimentale di Giacomo Greco. Questi, secondo i biografi, fu abate di Scigliano e visse nel monastero di Corazzo ove redasse la *Joachim Abbatis et Florensis Ordinis Chronologia* edita a Cosenza, presso Andrea Riccio, nel 1612 (ALIQUÓ LENZI-ALIQUÓ TAVERRITI 1955, II p. 54). Il Papebroch, utilizzando questa edizione assieme a dei manoscritti dello stesso Greco, concernenti le *"gesta mirabilia"* dell'abate Gioacchino (PAPEBROCH 1688, pp. 112-123), pubblicò il tutto negli *Acta Sanctorum* (PAPEBROCH 1688, pp. 89-140).

Ma la tradizione di Giacomo Greco non fu quella a cui i contemporanei – fino a tutto il Settecento – intesero dare, se non maggior credito, almeno maggior diffusione. Nell'ambito della retorica agiografica vanno infatti annoverate altre due biografie gioachimite. Innanzitutto la frammentaria *Vita Beati Joachim abbatis*, di un tale Giovanni Pelusio, contenuta nel Codice Brancacciano I.F.2 della Biblioteca nazionale di Napoli (GRUNDMANN 1960, pp. 528-539), che non ebbe, però, la minima risonanza. Quindi l'*Apologetica* di Gregorio de Laude, abate del monastero del Saggittario in Lucania, edita a Napoli nel 1660: un classico esempio di retorica agiografica secentesca che ebbe la singolare ventura di essere messa all'Indice *"donec corrigatur"* appena due anni dopo la sua uscita, cosa che ne limitò in gran parte le fortune (DE LAUDE 1660).

Accanto alle tre biografie di "area" cistercense – del Greco, del Pelusio e del de Laude –, che rinviano, più o meno fedelmente, allo schema tracciato da Luca da Cosenza, esiste una *Vita Joachimi Abbatis* di un tale Gabriele Barrio Francicano (non Francescano, come anche il De Lubac sembra fraintendere: DE LUBAC 1979-1981, I, p. 234), che, come riporta F. Russo nella sua *Bibliografia Gioachimita*, "è stata riprodotta in varie edizioni delle opere apocrife di Gioacchino" (RUSSO 1954, p. 71). La fonte di questa biografia è stata rintracciata nello stesso Codice Brancacciano I.F.2 della Biblioteca nazionale di Napoli (ff. 272r.-

273v.), col titolo di *Vita beati Joachim primi Abbatis Florensis*. In essa compare per la prima volta la famosa leggenda dell'Angelo che, apparso alla madre di Gioacchino prima che lui nascesse, le avrebbe intimato di non battezzare il bambino prima del settimo anno di età. Partendo da questo particolare R. Morghen ha formulato l'ipotesi di un nesso che l'anonimo compilatore della *Vita* intendeva porre fra Gioacchino e una certa tradizione ereticale a lui precedente – in particolare Arnaldo da Brescia e l'eresia evangelica del XII secolo – che condannava il battesimo prima dell'età della ragione (MORGHEN 1958, p. 295).

Nel redigere la seguente cronologia ho pensato di collocare i pochi dati biografici sicuri della vita del nostro abate nel quadro storico della sua epoca, con un particolare riguardo nei confronti della storia dei movimenti religiosi che trasformano la spiritualità occidentale tra il XII e il XIII secolo. Gioacchino appartenne alla generazione successiva alla grande stagione del rigorismo *patarino* (intorno al 1050), della prima crociata (l'appello di Urbano II a Clermont avvenne nel 1095) e della fondazione di Cîteaux (1098). "Con Cîteaux," scrive A.Vauchez, "il monachesimo, discusso e contestato da ogni parte, si propone di continuare a incarnare in tutta la sua purezza l'ideale della chiesa primitiva. Difatti, l'umiltà e la penitenza che erano le parole chiave dei movimenti apostolici, vengono reintegrate dai monaci bianchi in seno al cenobitismo benedettino" (VAUCHEZ 1975, p. 115). Gioacchino visse l'inizio della sua vita nell'apogeo dell'ordine cistercense, quell'età di san Bernardo di Chiaravalle che va dalla fondazione di Clairvaux (1115) alla morte del santo (1153). Ma ben presto lo slancio ideale dei cistercensi rimase prigioniero delle stesse cause che lo avevano fatto nascere dal seno dell'opulenza cluniacense: "L'attaccamento formale alla regola, che i fondatori avevano voluto bandire, riapparve ben presto a mano a mano che si facevano più acuti i problemi per i quali non erano riusciti a trovare una soluzione: come conciliare povertà individuale e ricchezza collettiva? In che modo essere presenti in mezzo agli uomini pur rifiutando il mondo? Tanto per citare un solo esempio, in un Occidente in cui gli spazi rurali non coltivati cominciavano a scarseggiare, avvenne anche che i cistercensi facessero distruggere dei villaggi cacciandone i contadini per costruire dei 'deser

ti' intorno alle loro nuove fondazioni" (Vauchez 1975, pp. 115-116).

L'opera di Gioacchino come fondatore di monasteri e "riformatore" dell'Ordine rappresenta la piena consapevolezza della decadenza cistercense, in una concezione dinamica dell'eredità di san Benedetto, dove l'esigenza escatologica dell'*Ecclesia Spiritualis* non rinuncia ad affrontare l'*experimentum mundi* (Bloch 1977), misurandosi con la continua perfettibilità delle regole e delle istituzioni.

L'epopea delle crociate attraversa la vita di Gioacchino mediante l'evento cruciale, più volte ricordato nelle sue opere, della caduta di Gerusalemme nel 1187. Ma invano cercheremmo nell'abate gli incitamenti alla "guerra santa" di san Bernardo. L'ideale gioachimita vuole la chiesa nei panni del "servo sofferente" di Isaia (Is. 42,1 sgg.), legge nel destino storico della cristianità una "grande conversione" che necessita la comprensione e la persuasione – "*praedicando magis quam proeliando*" (*E* IV,164d) –, che poggia sulla certezza del meccanismo escatologico più che sulle spade dei principi cristiani (Daniel 1969, pp. 127-154).

D'altra parte, l'opposizione teologica di Gioacchino allo sviluppo del movimento scolastico, assieme al suo isolamento rurale rispetto al fiorire della vita cittadina del XII secolo e al carattere apocalittico del suo marginalismo culturale, lo respinge "*al di qua* del risveglio evangelico urbano (movimento valdese, ordini mendicanti, *vita apostolica*, povertà): se contesta il monachesimo e 'fuggirà' egli pure, sarà nell'eremitismo e non in un ministero di povertà rispondente alle nuove mentalità e situazioni" (Mottu 1977, pp. 19-20).

Eppure, nonostante questo "arcaismo", Gioacchino poté divenire l'anticipatore, il punto di riferimento dei nuovi movimenti spirituali del XIII secolo, dagli ordini mendicanti, al radicalismo dei francescani spirituali, alle attese escatologiche di quello che diventerà il movimento del Libero Spirito: "Un abate cistercense della campagna sarà trasformato dalla storia in profeta delle 'nuove *équipes*' in ambiente urbano, mentre un esegeta, che voleva essere ortodosso e sottomesso ai papi, sarà visto come una specie di padre spirituale delle 'ribellioni selvagge' nella chiesa e fuori dell'ambiente ecclesiastico nel corso dei secoli successivi" (Mottu 1977, p. 20).

Ecco allora che Gioacchino rappresenta la reviviscenza dell'antico elemento protestatario del monachesimo: "La 'fuga' del monaco fuori *dal* mondo è in realtà una protesta *contro* le imperfezioni e i tradimenti della chiesa, compromessa nei rapporti di forza e di dominio del mondo" (Mottu 1977, p. 67). La "fuga" dell'*abbas* cistercense, le metamorfosi del monaco in eremita, e dello studioso della *lectio divina* in *propheta,* dischiudono un esempio carismatico per tutto il "polo protestatario del cristianesimo". Ma non si tratterà più di respingere il mondo come male e abbandonarlo. Bisognerà respingere il mondo come male per trasformarlo: inizia l'era teologica della rivoluzione.

1130-1135

Gioacchino da Fiore nasce a Celico, in Calabria. La tradizione degli antichi biografi lo dice figlio d'un notaio municipale (*tabellio*) membro della borghesia notabile del reame normanno. Invece, alcuni cenni autobiografici contenuti nelle sue opere hanno fatto pensare a un'origine contadina. Nell'*Expositio* si legge, infatti, "*qui sum homo agricola a iuventute mea*" (*E* IV, 175b). Il passo colpì particolarmente Buonaiuti, che, di conseguenza, presentò Gioacchino come un "servo della gleba", redento dalla vocazione monastica, interpretandone il messaggio come un accorato appello alla redenzione sociale delle masse medioevali, oppresse dal sistema feudale (Buonaiuti 1931a, pp. 121, 185; 1931b, pp. 312-316). Tuttavia quest'affermazione sembra debba essere inserita in un contesto allegorico che allude all'esegesi del versetto biblico di *Zaccaria* 13,5, e in cui Gioacchino coglie l'occasione per rifiutare l'appellativo di "profeta" (Rotondi 1937, pp. 211-214). In questo senso vanno interpretati i brani paralleli dell'*Enchiridion super Apocalypsim* (*EA* 50-54) e dell'*Introductorius* all'*Expositio in Apocalypsim* (*E* p, 2b) assieme alla testimonianza medioevale di Ralph di Coggeshall che definisce Gioacchino "*illiteratus*" (Mottu 1977, p. 11). Si tratta di documenti che esulano dal piano strettamente biografico e rivestono una precisa valenza ideologica, dove la lettura di Buonaiuti e del primo Grundmann (Grundmann 1927, pp. 72, 121 n. 17) – poi ritrattata (Grundmann 1950,

p. 38) – non fanno che tradurre come dato biografico il significato che l'opera di Gioacchino assunse agli occhi dei francescani e dei movimenti spirituali del XIII secolo: lo status di "*illiteratus*" è l'equivalente, sul piano retorico, della "povertà evangelica" sul piano socio-economico.

Assolutamente priva di fondamento, come ha dimostrato Beatrice Hirsch-Reich, è la pretesa origine ebraica di Gioacchino. Alla fonte di questa ipotesi stanno, piuttosto, alcune opzioni teologiche dell'abate e le "accuse" dei polemisti cistercensi (HIRSCH-REICH 1966, pp. 239-243).

1140

A Bologna viene composta la "concordanza dei canoni discordanti", ovvero la raccolta di tutti i documenti giuridici della storia della chiesa, che costituirà la base del diritto canonico fino all'epoca contemporanea: il *Decretum* di Graziano.

1142

Morte di Pietro Abelardo (1079-1142).

1146

San Bernardo proclama a Vézelay la seconda crociata (1147-1149), cui aderiscono l'imperatore Corrado III (1093-1152) e il re di Francia Luigi VII (1137-1180).

In questa data si interrompe il *De duabus civitatibus* del cistercense Ottone di Frisinga (1111 ca.-1158), zio di Federico Barbarossa, che tratta dello sviluppo della storia universale, secondo lo schema agostiniano del *De civitate Dei*, dalle origini del mondo, fino, appunto, al 1146. Inizia la "secolarizzazione" della *civitas Dei*: il Sacro Impero romano germanico e la chiesa appaiono come una specie di corpo terrestre della città di Dio.

1150 circa

Pietro Lombardo compone i *Quattuor libri Sententiarum*, primo esempio di "summa" teologica che presenta tutti i problemi della fede cristiana, i testi biblici, quelli dei Padri, dei concili, le opinioni dei maestri e i punti di

vista dell'autore. Fino alla Controriforma sarà il manuale per la laurea in teologia, rappresentando l'equivalente teologico del *Decretum* di Graziano.

1152

Federico Barbarossa Hohenstaufen è eletto imperatore del Sacro Romano Impero.

1153

Morte di Bernardo di Chiaravalle (1091-1153).

1159

Il celebre giurista Rolando Bandinelli sale al soglio pontificio, assumendo il nome di Alessandro III (1159-1181). Opposizione di Federico I Barbarossa. Alleanza del papato con la casa normanna e con i comuni della Lega lombarda.

1160

Muore Pietro Lombardo (1100 ca.-1160), l'autore dei *Quattuor libri Sententiarum*. Nel 1159 era stato nominato vescovo di Parigi. Viene sepolto a Parigi, nella chiesa di Saint-Marcel, dove la sua tomba era reperibile fino alla Rivoluzione francese (precisazione necessaria di fronte a una tradizione dossografica gioachimita che vuole il Lombardo ritirarsi negli ultimi anni della sua vita nel monastero calabrese di Sambucina, dove il *Magister Sententiarum* avrebbe conosciuto il giovane Gioacchino — venendone sconfitto dalla sapienza teologica – e dove, infine, si sarebbe spento nel 1164).

1166

Morte di Guglielmo I di Sicilia. Sotto Guglielmo II (1166-1189) il regno normanno raggiunge il suo apogeo economico e culturale. L'elevato livello di vita civile e il lungo periodo di pace e abbondanza fanno di questo periodo una sorta di età aurea del Meridione d'Italia, precorrendo la grande stagione di Federico II.

1167

Il giovane funzionario di cancelleria Gioacchino, abbandona la carriera e tutti i suoi averi e intraprende il pellegrinaggio per la Terra Santa, in mano crociata dal 1099. Il fatto è attestato dalle antiche biografie e dal passo del *Tractatus super quattuor Evangelia "sicut ipsi vidimus Hierosolimis"* (*T* I, 93, 9). Alcune fonti anticipano il viaggio di Gioacchino al 1156-1157, cercando di collegare la sua "conversione" alla peste di Costantinopoli del 1157 – momento cruciale per redimere una gioventù trascorsa in mezzo alle dissolutezze – tuttavia il modello della biografia francescana è sin troppo evidente (MOTTU 1977, p. 12). Pare certo, invece, che all'inizio Gioacchino fosse fortemente avversato nella sua vocazione dal padre, come risulta da una nota personale della *Concordia*, dove l'abate si lamenta perché le famiglie cercano di ostacolare il cammino spirituale dei figli (*C* V, 89cd). Successive fonti biografiche ci parlano di un'importante "visione" che Gioacchino ebbe sul monte Tabor, collegata alla prima persona della Trinità. Come riporta la tarda biografia di Gabriele Barrio (1571):

"Non molto tempo dopo, il fervore della sua devozione lo condusse a Gerusalemme, dove, lungo il viaggio, sfamò i poveri con tutto ciò che aveva. Allora prese l'abito ruvido e bianco dei monaci. Giunto in una regione desertica, siccome temeva di morire consumato dalla gran sete, si ricoprì di sabbia, perché insepolto non divenisse cibo per le belve, e allora, mentre rifletteva sulla comprensione delle Scritture, fu colto da un sonno profondo. Ecco che gli apparve un fiume d'olio e, vicino, un uomo ritto in piedi che gli diceva 'bevi di questo fiume', e, quindi, egli stesso, che beveva fino a esserne sazio. Quando si svegliò gli fu dischiusa la comprensione di tutta la Sacra Scrittura. Trascorse l'intera Quaresima dentro una vecchia cisterna, sul monte dove Cristo si era trasfigurato, dedicandosi a veglie, suppliche, digiuni, agli Inni e ai Salmi" (*Joachini Abbatis Vita per Gabrielem Barrium Francicanum edita*, 9v.).

Questa "visione" della "bevuta d'olio" è singolarmente simmetrica alla famosa leggenda dell'Angelo che apparve a Gioacchino ancora novizio mentre, nel monastero di Sambucina, era intento a meditare sui misteri divini. In quel caso l'Angelo gli offrì da bere l'anfora di un misterioso vino che conferiva il "dono della scienza". Ma

Gioacchino, assai parco anche in questo caso, non la bevve tutta (*"O Joachim, si totum exhausisses vinum, nulla te scientia fugisset"*), a significare simbolicamente la "visione indiretta" – *per speculum et in aenigmate* – sotto la cui cifra si pone l'impresa esegetica dell'abate calabrese. La leggenda, molto antica, appare una prima volta nella cronaca greca di Laonico Calcondida, ἀποδείξεις ἱστοριῶν (*Apodeíxeis historiōn*), ovvero *Historiarum demonstrationes de Rebus Turcicis*, della metà del xv secolo e poi nella fedele traduzione dell'*Apologetica* di Gregorio de Laude (X, 19).

Secondo il Crocco, il viaggio di Gioacchino in Terra Santa andrebbe spostato negli anni immediatamente successivi all'appello per la seconda crociata di san Bernardo (1147-1149) (Crocco 1976, p. 13).

1168-1170

Ritornato dalla Palestina, Gioacchino intraprende una vita da eremita nelle vicinanze di un monastero greco sull'Etna. Quindi, trasferitosi in Calabria, si stabilisce in una spelonca situata nei dintorni di Cosenza. Infine viene ospitato dall'abazia di Sambucina, a nord della cittadina calabra. A questo periodo risalgono le prime prediche di Gioacchino. Il vescovo di Catanzaro legittima la sua predicazione ordinandolo sacerdote.

1170

A Calaruega, a sud di Burgos, in Castiglia, nasce san Domenico.

1171

Mentre si trova nel monastero di Corazzo, Gioacchino viene convinto da un "nobile monaco greco" che gli commenta la parabola dei talenti (Lc. 19, 11-28; Mt. 25, 14-30) a lasciare il clero secolare per prendere l'abito monastico dei cistercensi.

1173 o 1176

Un ricco mercante di Lione, Pietro Valdo (1140 ca.-1217 ca.), dona i suoi beni ai poveri, raccoglie rapida-

mente dei seguaci facendo professione di povertà volontaria. Alcuni chierici aderenti al movimento traducono la Bibbia in volgare per i laici e per lo stesso Pietro Valdo. L'arcivescovo di Lione, un cistercense, vieta sia la mendicità che la predicazione dei "Poveri di Lione", che vengono ufficialmente condannati dal pontefice Lucio III, nel 1184.

1176

La Lega lombarda, che raccoglie i comuni del nord Italia contro l'imperatore, sconfigge il Barbarossa nella battaglia di Legnano.

1177

Pace di Venezia. Il Barbarossa riconosce Alessandro III come unico pontefice. Rimane irrisolta la questione delle regioni dell'Italia settentrionale lasciate in eredità al papato dalla contessa Matilde di Toscana.

Gioacchino è eletto abate della comunità cistercense di S. Maria di Corazzo.

dicembre 1178

Gioacchino è a Palermo, alla corte di Guglielmo II (1166-1189) d'Altavilla per patrocinare la causa del suo monastero in una disputa territoriale. In questo periodo l'abate calabrese cerca di ottenere la piena annessione all'Ordine cistercense del monastero di Corazzo, affiliandolo, dopo il rifiuto della vicina abazia di Sambucina, nel cosentano, alla casa madre di Casamari, uno dei monasteri cistercensi più importanti d'Italia.

1179

Concilio Lateranense III. Nel corso del Concilio, papa Alessandro III esprime più volte l'intenzione di condannare la dottrina trinitaria esposta nel *Liber Sententiarum* di Pietro Lombardo, venendone però impedito dalle energiche rimostranze di un gruppo di cardinali fedeli al *Magister Sententiarum* (DE GHELLINCK 1948, pp. 260-261).

1181-1182

Nascita di san Francesco d'Assisi.

Scomunica dei valdesi pronunciata dall'arcivescovo di Lione Jean Belles-Mains.

gennaio 1183 - primavera 1185

Gioacchino si trova a Casamari, dove riceve due "rivelazioni" sul *mysterium Trinitatis* (Figlio e Spirito Santo) che completano la visione giovanile nella cisterna del Monte Tabor (Dio Padre). La prima "esperienza" avviene in prossimità della Pasqua. "Nel pieno del silenzio della notte," scrive Gioacchino nell'*Expositio in Apocalypsim*, "e, come credo, proprio nell'ora in cui si ritiene che il nostro leone della tribù di Giuda (Ap. 5,5) fosse resuscitato dai morti, improvvisamente, mentre meditavo [il testo si riferisce ad Ap. 1,10, versetto che il nostro abate non riusciva a interpretare], mi accadde di cogliere con gli occhi della mente qualcosa d'una così grande chiarezza d'intelligenza (*intelligentiae claritate*) a proposito della pienezza di questo libro dell'*Apocalisse* e di tutta la concordia dell'Antico e del Nuovo Testamento" (*E* I, 39bc).

A questa prima "visione" pasquale di carattere cristologico seguì quella del giorno di Pentecoste, descritta nello *Psalterium*: "Nel frattempo, mentre entravo nell'oratorio per adorare Dio Onnipotente innanzi al Santo Altare, vi fu in me una sorta d'esitazione riguardo alla fede nella Trinità, quasi che fosse difficile da capire, per l'intelletto come per la fede, vuoi che tutte le persone siano un unico Dio, vuoi anche che un solo Dio sia tutte le persone. Perciò, quando accadde, pregai con fervore e, spaventato, fui spinto a implorare con forza lo Spirito Santo, di cui ricorreva la festività, perché si degnasse di svelarmi il sacro simbolo della Trinità, in merito al quale il Signore ci promise una completa conoscenza della verità. Dicendo queste cose cominciai a salmodiare per giungere al versetto stabilito del libro dei *Salmi*. Subito mi si presentò alla mente l'immagine di un salterio con dieci corde e in questa immagine mi apparve così evidente e chiaro il simbolo della sacra Trinità che immediatamente fui indotto a esclamare '*Quale dio è così grande come il nostro Dio*!' (Sal. 77,14)" (*P* p, 227bc).

Tuttavia, nonostante le relazioni amichevoli fra Gioacchino e l'abate di Casamari, il tentativo di incorporazione di Corazzo fallì a causa della povertà del piccolo monastero calabrese. Inoltre, la svolta "speculativa" di Gioacchino, testimoniata dalle due "esperienze" visionarie, aveva indubbiamente inciso sulle priorità dell'abate calabrese. È in questo periodo, infatti, che inizia la stesura parallela delle tre opere maggiori di Gioacchino, i tre grandi commentari scritturistici: la *Concordia Novi ac Veteris Testamenti*, l'*Expositio in Apocalypsim* e lo *Psalterium decem chordarum*. Di quest'ultimo lavoro pare che Gioacchino abbia completato il primo libro nello stesso 1184, mentre all'epoca di Casamari risale anche quella che sarà la prima stesura del *Liber introductorius* al commento sull'*Apocalisse*, l'*Enchiridion super Apocalypsim*.

maggio 1184

Colloquio di Gioacchino con papa Lucio III in soggiorno a Veroli. L'abate riceve dal pontefice l'incoraggiamento a procedere nella stesura dei suoi scritti, in conformità con una disposizione dei cistercensi che aveva proibito a tutti i membri dell'Ordine di scrivere senza il permesso del capitolo generale. Il papa condivide con l'abate calabrese la linea di non-opposizione della chiesa all'impero, il cosiddetto "partito della pace". È di questo periodo l'*Expositio de prophetia ignota*, il primo lavoro compiuto dell'abate fra quelli pervenutici. Secondo McGinn "data la popolarità del materiale sibillino nel XII secolo e le premonizioni apocalittiche che molti vedevano nella minaccia islamica e negli altri conflitti internazionali, non è del tutto improbabile che papa Lucio avesse domandato chiarimenti sulla misteriosa profezia, né sorprende che egli chiedesse aiuto ai suoi amati cistercensi e al loro ospite Gioacchino, il cui potere di penetrazione nei misteri delle Scritture aveva fatto grande impressione sull'abate e sulla comunità di Casamari" (McGINN 1985, p. 38). A Veroli Gioacchino incontra Luca da Cosenza, il suo più autorevole biografo, redattore della *Synopsis Virtutum* (GRUNDMANN 1960, pp. 539-544), e lo sceglie come suo amanuense.

Il pontefice Lucio III conferma la scomunica lanciata dall'arcivescovo di Lione contro i valdesi, che Gioacchino chiama "Pauperes Lugdunenses" (*T* I,151,27-152,2; I,

187, 5-10; III, 319, 4-11; *AF* 64), condividendone le istanze di povertà ma non la ribellione contro l'autorità visibile della chiesa.

Con la decretale *Ad abolendam* papa Lucio stabilisce la procedura da seguire nei casi di eresia, anticipando l'istituzione dell'Inquisizione, nel secolo seguente. Spetta all'autorità ecclesiastica indagare sul crimine e constatare l'errore dell'eretico, mentre il potere laico dovrà applicare le pene temporali previste.

1185

Gioacchino ritorna a Corazzo, in Calabria.

1186

Matrimonio fra Costanza d'Altavilla, zia di Guglielmo II di Sicilia (1166-1189) ed erede della casa normanna, e Enrico VI, primogenito dell'imperatore Federico Barbarossa.

Gioacchino si reca a Verona, a rendere omaggio al nuovo pontefice, Urbano III (1185-1187), successore di papa Lucio. Benché Urbano non fosse fautore della linea della non-opposizione all'impero come il suo predecessore, tuttavia egli rinnova a Gioacchino l'appoggio pontificio e l'incitamento a proseguire la stesura dei suoi commentari.

tarda primavera del 1186

Convinto che fosse ormai imminente un periodo di grandi tribolazioni, Gioacchino lascia il monastero di Corazzo per ritirarsi nell'eremo di Petra Lata, proseguendovi i suoi studi e continuando la stesura delle sue opere maggiori. Di quest'epoca è pure il trattato *De vita Sancti Benedicti et de officio divino secundum eius doctrinam.* Nella mente dell'abate si fa avanti l'idea che le forme del monachesimo tradizionale non siano più in grado di far fronte alla crisi dell'epoca. Alcuni discepoli lo seguono, fra cui Rainero di Ponza, futuro legato pontificio sotto Innocenzo III (1198-1216). La sede di Corazzo protesta per la "scissione" e richiama Gioacchino ai suoi doveri di abate.

2 ottobre 1187

Presa di Gerusalemme da parte di Saladino, nome latinizzato del Visir curdo del Cairo Salah ad-Din.

1188

Gioacchino con alcuni dei monaci più anziani della comunità di Petra Lata si reca a Roma, dal nuovo papa Clemente III (1187-1191), più vicino alle posizioni gioachimite che rivendicavano per la chiesa il ruolo del "servo sofferente", che "non si oppone al male" dell'impero, rispetto al suo predecessore Urbano III. Clemente esonera Gioacchino dai doveri abbaziali di Corazzo che, in cambio, verrà pienamente incorporata nell'Ordine cistercense, sotto il patrocinio dell'abate di Fossanova. Il papa suggella il suo appoggio a Gioacchino inviando, l'8 giugno 1188, una lettera in cui viene riconfermata la fiducia del pontefice nei riguardi dell'opera esegetica gioachimita, incitando l'abate a proseguire il lavoro dei suoi due trattati maggiori, l'*Expositio* e la *Concordia* (lo *Psalterium* era forse stato completato nel 1187). La lettera fu pubblicata come prefazione all'edizione veneziana delle opere di Gioacchino, stampate dagli agostiniani nel 1519 e nel 1527 (*C* Ia; *E* 1cd).

A Magonza, Federico Barbarossa proclama la terza crociata (1189-1192), detta "la crociata dei re" perché, oltre all'imperatore, vi presero parte Filippo Augusto di Francia e Riccardo Cuor di Leone d'Inghilterra.

autunno 1188 - primavera 1189

Gioacchino esplora i contrafforti dell'altopiano della Sila, nella Calabria centrale, alla ricerca del sito in cui fonderà il monastero di San Giovanni in Fiore. "La rapida salita dalla costa calabra fino ai mille metri di altitudine dell'altopiano silano," scrive McGinn, "è un cambiamento brusco anche per il viaggiatore moderno; nel XII secolo quel luogo alto e selvaggio dovette sembrare l'ideale ritiro monastico dal mondo" (McGinn 1985, p. 41). Per Crocco, inizierebbe alla fine del 1188 quel "triennio di crisi spirituale" (1188-1190) che finirà con il portare Gioacchino all'abbandono dell'Ordine cistercense (Crocco 1976, p. 22).

1189

Morte del re di Sicilia Guglielmo II. Tancredi d'Altavilla impugna i diritti di Enrico VI nella successione dei possedimenti della casa normanna.

1190

Federico Barbarossa muore annegato in Asia minore, mentre partecipa alla terza crociata, indetta dopo la caduta di Gerusalemme (1187).

inverno 1190

Gioacchino tratta personalmente con il principe normanno Tancredi, ottenendo alcune generose elargizioni per la costruzione del nuovo monastero. Dal 1190 l'abate risiederà permanentemente nella nuova fondazione di San Giovanni in Fiore. La dedicazione a san Giovanni Evangelista, "tipo" della vita contemplativa, si associa, così, al simbolo del "fiore". Su quest'ultimo il Tondelli osserva che "Gioacchino concepiva la nuova età come un nuovo Fiore; e si può anche sospettare che da questo egli o i suoi chiamassero la nuova abbazia da lui fondata *S. Giovanni in Fiore*" (TONDELLI 1953, I, p. 237). Per il Cappelli, Gioacchino voleva indicare che con il nuovo monastero cominciava "a fiorire il terzo stato" (CAPPELLI 1953, pp. 53 sgg.). In realtà, le fonti biografiche contemporanee propendono, piuttosto, per un'origine toponomastica, facendo derivare l'intitolazione dell'abbazia dal nome di un torrente di montagna, chiamato in latino *Flos* (Fiore), presso il quale venne eretto il monastero (GRUNDMANN 1960, p. 535).

Verso la fine del 1190 sbarcano a Messina le truppe di Filippo Augusto re di Francia e di Riccardo Cuor di Leone re d'Inghilterra, dirette alla "liberazione" della Terra Santa. Scaramucce tra gli uomini di Riccardo e quelli di Tancredi.

primi mesi del 1191

Gioacchino è a Messina. Qui avviene il leggendario colloquio fra l'abate e Riccardo Cuor di Leone, in attesa di condizioni meteorologiche favorevoli per imbarcarsi in direzione della Palestina. Secondo le antiche biografie del

cronisti cistercensi inglesi, Benedetto di Peterborough, Ruggero di Hoveden e Ralph di Coggeshall, al seguito di Riccardo, il nostro abate spiegò al sovrano plantageneto l'interpretazione del simbolo apocalittico del drago a sette teste (Ap.12,3), utilizzando lo stesso schema rappresentato nella tavola XIV del *Liber Figurarum*. Le prime cinque teste corrispondono a Erode, Nerone, Costantino, Maometto, Melsemoth (nome latinizzato del capo dei berberi del Maghreb, artefice della presa di Siviglia, nel 1147, e dei domini della Spagna musulmana). Ai cinque persecutori già morti si aggiunge la sesta testa, ovvero quel Saladino che aveva preso Gerusalemme nel 1187. Egli cadrà – secondo la profezia di Gioacchino – sette anni dopo la caduta di Gerusalemme, in corrispondenza con la crociata di Riccardo. Infine Riccardo chiese all'abate dei lumi riguardo all'identificazione dell'Anticristo, annunciato da Gioacchino come già di questo mondo e indicato da Riccardo nella persona del pontefice in carica. Per Buonaiuti il racconto dei cronisti inglesi è senz'altro "artificioso, posticcio e leggendario", ritenendo "assurdamente inverosimile l'identificazione attribuita a Gioacchino dell'Anticristo con un papa" (BUONAIUTI 1931a, pp. 161, 167). In questo periodo Gioacchino compose l'*Intelligentia super calathis*.

A fine primavera i crociati, guidati da Riccardo, conquistano Cipro, S. Giovanni d'Acri e il litorale mediterraneo fino ad Ascalona, ma devono rinunciare alla Città Santa.

estate 1191

Gioacchino si trova sotto le mura di Napoli, assediata da Enrico VI Hohenstaufen. L'abate profetizza all'imperatore, sulla base dell'interpretazione di *Ezechiele* 26,7, la presa non violenta del regno di Sicilia – ancora in mano a Tancredi – e, quindi, gli raccomanda di moderare la sua crudeltà, paragonandolo alla figura biblica di Nabucodonosor.

settembre 1192

Il capitolo generale dell'Ordine cistercense, venuto a mancare il massimo protettore dell'abate, papa Clemente III (1187-1191), condanna Gioacchino e il suo amico Rainero da Ponza come "*fugitivi*" e ordina loro di ritornare a Co-

razzo, abbandonando la nuova esperienza monastica di San Giovanni in Fiore. La proposta gioachimita di un monachesimo nuovo e più perfetto si scontrava – come, in seguito, si scontrerà quella degli ordini mendicanti – con l'ormai consolidata struttura istituzionale dei cistercensi. Questi ultimi, come attesta un frammento di una lettera di Goffredo di Auxerre – già segretario di san Bernardo –, attaccarono duramente Gioacchino, accusandolo di essere un "falso profeta" e inventando la "voce" della sua presunta origine ebraica (Hirsch-Reich 1966, p. 238).

ultimi mesi del 1194

Gioacchino incontra Enrico vi mentre questi si reca a Palermo per essere incoronato. L'imperatore, ricordandosi della profezia dell'abate riguardo alla presa non violenta del regno di Sicilia, gli promette alcune donazioni per San Giovanni in Fiore.

21 ottobre 1194

A Nicastro, in Calabria, l'imperatore fa la prima, generosa, donazione al nuovo monastero di Fiore: è, praticamente, il suo atto di fondazione. Enrico vi sarà patrono dell'Ordine florense fino alla morte.

Natale 1194

Enrico vi è incoronato a Palermo. Nascita di Federico – il futuro Federico ii (1194-1250) –, figlio di Enrico vi e Costanza d'Altavilla.

6 marzo 1195

Donazione imperiale al monastero di San Giovanni in Fiore.

Venerdì Santo del 1196

Gioacchino è chiamato alla corte di Palermo come confessore dell'imperatrice Costanza d'Altavilla.

25 agosto 1196

Con la bolla *Cum in nostra* il pontefice Celestino III approva la regola monastica – oggi perduta – del nuovo Ordine florense. La posizione ecclesiastica di Gioacchino nei riguardi dei cistercensi viene così chiarita definitivamente.

21 febbraio 1197

Nuova donazione imperiale al monastero di San Giovanni in Fiore.

settembre 1197

Il giovane imperatore Enrico VI muore a causa di una misteriosa febbre, probabilmente malaria contratta durante l'assedio di Napoli del 1191.

inizio 1198

Innocenzo III (1198-1216) sale al soglio pontificio.

Morte di Costanza d'Altavilla (1154-1198). Prima di morire, l'imperatrice conferma le donazioni imperiali all'Ordine florense con un diploma datato da Messina, gennaio 1198, (una dotazione annua sulle saline del Neto e il possesso di alcune terre del demanio della Sila).

L'infante Federico II (1194-1250) diviene re di Sicilia.

A Roma, sullo sfondo dell'elezione di Innocenzo III, Gioacchino incontra il cistercense Adamo di Perseigne (Reeves 1969, p. 13). Secondo il *Chronicon Anglicarum* di Ralph di Coggeshall, Gioacchino avrebbe pronunciato, in quest'occasione, la famosa asserzione sull'origine delle sue "profezie": "Egli rispose di non aver ricevuto al riguardo né profezia (*prophetiam*), né predizione (*conjecturam*), né rivelazione (*revelationem*); ma Dio – disse –, che un tempo dette ai profeti lo spirito di profezia (*spiritum prophetiae*), mi fece dono dello spirito d'intelligenza (*spiritum intelligentiae*) per comprendere in tutta chiarezza, nello spirito di Dio, tutti i misteri della Sacra Scrittura (*mysteria Sacrae Scripturae*), come li composero i santi profeti che un tempo la scrissero nello spirito di Dio" (*Rerum Britannicarum Medii Aevi Scriptores*, 66, 68).

1200

Epistola testamentaria di Gioacchino da Fiore che i manoscritti successivi e l'edizione cinquecentesca di Venezia premisero alle opere dell'abate. Di dubbia autenticità secondo il Buonaiuti e l'Anitchkof – che l'attribuisce addirittura agli editori veneti del XVI secolo – (BUONAIUTI 1931a, p. 175; ANITCHKOF 1931, p. 18), in seguito è stata considerata autentica dalla maggior parte dei critici (GRUNDMANN 1932, p. 225 n. 24; FOBERTI 1934, p. 44; TONDELLI 1953, I, pp. 124-125). Gioacchino vi cita l'approvazione ricevuta dai papi Lucio, Urbano e Clemente, ribadendo l'intenzione di sottoporre ogni suo scritto alla censura pontificia. L'*Expositio* e la *Concordia* sono terminate e l'abate afferma di aver già inviato quest'ultima al pontefice, per l'esame del magistero. In questo periodo Gioacchino inizia la stesura del *Tractatus super quattuor Evangelia* che rimarrà incompiuto.

1201

L'arcivescovo Andrea di Cosenza dona a Gioacchino una piccola chiesa nella Sila, vicino a Petrafitta, dove l'abate inizia a costruire un eremo monastico che chiama San Martino di Giove.

30 marzo 1202

Gioacchino da Fiore muore a Petrafitta. Il suo corpo viene sepolto nella chiesa abbaziale di San Giovanni in Fiore. L'iscrizione sulla tomba dice: "*Hic Abbas Floris/caelestis gratiae roris*".

1215

Concilio Lateranense IV.

Riconoscimento dell'Ordine dei francescani.

Decreto *Damnamus*, con cui il Concilio condanna l'opera giovanile di Gioacchino *De unitate seu essentia Trinitatis* per la sua posizione nettamente contraria alla teologia trinitaria di Pietro Lombardo, ormai "ufficializzata" con la salita al trono di Pietro di Innocenzo III, allievo dello studio parigino. A partire dal pontificato di Innocen-

zo III inizia la lunga egemonia dei *Quattuor libri Sententiarum* come testo principe della Scolastica.

1216

Il nuovo pontefice Onorio III difende l'ortodossia di Gioacchino e dell'Ordine florense dagli attacchi dei cistercensi.

1221

Onorio III torna a difendere Gioacchino e i florensi dagli attacchi dei cistercensi. In una bolla – *Ex parte dilectorum filiorum* –, diretta all'arcivescovo di Cosenza e al vescovo di Bisignano, il pontefice rivendica l'ortodossia di Gioacchino, proclamandolo solennemente "*vir catholicus*".

1230

Probabile "*terminus ad quem*" per la raccolta delle tavole miniate che costituiscono il *Liber Figurarum* gioachimita.

3 luglio 1234

Canonizzazione di san Domenico. Nella bolla di canonizzazione di Domenico – *Fons sapientiae* – il pontefice Gregorio IX (1227-1241) paragona la Congregazione florense ai quattro grandi ordini monastici dell'Occidente: benedettini, cistercensi, francescani e domenicani. L'Ordine florense ebbe un consistente sviluppo nella seconda metà del XIII secolo (sessanta monasteri maschili e quattro femminili), per poi subire una graduale decadenza fino al 1570, quando i pochi florensi superstiti furono riuniti all'Ordine cistercense da Pio V, il promotore della "crociata" contro i turchi che culminerà nella battaglia di Lepanto (1571) (Russo 1959, pp. 83-209).

1244-1247

Probabile periodo di composizione del trattato apocrifo *Super Hieremiam*, attribuito, fino al secolo scorso, al calamo dell'abate Gioacchino.

1254

Gerardo da Borgo S. Donnino, lettore di Teologia all'Università di Parigi, pubblica l'*Introductorius in Evangelium aeternum*. L'opera conteneva l'edizione della *Concordia Novi ac Veteris Testamenti* di Gioacchino da Fiore, munita di glosse marginali e preceduta da un'ampia introduzione (*Introductorius*) sul passaggio dalla fase letterale e transitoria del Vangelo a quella spirituale e perenne. Gerardo vi mescolava ambiguamente conclusioni proprie e brani autentici ricavati dalle altre opere di Gioacchino. Il libro, che è andato perduto, non passò inosservato agli occhi dei *magistri* parigini, soprattutto perché inizialmente era stato attribuito al generale dei francescani Giovanni da Parma, rappresentando quindi la doppia opposizione fra ordini mendicanti e clero secolare, e fra la concezione "arcaica" del pensiero cristiano – l'esegesi gioachimita – e l'affermarsi dell'aristotelismo (Manselli 1962, p. 157).

Il tribunale teologico universitario redasse un elenco di 31 *errores* contenuti nell'opera, mentre Guglielmo di Saint-Amour, il cancelliere della Sorbona, componeva il *Tractatus brevis de periculis novissimorum temporum*, in cui attaccava apertamente l'*Introductorius* e gli ordini mendicanti, in particolare i domenicani. Gli risposero, a difesa dei loro ordini, san Bonaventura con l'*Apologia pauperum contra calumniatores* e san Tommaso con il *Contra impugnatores Dei cultum et religionem*.

luglio 1255

Per ordine del pontefice Alessandro IV viene formata una commissione cardinalizia con lo scopo di esaminare l'*Introductorius* e le opere di Gioacchino da Fiore. La commissione si riunì ad Anagni. Dei lavori della commissione ci è pervenuto il cosiddetto *Protocollo di Anagni* (Denifle 1885, pp. 99-142), suddiviso in due parti: la prima dedicata all'esame dell'*Introductorius*, la seconda al complesso degli scritti di Gioacchino, probabilmente redatta dallo stesso vescovo Florenzio, che rappresentava la posizione dell'accusa dei *magistri* parigini.

Il 23 ottobre 1255, il pontefice Alessandro IV con la bolla *Libellum quendam* ordina di distruggere l'*Introduc-*

torius e l'elenco degli *errores* redatto dai *magistri* universitari. Nessun addebito veniva rivolto alle opere autentiche di Gioacchino, mentre l'anno seguente il papa condannava il *De periculis* di Guglielmo di Saint-Amour, espellendo dalla Sorbona il suo autore (CROCCO 1976, pp. 182-185).

1260

Secondo i calcoli delle generazioni presentati nelle opere di Gioacchino, il 1260 doveva segnare l'inizio del terzo *status*. Nella temperie storica che vedeva l'acuirsi del conflitto fra papato e impero, espresso dalla formazione dei due partiti dei guelfi e dei ghibellini, nonché dall'identificazione popolare di Federico II come l'Anticristo, il 1260 fu vissuto da molti come l'anno della "crisi" escatologica. La sua espressione popolare fu l'esplosione del fenomeno dei Flagellanti (TONDELLI 1944, pp. 14 sgg.), mentre quella letteraria fu il *Dies irae* di Tommaso da Celano (ERMINI 1903, pp. 59-60).

1263

Il XIX sinodo provinciale di Arles, per volontà del vescovo Florenzio – deluso dagli esiti del verdetto di Anagni –, condanna anche gli scritti autentici di Gioacchino.

1266

Probabile data di composizione del *Super Esaiam*, notissimo apocrifo gioachimita, attribuito all'abate fino al secolo scorso.

1287-1289

Pier Giovanni Olivi (1248-1298), autore della celebre *Postilla in Apocalypsim* (MANSELLI 1955), insegna allo studium fiorentino del convento francescano di S. Croce, fervido centro di diffusione delle idee gioachimite. Molto probabilmente fra gli ascoltatori v'è il giovane Dante Alighieri (BUONAIUTI 1936, p. 32), che trarrà alcuni temi teologici della *Divina Commedia* dal pensiero di Gioacchino da Fiore, nominandolo esplicitamente nel XII canto del Paradiso: "e lucemi da lato/il calavrese abate Giovacchino,/di spirito profetico dotato" (*Par.* XII, 139-141).

Gli scritti

Il destino singolare dell'opera di Gioacchino da Fiore fu quello di essere, per lungo tempo, superata dalla fama profetica e visionaria dell'abate calabrese. Un vasto *corpus* di scritti apocrifi iniziò a circolare subito dopo la sua morte, intrecciandosi con le leggende biografiche dei suoi infallibili vaticini. D'altra parte, i sospetti sulla sua eterodossia dottrinaria, sviluppatisi dopo le due prese di posizione del magistero ecclesiastico del 1215 e del 1255, limitarono la fortuna degli scritti autentici di Gioacchino, lasciando proliferare gli apocrifi, molto meno impegnati sul versante teorico e pieni di un gran numero di *vaticinia ex eventu*, racconti storici camuffati da profezie, utilizzabili a piacere nei vari contesti politici (la pretesa di avere la volontà di Dio e il senso della storia dalla propria parte non è disprezzata neppure nella nostra epoca "secolarizzata", come attestano i discorsi dei capi di stato, dai deliri del "folle imbianchino" alle pacate conferenze stampa del presidente degli Stati Uniti: *in God We Trust!*). La stessa pubblicazione a stampa delle tre opere maggiori dell'abate, i preziosi incunaboli veneziani del Cinquecento, avvenne in una delicata congiuntura politica – l'inizio della Riforma in Germania (1517), l'isolamento della Repubblica di Venezia in Italia in seguito alla politica di papa Giulio II, il pericolo turco a Oriente dopo la caduta di Costantinopoli (1453), il sacco di Roma da parte dei lanzichenecchi (1527) –, inserendosi, a sua volta, nel quadro "metapolitico" dei "circoli gioachimiti veneziani" (McGinn 1986, pp. 19-39) e della Congregazione degli eremiti di sant'Agostino, lo stesso ordine di Martin Lutero, quale strumento teologico per stigmatizzare le infedeltà della chiesa del tempo (Grundmann 1927t, p. 194). A tutt'oggi la

Concordia Novi ac Veteris Testamenti, l'*Expositio in Apocalypsim* e lo *Psalterium decem chordarum* si leggono nelle vecchie edizioni veneziane, la prima curata da Simone di Luere, stampata nel 1519, le altre due edite, in un unico volume, da Francesco Bindone e Matteo Pasini nel 1527. Solo nell'ultimo decennio, con l'edizione critica di quattro libri su cinque della *Concordia* da parte dell'americano E. Randolph Daniel, sembra essersi mosso qualcosa sul fronte delle opere maggiori, dove per lungo tempo echeggiarono soltanto le promesse di Herbert Grundmann e della sua équipe dei *Monumenta Germaniae Historica* – nel 1977 Henry Mottu annotava "c'è da sperare che la morte di Grundmann (20 marzo 1970) non abbia interrotto i lavori dell'edizione critica annunciata" (Mottu 1977, pp. 33 n. 115) (si trattava della "*Concordia-Ausgabe*" menzionata da Grundmann nel 1966: Grundmann 1969, p. 33).

D'altra parte, l'impegno del Grundmann era ben più antico e risaliva ai primi anni trenta, quando lui e Buonaiuti si erano "spartiti" il *corpus* gioachimita. Grundmann avrebbe curato l'edizione delle tre opere maggiori, mentre l'italiano si sarebbe occupato degli scritti minori e del *Tractatus super quattuor Evangelia*. Come poi siano andate le cose lo sappiamo. Nel 1930 Buonaiuti pubblicò il *Tractatus*, nel 1936 il *De articulis fidei* e alcuni sermoni. Arsenio Frugoni curò l'edizione dell'*Adversus Iudaeos* nel 1957, mentre nel 1934 C. Ottaviano aveva pubblicato lo scritto, di "scuola gioachimita", *Contra Lombardum*. Il Grundmann, scontratosi con l'effettiva difficoltà di pervenire a un inventario esauriente ed esaustivo dei manoscritti gioachimiti delle tre opere maggiori dispersi nelle biblioteche europee nonché, probabilmente, filologo molto più accorto e prudente del Buonaiuti – e quindi restio a edizioni "semidiplomatiche", basate sulla collazione di due codici soltanto – si dedicò alle fonti biografiche di Gioacchino (Grundmann 1960, pp. 437-546) e ai nessi storici del gioachimismo con gli ordini mendicanti e con gli altri movimenti religiosi del Medioevo (Grundmann 1935). Di fronte allo stallo riguardante le opere maggiori, bisogna dire che, invece, gran parte del *corpus* "minore" gioachimita è stato pubblicato dagli anni cinquanta a oggi, a cominciare dal *De vita sancti Benedicti* edito dal Baraut (1951), per continuare con il gruppo oxoniense di Marjorie Reeves e Beatrice Hirsch-Reich, cui dobbiamo la pubbli-

cazione del *De septem sigillis* (1954) – per non parlare della preziosa collaborazione con Leone Tondelli nell'edizione del *Liber Figurarum* (1953) – arrivando, così, alle recenti edizioni nordamericane di Daniel (1980; 1983), di McGinn (1973) e di Burger (1986).

Tuttavia, se il problema della pubblicazione degli scritti di Gioacchino da Fiore – come accade, a onor del vero, per molti altri autori medievali – sembra lungi dall'essere risolto, pare invece ormai definitivamente chiarita la questione degli scritti autentici (GRUNDMANN 1927, pp. 8-19; TONDELLI 1942, pp. 1-12; 1953, I, pp. 116-122; BLOOMFIELD 1957, pp. 251-260; HIRSCH-REICH 1957, pp. 27-44; REEVES 1969, pp. 511-524; CROCCO 1976, pp. 27-74; MOTTU 1977, pp. 32-35; MCGINN 1985, pp. 47-55), dei quali faremo, qui di seguito, una rapida analisi. Ma prima di procedere in questo senso, dobbiamo spendere ancora qualche parola in merito alla datazione delle opere di Gioacchino e alla loro composizione. Si tratta di due problemi sostanzialmente connessi, in quanto l'abate calabrese, proprio in virtù del carattere fortemente sistematico della sua opera, si trovò spesso nella necessità di riprendere e ripetere le stesse tematiche, seguendo le esigenze del rigoroso parallelismo della *concordia* testamentaria e delle sequenze dei *tempora*, delle *aetates* e degli *status*. Inoltre, la caratteristica delle tre opere maggiori, concepite in un progetto unitario e complessivo, fece sì che Gioacchino vi lavorasse contemporaneamente, in un continuo *work in progress* che occupò gli anni che vanno dal suo soggiorno nel monastero di Casamari (1184) all'*Epistola testamentaria* (1200), dove si redige un elenco sommario dei lavori dell'abate e che nei manoscritti successivi come, del resto, nella stessa edizione di Venezia (1519-1527) venne premessa alla raccolta dei suoi scritti.

Questo processo di rielaborazione lasciò tracce evidenti nelle ripetizioni interne agli scritti di Gioacchino, nonché versioni diverse della stessa opera, come accadde nella complessa vicenda dei commenti all'*Apocalisse*, dal testo "giovanile" della *Praefatio super Apocalypsim* (prima del 1183), all'*Enchiridion super Apocalypsim* (1183-1185), alla versione definitiva del *Liber introductorius* preposto alla monumentale *Expositio in Apocalypsim* (1185-1200), per non dimenticare la misteriosa *Apocalypsis nova*, di cui manca ancora un'edizione a stampa.

Per quanto concerne gli altri scritti di Gioacchino sembra ormai accettata – con qualche eccezione (CROCCO 1976, p. 67) – l'opinione del Fournier, ripresa da Grundmann (GRUNDMANN 1927, p. 17), che i trattati minori, compreso il perduto libello *De unitate seu essentia Trinitatis* condannato nel 1215, fossero tutti anteriori all'inizio delle tre opere maggiori (FOURNIER 1909, p. 490). Sicuramente successivi ai trattati principali sono il *Tractatus super quattuor Evangelia*, redatto tra il 1200 e il 1202 e rimasto incompiuto (BUONAIUTI 1930, p. 324 n. 1; GRUNDMANN 1950, pp. 16-17; MOTTU 1977, p. 37), e il *Liber Figurarum*, composto nella sua forma attuale da un discepolo di Gioacchino non più tardi del 1230 (MOTTU 1977, p. 35).

Per concludere, un'ultima annotazione sullo stile di Gioacchino che chiarisce, in parte, le lentezze nella collazione dei manoscritti gioachimiti e, soprattutto, l'assenza di traduzioni complete dei suoi testi, limitati a brevi estratti non tradotti e confinati dagli specialisti nelle note a piè di pagina: "L'abate," precisa McGinn, "è anche uno scrittore difficile. Sebbene capace di passaggi di notevole forza retorica, il suo stile è di solito denso, a volte oscuro e con frequenti ripetizioni. È pertanto facile capire perché si legga più spesso su Gioacchino che Gioacchino" (MCGINN 1985, p. 48). Non è azzardato supporre, quindi, che molti degli stereotipi sul pensiero dell'abate calabrese accumulati dalla tradizione critica dovranno essere rivisti alla luce della pubblicazione dei tre commentari maggiori, mentre la parola di Gioacchino, liberata dal ristretto ambito di erudizione dov'era confinata, potrà finalmente farsi ascoltare da sola.

1. *Opere principali*

Concordia Novi ac Veteris Testamenti

Secondo l'ordine esposto da Gioacchino stesso, nel suo "testamento" pubblicato come *Epistola Prologalis* (*E* 1ab; *C* p, Ib) dell'edizione di Venezia, la *Concordia*, in cinque libri, è il primo lavoro della "trilogia" trinitaria dedicata al Padre (*Concordia*), al Figlio (*Expositio in Apocalypsim*) e allo Spirito Santo (*Psalterium decem chordarum*). È anche l'unica delle tre che l'abate dichiara esplicitamente compiuta al momento in cui scrive l'*Epistola Prologalis* (*E* 1a; *C* p, Ib),

ovvero *“anno dominice incarnationis 1200”* (*C* p, Ic). Ecco come Gioacchino riassume il contenuto della *Concordia* nella “prefatio” dell’opera:

“PRIMO LIBRO. Nel primo libro si tratta dei giudizi (*iudiciis*) che Dio esercitò nel Vecchio Testamento e dei sette conflitti (*conflictibus*) dei figli d’Israele.

SECONDO LIBRO. Nel secondo libro si tratta dei principali passi di concordia fra il Nuovo e il Vecchio Testamento (*concordiae Novi ac Veteris Testamenti*), che si presentano lungo ciascuno dei raggruppamenti di dieci generazioni e, inoltre, dell’unica intelligenza spirituale (*una intelligentia spirituali*) che dalla lettera di entrambi (*ex utraque littera*) meravigliosamente procede.

TERZO LIBRO. Nel terzo libro si tratta delle diverse specie di festività (*sabbatorum*) e degli altri passi di concordia dei due Testamenti (*concordiae duorum Testamentorum*) che si trovano nei sette sigilli del Primo Testamento (*in septem sigillis Prioris Testamenti*) e, inoltre, sono resi conoscibili dalle aperture (*apertionibus*) di quelli del Nuovo, per mostrare all’attento lettore la meravigliosa intelligenza del futuro (*intelligentia futurorum*).

QUARTO LIBRO. Nel quarto libro si tratta, in generale, della perfezione della concordia (*de plenitudine concordiae*) nelle generazioni contate dei due Testamenti, da Adamo fino a Giovanni Battista e da Ozia, re di Giuda, fino alla rivelazione di Elia.

QUINTO LIBRO. Nel quinto libro si tratta delle storie principali (*de precipuis historiis*) del Vecchio Testamento, così come devono essere intese secondo l’interpretazione spirituale (*secundum spiritualem intellectum*), poiché dall’esito (*ex fine*) di quelle storie – se le comprendiamo in senso spirituale (*spiritualiter*) – ci sono mostrate molte cose che debbono ancora accadere nei giorni finali (*in novissimis diebus*)” (*C* p, IIIcd).

Così, mentre i primi quattro libri fungono da ampia introduzione alla teoria esegetica di Gioacchino – sono disponibili in edizione critica (DANIEL 1983) – il quinto, pari per estensione ai primi quattro, è un lungo commentario sui libri storici dell’Antico Testamento. In particolare, se nei libri secondo e quarto troviamo il tema ricorrente dei paralleli storicizzanti fra le generazioni dei due Testamenti e nel libro terzo il classico esame della corrispondenza dei sette sigilli, il libro quinto vede l’applicazione dell’esegesi gioa-

chimita alla "*generalis historia*" (*EA* 60-65) del racconto biblico. Si inizia con la spiegazione della *Genesi* secondo i sette modi dell'*intellectus typicus* (cc. 3-30) (*C* V, 61c-73c); si rilegge, poi, secondo i modi tipologico e allegorico, la storia dei patriarchi (cc. 31-58) (*C* V, 73c-90b), e quella di Davide, Elia e dell'esilio babilonese (cc. 59-78) (*C* V, 90c-106d). Vi è quindi, ai capitoli 82-84, un'interessante digressione su come la liturgia, da Settuagesima a Pentecoste, possa essere utilizzata quale "corrispondenza" per la storia sacra (*C* V, 109d-112d), tema che riaffiora più volte anche dalle pagine dell'*Enchiridion* (*EA* 520; 1391-1404; 1456; 1582-1624; 1780-1821; 2165) e nel *Liber Figurarum* (*LF* XIX). In questo inciso, al capitolo 84, si colloca anche la più famosa e "poetica" formulazione della dottrina dei "*tres status mundi*" (*C*V,112ad). L'opera si conclude con la rapida trattazione delle quattro storie di Giobbe, Tobia, Giuditta ed Ester – che Gioacchino chiama "*quattuor historiae speciales*" (*EA* 65-69) – messe in corrispondenza con i quattro Vangeli, con la vita di Cristo e con la storia della chiesa (cc. 85-92) (*C* V, 112d-122c), e con un accenno ai libri profetici (cc. 93-119) (*C* V, 122c-135d). In un finale di grande efficacia drammatica, Gioacchino collega l'esposizione dell'"ermeneutica" – vale a dire l'intero contenuto della *Concordia* – con la visione della storia e la dimensione escatologica del presente che risultano dallo sviluppo coerente della stessa teoria esegetica: "Eccoci giunti alla quarantesima generazione, al tempo stabilito per l'apertura (*aperiantur*) dei testi (*sermones*) finora sigillati (*clausi*). [...] Non è il caso che indugiate oltre: chi può si rifugi nell'arca, prima che l'onda vorace del grande diluvio (*magni diluvii*) salga dall'abisso e, apertesi le cateratte del cielo, venga subito l'inondazione. [...] È questo il periodo della chiesa (*tempus Ecclesiae*), nel quale deve sopraggiungere la pienezza dei tempi (*plenitudo temporum*). [...] Dopo che si saranno compiuti questi misteri (*mysteriis*), [...] inizierà l'era della pace (*tempus pacis*) su tutta la terra (*in universa terra*)" (*C* V, 134ab).

Secondo E. Schott, i cinque libri della *Concordia* non presentano una piattaforma unitaria, sicché gli ultimi due, comportando un nuovo approccio ai contenuti teorici, fanno esplodere la composizione dei primi tre (Schott 1902, pp. 159-161); mentre per Grundmann si tratta, invece, di "nuove impostazioni che intendono riprendere, di nuovo, l'intero". Ecco allora che "il quarto libro intende ricupe-

rare quello che i primi libri lasciavano quasi fuori campo a causa degli schemi escatologici", e "l'ultimo libro promette di trattare di ciò che è avvenuto *spiritualiter*, ovvero degli *intellectus spirituales* che scaturiscono dai *verbis historicis*", di modo che "di fatto il metodo cambia, diventa esegetico e mette in moto il sistema delle *species intelligentiae* per l'esegesi corrente dei libri veterotestamentari" (GRUNDMANN 1927, p. 159). Per A. Crocco, nel quinto e ultimo libro della *Concordia* "l'ossessiva ricerca di elementi storico-concordistici cede il posto all'esegesi allegorico-spirituale e alla ricerca dei valori simbolici", "raggiunto ormai lo scopo di mostrare la 'concordia', sostanzialmente legata alla 'lettera' della Scrittura, si imponeva l'esigenza di ricercare in essa i valori spirituali e di scoprire il 'messaggio' racchiuso nelle narrazioni e nelle forme letterarie arcaiche e riflettenti le esperienze religiose delle diverse fasi della rivelazione biblica" (CROCCO 1960, pp. 40-41).

Dal numero dei manoscritti giunti sino a noi, si può affermare che la *Concordia* fu, probabilmente, l'opera più diffusa di Gioacchino (MCGINN 1985, p. 49).

Expositio in Apocalypsim

L'*Expositio in Apocalypsim*, in otto libri e un *introductorius*, seconda parte della trilogia gioachimita, è dedicata alla persona del Figlio. Iniziata subito dopo la *Concordia* e assieme allo *Psalterium* in seguito alle "*revelationes*" di Casamari (vedi *Vita e cronologia*), è il lavoro più voluminoso dell'abate calabrese (nell'edizione di Venezia 224 fogli contro i 135 della *Concordia*), che riuscì a completarlo ma non a sottoporlo all'approvazione pontificia. Indubbiamente si tratta dell'opera centrale del pensiero gioachimita, come testimoniano, fra l'altro, i numerosi "lavori preparatori" che le fanno da cornice, vale a dire quegli opuscoli apocalittici – alcuni pervenutici fra le opere minori – che prefigurano parti e sviluppi del testo dell'*Expositio*. Questa è suddivisa in un *Liber introductorius* (*E* i, 2d-26c), che riproduce, con qualche variazione, l'*Enchiridion super Apocalypsim* (vedi qui di seguito *Introduzione al testo dell'Enchiridion*), e otto libri che portano avanti, versetto per versetto, l'interpretazione – secondo l'*intelligentia spiritualis* – dell'*Apocalisse* di Giovanni, giocando, fra l'altro, sul valore simbolico del numero sette, ricorrente lungo tutta la struttura del testo apocalittico.

Così lo stesso Gioacchino presenta il suo lavoro nel *"prologus"* dell'*Expositio*: "Non per la temerarietà della mia presunzione ma per l'autorità del Romano Pontefice (*Romani auctoritate Pontificis*) ho accettato di esporre l'*Apocalisse* che il beato Giovanni, confinato nell'isola di Patmos, ha narrato, dalla cui successione degli eventi (*ex cuius serie*) – come io penso – potrà essere dimostrato chiaramente ciò che ho predetto, e, se queste cose sono degne di un ulteriore apprezzamento, perché possano incitare la sposa [= la chiesa] e i figli del Regno [= il popolo cristiano] al disprezzo del mondo (*ad contemptum seculi*), e sia fatta propria quella parola del Signore che dice: *alzatevi e levate il capo, perché la vostra liberazione è vicina* (Lc. 21, 28)" (*E* p, 2b).

Il *Liber introductorius* ha la funzione di riassumere le prospettive generali dell'esegesi gioachimita assieme ai problemi concernenti la struttura e l'interpretazione dell'*Apocalisse*. Vi troviamo una densa ricapitolazione di alcuni temi come: la dottrina dei tre *status mundi*, cui corrispondono tre *ordines* e tre fasi della rivelazione (*E* i, 5b-6b); la *concordia* dei due Testamenti e la divisione del Nuovo Testamento in due distinti periodi – *"Testamentum Novum geminum est et quasi duplex"* (*E* i,6c); il leitmotiv dell'Anticristo connesso alla lettura di *Daniele* e alla venuta del *"magnus tyrannus"* al termine del secondo stato (*E* i,10a-11a); la discussione sulle "parti" dell'*Apocalisse* combinata con le scansioni dell'anno liturgico, con il tema dei *"sabbata"* e con quello "numerologico" del quinario e del settenario (*E* i, 11a-17d; 23c-24d); la prevalenza di Giovanni, simbolo della *vita contemplativa*, su Pietro, simbolo della *vita activa* (*E* i, 17d-19b; 22a-23c); la ripetizione classificatoria delle cinque *intelligentiae* (*E* i, 25d-26c) incrociata con brevi riepiloghi degli scopi del libro (*E* i, 23cd; 24d-25d).

Negli otto libri del commento, Gioacchino interpreta l'*Apocalisse* come una "profezia ininterrotta" (McGinn 1985, p. 161), come una grandiosa visione che suddivide la storia della chiesa in *"septem specialia tempora"* corrispondenti alle sette parti dell'*Apocalisse* (*E* I, 67b) e un'ottava parte che corrisponde alla glorificazione metastorica della Gerusalemme Celeste. La periodizzazione dei sette tempi "si fonda principalmente sull'allegorismo delle sette visioni e dei sette sigilli, i *signacula* sacri che chiudono

il grande libro del futuro e hanno un preciso e progressivo significato escatologico. L'inizio di ogni 'tempo' è determinato dall'apertura di un sigillo: e già cinque dei sette misteriosi segni si sono schiusi nel corso dei secoli" (Crocco 1976, p. 47). Secondo l'analisi dell'opera condotta da McGinn, il testo gioachimita mostrerebbe le seguenti ripartizioni tematiche:

Parte i (Ap. 1,1-3,22), che corrisponde a sette generazioni; al *tempus* primo; alla lotta dell'ordine degli *apostoli* o *prelati*, simboleggiato dal leone del tetramorfo, contro la *sinagoga* simboleggiata dalla leonessa di Dn. 7,4; alla prima testa del drago dell'*Apocalisse* (*LF* XIV) che compendia la storia del *corpus diaboli* all'epoca del Nuovo Testamento e che, quindi, si riferisce a re Erode (*E* I, 26c-99b). Commentando il versetto 1,8 dell'*Apocalisse*, Gioacchino ha l'occasione di riassumere la sua teologia trinitaria (*E* I, 33d-37d) – ampiamente ripresa nello *Psalterium* –, formulando una critica esplicita alla posizione di Pietro Lombardo, sviluppando il tema "grafico" dell'Alfa e dell'Omega così come verrà rappresentato nel *Liber Figurarum* (*LF* XIab; XIII) e avviando la riflessione sul significato mistico del tetragramma divino (IEUE) mutuata da Pietro Alfonsi ("*ebreus quidam Petrus nomine*", *E* I, 36d) (Moore 1908, pp. 47-52; Hirsch-Reich 1954, pp. 170-178).

Parte ii (Ap. 4,1-8,1), che corrisponde a sette generazioni; al *tempus* secondo; allo scontro dell'ordine dei *martiri*, designati dal vitello – il secondo dei "*quattuor animalia*" –, con i *pagani*, rappresentati dall'orso (cfr. Dn.7 o Ap.13); alla seconda testa del drago, incarnata da Nerone (*E* II, 99b-123b). Questa contesa dura fino al periodo di pace della chiesa sotto Costantino e Silvestro.

Parte iii (Ap. 8,2-11,18), che corrisponde a sette generazioni; al *tempus* terzo; alla lotta dell'ordine dei *dottori*, simboleggiati dall'*homo* del tetramorfo, contro il *pardus* che rappresenta gli *eretici* – in particolare gli ariani, giacché lo stesso Ario è identificato con la stella "Assenzio" di Ap. 8,1 (*E* III, 128 b); alla terza testa del drago, che si riferisce all'imperatore Costanzo (nel *Liber Figurarum*, invece, la terza testa è quella di Costantino) (*E* III, 123b-153a).

Parte iv (Ap. 11,19-14,20), che corrisponde a sette generazioni; al *tempus* quarto; al conflitto fra l'ordine dei

vergini – ovvero dei *monaci* –, designati dall'aquila, contro i *musulmani*, simboleggiati dalla "*Bestia quarta*"; alla quarta testa del drago, rappresentata da Maometto (altrove sarà Cosroe) (*E* IV, 153a-177b).

Parte v (Ap. 15,1-16,17), che corrisponde a sette generazioni; al *tempus* quinto; allo scontro fra la *chiesa romana* – vale a dire la chiesa nel suo insieme –, simboleggiata nel "*Thronus Dei*", contro *Babilonia*, designata come "*Sedes Bestiae*" e intesa non più apertamente come l'impero tedesco – avveniva così nella *Concordia* (*C* III, 41b; IV, 52ab) e nell'*Enchiridion* (*EA* 911) – ma piuttosto come i membri malvagi della chiesa (vescovi simoniaci, clero e monaci empi) (*E* V, 189b; VI, 193d-194d); alla quinta testa del drago, incarnata da Enrico iv (nel *Liber Figurarum* la quinta testa corrisponde al moro dell'Africa settentrionale Melsemoth – latinizzazione del nome della tribù berbera che prese Siviglia nel 1147) (*E* V, 177b-191c).

Parte vi (Ap. 16,18-19,21), che corrisponde a sette generazioni; al *tempus* sesto; alla lotta dei *viri spirituales*, rappresentati dai "*duo Ordines Novi*", prima contro il *drago*, poi contro la *Bestia che viene dal mare* e la *Bestia che viene dalla terra*; alle ultime due teste del drago, ovvero alla sesta, rappresentata da Saladino – contemporaneo di Giacchino da Fiore –, e alla settima, che simboleggia il "*maximus Antichristus*" (*E* VI, 191c-209d). L'abate afferma che il proprio momento storico è il tempo dell'apertura del sesto sigillo (*presentes dies in quibus, initiata apertione sexti sigilli, percutienda est Nova Babilon*, *E* i, 6d), in cui si passa dalla profezia già compiuta a quella che si deve compiere. Il *drago* del conflitto è appunto il grande drago a sette teste che insidia la donna, simbolo riassuntivo della lotta del diavolo contro la chiesa in tutti i *tempora*, mentre le sette teste, identificate lungo il dipanarsi dei tempi, rappresentano i sette re persecutori, cinque per i primi cinque *tempora*, due per il sesto, in cui Gioacchino prevede sempre una doppia persecuzione (*E* VI,196d). Identificato Saladino con la sesta testa, rimane il problema del *maximus Antichristus*, oggetto del famoso colloquio di Messina fra l'abate e re Riccardo Cuor di Leone, e che per Gioacchino, nonostante l'estrema cautela delle sue asserzioni "profetiche", doveva essere già presente nel mondo, anche se non si era ancora rivelato (*E* III, 133ab). In proposito, pare che per l'abate di Fiore l'Anticristo dovesse essere quel grande personaggio malvagio in

grado di unificare il rinato potere dell'islam (la *Bestia che viene dal mare*) con gli eretici occidentali (la *Bestia che viene dalla terra*) (*E* VI, 210d), che lui spesso chiama "patarini" (*E* I, 88a; III, 130cd; III, 131ab). Guidate dall'Anticristo, le due schiere si sarebbero abbattute sulla chiesa per 42 mesi – i tre anni e mezzo della profezia di *Daniele* (Dn. 7, 25) –, finché Cristo non avesse sconfitto le forze del male, gettato le Bestie nel lago di fuoco e, dopo aver legato Satana nell'abisso, dato inizio all'era millenaria.

Le parti I-VI compongono l'"*Incisio I*", corrispondente al secondo *status*, alla sesta *aetas*, e alla somma di 42 generazioni (7x6).

PARTE VII (Ap. 20, 1-10) che compone l'"*Incisio II*". Vi si descrive l'*età sabbatica*, in cui Satana giace legato nella Scizia; corrisponde al terzo *status*, alla settima *aetas*, al Regno millenario, al conflitto finale con l'Anticristo-Satana, tornato dalla lontana Scizia al comando delle schiere di Gog e Magog, al Giudizio Universale (*E* VII, 209d-215b). "Questa parte dell'*Expositio*," scrive McGinn, "insieme con altri riferimenti riassuntivi sparsi per tutto il libro, dimostra come Gioacchino fosse non solo un autentico autore apocalittico, ma anche un convinto utopista, nel senso che egli attendeva ardentemente l'imminente condizione ideale della chiesa sulla terra" (MCGINN 1985, p. 168). La concezione del millennio sabbatico terreno è per Gioacchino – in netta rottura con la tradizione esegetica agostiniana – una *rationabilis opinio* non contraria alla fede (*E* VII, 210c), il fatto di credere nella venuta sulla terra di una settima *aetas*, in cui la chiesa sarebbe stata libera dalle persecuzioni e avrebbe regnato indisturbata nel pieno possesso della *intelligentia spiritualis* non è un errore, ma un *serenissimus intellectus* (*E* VII, 211a). Questa settima *aetas* o terzo *status* rimane tuttavia assai indeterminata nei suoi contenuti. Essa sarà caratterizzata dalla *pax*, dalla *concordia*, dallo *spiritualis intellectus*, dai *viri spirituales* dell'*ordo monachorum* e da una trasfigurazione delle strutture della chiesa tradizionale, per cui si aspirerà a "un perfezionamento spirituale che eccede ogni sapienza dei libri e delle prediche" (GRUNDMANN 1927, p. 162), a "una controistituzione che reca in sé la coscienza escatologica del cristianesimo primitivo" (MOTTU 1977, p. 266).

PARTE VIII (Ap. 20, 11-22, 21) che compone l'"*Incisio III*". Corrisponde alla ottava *aetas* metastorica della Gerusalem-

me Celeste (*E* VIII,215b-224b). In questa parte l'applicazione del *sensus typicus* dell'*intellectus spiritualis* cede il passo ai sensi morale, contemplativo e anagogico. Ecco dunque il cenno cristologico con cui Gioacchino conclude l'opera dedicata al Figlio: "Egli, infatti, è la fine del libro (*finis libri*), Egli è il frutto della speranza e il premio delle nostre opere, che verrà a giudicare i vivi e i morti, e il mondo, attraverso il fuoco. Perciò, dopo che Lui sarà venuto per il Giudizio (*ad iudicium*), tutte queste cose avranno termine, perché ormai non vi sarà più qualcosa da chiedere, ma piuttosto qualcosa da amare, per noi che Lo vedremo così com'è e che conosceremo in Lui ogni verità (*videntibus nobis eum sicuti est et scientibus in eo omnem veritatem*)" (*E* VIII, 223d).

Il commento si conclude ribadendo l'intenzione di sottoporre l'intero contenuto dell'opera al giudizio e all'approvazione del magistero supremo della chiesa: "Io, che sono nulla (*qui nihil sum*), non voglio essere giudice (*iudex*) di me stesso, ma piuttosto voglio che lo sia il Sommo Pontefice, che giudica tutti, mentre Egli non è giudicato da nessuno (*qui iudicat omnes et ipse a nemine iudicatur*)" (*E* VIII, 224b).

Con l'*Expositio*, sostiene McGinn, "Gioacchino si fece strada oltre le anguste inibizioni del passato e anche oltre il senso della storia più forte che si possa trovare in altri interpreti del XII secolo, come Ruperto di Deutz: fino a vedere nell'*Apocalisse* una visione dell'intero corso della storia, passata, presente e futura, visione che non era altro che la storia della chiesa, il '*regnum Dei, quod est mater ecclesia*' (*E* II, 103d), sicché," prosegue lo studioso americano, "il *corpus* letterario di Gioacchino non è solo un unico vasto commento alla Scrittura, bensì anche una imponente teologia della storia paragonabile come portata e come sistematicità al *De civitate Dei* di Agostino" (McGinn 1985, pp. 171-172).

Psalterium decem chordarum

Lo *Psalterium decem chordarum*, in tre libri, conclude la trilogia gioachimita dedicata alla Trinità, in corrispondenza della persona dello Spirito Santo. Esso, infatti, fu iniziato subito dopo la *Concordia* e l'*Expositio*, nella cornice delle esperienze rivelative di Casamari, in seguito al-

la visione avuta il giorno di Pentecoste (vedi *Vita e cronologia*) (*P* p, 227bc). Lo scritto si colloca a metà fra un commentario sul libro dei *Salmi* e un trattato sul mistero della Trinità. La stesura sembra essere stata più rapida delle due opere precedenti, vuoi per la minor consistenza del volume (73 fogli dell'edizione di Venezia, che mette lo *Psalterium* nello stesso volume dell'*Expositio*: 227a-279a), vuoi per l'eventualità che il primo libro del trattato non sia altro che una rielaborazione dei temi contenuti in quel *De unitate seu essentia Trinitatis*, oggi perduto e presto oggetto della condanna del Concilio Lateranense IV (1215). Se, come sostiene Mottu, – e a differenza di quanto afferma il Crocco, che lo posticipa rispetto allo *Psalterium* (Crocco 1976, p. 67) – propendiamo per datare il *libellus* contro Pietro Lombardo alla fase giovanile dell'abate calabrese, prima dell'esperienza di Casamari (Mottu 1977, pp. 24-25), ecco allora che ci appare plausibile quanto Gioacchino afferma nella "*prefatio*": "Pertanto, subito in quello stesso monastero iniziai precisamente il primo libro di quest'opera (*subscripti operis librum primum*) e, in pratica, lo portai a compimento. Invece, il secondo e il terzo, non li ultimai lì, allora, né nello stesso periodo (*nec eodem tempore*), ma dopo circa due anni (*quasi post duos annos*)" (*P* p, 227c). Quindi, le date di composizione dovrebbero essere il 1185 per il primo libro e il 1187 per la fine degli altri due, anche se non è escluso che Gioacchino vi ponesse mano in seguito, mentre continuava il lavoro ai due commentari maggiori, conclusi verso la fine del secolo, poco prima dell'*Epistola testamentaria* (1200).

Così l'abate riassume i contenuti dello *Psalterium*: "Quest'opera è divisa in tre libri, perché tre sono le persone della divinità (*tres sunt personae deitatis*), in cui risiede la bellezza della nostra fede [...] vale a dire, il primo libro, in cui si tratta dello strumento musicale (*de vase musico*) che, con grande proprietà simbolica, si attribuisce al Padre, da cui tutto proviene. Il secondo in cui si tratta del numero dei *Salmi* (*de numero Psalmorum*) della sapienza divina (*sapientiae divinae*), per cui tutto passa. Il terzo in cui si tratta del ritmo del canto dei *Salmi* (*de modo psalmodiae*) e dell'istruzione dei cantanti (*psallentium*) per la stessa sacra unzione, in cui tutto risiede, e che – quando v'è la gioia interiore (*gaudium*) e

l'esultanza (*exultatio*) del Sommo Dio – riempie di sacri doni (*sacris muneribus*) coloro che rende lieti e gioiosi" (*P* p, 227cd).

Lo *Psalterium* prende il suo titolo da uno strumento musicale biblico, il salterio decacorde, riprodotto anche nel *Liber Figurarum* (*LF* XIII). La figura, dalla forma di trapezio isoscele, rappresenta, con i suoi due angoli inferiori (*Filius, Spiritus Sanctus*) e il suo lato superiore (*Pater*), le tre persone divine, mentre le dieci corde tese tra i due lati obliqui e uguali, simboleggiano da un lato i nove cori angelici e l'uomo, posto alla sommità della gerarchia celeste in virtù dell'incarnazione, dall'altro i sette doni dello Spirito Santo e le tre virtù teologali. Su questa figura si gioca l'architettura simbolica dello *Psalterium,* suddiviso in tre libri corrispondenti alle tre persone della Trinità e che intrecciano complicati simboli numerici, allegorizzazioni storico-bibliche e un ampio repertorio di riflessioni teologico-morali.

I LIBRO (*P* I, 228a-243c), intitolato *De contemplatione Trinitatis,* contiene un denso trattato sulla Trinità, suddiviso in sette "*distinctiones*". Esso, come scrive A. Crocco, "è quasi completamente ignorato dagli storici della teologia, mentre è di notevole valore teologico-speculativo" (CROCCO 1976, p. 59). Gioacchino si scaglia contro il triplice errore nella definizione della Trinità rappresentato (1) dal *sabellianesimo,* che riduce la Trinità a una mera triplicità di nomi vuoti di realtà (*P* I, 232a); (2) dall'*arianesimo,* che pone nella Trinità una gradazione ontologica scindendone l'unità sostanziale (*P* I, 229d); (3) dal *quaternarismo* – che l'abate calabrese attribuisce a Pietro Lombardo – che, negando il nesso di reciprocità fra le persone e la sostanza, concepisce quest'ultima come qualcosa di distinto *realmente* dalle persone, quasi come un *quarto elemento* (*quartum aliquid*) (*P* I, 234c). Questi tre errori vengono raffigurati graficamente nelle tavole presenti nel manoscritto di Dresda del *Liber Figurarum* (REEVES–HIRSCH-REICH 1972, pp. 212-223; LEE 1980, pp. 129-142) dedicate agli errori trinitari (*Perfidia Sabellii et Arii*; *Perfidia* [Petri]) (*LF* XXVIa). Gioacchino "riteneva che la teologia del Lombardo minacciasse di cancellare il coinvolgimento dinamico delle tre persone nel processo della storia sacra, imprigionando la Trinità dentro la struttura di una terminologia astratta e di distinzioni pericolose" (MCGINN

1985, pp. 181-182). Ne consegue il tentativo di pensare il simbolo trinitario in modo organico: "La Trinità si riferisce alle tre Persone (non a tre semplici nomi della stessa identica Persona) e l'unità alla sostanza unica, concepita non come sostanza *unipersonale*, ma *tripersonale*, nella quale cioè sussistono realmente, non fittiziamente, tre Persone" (Crocco 1976, p. 133).

II libro (*P* II, 243d-277c), intitolato *De numero psalmorum et de perfectione vel significatione ipsius numeri*. In esso si prende in esame il significato mistico del numero 150, che rappresenta il totale dei *Salmi* nella versione della *Vulgata* – la *Septuaginta* ne ha 151, mentre la versione siriaca ne conta 155. Gioacchino, muovendo dall'affermazione che il numero 150 *sacratissimus est "inter ceteros solemnes numeros, quos Scriptura Sacra commemorat"* (*P* II, 243d), sviluppa con nuove interpretazioni gli antichi schemi della simbolica medioevale dei *numerorum mysteria* connessi con il patrimonio figurale delle Scritture. Fra le numerose ripartizioni e scomposizioni del numero sacro è particolarmente significativa quella in tre gruppi di 50, corrispondenti alle tre persone della Trinità, ai tre *status mundi* e ai tre *ordines* del genere umano (*ordo coniugalis o laicorum; ordo clericalis o clericorum*; *ordo spiritualis o monachorum*) a cui vengono attribuiti i rispettivi doni spirituali, indicati dalle corde del salterio.

III libro (*P* III, 277c-279a), intitolato *De institutione psallentium*, è brevissimo e fa pensare a una sorta di incompiutezza rispetto al piano originario dell'opera. Si tratta di un canone salmodico contenente brevi norme per recitare i *Salmi*. Per Crocco "con ogni probabilità deve scorgersi in esso un iniziale abbozzo o un commento della perduta Regola florense riguardo agli obblighi corali" (Crocco 1976, p. 61).

Come scrive McGinn, "lo *Psalterium* è stato meno studiato rispetto alle altre opere, sia durante il Medioevo sia in età moderna" (McGinn 1985, p. 50), probabilmente per il delicato "*affaire*" del *Damnamus* della dottrina trinitaria che – è presumibile – agì anche sulla "fortuna" dello *Psalterium*.

Tractatus super quattuor Evangelia

Di poco più lungo dello *Psalterium*, il *Tractatus*, in tre libri, di cui due incompiuti, è l'ultimo scritto autentico di

Gioacchino, redatto tra il 1200 e il 1202 (*terminus a quo* la non menzione nella lettera testamentaria, *terminus ad quem* l'incompiutezza causata dalla morte dell'autore) (Buonaiuti 1930a, p. xxxix; Grundmann 1950, pp. 16-17). Per Mottu, l'interesse specifico dell'opera risiede: (1) nel rapporto tra ermeneutica e storia; (2) nell'importanza di un'esegesi di tipo apocalittico applicata ai Vangeli; (3) nel radicalismo che caratterizza il *Tractatus* rispetto ai precedenti lavori dell'abate (Mottu 1977, p. 37). Sia il Grundmann che la Reeves insistono sulla "radicalità" del *Tractatus*. Per la Reeves si tratta del "più radicale" degli scritti gioachimiti autentici (Reeves 1969, p. 27), per Grundmann tale radicalità si avverte: *a*) nella critica degli abusi ecclesiastici e monastici; *b*) nell'accentuazione delle speranze riguardanti l'avvenire come "tempo dello Spirito" (*Geistzeit*); *c*) nella coerentizzazione dei risultati della sua metodologia esegetica (Grundmann 1950, p. 17). Invece, per Mottu è l'"attesa pneumatologica" a rappresentare la più temibile "radicalizzazione" del *Tractatus*, dove affermazioni già sostenute da Gioacchino in altre opere mutano significato, disponendosi in un nuovo contesto (Mottu 1977, pp. 40-41).

Il *Tractatus* è una "*sacra lectio evangelica*" (*T* p, 3, 4), suddivisa, in realtà, in tre trattati, dedicata all'interpretazione alternata e concordante dei quattro Vangeli. Il primo trattato è preceduto da un *Prologo* (*T* p, 3, 3-5, 6) in cui Gioacchino spiega le direttrici ermeneutiche dell'opera. Si tratta di porre "nella sua esposizione un fondamento sicuro (*fundamentum*), tale che possa sostenere saldamente la struttura di tutta l'interpretazione (*totius intelligentiae fabricam*) e non possa essere scosso nella sua solidità da alcun vuoto discorso degli eretici" (*T* p, 3, 4-7). Gioacchino insiste sulla "concordanza" fra i quattro Vangeli e sul fatto che essi, nonostante le apparenze, non si contraddicono fra loro (*T* p, 3, 11-12). In conclusione, Gioacchino afferma di voler mettere in evidenza un *vivens ordo* (*T* p, 4, 12) della serie evangelica che si traduce nella prospettiva della storia della salvezza gioachimita: "L'ordine che regge il racconto evangelico è insieme una progressione spirituale e un palinsesto in cui si possono leggere come in filigrana le tappe della storia della salvezza" (Mottu 1977, p. 46). In questo quadro il Vangelo di *Matteo* rappresenta l'era dell'Antico Testamento (il primo *status*), quello di *Luca* la dottrina della *lactens Ecclesia* (il secondo *status*), quello di *Marco* la *doctri-*

na spiritualis (il terzo *status*), mentre il Vangelo di *Giovanni* costituisce la conoscenza beatifica del Regno, ovvero la prospettiva metastorica dell'ottava *aetas*.

Il PRIMO TRATTATO è il più lungo dell'opera (*T* I, 5, 6-202, 13) ed è l'unico compiuto, infatti, nel Codex 322 di Padova, troviamo alla fine la tradizionale formula di chiusura: "*explicit primus tractatus* IIII *Evangeliorum*". Inizia con la genealogia di Gesù (Mt. 1,1 sgg.; Lc. 3,23 sgg.) e si sofferma con attenzione sulla "*pueritia Christi*" (Mt. 2,1 sgg.; Lc. 2,22 sgg.) (*T* I, 66, 29-111,14), sulla predicazione di Giovanni Battista (Mt. 3,1 sgg.; Gv. 1,19 sgg.), armonizzando i racconti dei due evangelisti (*T* I, 111, 14-132,4) e sull'inizio della predicazione di Gesù (*T* I, 132, 8-152, 15) – Gioacchino esprime la preferenza "storica" per il Vangelo di *Luca* "che mantiene più mirabilmente l'ordine della sua narrazione (*ordinem narrationis suae*) e scrive alcune e non poche cose che sono state omesse da Matteo e Marco (*praetermissa sunt a Matheo et Marco*)" (*T* I,134,13-15), rilevando la differenza fondamentale fra *Giovanni* e i sinottici (*T* I, 144,10-12). Infine vengono presi in esame il battesimo di Gesù (Lc. 3,21 sgg.), la tentazione nel deserto (Mt. 4,1 sgg.), assieme a una ripresa della concordanza sinottica (*T* I, 152,16-175,10) per dimostrare che non v'è *dissonantia evangelistarum* (*T* I, 175,9-10), concludendo con la chiamata dei primi discepoli e con le nozze di Cana (Gv. 2,1-12) (*T* I, 175, 10-202,13).

Il SECONDO TRATTATO (*T* II, 203,2-241,12) considera la chiamata dei discepoli, basandosi sulla lettura dei tre "sinottici", presentati per un tratto su tre colonne (*T* II, 203, 24-210,18). L'incompiutezza del secondo trattato è evidente: lo svolgimento si arresta a Mt. 4, 22 (*T* II, 211,22) a Mc. 1,18 (*T* II, 210,18) e a Lc. 5, 12 (*T* II, 241, 5).

Il TERZO TRATTATO (*T* III, 242,2-324, 10) rappresenta un'esegesi continua del Vangelo di *Giovanni* (Gv. 2,12-5, 18) che prende in esame la purificazione del Tempio, il colloquio con Nicodemo, la testimonianza di Giovanni Battista, l'incontro con la Samaritana, la guarigione del figlio di un funzionario reale, la guarigione a Betesda. L'esposizione si interrompe bruscamente nel corso del commento di Gv. 5, 16.

Per Buonaiuti il *Tractatus* non è altro che, in ultima analisi, "una sinossi interpretata" (BUONAIUTI 1930a, p. 132 n. 1), mentre per McGinn il "vero tema del trattato" sono

"le storie intrecciate delle tre razze – ebrei, greci e latini": "la particolare disposizione di Gioacchino verso i greci, e in special modo le sue speranze per l'imminente ritorno degli ebrei, emergono qui nella maniera più dettagliata" (McGinn 1985, p. 50). Altri temi rilevanti che affiorano nel *Tractatus* sono quello della relazione fra vita monastica e vita clericale rappresentate nei tipi di Giovanni e di Pietro (*T* I, 52; 120-122; II, 240-241), e quello degli attacchi alle principali eresie del tempo (*T* I, 151; 157; 187; III, 319). Invece, per Mottu, il *Tractatus* gioachimita mostra l'intenzione di trattare "tutto il Vangelo" come "un Protovangelo del Vangelo dello Spirito" (Mottu 1977, p. 48). Ecco, quindi, l'insistenza sui racconti dell'infanzia e sulla preparazione della venuta di Gesù, nonché la preferenza per il *Beatus Luca*, l'evangelista più "storiografo", ma anche l'autore degli *Atti degli Apostoli*, ovvero colui che mette in evidenza la continuità "tripartita" fra antica alleanza (Protovangelo), tempo di Gesù (Vangelo), tempo della chiesa (Atti).

Il testo del *Tractatus* è stato edito da Ernesto Buonaiuti nel 1930 in base ai due manoscritti di Padova e Dresda (Buonaiuti 1930). Esso va integrato con le correzioni segnalate dai critici (Grundmann 1931, pp. 487-490; Ottaviano 1931, pp. 73-82; Franceschini 1935, pp. 481-492; Reeves 1969, p. 79). Dopo l'esame analitico dedicatogli da Henry Mottu (Mottu 1977) è forse l'opera di Gioacchino meglio studiata.

2. *Opere minori*

Expositio de prophetia ignota Romae reperta

Composta nel 1184, l'*Expositio de prophetia ignota* racconta del ritrovamento di un breve testo ermetico di pretesa origine sibillina, la cosiddetta *Sibilla Samia*, tra le carte del defunto cardinale Matteo di Angers, riformatore della curia e professore di diritto canonico a Parigi. Secondo McGinn "non è del tutto improbabile che papa Lucio avesse domandato chiarimenti sulla misteriosa profezia, né sorprende che egli chiedesse aiuto ai suoi amati cistercensi e al loro ospite Gioacchino, il cui potere di penetrazione nei misteri delle Scritture aveva fatto grande impressione sull'abate e sulla comunità di Casamari" (McGinn 1985, p. 38). La congiuntura storica, infatti, che vedeva l'imminenza dell'incon-

tro fra il pontefice e l'imperatore Federico, unita con il pericolo saraceno – Gerusalemme cadrà per opera di Saladino nel 1187 – rendeva il momento particolarmente gravido di preoccupazioni apocalittiche. L'autenticità dell'*Expositio de prophetia ignota* è confermata sia da Grundmann che dalla Reeves, nonostante alcuni studiosi abbiano sollevato delle perplessità sul fatto che qui – come del resto nel *De vita sancti Benedicti* – Gioacchino applica il suo originale metodo di esegesi a un testo non biblico. L'abate inizia paragonando il quadro della storia della chiesa descritto dalla *Sibilla* con quanto riportano le corrispondenti scritture dell'Antico e del Nuovo Testamento. Vi si manifesta la corrispondenza fra le sette persecuzioni degli ebrei e le sette persecuzioni della chiesa (*EI* 91-361), schema ricorrente anche in altre opere di Gioacchino – per esempio nell'*Enchiridion* (*EA* 800-801) –, assieme al tema della prossima venuta dell'Anticristo con il ritorno degli ebrei in seno alla chiesa (*EI* 151-234; 235-342). Secondo Gioacchino, già quattro persecuzioni del tempo della chiesa si erano compiute, sicché ne rimanevano tre, la prima delle quali sarebbe stata riservata al clero – ecco quindi la giustificazione delle tribolazioni ecclesiastiche nella lotta con l'imperatore. Il resto dell'opuscolo si concentra sui segni premonitori delle persecuzioni future e sul loro svolgimento. L'assenza della dottrina dei tre stati ha fatto pensare a questo lavoro come a uno dei primi scritti dell'abate. Il testo dell'*Expositio de prophetia ignota Romae reperta* è stato pubblicato nel 1973 da Bernard McGinn (McGinn 1973, pp. 129-138) utilizzando lo stesso manoscritto padovano del *Tractatus* (Codex 322).

De septem sigillis

In questo breve opuscolo Gioacchino riassume le duplici persecuzioni dei due Testamenti, scandite dai sette sigilli dell'*Apocalisse* (Antico Testamento) e dalla loro "apertura" (Nuovo Testamento). L'indipendenza di questa ripartizione dagli altri schemi tradizionali di Gioacchino fa collocare quest'opera fra i primi scritti dell'abate (Reeves–Hirsch-Reich 1954, p. 231).

Il testo del *De septem sigillis* è stato edito da Marjorie Reeves e da Beatrice Hirsch-Reich nel 1954 (Reeves–Hirsch-Reich 1954, pp. 239-247).

Enchiridion super Apocalypsim

L'*Enchiridion super Apocalypsim* rappresenta la prima redazione di quello che poi diverrà il *Liber introductorius* dell'*Expositio in Apocalypsim.* Secondo Grundmann, Tondelli, Lerner e Burger, la stesura del testo dell'*Enchiridion* va collocata durante il soggiorno di Gioacchino a Casamari, ovvero fra la fine del 1183 e il 1185 (GRUNDMANN 1960, pp. 539-540; TONDELLI 1953, I, pp. 138, 141; LERNER 1985b, p. 557 n. 13; BURGER 1986, p. 1). Vi sono in esso significative differenze rispetto al *Liber introductorius* (BURGER 1986, pp. 2-4), alcune già evidenziate dal Tondelli, che poté consultare il miglior manoscritto dell'*Enchiridion* (MS Aldini 370, Pavia, Biblioteca Universitaria) durante la sua edizione del *Liber Figurarum* (TONDELLI 1942, pp. 3-4). Si tratta, in particolare, della prima impostazione teorica della *concordia* testamentaria e dell'atteggiamento assai più duro e radicale nella lotta contro l'impero dei *teutonici* (TONDELLI 1953, I, p. 122). L'importanza del testo è confermata dai ben undici passi citati nel Protocollo di Anagni (1255), di cui tre esplicitamente riferiti all'"*Enchiridion sive Liber introductorius*" (DENIFLE 1885, pp. 104-105, 122, 133). Il testo dell'*Enchiridion super Apocalypsim* è stato edito da Edward Kilian Burger nel 1986 (BURGER 1986, pp. 9-90).

Praefatio super Apocalypsim

Sotto questo titolo vanno riuniti due brevi trattati che si riferiscono all'*Apocalisse*, editi da J.C. Huck nell'appendice della sua monografia su Gioacchino (HUCK 1938, pp. 287-306), e frutto della collazione di due manoscritti (MS Reginensis latinus 132 della Biblioteca Vaticana e il MS latin 2142 della Bibliothèque Nationale de Paris) che contengono anche il testo dell'*Enchiridion.* Da qui l'equivoco in cui incorse l'Huck pubblicando i due brevi scritti come *Enchiridion in Apocalypsim* (TONDELLI 1942, pp. 3-4; REEVES 1969, pp. 26 n. 3; 27, 513; MOTTU 1977, p. 34), traendolo dal colofone dei manoscritti, mentre in realtà si tratta della *Praefatio super Apocalypsim* (BN, MS. LAT. 2142, ff. 96r.-99v.; BV, MS. REG. LAT. 132, ff. 49r.-53v.) – che la Reeves chiama *A Short Tract on the Apocalypse* (REEVES 1969, p. 513) (HUCK 1938, pp. 287-296) – e di un altro breve trattato *On the Title of the Book of the Apocalypse* (BN, MS.

LAT. 2142, ff. 99v-103v.; BV, MS. REG. LAT. 132, ff. 53v.-58v.) (Burger 1986, pp. 5-6) (Huck 1938, pp. 296-306). Per McGinn la *Praefatio* potrebbe rappresentare il primo testo di esegesi dell'*Apocalisse* redatto da Gioacchino (McGinn 1985, p. 50) – quindi precedente lo stesso *Enchiridion* –, mentre ancora inedita rimane l'*Apocalypsis nova*, un commentario indipendente e alquanto più lungo dei precedenti (Biblioteca Vaticana, MS latinus 4860, ff. 85-141; Sächsische Landes-Bibliothek di Dresda, MS A 121, ff. 100-131). Su quest'ultima va ricordata l'ipotesi del Töpfer secondo il quale potrebbe trattarsi di un'abbreviazione dell'*Expositio in Apocalypsim* redatta, a circa cinquant'anni dalla morte di Gioacchino, da Gerardo da Borgo S. Donnino, l'autore dell'*Introductorius in Evangelium aeternum* (1254), che provocò la famosa inchiesta di Anagni (Töpfer 1960, pp. 160-162).

De vita sancti Benedicti et de officio divino secundum eius doctrinam

Anche nel *De vita sancti Benedicti* Gioacchino applica la sua esegesi a un testo non biblico, ovvero alla "vita di Benedetto" scritta da Gregorio Magno nel secondo libro dei suoi *Dialogi de vita et miraculis patrum Italicorum* (in quattro libri), composti intorno alla fine del VI secolo. Essi "presentano, sotto la veste dell'antica forma letteraria del dialogo, narrazioni di fatti miracolosi, di profezie e di visioni che esercitarono una profonda influenza sulla spiritualità dei fedeli nell'Evo Medio, eccitandone soprattutto la sete del miracoloso" (Altaner 1931, p. 499). C. Baraut e H. Grundmann datano il *De vita sancti Benedicti* intorno al 1186-1187 (Baraut 1951, p. 7; Grundmann 1960, p. 493) – un accenno interno (*VB* 27, 69) indica che Gerusalemme (caduta il 2 ottobre 1187) era ancora in mani latine –, collegandolo alla svolta biografica di Gioacchino successiva alla Pasqua del 1186, quando, assieme a uno sparuto gruppo di discepoli fra cui v'era anche Rainero di Ponza, lascia Corazzo per ritirarsi nell'eremo di Petra Lata, alla ricerca di una forma di monachesimo più radicale rispetto all'esperienza cistercense. Così, nel *De vita sancti Benedicti* si percepisce sia la critica del modello cistercense e, in genere, del monachesimo della fine del XII secolo – costante che poi ritroveremo "trasfigurata" nella prospettiva a

venire dei *novi ordines* – (*VB* 5, 36-37; 32, 68-69), che l'emulazione, da parte di Gioacchino, dell'esempio di Benedetto come fondatore di monasteri (Wessley 1980, pp. 314-328). Il trattato si articola in due parti: la prima tratta della vita di Benedetto inserita nell'evoluzione del monachesimo occidentale – il testo di Gregorio Magno da cui parte Gioacchino intendeva, infatti, dimostrare l'autonomia e l'originalità dell'esperienza cenobitica d'Occidente rispetto alla grande tradizione orientale; mentre la seconda, più lunga, fa convergere i metodi dell'esegesi gioachimita sul significato dell'officio monastico notturno, nella prospettiva della crisi dell'epoca. I cistercensi vengono prima lodati come gli araldi del terzo *status* (*VB* 1, 11; 7, 20-8, 24; 11, 28; 31, 65-66) ma poi Gioacchino li attacca per il lassismo nell'applicazione della Regola (*VB* 12, 30; 15, 36-37), in quanto "interinali" fra il secondo e il terzo *status*, ma anche indecisi fra *vita activa* e *vita contemplativa* (*VB* 13, 31; 15, 36). Nel *De vita sancti Benedicti* compaiono per la prima volta in modo evidente i temi tipicamente gioachimiti dei tre *status* (*VB* 13, 32; 15, 35; 20, 45; 23, 50; 40, 74-77), dei sette *tempora* e delle battaglie del Nuovo Testamento (*VB* 19, 42-20, 44; 21, 46; 24, 51-53), dei futuri *viri spirituales* (*VB* 43, 82-83), del conteggio delle generazioni (*VB* 25, 54-56; 32, 68-70) e della minaccia musulmana (*VB* 27, 68-28, 70). Il testo del *De vita sancti Benedicti* è stato edito da Cipriano Baraut nel 1951 (Baraut 1951, pp. 10-86).

Dialogi de praescientia Dei et praedestinatione electorum

Il breve *libellus* è scritto in forma di dialogo. Riporta una conversazione fra Gioacchino e il suo discepolo Benedetto, intorno ai temi agostiniani della relazione tra grazia e libertà e tra prescienza e predestinazione.

Il testo fu pubblicato – ma solo parzialmente (Tondelli 1942, p. 5; Crocco 1976, p. 200) – nel 1938 da Johannes Chrysostomus Huck (Huck 1938, pp. 278-287) e ripreso, ai nostri giorni, da P. de Leo (de Leo 1988).

Intelligentia super calathis

In questo breve scritto, dedicato all'abate Goffredo, Gioacchino commenta la visione profetica del cesto di fichi avuta da Geremia (Ger. 24,1-10). Secondo H. Grund-

mann si tratta di un opuscolo a sfondo politico destinato a scoraggiare l'ostilità del papa nei confronti dell'imperatore, composto probabilmente nel 1191, all'inizio del pontificato di Celestino III (Grundmann 1963, pp. 355-396). Per Gioacchino la chiesa avrebbe dovuto dedicarsi alla libertà interiore evitando di lasciarsi coinvolgere nelle lotte per il potere temporale. "Senza approvare gli attacchi dell'impero alla chiesa," scrive McGinn, (per lui l'imperatore tedesco era sempre il persecutore, *rex Babiloniae*) Gioacchino "pensava che il ruolo della chiesa nel dramma apocalittico dovesse essere quello del servo sofferente, come il suo Maestro, e non quello di un potere militare rivale" (McGinn 1985, p. 39). Il testo dell'*Intelligentia*, contenuto nello stesso manoscritto padovano del *Tractatus* (Codex 322) è stato pubblicato da P. de Leo nel 1988 (de Leo 1988, pp. 135-148).

De articulis fidei

L'*opusculum* è indirizzato a un discepolo di nome Giovanni, probabilmente uno degli amanuensi di Gioacchino a Casamari, poi divenuto abate di Corazzo (Buonaiuti 1936, pp. 3-4). In esso Gioacchino sintetizza gli "articoli" fondamentali del credo cristiano (Trinità, incarnazione, sacramenti, redenzione, grazia, libero arbitrio, predestinazione, fede/opere, vita attiva/vita contemplativa ecc.). Inoltre, egli prende nettamente posizione contro alcune eresie dell'epoca, come quelle dei valdesi (*AF* 64), degli umiliati, dei patarini (Manselli 1977, pp. 1-17). La destinazione dell'opera limita al minimo gli accenni alla visione della storia gioachimita (*AF* 69-72). Il testo del *De articulis fidei* – scritto indubbiamente di Gioacchino, come afferma l'*Epistola testamentaria* – è stato edito da Ernesto Buonaiuti nel 1936 (Buonaiuti 1936).

Adversus Iudaeos

L'*Adversus Iudaeos* è propriamente un *Exortatorium Iudaeorum*, un'esortazione alla conversione degli Ebrei connessa con il piano salvifico della visione escatologica gioachimita. Gioacchino dava molto rilievo alle parole di Paolo sulla salvezza di Israele dopo l'evangelizzazione di tutti i gentili (Rm. 11,25-26). Quindi, nell'*Adversus Iudaeos*

l'abate unisce agli stereotipi della polemica antigiudaica, il disegno della conversione "necessaria" di Israele prima dell'arrivo del terzo *status* "perché è imminente il tempo della misericordia nei loro riguardi, il tempo della loro consolazione e della loro conversione (*tempus consolationis et conversionis eorum*)" (*AI* 3; 85; 100-101).

Gioacchino confuta i principali attacchi ai capisaldi della fede cristiana – la Trinità, l'incarnazione e la lettura spirituale della Scrittura (il superamento della "lettera" perseguita dagli Ebrei) – utilizzando quei luoghi dell'Antico Testamento in cui, secondo l'abate, sono prefigurati i dogmi del cristianesimo. L'autenticità dell'opera è confermata dalla sua menzione nell'*Epistola testamentaria* di Gioacchino. Il testo dell'*Adversus Iudaeos* è stato pubblicato da Arsenio Frugoni nel 1957 (Frugoni 1957).

De ultimis tribulationibus

Il *De ultimis tribulationibus* è una breve orazione, probabilmente pronunciata a San Giovanni in Fiore, in cui Gioacchino chiarisce alcuni punti della sua dottrina. L'*oratiuncola* è di tarda composizione (Daniel 1980, p. 175) e tratta dell'alternanza fra la sesta *aetas* di persecuzione e la settima di pace nel quadro storico inaugurato dall'incarnazione e proteso verso la fine dei tempi (*UT* 176-177). Il tema dell'intrecciarsi delle due ultime età della storia verrà ripreso anche da Bonaventura e da Pietro Olivi – compare anche nelle opere principali dell'abate (*E* VI, 209c-VII, 209d; *C* V, 73a). Gioacchino cerca di mostrare la coerenza fra questo modello e lo schema dei tre *status* (*UT* 189; cfr. *C* IV, 56c-57c; *E* VI, 209c-VII, 209d). Inoltre, l'*oratiuncola* ospita molte tematiche abituali del pensiero gioachimita, fra cui la riflessione sul ritorno e la conversione degli Ebrei (*UT* 184-185). Il testo del *De ultimis tribulationibus* è stato edito da E. Randolph Daniel nel 1980 (Daniel 1980, pp. 175-189).

Gioacchino lasciò anche molti componimenti minori: alcune lettere, vari sermoni e due scritti in versi. Due lettere furono edite da Jeanne Bignami-Odier nel 1937 (Bignami-Odier 1937, pp. 220-223, 226-227). In esse l'abate ricorda l'imminente crisi apocalittica, indirizzando la prima alla sede cistercense di Valdona (*Epistola domino Valdonensi*), la seconda "a tutti i credenti" (*Epistola universis

Christi fidelibus). Ernesto Buonaiuti ha pubblicato cinque *sermones* di Gioacchino in appendice all'edizione del *De articulis fidei* (Buonaiuti 1936, pp. 81-108), mentre Leone Tondelli ha pubblicato, nella sua edizione del *Liber Figurarum*, il sermone *Super flumina Babilonis*, dedicato alla Settuagesima (Tondelli 1953, pp. 100-107). Di recente P. De Leo ha edito i brevi *De Maria Magdalena et Maria sorore Lazari* e *Professio fidei*. Altri sermoni, probabilmente autentici, sono rimasti inediti. I due componimenti poetici *Visionem admirandae ordiar historiae* e *O felix regnum patriae supernae* sono di dubbia autenticità – furono pubblicati per la prima volta in appendice allo *Psalterium* nell'edizione di Venezia come *Hymnus de Patria celesti* (*P*, 279c-280a) e *Visio admiranda de Gloria Paradisi* (*P*, 280a-280d) – e ai nostri giorni sono stati studiati dalla Reeves e da Fleming (Reeves–Fleming 1978). Per McGinn i due poemetti "sono brani degni di lui, anche se non proprio ispirati. Il primo è la visione onirica di un viaggio di sei giorni (*aetates*) attraverso le persecuzioni, fino a giungere al luogo dove vengono ricompensati i tre *ordines* dei salvati. Sembra essere stato scritto come complemento poetico o conclusione dello *Psalterium*. Il secondo componimento sul tema del desiderio del cielo non ha nulla di specificatamente gioachimita, ma l'esame del manoscritto lo fa chiaramente risalire all'abate" (McGinn 1985, pp. 53-54). Di parere contrario è il Crocco, che ritiene i due inni indubbiamente "apocrifi, anzi del tutto estranei agli ambienti gioachimiti in cui ebbe origine la vasta letteratura apocrifa falsamente attribuita a Gioacchino" (Crocco 1976, p. 28 n. 2).

3. *Opere perdute, dubbie e apocrife*

De unitate seu essentia Trinitatis

È la più famosa delle opere perdute di Gioacchino, oggetto del *Damnamus* del Concilio Lateranense IV del 1215 (Reeves 1969, pp. 28-36; de Ghellinck 1948, pp. 263-267). Esistono su di essa varie ipotesi. Per alcuni il *De unitate* fu composto da Gioacchino all'inizio della sua carriera: si trattava di un breve *libellus* che va inserito nel dibattito sulle *Sentenze* di Pietro Lombardo, sviluppatosi all'indomani

della sua morte (1160). Un dibattito in cui molti contemporanei dell'abate calabrese si trovarono dalla stessa parte. Riccardo di San Vittore aveva attaccato il *Magister Sententiarum* proprio in merito alla sua dottrina trinitaria (*De Trinitate* 6, 22) e al Concilio Lateranense III (1179) lo stesso pontefice Alessandro III aveva proposto di condannare il libro del Lombardo (MOTTU 1977, pp. 24-25). Subito dopo, Gualtiero di San Vittore, il successore di Riccardo nella direzione della Scuola di San Vittore, pubblicò il trattato *Contra quattuor Labyrinthos Franciae*, che si scagliava contro i quattro "dialettici" Pietro Abelardo, Gilberto Porretano, Pietro Lombardo e Pietro di Poitiers. Pare quindi che il *libellus* gioachimita fosse stato composto sotto l'influsso di papa Alessandro (MANSI 1759-1798, XXII, p. 1081). Scrive il de Ghellinck: "Il grande veggente calabrese, fondatore del monastero di San Giovanni in Fiore, costantemente in rapporto con i papi, i re e i grandi personaggi ecclesiastici, poteva diventare un terribile avversario per i destini del *Magister Sententiarum*" (DE GHELLINCK 1948, pp. 265-266).

La svolta nell'opinione del magistero ecclesiastico si avrà dopo la morte di Gioacchino, con la salita al soglio pontificio di Innocenzo III, che era allievo della scuola parigina: nel giro di pochi anni i *Libri Sententiarum* divennero i testi teologici di riferimento alla Sorbona, mantenendo questo privilegio durante la lunga stagione della Scolastica. Ecco quindi che la condanna della posizione di Gioacchino – fortemente avversa al Lombardo in quanto sospetto di trasformare la Trinità in una *quaternitas* (*VB* 40, 76-77; *P* I, 234c) –, parziale e diretta contro un testo specifico (MANSI 1759-1798, XX, pp. 981-986; LEONARDI 1962, pp. 207-209), impedì la diffusione del *libellus* gioachimita ma non toccò le altre opere dell'abate, come lo *Psalterium*, dove questa stessa posizione era ribadita, in un contesto più ampio (cosa che, fra l'altro, conferma indirettamente l'ipotesi del *De unitate* come lavoro "giovanile"). Scrive McGinn: "La maggior parte degli studiosi, cercando fra i documenti del concilio e i riferimenti nel catalogo della Biblioteca papale di Avignone, hanno ritenuto che tale testo [il *De unitate seu essentia Trinitatis*] un tempo debba essere esistito e che probabilmente si trattasse di un *opusculum* giovanile dell'abate. Secondo una tesi minoritaria, sostenuta da alcuni studiosi italiani, i padri conciliari potrebbero essersi riferiti a una falsificazione cistercense o

al testo del primo libro dello *Psalterium*, interpolato dai nemici di Gioacchino. Non esiste però alcuna prova consistente di tali supposizioni, mosse in realtà dal fervente desiderio di preservare la totale ortodossia dell'abate. Vi sono invece, nelle opere autentiche giunte fino a noi, sufficienti dati per poter mostrare esattamente dove Gioacchino divergeva dal Lombardo e perché" (McGinn 1985, p. 182).

Di questa seconda posizione minoritaria sono stati esponenti il Foberti (Foberti 1934, pp. 106 sgg.; 1942, pp. 63 sgg.), il Russo (Russo 1958) e, di recente, il di Napoli (di Napoli 1979a, pp. 635-638, 675-685). Per il Crocco, che confuta con acribia la tesi del "falso" portata avanti dal Foberti (Crocco 1976, pp. 71-74), il *De unitate seu essentia Trinitatis* "doveva essere nel complesso un rifacimento del *De contemplatione Trinitatis*, il lungo trattato dedicato all'esposizione della dottrina trinitaria nel primo libro dello *Psalterium*" (Crocco 1976, p. 67). Di conseguenza si dovrebbe far slittare la data della sua composizione dal periodo "giovanile" agli anni successivi al 1184 e all'esperienza di Casamari. Nel 1964, Annelise Maier affermò di aver scoperto un brano del *De unitate* in un manoscritto della Biblioteca pontificia di Avignone, attualmente custodito dalla Biblioteca alessandrina di Roma (Maier 1964, pp. 1-12), inoltre, come risulta dalla "figura" del codice di Dresda riservata alla dottrina trinitaria (*LF* XXVIa) (Tondelli 1953, I, p. 61; Reeves–Hirsch-Reich 1972, pp. 212-223) e dal sottotitolo del libello conservato nel Catalogo della Biblioteca pontificia di Avignone – "*quae sit differentia inter nomina essentialia et nomina relativa*" (Ehrle 1890, I, p. 314) –, pare che l'opera di Gioacchino contenesse un panorama completo dei vari errori trinitari, oltre che un attacco al "nominalismo" di Roscellino e al "realismo" di Porretano (Crocco 1976, p. 68). Nella polemica contro Pietro Lombardo va anche inserito l'anonimo *Liber contra Lombardum*, edito nel 1934 da C. Ottaviano (Ottaviano 1934), che lo attribuisce a un discepolo gioachimita, il quale lo redasse probabilmente nell'intervallo fra la morte dell'abate e la condanna del Concilio Lateranense IV.

Liber Figurarum

Il *Liber Figurarum* è indubbiamente l'opera più originale del *corpus* gioachimita. Non si tratta di un *liber*

scritto, ma di una raccolta di *figurae*, ossia di immagini miniate di rara bellezza che riprendono tutti i temi del pensiero di Gioacchino, riassumendoli in una sintesi simbolica di grande efficacia. Come afferma la Reeves, la caratteristica stessa del pensiero gioachimita è quella di svilupparsi sin dall'inizio a partire da intuizioni "visive" (Reeves–Hirsch-Reich 1972, pp. 32-33, 51-55).

"Gioacchino," scrive McGinn, "non solo ebbe molte delle sue intuizioni tramite la rivelazione di queste forme simboliche, ma si sentì anche spinto a illustrare le proprie visioni apocalittiche attraverso la costruzione di *figurae* di notevole potenza e di grande complessità" (McGinn 1985, p. 122).

Siamo quindi di fronte più che a una scelta espressiva, a una vera e propria "modalità di pensiero", imaginale e simbolico, che sottolinea ancora una volta l'eccentricità di Gioacchino rispetto all'asse dominante della tradizione speculativa medioevale, indirizzata – soprattutto dopo le grandi personalità dei "dialettici" dell'xi e xii secolo, quali Pietro Abelardo, Gilberto Porretano, Roscellino e lo stesso Pietro Lombardo – verso un'accezione concettuale e definitoria del pensare, privilegiando il piano logico, il rigore formale del discorso, l'univocità del linguaggio. Una scelta "costrittiva" che la Scolastica trasmetterà alla nascita della filosofia moderna.

L'opzione gioachimita per le immagini è una necessità intrinseca all'esposizione del suo stesso pensiero – molte delle tavole del *Liber Figurarum* illustravano, in origine, i passi più significativi delle tre opere maggiori di Gioacchino – analogamente a quanto accadde, per fare un esempio tratto da un altro contesto storico, per la sintesi manichea con l'*Ardahagan* (in greco εἰκών: *Eikōn*), il libro di tavole dipinte da Mani per illustrare la sua teogonia e la sua cosmologia (Tardieu 1981, pp. 57-59). Come nota Marjorie Reeves: "La mente di Gioacchino era straordinariamente fertile quanto a immaginazione e si ha la sensazione che i suoi strani e intricati modelli di pensiero oggi si comunichino più immediatamente con queste potenti *figurae* che con le infinite ripetizioni del suo latino a volte ampolloso" (Reeves–Hirsch-Reich 1972, p. x).

Il *Liber Figurarum* fu scoperto da Leone Tondelli in un codice del Seminario Urbano di Reggio Emilia nel 1936. Pubblicato una prima volta quattro anni dopo la scoperta, il *Liber* venne edito in versione definitiva con la collabo-

razione delle "signorine di Oxford", Marjorie Reeves e Beatrice Hirsch-Reich, nel 1953, alla luce del nuovo codice oxoniense del Corpus Christi College (Tondelli–Reeves–Hirsch-Reich 1953, II). Il titolo del libro, che non risulta dai codici, deriva dalla testimonianza di Salimbene de Adam che nella sua *Cronica* cita per ben tre volte un *Liber Figurarum* dell'abate Gioacchino (*Cronica*, I, 300; I, 427; I, 637). Inoltre, esiste una tradizione dossografica che descrive Gioacchino quale "valente dipintore", come riferisce la testimonianza del *Prologus* del *Commentum in oraculum beati Cyrilli* (1350) di Giovanni da Rupescissa, per non parlare del tema, "leggendario" e ricorrente in numerose *vite* dell'abate, di Gioacchino quale ideatore o ispiratore del ciclo iconografico dei mosaici della Basilica di San Marco, a Venezia (Foberti 1934, pp. 183-186; Demus 1984, I, pp. 1256-1259). Per Tondelli, l'editore moderno del *Liber*, questo non è un'opera organica, bensì "una *raccolta* di vari elementi figurativi, l'uno staccato dall'altro", venutasi a formare "gradualmente colle figure e coi prospetti che l'abate di San Giovanni in Fiore andava man mano creando a illustrazione delle opere che andava componendo" (Tondelli 1953, I, p. 22). In questa prospettiva, la stessa autenticità del *Liber* ha potuto essere messa in dubbio, non tanto per quanto riguarda i contenuti, quanto per la stesura materiale, ovvero per la "raccolta" delle tavole miniate. Per Mottu è poco probabile che il *Liber Figurarum* sia stato composto da Gioacchino in persona negli ultimi anni della sua vita – così come, invece, sembra sostenere il Crocco (Crocco 1976, p. 54) – mentre è più plausibile che esso venisse redatto da un suo discepolo, al più tardi verso il 1230 (Mottu 1977, p. 35). Come scrive Morton Bloomfield, il *Liber Figurarum* "è un tentativo autentico di illustrare le opinioni dell'abate. Esso fu fatto prima o poco dopo la sua morte da discepoli perfettamente al corrente delle sue idee, e ne comprende alcune da lui non scritte" (Bloomfield 1957, p. 259). A sua volta la Reeves, scopritrice del Codice di Oxford, ritiene che l'opera, a differenza di quanto affermava il Tondelli, abbia una sua unità di composizione e un concatenamento logico perfettamente autonomo (Reeves 1950, pp. 63 sgg.). Su questa linea gli studiosi di area anglosassone hanno sottolineato la matrice "simbolica" del pensiero di Gioacchino (Hirsch-Reich 1954, pp. 170-178; Reeves 1956, pp. 57-81;

Reeves—Hirsch-Reich 1972; McGinn 1971, pp. 33-45; 1975, pp. 276-286; 1985, pp. 115-137), mentre in Italia hanno prevalso, sulla scia di precursori tedeschi come Huck, Dempf e Grundmann (Huck 1903, p. 8 sgg.; Dempf 1929, pp. 208, 233; Grundmann 1932, pp. 210-256), gli studi volti a chiarire i rapporti fra il *Liber Figurarum* gioachimita e la *Divina Commedia* di Dante, a partire da quelli precedenti la stessa scoperta del *Liber* (Donini 1930, pp. 49-69; Papini 1933, pp. 117, 119; Buonaiuti 1936, pp. 34, 85, 120, 151; 1952, p. iii), fino ai lavori decisivi dello stesso Tondelli (Tondelli 1944; 1953, pp. 217-238) – sviluppati oltremanica dalle due editrici oxoniensi dell'opera gioachimita (Hirsch-Reich 1954, pp. 170-178; Reeves—Hirsch-Reich 1972, pp. 317 sgg.) – e agli interventi di Crocco (Crocco 1966; 1976, pp. 147-170), Piromalli (Piromalli 1966), Manselli (Manselli 1965, p. 132 n. 38) e Morghen (Morghen 1983).

Ma veniamo a un breve riassunto delle tavole più rilevanti del *Liber Figurarum*.

– *LF* I, II, V, VI: in queste quattro tavole sono rappresentate le *generationes* da Adamo a Cristo e da Cristo fino all'età dello Spirito come grandi alberi allegorici. Particolarmente significative, a questo riguardo, le *figurae* V e VI (*LF* V, VI) che rovesciate danno luogo a due figure di aquile – ma solo nel manoscritto reggiano consultato da Tondelli – facendo pensare alla fonte d'ispirazione dell'*aquila ingiliata*, nel cielo di Giove del *Paradiso* dantesco (*Par.* XVIII, 109-114; XIX, 1-5; XX, 26-36) (Crocco 1976, pp. 155-157). Le *figurae* I e II illustrano l'albero dello Spirito Santo e l'albero dei due avventi.

– *LF* III, IV, IX, X: in queste tavole vengono esposti i grandi schemi della *concordia* dei due Testamenti.

– *LF* VII, VIII: rappresentano la concordanza fra persone e persecuzioni.

– *LF* XIab: rappresenta la celeberrima figura dei tre cerchi divini, simbolo della Trinità, intrecciati fra loro secondo le diverse dinamiche intertrinitarie: *diffinitio prima* (Alfa) e *diffinitio secunda* (Omega) negli angoli della tavola e campeggianti al centro della miniatura nei loro splendidi colori: verde-oro (*Pater*), azzurro (*Filius*) e rosso (*Spiritus Sanctus*). All'interno dei cerchi e ai margini della figura si giocano le combinazioni del tetragramma divino IEUE secondo gli insegnamenti cabbalistici di Pietro Alfonsi: "Nella figura Alfa viene illustrato come una persona, il Padre (IE),

mandi due, il Figlio (EU) e lo Spirito (UE). Nell'Omega è illustrato come uno, lo Spirito (E), è mandato da due, Padre (I) e Figlio (U); scritto poi per intero (IEUE) all'interno del doppio cerchio dell'Omega maiuscolo, il significato è '*Trinitas unus deus habet relationem ad septem spiritus qui missi sunt ab eo ad omnem subditam creaturam*' (*P* II, 257ab)" (McGinn 1985, p. 185). Quest'ultima citazione dallo *Psalterium* collega le combinazioni della Trinità ai sette doni dello Spirito e, soprattutto, ai sette *intellectus typici* per la comprensione della Scrittura: I = *Deus Pater*; II = *Filius*; III = *Spiritus Sanctus*; IV = *Pater* + *Filius*; V = *Pater* + *Spiritus Sanctus*; VI = *Filius* + *Spiritus Sanctus*; VII = *tota Trinitas* (Grundmann 1927, p. 60).

Tondelli e Crocco indicano questa tavola come fonte d'ispirazione dantesca per l'ultimo canto della *Commedia*, lì dove si contempla, per un attimo, l'immagine della Trinità: "Ne la profonda e chiara sussistenza /dell'alto lume parvemi *tre giri/di tre colori e d'una contenenza*; /e l'un da l'altro, come iri da iri, /parea riflesso, e 'l terzo parea foco, /che quinci e quindi ugualmente si spiri" (*Par.* XXXIII, 115-120). I tre cerchi hanno i colori fondamentali dell'iride – "Se noi guardiamo con attenzione l'apparenza dell'iride (*speciem yridis*) che scorgiamo fra le nubi, distinguiamo esservi in essa tre colori (*tres colores*): il primo verde (*viridem*) [...], il secondo azzurro o ottanio (*caeruleum vel aereum*), il terzo rossastro (*rubicundum*)" (*E* II, 101a) – simboleggiando il *verde* la creazione del Padre, l'*azzurro* il cielo da cui discende il Figlio, il *rosso-fuoco* l'amore intertrinitario manifestatosi nelle fiamme della Pentecoste (Crocco 1976, p. 153).

– *LF* XII: illustra la "*dispositio*" del nuovo ordine che si riferisce al terzo *status*. Nella tavola che rappresenta una croce greca (quattro braccia, ognuno corrispondente a uno dei quattro *animalia* del tetramorfo, più un vuoto centrale corrispondente alla *columba*) sovrastante due rettangoli, uno più piccolo (*canis*) e uno più grande (*corpus/ovis*), e che crea, quindi, la forma stilizzata di un ostensorio, si può vedere sia la "pianta" della Gerusalemme Celeste, sia la rappresentazione grafica dell'Ordine ascetico a venire, sia la planimetria architettonica di un monastero ideale, strutturato in sette *oratoria*: cinque per i monaci – la croce (tetramorfo [4] + colomba [1]) –, uno per i sacerdoti – il rettangolo più piccolo (cane) –, uno per i laici

– il rettangolo più grande (corpo/pecora). Nel simbolo gioachimita del *canis* – la ritrovata povertà evangelica dei sacerdoti – alcuni interpreti hanno voluto scorgere la soluzione dell'enigma dantesco del *Veltro* (TONDELLI 1953, I, pp. 350 sgg.; CROCCO 1976, pp. 166-170).

– *LF* XIII: si tratta della celebre tavola dello *Psalterium decem chordarum* di cui abbiamo già fornito la descrizione parlando dell'omonima opera gioachimita. Anche qui gli esegeti danteschi hanno voluto vedere un'analogia con la struttura dei cieli della terza cantica della *Commedia*. Al centro, il "forò" acustico del Salterio, ornato di petali e con inscritto il tetragramma IEUE, corrisponderebbe alla *candida rosa* dantesca (*Par.* XXXI, 1-3) (TONDELLI 1953, I, pp. 269-270; CROCCO 1976, p. 159).

– *LF* XIV: ecco il famoso *Draco magnus et rufus* dalle sette teste, ispirato dalla lettura dell'*Apocalisse* (Ap. 12, 3). Ciascuna delle sette teste rappresenta un persecutore dell'era cristiana (Erode; Nerone; Costantino – altrove Costanzo; Maometto; Melsemoth [da Massamuti o Masmudi, nome latinizzato dei berberi della dinastia musulmana degli Almohadi, che si stabilì in Africa nel 1121, conquistando tutto il Maghreb e la Spagna meridionale, e dominandovi fino al 1269] – altrove Enrico IV; Saladino). La settima testa rappresenta il "*septimus rex qui proprie dicitur Antichristus*", che conclude il secondo *status*, mentre Gog, l'"*ultimus Antichristus*" che chiude il terzo *status*, è raffigurato dalla coda a spirale del drago, il colpo di coda della storia.

– *LF* XV: tavola ispirata all'immagine delle *rotae* di *Ezechiele* (Ez. 1, 4-28).

– *LF* XVI-XVII: tavole ispirate al parallelo fra le *persecutiones* contro gli ebrei nell'Antico Testamento e quelle contro la chiesa nel Nuovo. Parallelo figurale Roma/Babilonia.

– *LF* XVIIIab: diagramma delle sette *aetates mundi*, con l'inclusione – in contrasto con la tradizione agostiniana – della settima età nell'ordine storico. Inserimento dell'immagine della *tuba* come simbolo musicale della predicazione lungo il corso della storia.

– *LF* XIX: tavola del *misterium Ecclesiae*, raffigurante una grande spirale che rappresenta la relazione tra l'anno liturgico e lo svolgersi del corso della storia, secondo la scansione di Quaresima/Pasqua/Pentecoste.

– *LF* XX-XXI: tavole rappresentanti le figure dei tre *status*.

– *LF* XXII: figura dell'albero della Trinità. La tavola rappresenta le tre razze umane discendenti da Noè, tipo di Dio Padre. Un ramo secco, che rappresenta Cam, sta nel mezzo, mentre i due rami principali, Sem (il *populus iudaicus*) e Jafet (il *populus gentilis*) si intrecciano formando tre cerchi, corrispondenti ai tre *status*, dotati di fogliame a seconda del "fiorire" dei due popoli. Nel primo *status* prevale il fogliame di Sem, viceversa nel secondo *status*, sopra la scritta "*Filius*", è il ramo di Jafet a essere più rigoglioso. Nel cerchio più alto, corrispondente al terzo *status*, entrambi i popoli fioriscono, testimoniando l'armonia e la ricchezza dell'età dello Spirito.

– *LF* XXIII: tavola raffigurante una coppia di alberi con germogli laterali.

– *LF* XXIV: tavola semplificata dei tre *status* del mondo (Biblioteca Vaticana, MS latinus 4860).

– *LF* XXV: figura che rappresenta due alberi raffrontati simboleggianti gli sviluppi della spiritualità cristiana, con i rami secondari, man mano rinsecchiti dallo sviluppo dello Spirito.

– *LF* XXVIa: figura presente nel solo codice di Dresda. Vi sono raffigurati i tre principali errori trinitari – quindi non soltanto quello di Pietro Lombardo, che erroneamente dà il nome alla serie di immagini, meglio conosciute come "figure anti-lombardiane del codice di Dresda" (Lee 1980, pp. 129-142).

Le tavole XXII, XXIV, XXV, XXVI non sono presenti nei codici reggiano e oxoniense, ma interamente solo in quello di Dresda e, in parte (XXII e XXIV), in quello vaticano (Tondelli 1953, I, pp. 29-30).

Fra le molte opere apocrife attribuite al "profeta della Calabria" vanno ricordati per l'importanza, la diffusione e l'autorità di cui godettero negli ambienti gioachimiti, i due commentari ai profeti *Super Hieremiam prophetam* e *Super Esaiam prophetam*, contenuti in numerosi codici e pubblicati a Venezia, nella famosa edizione cinquecentesca. In essi compaiono temi ormai esplicitamente duecenteschi – la datazione dei due scritti è infatti orientata sulla metà del XIII secolo per i ricorrenti *vaticinia ex eventu* – come la riforma dell'*Ecclesia carnalis* per opera degli or-

dini mendicanti (francescani e domenicani) (Bondatti 1924, pp. 14-16) e la predizione del declino dell'impero germanico dopo Federico II (Manselli 1962, p. 155). Come nota Grundmann "agli scritti autentici manca pressocché ogni allusione alla storia del tempo e ogni riferimento ai suoi episodi, e invece, per poter sfruttare pienamente l'autorità di profeta di Gioacchino a favore della causa religioso-politica del loro partito, i francescani dovevano attribuire all'abate, al posto dell'opera autentica che mal si adattava a questo scopo, scritti che con grande misteriosità rimandassero ad avvenimenti e persone del XIII secolo. A ciò il metodo di Gioacchino veniva adattato, ma le sue idee andavano stravolte e ricoperte da altre idee" (Grundmann 1927, p. 21 n. 32). È ipotizzabile una datazione del *Super Hieremiam* tra il 1244 e il 1247 e del *Super Esaiam* poco prima del 1266 (Grundmann 1927, p. 22 n. 34). La loro inautenticità è indubbia (Friedrich 1859, pp. 349-363, 444-514; Renan 1886; Grundmann 1927, p. 17).

Introduzione al testo dell'Enchiridion

L'*Enchiridion super Apocalypsim*, scrive Gioacchino da Fiore, nasce come un "piccolo compendio introduttivo (*introductionis summulam*)" in cui "è racchiuso il contenuto di tutto il libro dell'*Apocalisse*" (*EA* 56-57). Il titolo di *Enchiridion* – ossia "manuale" – è ripetuto, all'inizio e alla fine, solo da uno dei tre codici in cui ci è stato conservato il testo gioachimita. Nel corso dell'opera, invece, Gioacchino usa i termini *praefatio* (*EA* 140) e *tractatus introductorius* (*EA* 1837-1838).

Anche se l'*Enchiridion* non compare nella breve lista di scritti che l'abate calabrese sottopose all'approvazione della Santa Sede (si tratta di quell'*Epistola testamentaria* che gli editori veneziani premisero alla pubblicazione cinquecentesca dei tre grandi commentari gioachimiti), la critica moderna riconosce nell'*Enchiridion* una variante della stesura finale di quel *Liber introductorius* che venne unito al testo dell'*Expositio in Apocalypsim*, il trattato di Gioacchino sull'*Apocalisse* di maggior estensione e completezza. Come nota nella sua introduzione all'edizione critica dell'*Enchiridion* Edward Kilian Burger, "gli studiosi generalmente ne accettano l'autenticità, basandosi sulla concordanza dei temi dell'*Enchiridion* con quelli rinvenibili negli altri scritti autentici di Gioacchino. Inoltre c'è stata un'esplicita attribuzione di quest'opera a Gioacchino nel 1255, quando una commissione papale fu insediata per esaminare l'ortodossia degli insegnamenti di Gioacchino. La relazione della commissione, conosciuta come Protocollo di Anagni (Denifle 1885, pp. 49-142), cita ben undici passaggi dall'*Enchiridion*. In tre punti il Protocollo si riferisce specificatamente a questo come all'"*Enchiridion sive Liber introductorius*" (*PrA* 104-105; 122; 133)" (Burger 1986, p. 1).

Per il Burger, l'*incipit* del manoscritto di Pavia (Aldini 370) e i colofoni dei manoscritti di Parigi (MS LAT. 2142) e del Vaticano (MS REG. LAT. 132) dimostrano che l'*Enchiridion*, dalla prima metà del XIII secolo e per tutto il XIV secolo, circolò indipendentemente dal manoscritto dell'*Expositio*.

Il testo dell'*Enchiridion* si presenta come una prima stesura, più ampia e molto densa, del *Liber introductorius*. La datazione proposta è quella degli anni 1183-1185, corrispondenti alla durata del soggiorno di Gioacchino nel monastero di Casamari. L'*Enchiridion* si collega, quindi, alla prima intuizione del "sistema ermeneutico" gioachimita, rappresentando, con tutta probabilità, "uno dei primi scritti di Gioacchino" (BURGER 1986, p. 2). Ciò appare, con particolare evidenza, dal confronto dei testi dell'*Enchiridion* e del *Liber introductorius*. Per Leone Tondelli, che negli anni trenta e quaranta poté consultare il manoscritto pavese dell'*Enchiridion* mentre attendeva all'edizione del *Liber Figurarum*, "l'*Enchiridion*, nella sua forma originaria, conserva fra l'altro, in proprio, un brano importante sulla prima origine del sistema di Gioacchino e una sua difesa: e soprattutto, più decisiva, una vivacità di lotta contro l'impero dei *teutonici* che viene poi a smorzarsi nell'*Introductorius* con frasi e raffronti più ricercati, ma che significano nulla o assai meno. Da quanto è già stato detto e di più si dirà sui rapporti dell'abate con la politica imperiale e papale dei tempi, gravissimi per la chiesa, del papato di Alessandro III e dei suoi immediati successori, quelle frasi riportano verosimilmente l'*Enchiridion* al primo battagliero periodo dell'attività dell'abate" (TONDELLI 1953, I, p. 122). Per Burger, il motivo di questo mutamento tonale nell'opera gioachimita va ricercato nel fatto che, nel frattempo, "il temuto invasore germanico (Enrico VI) era diventato il generoso benefattore dei monasteri florensi" (BURGER 1986, p. 2).

D'altra parte, un attento esame del testo originale dell'*Enchiridion* in rapporto alle metamorfosi del *Liber introductorius* "rivela," scrive Burger, "differenze significative per qualità come per quantità" (BURGER 1986, p. 2). A mio parere, sembra che nell'*Enchiridion* vi sia stata, almeno nell'ispirazione originaria, l'intenzione di abbracciare, in un unico sguardo, l'intero significato dell'*Apocalisse* di Giovanni. L'*Introductorius*, invece, pur conservando il

carattere di introduzione generale e, quindi, di compendio delle idee gioachimite che già riscontravamo nell'*Enchiridion*, perde i riferimenti più puntuali al testo apocalittico che, ovviamente, vengono rinviati alla trattazione estesa e ordinata, versetto per versetto, dell'*Expositio*. In questo modo si può affermare che l'*Enchiridion* racchiuda, con l'ingenuità e la presunzione che è propria di tutte le "opere prime", il germe sia dell'*Introductorius* che della monumentale *Expositio in Apocalypsim*.

Come osserva il Burger, "il manoscritto di Pavia, che risale ai primi anni del XIII secolo, manca delle intestazioni dei capitoli e delle divisioni dei paragrafi che invece si trovano nel *Liber introductorius* incluso nell'edizione a stampa dell'*Expositio in Apocalypsim*, fatta a Venezia nel 1527. I titoli dei capitoli dell'edizione veneziana potevano servire da traccia rudimentale per i contenuti del *Liber introductorius*, aiutando a illustrare i mutamenti del testo originario dell'*Enchiridion* (BURGER 1986, p. 2). Anche se non sono affatto convinto che questa suddivisione, talvolta alquanto approssimativa, appartenga alla stesura gioachimita dell'*Introductorius* – e, anzi, sono certo dell'esatto contrario –, la impiegherò per sviluppare un breve confronto fra l'*Enchiridion* e il *Liber introductorius* che ci servirà, inoltre, per tracciare una sorta di riassunto dei temi principali dell'*Enchiridion*, in modo da renderne – se è possibile – più agevole la lettura.

EA 2-57 (= *E* i, 1d-2b e 2d; *prologo*)

Si tratta di un *prologus*, in cui si sviluppa l'immagine della chiesa sposa di Cristo e Gioacchino si schermisce sulle sue capacità di portare a termine l'opera. Il *Liber introductorius* ha un'aggiunta al testo di due colonne, in inciso prima dell'ultimo periodo: "*...in qua totius libri continetur materia*".

EA 58-142 (= *E* i, 2d-3c; *I. La storia principale contenuta nel Vecchio Testamento e le sue quattro storie particolari*)

Gioacchino sviluppa il parallelo fra la linea narrativa principale dell'Antico Testamento (libri del *Pentateuco*, libri dei *Giudici* e libri dei *Re*) – con le sue quattro storie subordinate (*Giobbe, Tobia, Giuditta, Ester*) – e il Nuovo Testamento, con i suoi quattro Vangeli e con l'*Apocalisse*

in corrispondenza della storia principale. Lo spunto esegetico è dato dal famoso passo del carro di *Ezechiele* "l'aspetto e la struttura delle ruote era come di ruota in mezzo a un'altra ruota" (Ez. 1,16). Si afferma dell'*Apocalisse* che essa è "la profezia di tutte le profezie" (*EA* 125-126). Il testo dell'*Introductorius* è pressocché identico.

EA 143-191 (= *E* i, 3c-4a; *II. L'apertura della lettera e del libro*)

Gioacchino interpreta l'apertura del libro dei sette sigilli come l'apertura delle sette ripartizioni in cui è suddiviso l'Antico Testamento, dalla creazione fino a Esdra. Li apre il Cristo con la sua morte (= simbolismo dell'agnello immolato) e con la sua risurrezione (= simbolismo del leone di Giuda), che rappresentano, altresì, la prima il senso letterale – che si estinse sul Golgota – e la seconda l'intelligenza spirituale. I sigilli corrispondono ai conflitti della chiesa e alle guerre spirituali dei santi. L'*Introductorius* non ha varianti di rilievo, tranne il periodo finale del capitolo, che ha un'aggiunta di ripetizione sui sette sigilli.

EA 192-365 (= *E* i, 4a-4d; *III. I sette sigilli e le loro aperture*)

Gioacchino prende in esame l'aspetto formale dei sette sigilli: i primi cinque sono semplici, il sesto è doppio, mentre il settimo corrisponde al sabato, ovvero al riposo scritturistico, sicché il suo contenuto è anticipato nei tempi corrispondenti ai sigilli precedenti. Tuttavia, nel periodo del settimo sigillo dell'Antico Testamento sono stati scritti i libri dei *Maccabei*. Questi non hanno significato simbolico – il loro significato simbolico era stato anticipato nel libro di *Daniele* – ma solo storico. Gioacchino ne riconosce, comunque, il valore edificante. I primi sei sigilli corrispondono al tipo di Lia, al lavoro, alla conoscenza dottrinale, il settimo corrisponde al tipo di Rachele, al riposo, alla contemplazione. Pertanto è necessario che i contenuti dottrinali del settimo sigillo siano riposti nel sesto sigillo e rivelati nel sesto tempo. In proposito, Gioacchino inizia il ricorrente richiamo esegetico al passo del *Levitico* sul sabato (Lv. 25,20-22): "Io vi darò la mia benedizione per il sesto anno ed esso vi darà frutti per tre anni. [...] Mangerete il raccolto vecchio finché non venga il

nuovo". Si interpreta questo passo in relazione alle tre visioni di *Daniele* (Dn. 7, 1-28; 8, 9-10; 9) e al venerdì e al sabato della Settimana Santa. Viene esposto il criterio per cui Dio rende più brevi i tempi della sofferenza (Ez. 4, 6). La duplicità del sesto sigillo corrisponde al tema esegetico delle due misure di manna che, nell'*Esodo*, si raccomanda di raccogliere entrambe nel sesto giorno (Es. 16). Infine, il sesto sigillo viene paragonato alla sesta parte dell'*Apocalisse*, anch'essa duplice, e ai conflitti che essa rappresenta (le due volte in cui si fece notte durante la Passione) e che annuncia (i due conflitti escatologici di Ap. 17, 14 e di Ap. 19, 19). L'*Introductorius* corrisponde al testo dell'*Enchiridion* per i tratti *EA* 192-199, 241-248, 320-365, mancando dell'analisi delle tre visioni di *Daniele* ma avendo, all'inizio, una ricapitolazione dei sette sigilli che nell'*Enchiridion* verrà fatta più avanti.

EA 366-461 (= *E* i, 4d-5b; *IV. Le due persecuzioni del [sesto] tempo*)

Il sesto tempo contiene il significato suo proprio e anche quello del sabato – ovvero del settimo tempo – che lo segue. Sulla natura duplice del sesto tempo – e quindi, secondo la titolazione del capitolo dell'*Introductorius*, sul suo contenere due persecuzioni – si sofferma l'intera sezione, con in più, rispetto all'*Introductorius*, un lungo brano in cui Gioacchino sviluppa alcuni paralleli storici con le tribù d'Israele, con le tre visioni di *Daniele* afferenti al sesto, settimo e ottavo tempo, e con i due popoli della cristianità divisa, i greci e i latini (*EA* 401-454). Il testo dell'*Introductorius* è più breve, corrispondendo perfettamente per le sezioni *EA* 366-400 e *EA* 459-461, ma riportando una variazione significativa che enuncia i due tipi di *concordia* (*duorum Testamentorum* e *trium operum*).

EA 462-683 (= *E* i, 5b-6b; *V. I tre stati del mondo*)

Il testo dell'*Enchiridion* diverge nettamente da quello dell'*Introductorius* per un'ampia sezione. In corrispondenza del v capitolo dell'*Introductorius*, che sviluppa efficacemente il tema dei tre stati, l'*Enchiridion* è meno preciso. Lo spunto iniziale sui tre stati (*EA* 462-473) è presto abbandonato, concentrando l'attenzione sul parallelo fra stati e anno liturgico. Il secondo stato corrisponde alla Quaresima – divisa in sei settimane –, mentre il periodo

che va da Pasqua a Pentecoste rappresenta il terzo stato. La Pentecoste, poi, simboleggia il Sabato eterno, ovvero la fine della storia. Gioacchino continua ad analizzare la corrispondenza fra le visioni di *Daniele* e l'*Apocalisse*, parlando delle due persecuzioni del sesto tempo, a sua volta collocate nel Venerdì Santo dell'anno liturgico. Dopo questo, il Sabato Santo, come settimo tempo, corrisponderà al passaggio dal secondo al terzo stato. La Pasqua, in questa prospettiva, assume il carattere bivalente di ottavo tempo rispetto alla scansione precedente e di primo tempo rispetto a quella del terzo stato, riepilogato nel periodo che va da Pasqua a Pentecoste. A sua volta, l'interpretazione delle visioni di *Daniele* – sesta, settima e ottava – va riferita, per quanto concerne le due persecuzioni finali del sesto tempo, sia al sesto tempo del secondo *status* che alla fine del terzo. Sviluppando questi paralleli in rapporto agli eventi della storia della chiesa, tali persecuzioni del sesto tempo si sono compiute, in senso storico, in corrispondenza della chiesa primitiva e delle persecuzioni dei romani eppure, in senso spirituale, debbono ancora compiersi nel passaggio tra il secondo e il terzo stato e in quello tra il terzo e l'aldilà della storia. Su queste distinzioni, tra ciò che è avvenuto e ciò che avverrà, riguardo alle due persecuzioni del sesto tempo e del settimo, Gioacchino si dilunga per tutta questa sezione dell'*Enchiridion*, giocando sulla differenza fra il referto della *concordia duorum Testamentorum* – per cui le persecuzioni descritte nelle visioni di *Daniele* si riferiscono al tempo finale –, e quello della *concordia trium statuum*, per cui quelle persecuzioni hanno un triplice riferimento: il loro senso storico, il rinvio alla fine del secondo stato e quello alla fine del terzo.

EA 684-753 (nessuna corrispondenza)
Gioacchino riprende il tema delle due misure di manna (Es.16,16-22) che serve a esemplificare il fatto, sia esegetico che storico, per cui nel sesto tempo è contenuto anche il significato del settimo. Inoltre l'abate propone una spiegazione dell'etimologia di Pasqua (*Phase*) come "passaggio", discutendo il suo essere l'ottavo tempo e, insieme, il primo e il perché per questo ottavo tempo non vi fu la raccolta di una terza misura di manna.

EA 754-1005 (= *E* i, 6b-9a; *VI. L'attribuzione della concordia dei due Testamenti*)

Il testo dell'*Enchiridion* segue, abbastanza fedelmente, quello dell'*Introductorius* fino ai due terzi della colonna 8a. L'unica variazione di rilievo si ha in corrispondenza del passo *EA* 910-916 dove l'*Introductorius* smorza i toni più decisamente antiteutonici dell'*Enchiridion*. Gioacchino vi sviluppa, come recita la titolazione dell'edizione di Venezia dell'*Introductorius*, la *concordia duorum Testamentorum*. Di conseguenza viene elencata la doppia corrispondenza tra i sette sigilli del Vecchio Testamento e le sette aperture dei sigilli del Nuovo. L'*Enchiridion* si dilunga, poi, nella parte finale della sezione, là dove inizia la divergenza con il testo dell'*Introductorius*, parlando dei re del sesto e del settimo tempo, annunziati dall'*Apocalisse*: "I re sono sette. Cinque sono caduti, uno ne resta in vita, e l'altro non è ancora venuto" (Ap. 17, 9-10) (*EA* 967-1005).

A questo punto il testo dell'*Enchiridion* e il testo dell'*Introductorius* hanno una seconda grande divergenza – la prima è quella in corrispondenza della sezione *EA* 684-753. In questa seconda sezione, corrispondente a *EA* 1006-1371, l'*Introductorius* ha, nella titolazione del 1527, i seguenti capitoli:

VII. La seconda attribuzione della concordia (la concordia dei tre stati) (*E* i, 9a-10a);

VIII. L'Anticristo e il dragone: le sue teste e le sue membra (*E* i, 10a-11a);

IX. Le parti principali dell'Apocalisse (*E* i, 11a-12b);

X. L'esempio del Vecchio Testamento (*E* i, 12b-12c);

XI. L'altra interpretazione (*E* i, 12c-d);

XII. La doppia interpretazione della distinzione delle parti dell'Apocalisse (*E* i, 12d-13a);

XIII. Osserva un bel mistero (*E* i, 13a-14c).

Nell'*Enchiridion* abbiamo individuato i seguenti raggruppamenti:

EA 1006-1298

Dove si riprende il tema delle persecuzioni del sesto tempo, passando, poi, al settimo tempo e al settimo sigillo. Gioacchino torna a confrontare i testi di *Daniele* e del-

l'*Apocalisse* di Giovanni, paragonando le visioni del primo agli annunci degli angeli del secondo. Di seguito viene sviluppato il rapporto tipologico fra Giovanni Battista, Cristo ed Elia (*EA* 1133-1169). Si affronta l'interpretazione dell'ultima visione di *Daniele*, con lo scontro fra il re del Settentrione (= Satana) e il re del Meridione (= Gesù Cristo) (Dn. 11). Infine, si affronta il problema per cui, se ai tempi di Giovanni Battista era impossibile sviluppare la "concordia del secondo stato" perché si era ancora all'interno del primo, così, ai tempi di Gioacchino, che fanno ancora parte del secondo stato, dovrebbe essere impossibile sviluppare la "concordia del terzo stato". Gioacchino risolve il problema con la formula dell'"anticipazione" delle due misure di manna (Es. 16, 16-22) e giocando con il tipo di Davide e Salomone. Del resto, dice Gioacchino, si tratta semplicemente di sviluppare il potenziale anticipante delle opere del secondo stato, illustrate letteralmente dall'*Apocalisse*, perché poi, dalla loro interpretazione, sgorghi il loro compimento spirituale, ossia il terzo stato. A questo punto l'abate calabrese racconta, in un inciso di grande importanza, le origini del suo interesse per l'*Apocalisse* (*EA* 1256-1264). Infine, Gioacchino collega il lavoro sull'*Apocalisse* che sta portando avanti – per ora come *Enchiridion* – con la sua opera precedente, ovvero con la *Concordia Novi ac Veteris Testamenti*: in quella si ascoltavano prevalentemente due testimoni, il Padre e il Figlio, con le loro rispettive testimonianze – l'Antico Testamento e il Nuovo; in questa, invece, si fa avanti la voce del terzo testimone, lo Spirito Santo la cui testimonianza non è un terzo testamento, bensì l'*intelligentia spiritualis* dei primi due.

EA 1299-1371

Gioacchino inizia proponendosi di trattare delle suddivisioni principali dell'*Apocalisse* (*EA* 1299-1319), ma, ben presto, si perde in una lunga digressione sulla pratica dei digiuni nella chiesa greco-ortodossa. Lo spunto esegetico è quello del banchetto di Elia nel deserto (1Re 17, 3-5).

A questo punto riprende la corrispondenza con l'*Introductorius*.

EA 1372-1576 (= *E* i, 14c-15c; *XIV. La distinzione dei sabati*)

Il tema centrale è, come recita la titolazione dell'*Introductorius*, quello del sabato. Gioacchino fornisce prima una distinzione dei "tipi" di sabato a seconda dell'approccio ermeneutico (sabato storico, sabato morale, sabato tipologico e sabato contemplativo). Per i primi tre tipi di sabati abbiamo tre varianti, secondo il giorno, il mese e l'anno. Ciò è evidente per il sabato in senso storico, là dove il *Levitico* stabilisce l'osservanza del sabato sia per il giorno (Lv. 23, 3) che per il mese (Lv. 23, 23-25) e per l'anno (Lv. 25, 1-17). Anche in senso morale vi sono tre distinzioni analoghe: per il giorno nell'alternanza fra occupazione pratica e contemplazione; per il mese nel ritiro ascetico; per l'anno nell'attesa prima della nascita spirituale del battesimo. Nel sabato tipologico – ovvero quello che sviluppa il confronto fra le figure dell'Antico Testamento e quelle del Nuovo – abbiamo quello corrispondente al giorno, ossia il periodo sabbatico di ciascuno dei sei tempi in cui si suddivide il secondo *status*. Abbiamo il sabato tipologico secondo il mese, ovvero il settimo tempo del secondo *status* che, per altri versi, corrisponde alla settimana di Pasqua nel contesto della Quaresima. Infine v'è il sabato tipologico dell'anno, ovvero la settima età del mondo, corrispondente al terzo *status* (come le prime cinque età corrispondevano al primo e la sesta al secondo). Invece, per il sabato contemplativo o anagogico v'è un solo tipo di sabato, vale a dire la patria celeste assolutamente metastorica, in confronto alla quale tutte le età del mondo sono presabbatiche (è questo il punto di vista agostiniano). Nell'*Introductorius*, davanti allo stesso novero di esempi, Gioacchino parla di cinque tipi di sabato (storico, morale, tipologico, contemplativo e anagogico) non distinguendo più secondo il giorno, il mese e l'anno (il sabato storico è il riposo settimanale; il sabato morale è il sabato morale secondo il mese; il sabato tipologico è il passaggio dalla lettera all'intelligenza spirituale – che riassume le tre suddivisioni del sabato tipologico dell'*Enchiridion*; il sabato contemplativo è il passaggio dalla vita attiva a quella contemplativa; il sabato anagogico è il sabato morale secondo l'anno). Dopo questa prima distinzione secondo i sensi scritturistici, Gioacchino ne formula un'altra, in base ai tre stati, ovvero quella del sabato prima della legge, del sabato sotto la legge e del sabato sotto la grazia. Il primo corrisponde al soggiorno in Egitto dei Pa-

dri; il secondo al silenzio dei profeti dopo Malachia fino a Giovanni Battista; il terzo sarà quello del Millennio (Ap. 20,1-3). Gioacchino sviluppa, poi, il nesso fra sabato e silenzio, inteso come silenzio delle Scritture. In relazione ai tre sabati così intesi, l'abate calabrese porta avanti alcune tipologie. Quella triadica di Mosè (I), Giovanni Battista (II) ed Elia (III) e quella diadica delle coppie Mosè/Aronne (I) ed Elia/Baruch (III) o di Giovanni Battista (prima venuta di Elia; battesimo con acqua) (II) ed Elia (seconda venuta; battesimo con fuoco) (III). In conclusione Gioacchino precisa il doppio significato del sabato in senso tipologico – ovvero nell'orizzonte della storia – che è di gioia ma anche di sofferenza (i giudizi di Sodoma, Babilonia e della nuova Babilonia), mentre in senso anagogico – vale a dire nella prospettiva metastorica – è solo di gioia. Complessivamente il testo dell'*Enchiridion* è più esteso (aggiunte *EA* 1458-1509; 1520-1536; 1548-1558) e stratificato di quello dell'*Introductorius*.

EA 1577-1838 (= *E* i, 15c-16a; *XV. Le sette suddivisioni dell'anno di cui la sesta va dalla Quinquagesima al giorno di Pasqua e la settima da Pasqua a Pentecoste*)

Gioacchino collega il tema del sabato alle scansioni dell'anno liturgico. L'argomento è trattato con maggior attenzione nell'*Enchiridion*, anche se, a volte, la linea del discorso sembra alquanto confusa. Gioacchino inizia introducendo la triplice accezione di sabato: (1) il giorno di festività liturgica; (2) la sua vigilia; (3) i sabati normali, ovvero il giorno festivo di ogni settimana. Gioacchino prende in esame le tre principali festività liturgiche: Natale, Pasqua e Pentecoste. L'intera settimana che comprende queste feste è da intendersi come sabbatica – ovvero come settima – rispetto alle precedenti. Ciò, se è meno evidente per il Natale, risulta chiaro per la Pasqua (con la Quaresima più una settimana, cioè la Quinquagesima) e per la Pentecoste. Inoltre, osserva Gioacchino, bisogna distinguere il giorno festivo (Natale, Pasqua, Pentecoste) dai suoi "sabati di vigilia", rispetto ai quali la festività non è più settima ma ottava. Si hanno così sei giorni sabbatici, due per ciascuna festività, e uno è "sabato d'afflizione" mentre il secondo è "sabato di gioia". Di conseguenza, l'abate calabrese sviluppa il parallelo storico tra sabati d'afflizione e sabati di gioia (I. Abramo; II. Mosè;

III. Cattività babilonese; IV. Gesù; V. il sabato presente; VI. il sabato del Millennio): i dispari sono d'afflizione e i pari sono di gioia. Riguardo agli ultimi due sabati Gioacchino porta avanti i "tipi storici" di Ciro, Artaserse e Antioco e i "tipi profetici" del re del Settentrione (Satana) e del re del Meridione (Cristo). Anche il testo dell'*Apocalisse* appare suddiviso in sette parti, ciascuna delimitata da un sabato (e quindi, anch'esse eptapartite). Inoltre l'intera *Apocalisse* ha come sabato i capitoli sul Millennio e sul Giudizio (Ap. 20-22). Ecco allora che l'*Apocalisse* contiene (1) il sabato del secondo *status* (ovvero della sesta *aetas*), quello del Figlio, rappresentato nei sabati delle prime sei suddivisioni del libro; (2) il sabato del terzo *status* (ossia la settima età della storia), quello dello Spirito Santo, vale a dire il Millennio terreno di Ap. 20,1-6; (3) il sabato eterno della Gerusalemme Celeste, al di fuori della storia (settima età non più in senso gioachimita ma in senso agostiniano). Rapportati all'anno liturgico, i sabati particolari, (1) e (2), stanno al grande sabato (3) come la settimana pasquale sta all'intero periodo che va da Pasqua a Pentecoste. Inoltre la Quaresima più la Quinquagesima si condensano nella vigilia come sabato d'afflizione e, storicamente, come secondo *status* e sesta *aetas*, mentre la Pasqua è sabato di gioia – o ottava, se la vigilia sarà considerata come sabato – e, storicamente, come terzo *status* e settima *aetas*. Del resto, l'oscillazione tra settimo e ottavo tempo è propria del sabato sia storicamente che esegeticamente, a seconda della scelta del tempo di partenza. In conclusione, anche questa sezione dell'*Enchiridion* appare più estesa e complessa del capitolo corrispondente del *Liber introductorius*.

EA 1839-1871 (= *E* i, 16a-b; *XVI. La distinzione delle otto parti del libro dell'Apocalisse*)
Gioacchino esamina la suddivisione delle parti dell'*Apocalisse* in relazione alla scansione dei tempi della storia (le sette *aetates* e l'ottava, metastorica, che rappresenta la Gerusalemme Celeste). *Enchiridion* e *Introductorius* si corrispondono abbastanza fedelmente.

EA 1872-1965 (= *E* i, 16b-d; *XVII. Che cosa è generale e che cosa è particolare per ciascun ordine dei santi*)
Gioacchino sviluppa il rapporto simbolico fra le parti dell'*Apocalisse* e l'annuncio dei vari *ordines* della storia

della chiesa. L'*Enchiridion* aggiunge, all'inizio della sezione, una digressione sul simbolismo del gallo e del colombo in relazione a Gen. 1,27 e al tema delle nozze mistiche fra Cristo e la chiesa. In conclusione l'abate calabrese tratta dei cinque conflitti particolari e del sesto conflitto generale che si possono scorgere nella storia della chiesa sviluppando la *concordia* con l'Antico Testamento.

EA 1966-2173 (= *E* i, 16d-17d; *XVIII. La perfezione dei numeri cinque e sette*)

Gioacchino gioca sul valore simbolico del cinque e del sette, applicato alle figure esegetiche delle dodici tribù d'Israele e delle dodici chiese della chiesa primitiva, le cinque di ascendenza petrina (Gerusalemme, Antiochia, Roma, Alessandria e Costantinopoli) e le sette di ascendenza giovannea, nominate all'inizio dell'*Apocalisse* (Efeso, Smirne, Pergamo, Tiàtira, Sardi, Filadelfia, Laodicea). Sempre in questo simbolismo numerico per cui cinque più sette fa dodici, Gioacchino tratta del rapporto fra i quattro evangelisti più lo Spirito Santo, i quattro animali simbolici più la colomba e i cinque *ordines* della chiesa primitiva, sacerdoti, diaconi, vescovi, contemplatori (monaci), la comunità nel suo insieme, corrispondenti, nel complesso, ai quattro Vangeli più il libro degli *Atti degli Apostoli*. Di conseguenza, l'*Apocalisse* corrisponde al raggruppamento di sette ordini spirituali – chiamati speciali o particolari –, in confronto ai precedenti che Gioacchino chiama generali o principali. La chiave esegetica di questo rapporto è data dal testo evangelico della moltiplicazione dei pani, là dove si parla dei cinque pani d'orzo e dei sette pani di frumento (Gv. 6,9; Mt. 15,36; Mc. 8,6). Un secondo simbolismo permette di intendere i cinque pani d'orzo come il *Pentateuco* di Mosè – ovvero l'Antico Testamento – e i sette di frumento come il Nuovo Testamento (i quattro Vangeli, due pani per gli *Atti*, il settimo per l'*Apocalisse*). A livello storico, il cinque corrisponde alle cinque età dell'Antico Testamento, mentre il Nuovo è la sesta età e l'*Apocalisse* annuncia la settima all'interno della sesta, secondo lo schema suggerito dalle due misure di manna (Es. 16,22-30), l'una raccolta per il sesto giorno e l'altra raccolta per il settimo, entrambe durante il sesto. Gioacchino annuncia anche di voler sviluppare il rapporto fra i cinque sensi corporei e le sette virtù spirituali. Il

testo dell'*Enchiridion* è più esteso del capitolo corrispondente dell'*Introductorius*.

EA 2174-2329 (= *E* i, 17d-18c; *XIX. La vita attiva rappresentata da Pietro e la vita contemplativa rappresentata da Giovanni*)

Gioacchino riprende il discorso sulle cinque chiese petrine e sulle sette giovannee mettendo a confronto i due apostoli come simboli della vita attiva e di quella contemplativa. In questo contesto l'abate calabrese elenca – in un inserto assente nell'*Introductorius* (*EA* 2211-2297) – i quattro eresiarchi delle quattro fondazioni petrine (la chiesa di Roma qui rappresenta la chiesa generale): Giuda per la chiesa di Gerusalemme; Nicola per quella di Antiochia; Ario per quella di Alessandria e Macedonio per quella di Bisanzio. A ciascuna chiesa corrisponde, poi, un tipo di scienza: Gerusalemme ha quella tipologica; l'antiochena quella storica; l'alessandrina quella morale; la bizantina quella contemplativa, mentre alla romana spetta la scienza generale. A questa scansione pentapartita si accostano anche le cinque opere del Cristo: nascita, battesimo, passione, risurrezione, ascensione. Gioacchino sviluppa il parallelo fra la pianta della Gerusalemme Celeste, pentapartita secondo i cinque ordini della chiesa (i quattro quartieri dei punti cardinali e l'insieme della città tutta, ovvero la chiesa generale).

Inizia qui la terza grande divergenza testuale fra l'*Enchiridion* e l'*Introductorius*. In corrispondenza della sezione *EA* 2330-2550 abbiamo, nell'*Introductorius*, i seguenti capitoli:

XX. Il significato dei Padri dell'Antico Testamento (*E* i, 19b-20b);

XXI. Altri misteri che riguardano i figli di Giacobbe (*E* i, 20c-21a);

XXII/XXIII. Pietro, Paolo e Giovanni rappresentano in sé il mistero della Trinità (*E* i, 21a-22b);

XXIV. La vita attiva come caratteristica del secondo stato (*E* i, 22b-23c).

Nell'*Enchiridion* abbiamo individuato i seguenti raggruppamenti:

EA 2330-2471

La pianta della Gerusalemme Celeste diviene eptapartita aggiungendovi i sobborghi e i quartieri periferici come simbolo dei continenti e dei coniugati. A questo punto Gioacchino propone il confronto fra i sensi corporei e i doni dello Spirito. I primi sembrano essere cinque mentre i secondi sono sette. In realtà, aggiungendo ai cinque sensi tradizionali il camminare dei piedi e ciò che è necessario all'atto matrimoniale, i sensi divengono sette. Così, anche le cinque chiese di ascendenza petrina divengono sette aggiungendovi le due chiese con dignità patriarcale che dipendono dalla chiesa romana: Venezia e Aquileia. Infine Gioacchino riprende la corrispondenza fra le dodici chiese e le dodici tribù d'Israele.

EA 2472-2550

Gioacchino tratta delle sette chiese giovannee e dei sette ordini spirituali corrispondenti. Così Efeso corrisponde ai primi conversi continenti o eremiti; Smirne agli asceti dell'epoca dei martiri; Pergamo ai dottori; Tiàtira ai contemplativi; Sardi alla chiesa generale dei chierici. Gli ordini corrispondenti alle due ultime chiese, Filadelfia e Laodicea, sono quelli che devono venire nel sesto tempo del secondo stato, ovvero all'epoca di Gioacchino (il XIII secolo vi lesse l'annuncio profetico dell'istituzione dell'Ordine francescano e domenicano). Così, mentre ciascuno dei cinque ordini precedenti ha avuto un singolo tempo per manifestarsi, il sesto e il settimo saranno riuniti sotto il sesto tempo che è, in questo modo, duplice, come il sesto sigillo.

EA 2551-2649 (= *E* i, 23d-24d; *XXV. Riassunto di tutto ciò che è stato detto in questo libro dell'Apocalisse* a partire dal sottoparagrafo *Le parti del libro*)

Riprendendo la corrispondenza con il testo dell'*Introductorius*, l'*Enchiridion* conclude elencando le suddivisioni dell'*Apocalisse* e confrontandole con la successione degli *ordines*. Gioacchino descrive i cinque conflitti escatologici – di cui quattro sono già accaduti –, mentre il quinto è lo scontro della sua epoca fra la chiesa di Roma e l'Impero germanico (l'Anticristo). Si annuncia, quindi, il Millennio e, dopo di esso, lo scontro finale con il grande Anticristo (Gog e Magog, Satana stesso). In chiusura, dopo il Grande Giudizio, v'è l'apparizione della Gerusalemme Celeste e il dischiudersi dell'eterno.

A questo punto, mentre l'*Enchiridion* conclude con l'*explicit* tradizionale (*EA* 2650), il testo dell'*Introductorius* prosegue con una quarta divergenza – o meglio, aggiunta – di due capitoli:

XXVI. Epilogo delle profezie e loro conferma (*E* i, 24d-25d);

XXVII. Perché il Signore volle celare il corpo di Sua Madre Maria (*E* i, 25d-26c).

Ricapitolando, quindi, abbiamo il seguente schema:

Enchiridion		*Liber introductorius*	
Prologo	(*EA* 2-57)	Prologo	(*E* i, 1d-2b e 2d)
I	(*EA* 58-142)	I	(*E* i, 2d-3c)
II	(*EA* 143-191)	II	(*E* i, 3c-4a)
III	(*EA* 192-365)	III	(*E* i, 4a-4d)
IV	(*EA* 366-461)	IV	(*E* i, 4d-5b)
V	(*EA* 462-683)	V	(*E* i, 5b-6b)
VI	(*EA* 684-753)		
VII	(*EA* 754-1005)	VI	(*E* i, 6b-9a)
VIII	(*EA* 1006-1298)		
IX	(*EA* 1299-1371)		
X	(*EA* 1372-1576)	XIV	(*E* i, 14c-15c)
XI	(*EA* 1577-1838)	XV	(*E* i, 15c-16a)
XII	(*EA* 1839-1871)	XVI	(*E* i, 16a-b)
XIII	(*EA* 1872-1965)	XVII	(*E* i, 16b-d)
XIV	(*EA* 1966-2173)	XVIII	(*E* i, 16d-17d)
XV	(*EA* 2174-2329)	XIX	(*E* i, 17d-18c)
XVI	(*EA* 2330-2471)		
XVII	(*EA* 2472-2550)		
XVIII	(*EA* 2551-2649)	XXV	(*E* i, 23d-24d)

I capitoli VII-XIII, XX-XXIV e XXVI-XXVII dell'*Introductorius* sono completamente autonomi rispetto al testo dell'*Enchiridion*.

Nota filologica

Riportiamo, qui di seguito, la descrizione dei manoscritti e i criteri di edizione seguiti dal Burger (la traduzione del testo è a cura di Silvia Manzoni).

Tre dei cinque manoscritti elencati da Marjorie Reeves come contenenti l'*Enchiridion* sono stati collati per questa edizione (REEVES 1969, p. 513). Fortunatamente, tutti e tre i manoscritti sono quasi esenti da correzioni scrittorie. Il MS LAT. 427 della Bibliothèque Nationale di Parigi, sebbene elencato dalla Reeves, non è stato utilizzato per questa edizione perché contiene solo il *Liber introductorius*, né lo è stato il MS Harley 3049 della British Library di Londra perché è un mero estratto frammentario del *Liber introductorius*.

Pavia, Biblioteca Universitaria, MS Aldini 370

Il MS Aldini 370 (=A) dell'Università di Pavia è particolarmente importante perché è il più antico manoscritto esistente dell'opera di Gioacchino, che risale ai primi anni del XIII secolo. Riguardo al manoscritto, Denifle scrisse: "Fra tutti i manoscritti di Gioacchino conosciuti, questo occupa il primo posto" (DENIFLE 1885, p. 93). Il codice pergamenaceo ha il formato di un piccolo ottavo che misura 155 x 105 mm. Contiene 79 fogli in scrittura elegante del XII secolo, tracciata da un unico amanuense in colonne singole, ciascuna di 23 linee. Tre fogli bianchi precedono il testo. Sul secondo foglio, una mano del tardo XVII secolo ha aggiunto: "*Ex libris fratris Bernardini Strabelli a Mediolano Ordinis Minorum Observantium*". Dopo l'intitolazione ("*Incipit encheridion abbatis Joachim super Apocalypsim*"), il MS Aldini 370 inizia (f. *1r.*): "*Quam propensioribus studiis a viriis catholicis et ortodoxis certatum est...*" e finisce: "*...et regnabit ex hoc nunc, magis autem ex tunc et usque in secula seculorum amen*". Al termine è aggiunto un colofone (f. *79v.*): "*Explicit encheridion abbatis Joachim super Apocalypsim*".

Paris, Bibliothèque Nationale, MS latin 2142

Il MS LAT. 2142 (=B) della Bibliothèque Nationale di Parigi è un codice pergamenaceo che misura 295x215 mm e contiene 134 fogli scritti in doppia colonna, ciascuna di 35 righe, fatta eccezione per i fogli *103v.-104v.*, che sono in colonne singole, ciascuna di 35 righe. Il manoscritto risale alla fine del XIII secolo con note a margine aggiunte da una mano del XV secolo. Sul f. *133v.* c'è un *ex libris* dell'abbazia di Bonport, della diocesi di Évreux (Normandia). L'*Enchiridion* di Gioacchino (ff. *103v.-133r.*) è preceduto da due sue opere più brevi; letteralmente, una *Prefazione all'Apocalisse* (che la Reeves chiama "un breve trattato sull'*Apocalisse*") (ff. *96r.-99v.*) e *Sul Titolo del Libro dell'Apocalisse* (ff. *99v.-103v.*). Inoltre, il codice contiene diverse funzioni tratte dal Breviario, una Messa nuziale, le *Collationes* di Cassiano, l'*Homilia* di Leone IV e alcuni consigli per la vita monastica in versi. Manca il titolo dell'*Enchiridion* sebbene sembri vi sia stato dello spazio per un'intitolazione nel f. *103v.* L'*incipit* (f. *103v.*) dice: "*Quoniam propensioribus studiis a viris catholicis et ortodoxis certatum est...*" L'*explicit* (f. *133r.*) è: "*... et regnabit ex hoc nunc, magis autem ex tunc, usque in secula seculorum amen*". Al termine è aggiunto un colofone: "*Explicit enchiridion super librum apocalipsis*".

Roma, Biblioteca Vaticana, MS Reginensis latinus 132

Il MS REG. LAT. 132 (=C) è un codice pergamenaceo che misura 297x193 mm e consiste in 106 fogli in doppia colonna, ciascuno di 37 righe. Oltre alle gioachimite una *Prefazione all'Apocalisse* (ff. *49r.-53v.*), *Sul Titolo del Libro dell'Apocalisse* (ff. *53v.-58v.*) ed *Enchiridion* (ff. *58v.-95r.*), il codice contiene anche due sermoni di sant'Agostino, l'*Elucidarium* di Onorio di Autun e una miscellanea di profezie. Sul f. *48r.* l'amanuense ha scritto: "*Anno Domini MCCCXLVI isti quaterni sunt scripti, per manus Conradi, indignissimi eruditoris parvulorum scole Pilgrimensis civitatis*". Il Wilmart identifica "*Pilgrimensis*" come Pilgram o Pelhrimov in Boemia (Andreas Wilmart, *Codices Reginensis Latini*, Roma 1937, I, pp. 308-310). Ciò che sembra essere un titolo abbreviato (*Super Apocalypsim*) arriva fino a f. *58va*. Segue l'incipit (f. *58v.*): "*Quoniam propensioribus studiis a viris catholicis et ortodoxis certatum est...*". Al f. *95r.* l'*explicit* dice: "*... et regnabit ex hoc nunc, magis autem ex tunc et usque in secula seculorum amen*". Il manoscritto si conclude con il colofone: "*Explicit encheridion super librum apocalipsis. amen*". Una porzione del MS REG. LAT. 132, BV (ff. *49r.-53v.*) è stata collata con MS LAT. 2142, BN (ff. *96r.-103r.*) dallo studioso tedesco Johannes Huck e pubblicata come appendice a *Joachim von Floris und die joachitische Literatur* (HUCK 1938, pp. 287-306). Ciò che Huck chiamò erro-

neamente *Enchiridion* era in effetti ciò che qui abbiamo chiamato una *Prefazione all'Apocalisse* e *Sul Titolo del Libro dell'Apocalisse*. Il titolo *Enchiridion* non compare all'inizio né del MS LAT. 2142, BN né del MS REG. LAT. 132, BV. Il titolo compare in entrambi i colofoni, dai quali Huck sembra aver concluso che tutto il materiale precedente era l'*Enchiridion*. Se Huck avesse saputo dell'esistenza del MS Aldini 370 avrebbe riconosciuto il proprio errore (Reeves 1969, p. 513; Tondelli 1942, pp. 3-4).

Per la presente edizione il MS Aldini 370 (=A) è stato utilizzato come testo base. Gli altri due manoscritti, il MS latin 2142 (=B) e il MS Reginensis latinus 132 (=C) offrono le varianti di scrittura. [...] L'ortografia e la maiuscolazione dei nomi e dei luoghi sono stati standardizzati. I capoversi e la punteggiatura sono stati aggiunti dall'editore (Burger 1986, pp. 4-6).

Nel riprodurre il testo latino dell'*Enchiridion* mi sono attenuto, in linea generale, alle indicazioni del Burger appena riportate. Non si è voluto appesantire il testo con l'apparato critico. Perciò mi sono limitato a segnalare i punti di divergenza dall'edizione del Burger e le — per altro pochissime — modifiche del testo critico, giustificandole, poi, in sede di commento. Per quanto concerne la scansione dei capitoli abbiamo ritenuto utile spezzare il testo uniforme dell'*Enchiridion* seguendo, là dov'era possibile, il modello dell'edizione cinquecentesca dell'*Introductorius* — pur con le riserve espresse in precedenza —, nonché aggiungendovi quelle soluzioni di continuità che risultavano evidenti nel corso della lettura.

Il testo critico che riproduciamo è: Joachim of Fiore, *Enchiridion super Apocalypsim*, edited with *Notes* and *Introduction* by Edward Kilian Burger, Pontifical Institute of Mediaeval Studies, Studies and Texts 78, Toronto-Ontario 1986.

Voglio ricordare con gratitudine Elisa Tetamo e Romano Màdera che, con la loro competenza ma soprattutto con la loro sensibilità, hanno letto ed emendato la traduzione del testo, dandomi un puntuale e insostituibile aiuto per la sua versione definitiva. Un ringraziamento va anche agli amici Nanni Cagnone, che ha promosso la stesura di questo volume, e a Francesco M. Cataluccio, che ne ha seguito la laboriosa realizzazione.

Prendi il più grosso dei pennelli, il più nero di tutti i colori e dividi con un tratto la mia vita fra l'*ieri* e il *domani*. Afferra la verga di Mosè e dividi il tempo fluente come un fiume; prosciuga il letto del tempo, allora soltanto tu potrai intendere il mio oggi

LEONID N. ANDREEV, *Diario di Satana*

ENCHIRIDION SUPER APOCALYPSIM

SULL'APOCALISSE

Incipit Enchiridion abbatis Joachim super Apocalypsim.

Quam propensioribus studiis a viris catholicis et orthodoxis certatum est, ut lactentis et adhuc rudis ecclesiae fundamenta jacerent, et ejus Deo dicatam infantiam lactis potu nutrirent, illorum quae per cursum temporum ad nos usque derivata sunt opera, coelestium doctrinis uberum fecundata testantur. Talia nempe illos tunc temporis oportebat docere, talia duce Spiritu suggerente describere, qualia lactenti et parvulae expertique a cibo solido expedire didicerant. Cum vero hanc adultam et aptam matrimonio cernerent, majora illi ostendere sacramenta coeperunt, majora promittere et conferre, quibus ablactata diutius solidi ac perfecti cibi experiretur dulcedinem, et relicto praeceptorum Christi incohationis sermone, ad perfectionem ferretur. Postremo impenderunt illi unguentorum charismata, vestes pretiosas, quibus sacra membra contegeret, inaures et armillas, et omne quod pertinet ad ornatum.

Quid a modo nos impendere possumus, tam meritis extremi quam tempore, tanta donorum copia jam praemissa? Nil fateor in hac parte, nil nobis necessitatis incumbit, sed superest onus aliquod quod portare nos ultimi debeamus. Exhortanda est / a nobis ut audiat; exhortanda ut videat;

Inizia il *Manuale sull'Apocalisse* dell'abate Gioacchino.

(*Prologo*)

Quanto cattolici ed ortodossi rivaleggiarono, con i più importanti studi, per gettare le fondamenta della Chiesa, appena nata ed ancora inesperta, e per nutrire di bevanda lattea la sua infanzia dedicata a Dio [1Pt. 2,2], lo testimoniano le loro opere che, rese feconde dalle ricchezze del cielo, nel corso dei tempi sono giunte fino a noi. Ed era certamente opportuno che a quel tempo essi insegnassero cose di tal genere e che, con la guida dello Spirito, le narrassero tali, quali avevano imparato a spiegarle a una lattante, ancora troppo piccola e non abituata al cibo solido [1Cor. 3,2]. Ma quando la videro cresciuta e in età da marito, essi cominciarono a esporre i misteri più importanti, a sviluppare e a trattare gli argomenti più ragguardevoli. Da questi la Chiesa fu svezzata, apprendendo, per più tempo, la dolcezza del cibo solido e completo: così, abbandonata la disputa iniziale sugli insegnamenti di Cristo, la si condusse alla perfezione. Infine, profusero su di lei i doni degli olii profumati, le vesti preziose con cui ricoprirle le sacre membra, orecchini, bracciali e tutto ciò che riguarda l'acconciatura.[1]

Ma noi, che siamo ultimi per meriti e nel tempo, che cosa possiamo offrire di più, quando è già stata anticipata una così grande abbondanza di doni? Non dico nulla a questo riguardo, nessuna necessità ci incombe, tuttavia rimane qualche peso che anche noi, ultimi, dobbiamo portare. A noi spetta il dovere di esortare la Chiesa ad

exhortanda ut ad se redeat, quaerens unum, quae se ipsam circa plurima occupata deseruit. Exhortanda, inquam, exhortanda ut redeat, ut vigilet et secum sit, ut inclinet epithalamiis aurem suam. Et quia tempus nuptiarum urget, obliviscatur populum suum, et domum patris sui. Accensisque lampadibus ingrediatur ad nuptias. Neque enim coelorum rex illius poterit concupiscere torum, nisi et ista sponsi thalamum concupiscat, quia nec sunt legitimae nuptiae, in quibus pars altera non consentit.

"Qui amat," inquit Dominus, "patrem aut matrem plusquam me, non est me dignus." Quod si ita est, immo quia ita est, nec prodest sponsae pulchritudinis decor, nisi populum et patriam suam sponsi gratia spernat, nimirum quia vel sponsum non amat, vel alter ab ea qui non est sponsus diligitur. Persuadenda est modis omnibus tantam vitare infamiam, ne toro—quod absit—regio comprobetur indigna. Sed quibus eam sermonibus persuadere quis poterit, quae praesentia pro futuris, cognita pro incognitis, parentes et vicinos quos novit, pro sponso et patria quorum gloriam nescit, relinquere sicut inexpertum habet, ita impossibile putat, praesertim cum non aestimet tempus nuptiarum instare?

Non parvus labor / iste est, qui nobis his diebus incumbit. Sed ad haec quis idoneus? Forte etenim qui posset spernit, qui cuperet nescit; cui cultus sermonis inest, scientia deest; cui scire conceditur, dicere opportune negatur. Sic ergo nullus idoneus. Sed num omnes pariter excusati? Habet qui nescit, si tamen non parvipendit vel negligit, aut plenam, aut qualemcumque excusationis fiduciam; nullam, aut quasi nullam, cui datum est cognoscere vel ex parte. Sed num quia istud dico, alterum mihi e duobus attribuo, ut scientiae mihi titulum arrogare praesumam? Minime. Sed qui me prorsus in altero insufficientem profiteor, in altero judicium

ascoltare; esortarla a vedere; esortarla a ritornare in sé, per cercare l'unità, poiché, assorta in molteplici distrazioni, ella venne meno a se stessa. Dev'essere esortata, dico, esortata a far ritorno, a star vigile e a rimanere in se stessa, affinché volga il proprio orecchio verso i canti nuziali. E giacché il tempo delle nozze è vicino, essa si dimentichi del suo popolo e della casa del padre suo. Accese le fiaccole, si dia inizio alla cerimonia nuziale. E senza dubbio il Re dei Cieli non potrebbe desiderare il letto di lei, se anche ella non desiderasse il talamo dello sposo, perché non vi sono nozze legittime in cui uno dei due non sia consenziente.[2]

"Chi ama il padre o la madre più di me," dice il Signore, *"non è degno di me"* (Mt. 10,37). Perciò, se è così, anzi quand'è così, alla sposa non giova l'ornamento della bellezza, se non disprezza il popolo e la patria sua a vantaggio dello sposo, certamente perché o non ama lo sposo, o perché un altro uomo, che non è lo sposo, è preferito da lei. In tutti i modi ella dev'essere persuasa ad evitare una così grande infamia, affinché non sia riconosciuta indegna – non sia mai – del letto regale. Ma con quali discorsi si potrà persuadere colei che ritiene impossibile, siccome non l'ha sperimentato, lasciare le cose presenti per le future, le conosciute per le sconosciute, i genitori e i parenti che essa conosce, per uno sposo e per una patria dei quali ignora la gloria, specialmente se non valuta imminente il tempo delle nozze?

Non è una fatica da poco quella che in questi giorni ci attende. Ma per queste incombenze chi sarà adatto? Infatti, forse colui che potrebbe rifiuta, mentre colui che vorrebbe non ne è in grado; a chi appartiene l'eleganza del discorso, manca la scienza, a chi è concesso il sapere, è negato il dire appropriatamente. Così, dunque, nessuno sarebbe adatto. Ma forse tutti vanno giustificati allo stesso modo? Colui che non sa, sebbene non per trascuratezza o negligenza, ha una scusante, o del tutto degna di fiducia o, comunque, plausibile; colui a cui è concesso di conoscere, anche se in parte, non ne ha nessuna o quasi nessuna. Ma forse, giacché dico queste cose, io mi attribuisco una delle due eventualità, di modo che avrei la presunzione di arrogarmi il merito della scienza? Assolutamente no. Piuttosto io, che mi riconosco nell'una del tutto insufficiente, nell'altra temo molto il giudizio. Poi-

pertimesco. Quia et si me scientem esse non nisi insipienter crediderim, ignorare tamen quod loqui teneor, non nisi mendaciter excusabo. Loquar ergo prout potero, sin minus, nutibus indicabo. Immitabor animal brutum, et si homines nequeo, aut certe mutum hominem, qui nutibus quae viderat innuebat.

Defecisse mundi gaudia, imminere pressuras, coelorum regnum adesse in januis, et si sermone, ut praefatus sum, rustico, certis tamen et necessariis probare me posse arbitror documentis, si tamen ille affuerit qui praesumentes de se ipsis irridet, et linguas parvulorum, cum sibi placet, facit disertas. / Illud tamen lectorem moneo libri hujus ubera sitientem, ut sic ex eo plenum se capere intellectum confidat, si in eo intentus et integer et sine vocis strepitu meditetur, et subscriptae introductionis summulam lectitare non pigeat, in qua totius libri continetur materia.

Universa historiarum nemora quae vetus Testamentum obumbrant, in quinque portionibus dividuntur, quarum una generalis est, quattuor speciales. Una est enim rota, quattuor habens facies. Una est generalis historia, cui quattuor speciales junguntur. Generalis historia illa est, quae a mundi principio usque ad librum Esdrae recto cursu dirigitur. Et haec quidem patriarcharum primo, secundo Judicum, tertio Regum chronicas servat, habens quidem unam narrationis seriem sed scriptores diversos, eo quod morte diu prohiberentur permanere. Quattuor vero historiae speciales et parvae sunt, quarum prima est Job, secunda Tobiae, tertia Judith, quarta Esther. Illa ergo rota, istae facies. Et quidem harum duae minus apud Hebraeos canonicae, ut ait sanctus Hieronymus, judicantur; sed non apud ecclesiam cui Spiritus testimonium reddit.

ché, anche se non posso credere di essere sapiente, se non per stupidità, tuttavia non potrei scusarmi di ignorare ciò che sono tenuto a dire, se non per falsità. Parlerò, quindi, come potrò, nel caso contrario indicherò con dei cenni. E se non posso imitare gli uomini, imiterò l'animale senza intelligenza, o altrimenti l'uomo privo di parola, che a cenni va indicando ciò che ha visto.

Che i piaceri del mondo siano venuti meno, che le tribolazioni siano imminenti, che il Regno dei Cieli sia alle porte, ritengo di poterlo provare, sia pure, come ho premesso, mediante un discorso inelegante,[3] con testimonianze sicure e necessarie, se comunque mi assisterà Colui che schernisce quelli che sono presuntuosi di se stessi, e che rende eloquenti le lingue dei fanciulli.[4] Ciò, tuttavia, raccomando al lettore assetato delle ricchezze di questo libro dell'*Apocalisse*, sicché abbia fiducia di comprenderne il senso completo, se rifletterà su di esso concentrato, senza pregiudizi né strepito di voce, e non si vergognerà di leggere con attenzione il piccolo compendio introduttivo scritto qui di seguito, in cui è racchiuso il contenuto di tutto il libro.

(I)

Gli alberi[5] delle storie che gettano la loro ombra sul Vecchio Testamento nell'insieme si dividono in cinque parti, di cui una è la principale, quattro le particolari. Infatti una è la ruota[6] che ha quattro facce. Una è la storia principale alla quale si congiungono le quattro particolari. La storia principale è quella che si dirige direttamente dall'origine del mondo fino al libro di *Esdra*. E questa, appunto, conserva le cronache prima dei Patriarchi, poi dei Giudici e in terzo luogo dei Re, avendo, quindi, un'unica successione narrativa ma scrittori diversi, per il fatto che la morte impedì loro di proseguire oltre. Invece le quattro storie sono particolari e brevi. Di queste, la prima è quella di Giobbe, la seconda quella di Tobia, la terza quella di Giuditta, la quarta quella di Ester. Quella, dunque, è la ruota, queste sono le facce. E, propriamente, due di queste, come riferisce San Girolamo, sono giudicate non canoniche presso gli Ebrei,[7] ma non presso la Chiesa cui lo Spirito rende testimonianza.

Pro quattuor autem historiis, quattuor evangelia data sunt; non sine munimento / concordiae, nec sine testimonio veritatis et Spiritus. Illud vero ante omnia discreta ratione pensandum, quod primus evangelista et ultimus, Matthaeus scilicet et Joannes, apostoli sunt Christi Jesu, et visa potius quam audita referunt; duo vero medii Marcus et Lucas, non apostoli sed apostolorum discipuli, et nequaquam visa sed audita describunt. Sicut ergo apud nos, si humano libraretur judicio, majoris auctoritatis esse quis diceret, quod apostoli visa, quam quod apostolorum discipuli non visa sed audita scripserunt, ita historiarum quattuor, primae et ultimae majorem Judaei auctoritatem dederunt, Job scilicet et Esther, quam duabus mediis Tobiae et Judith. Sed hoc nequaquam dixerit archani speculator eloquii, et qui in eis spiritualem et mysticum esse percipit intellectum. Numquam enim historias ipsas tam clara et tam notoria perlustrarent mysteria, si eas digitus Dei sicut et ceteras non scripsisset.

Sicut autem pro illis quattuor, quattuor evangelia data sunt, quasi in medio rotarum rotae, et quasi in monumento Christi linteamina posita, ita pro historia generali liber Apocalypsis datus est, de quo non immerito dictum esse crediderim, et sudarium quod fuerat super caput Jesu, non cum linteaminibus positum, sed separatim involutum erat in unum locum, / ut prophetia ex integro compleretur, quae dicit: "Et similitudo rotarum et opera, quasi sit rota in medio rotae." Est ergo rota prima et major ceteris generalis illa historia, seu magis historiarum librorumque congeries, quae ab Adam usque ad Esdram per successionem protenditur, post quem scriptores sacrorum voluminum sabbatizasse noscuntur. Sane rotae hujus exterioris liber iste Apocalypsis rota interior factus est, tendens usque ad finem saeculi, et pertransiens finem, revelans mysteriorum abdita, quae in illa prima rota latebant.

Del resto in corrispondenza delle quattro storie, quattro *Vangeli* ci sono stati dati,[8] non senza il sostegno della concordia, né senza la testimonianza della verità e dello Spirito. Ma prima di tutto bisogna considerare con un'argomentazione distinta che il primo e l'ultimo evangelista, vale a dire Matteo e Giovanni, sono apostoli di Gesù Cristo e riferiscono su cose viste piuttosto che udite, mentre i due di mezzo, Marco e Luca, non sono apostoli bensì discepoli degli apostoli e raccontano cose che non hanno per nulla visto ma solo udito. Allora, proprio come presso di noi, valutando secondo l'umano giudizio, qualcuno potrebbe dire che ha più autorità ciò che gli apostoli hanno visto, di ciò che hanno scritto i discepoli degli apostoli, non avendolo visto ma sentito, così i Giudei diedero più autorità alla prima e all'ultima delle quattro storie, vale a dire a quella di Giobbe e a quella di Ester, piuttosto che alle due di mezzo, quella di Tobia e quella di Giuditta. Ma lo studioso del significato segreto della Scrittura, e colui che in queste storie comprende esservi un senso spirituale e simbolico, non avrebbe affatto sostenuto questo. Infatti, giammai misteri così importanti e ragguardevoli attraverserebbero proprio queste storie, se il dito di Dio non le avesse scritte come tutte le altre.

Quindi, come in corrispondenza di quelle quattro storie, ci furono dati i quattro *Vangeli*, quasi ruote in mezzo ad altre ruote e come le bende di lino messe per terra nel sepolcro di Cristo,[9] così in corrispondenza della storia principale ci è stato dato il libro dell'*Apocalisse* – a proposito del quale giustamente ho creduto fossero state dette le parole "*e il sudario che era stato posto sul capo di Gesù non era per terra con le bende, ma piegato in un luogo a parte*" (Gv. 20,7) – per compiere di nuovo la profezia che dice "*l'aspetto e la struttura delle ruote era come di ruota in mezzo ad un'altra ruota*" (Ez. 1,16). Di conseguenza, la prima ruota, la più grande rispetto alle altre è quella storia principale, o, meglio, l'insieme delle storie e dei libri che si dipanano, l'uno dopo l'altro, da Adamo fino a Esdra, dopo cui si ammette che gli scrittori dei libri sacri abbiano osservato una specie di riposo sabbatico.[10] Certamente di tale ruota esterna questo libro dell'*Apocalisse* è stato fatto quale ruota interna, che si protende fino alla fine dei tempi, e che, attraversando la fine, rivela le profondità dei misteri che in quella prima ruota erano nascosti.

Quocirca non immerito Apocalypsis dictus est liber iste, eo quod occulta detegat et revelet archana. Est enim clavis veterum, notitia futurorum, signatorum apertio, detectio secretorum. Magna est et singularis sacri hujus praerogativa voluminis, quia magnus est Dei Spiritus, qui in eo aperte loquitur voces suas. Per hoc enim quod librum istum septenarius totus possidet numerus, quam familiaris sit ei qui donorum septem largitor est innotescit. Nec mirum si liber iste a coeli camerario scribitur, cui recumbenti supra pectus Domini, archana speculari mysteria et de torrente Spiritus sancti abundantius bibere datum est, ut in se specialius completum esse probaret, quod generali promissione ex ore veritatis processisse testatus est, dicens: "Qui sitit, veniat et bibat, et de ventre ejus fluent aquae / vivae."

Si enim amorem Christi, Spiritum sanctum, a Patre et Filio procedentem, tam pie quam catholice credimus, quid aliud intelligendum dicimus, quod se Christi dilectum Joannes ipse commemorat, nisi ut gratiarum fluenta abundantius se de pectore Christi exhausisse testetur? Quod ergo ipse bibit hoc tandem propinavit electis, aquam scilicet vivam, quam ipse de vitae fonte potaverat. Sunt enim aquae vivae spirituales scripturae, non atramento et calamo in papyro depictae, sed in libro humani cordis virtute sancti Spiritus exaratae. Tales ergo scripturae inspiratae divinitus productae ex cordis puteo fluunt, ex quibus greges dominici largiter et jugiter adaquantur. Hae non terrarum jugera, sed aridarum saepe mentium prata rigant, et sitientium corda hominum fructuum ubertate fecundant.

Et hoc quidem generale est omnium. At de libri praerogativa hujus quid dixerim, in quo coelestis fluminis impetus laetificans civitatem Dei, septem meatuum plenitudine fervens, ad irrigandam omnem terram abundantius nobis ex Joannis ventre profluxit? "Beatus," ait, "qui legit et

Perciò a ragione questo libro è stato chiamato "*Apocalisse*", in quanto scopre ciò che è nascosto e rivela ciò che è segreto. Esso è, infatti, la chiave degli avvenimenti passati, il registro di quelli futuri, l'apertura dei sigilli e la manifestazione dei segreti. Il privilegio di questo libro sacro è grande ed unico, poiché è grande lo Spirito di Dio che in esso fa sentire chiaramente le sue parole. In verità, il fatto stesso che il numero sette pervada interamente questo libro ci fa comprendere quanto esso sia familiare a Colui che è il generoso donatore dei sette doni.[11] Né c'è da meravigliarsi, quindi, se questo libro è scritto dal tesoriere del Cielo,[12] al quale, quando si chinò sul petto del Signore [Gv. 13, 23], fu concesso di scrutare i misteri più riposti e di bere in grande abbondanza dalla sorgente dello Spirito Santo, per provare che in lui si era compiuto con maggior intensità ciò che fu attestato da quella promessa universale, uscita dalla bocca della verità, che dice "*Chi ha sete venga a me e beva, e acqua viva sgorgherà dal suo seno*" (Gv. 7, 37-38).

Se infatti crediamo, tanto devotamente quanto cattolicamente, che l'amore del Cristo, lo Spirito Santo, proceda sia dal Padre che dal Figlio, allora cos'altro diciamo si debba intendere in questo passo – dal momento che lo stesso Giovanni ricorda di essere l'amato del Signore – se non la testimonianza stessa che egli lo attinse, in grande abbondanza, dal petto del Cristo, quasi si trattasse di un fiotto di grazie? Dunque, ciò che Giovanni beve, a sua volta lo ha dato da bere agli eletti, cioè acqua viva, che lui stesso aveva attinto dalla sorgente della vita. Infatti, le scritture spirituali sono come acque vive,[13] non dipinte sulla carta dall'inchiostro e dal calamo, ma tracciate nel libro del cuore umano dalla virtù dello Spirito Santo. Quindi tali scritture ispirate e composte per dono divino scorrono dal pozzo del cuore, e ad esse le greggi del Signore si abbeverano molto e di frequente. Queste scritture non bagnano iugeri di terreni, ma i prati degli intelletti, spesso aridi, e con l'abbondanza dei loro frutti rendono fecondi i cuori degli uomini assetati.

E questo, appunto, è comune a tutti i libri della Scrittura. Ma cosa potrei dire sulla peculiarità di questo libro dell'*Apocalisse*, in cui la corrente del fiume celeste, che rende fertile la Città di Dio e fa ribollire per la pienezza i suoi sette canali,[14] è sgorgata per noi dal petto di Giovanni

qui audit verba prophetiae hujus, et servat ea quae in ea scripta sunt." Non enim haec prophetia qualiscumque est, sed omnium aliarum, si sane sapimus, prophetia, utpote / quae omnes paene alias comprehendit in unum, et quod eo majus est, comprehendit et aperit.

Aliae namque prophetiae aut pauca aut obscura protulerant specialium populorum bella in typo futurorum tangentes, haec generaliter occulta reserat, patefacit archana, solvit signacula, tenebrosa illustrat. Mirum istud, sed alterum mirabilius. Ita ecclesiastica proelia summatim et seriatim prosequitur, ita per curricula temporum ordines et bella distinguit, ut tamen a veteribus non discordet, ostendens in ecclesia compleri quaecumque in Hebraeorum populo in figura praecesserant nec confuso id ordine factum esse, ut prima ultima et ultima prima scribantur, ac per hoc lector ipsius difficultate sibi facta diffidat; sed ut futura erant per tempora succedentia sibi scripta esse non dubitet, ita tamen ut partes singulas prout infra ostendimus distinguat, et in singulis sex partibus recapitulatio fiat. Quia tamen hoc ipsum quod clarum est, nescienti libri materiam minus claret, non parva praefatione lectorem indigere perpendo, per quam reserata janua pateant omnia quae in domo sunt, et prius quo pergat videat, quam ut videat per incognita pergat.

Omnes libri historici quos, Moyse inco/hante, antiqui patres scripserunt, in quibus ab exordio temporum usque ad Esdram gesta mystica

al fine di irrigare tutta la terra? "*Beato chi legge*" egli dice "*e beati coloro che ascoltano le parole di questa profezia e mettono in pratica le cose che vi sono scritte*" (Ap. 1, 3). Infatti, questa non è una profezia qualunque ma – se ben intendiamo – essa è la profezia di tutte le altre, in quanto comprende tutte o quasi le altre profezie in un unico senso e, ciò che è più importante, comprendendole le rivela.

E appunto, mentre le altre profezie produssero poche od oscure parole, trattando le guerre di particolari popoli in figura degli avvenimenti futuri, quest'ultima, da un punto di vista universale, rende accessibili le cose nascoste, penetra in quelle segrete, scioglie i sigilli, illumina le oscurità. Cosa straordinaria la prima, ma ancor più meravigliosa la seconda. Così essa elenca, per sommi capi e in successione, le battaglie della Chiesa, così distingue gli ordini e le guerre secondo il corso dei tempi, tuttavia in modo che ciò non differisca dal passato, mostrando che qualsiasi cosa fosse accaduta prima, in figura, nel popolo ebraico, viene compiuta, poi, nella Chiesa, né che ciò è avvenuto disordinatamente – sicché siano state scritte per prime le cose ultime e per ultime le cose prime – e, di conseguenza, il lettore di questo libro si smarrisca davanti a questa difficoltà. Anzi, egli non dubiti che le cose siano state scritte per lui così come accadranno, secondo la concatenazione dei tempi, ma allo stesso tempo, tuttavia, distingua, come più avanti esponiamo,[15] le singole parti, e la ricapitolazione sia fatta per ciascuna delle sei parti. Poiché, del resto, anche ciò che è chiaro spiega molto poco l'argomento di un libro a colui che non lo conosce, penso che il lettore abbia bisogno di una non piccola introduzione, mediante la quale, spalancate le porte, sia accessibile tutto ciò che si trova all'interno della casa, ed egli prima veda dove si dirige, piuttosto che, per vedere, si diriga attraverso l'ignoto.

(II)

Quando Cristo venne al mondo, tutti i libri storici che, iniziati da Mosè, gli antichi Patriarchi composero e in cui furono trascritte le vicende simboliche a partire dall'inizio dei tempi fino ad Esdra, erano stati raccolti in una

scripta sunt, sub generali quodam libro collecti erant quando Christus venit in mundum, septem involuto signaculis, in cujus solutione palma nemo dignus inventus est, ut testatur in hoc libro Joannes, nisi ille qui mortis regnum moriendo exsuperans, leonis fortitudinem resurgendo calcavit. "Ecce," inquit, "vicit leo de tribu Juda aperire librum, et solvere septem signacula ejus." Libri ergo hujus tam magna tam archana mysteria soli morienti ac resurgenti Domino aperire donatum est, quia videlicet et moriente Christo litterae vis quae occidebat interiit, et spiritualis intellectus qui vivificat vixit. Erat enim ut quidam tumulus liber iste signatus, in quo vita jacebat mortua, ne mortuis donum vitae praestaret. Ubi autem vita, Christus, resurrexit a mortuis, vitalis intellectus qui latebat prodiit, et quasi cujusdam floris species de scripturae monumento processit.

Disputat circa ista in epistola ad Romanos apostolus, et inter multa quae de lege et gratia discernendo conscripsit, cur in apertione libri seu leonis victoria seu vitae / resurrectio commendetur, verbis haec eadem continentibus aperit, dicens: "Consepulti sumus cum Christo per baptismum in mortem, ut quomodo resurrexit Christus a mortuis per gloriam Patris, ita et nos in novitate vitae ambulemus." Et quia litterae vetustas ad mortem, Spiritus novitas pertinebat ad vitam, quibusdam interpositis subsecutus est, dicens: "Nunc autem soluti sumus a lege mortis in qua detinebamur, ita ut serviamus in novitate Spiritus, non in vetustate litterae." Et post aliqua: "Quod impossibile erat legi, in quo infirmabatur per carnem Deus Filium suum mittens in similitudinem carnis peccati, de peccato damnavit peccatum in carne, ut justificatio legis impleretur in nobis qui non secundum carnem ambulamus, sed secundum Spiritum."

Quis est enim qui pro robore Spiritus resurrexit a mortuis, nisi is qui pro carnis infirmitate agno tamquam occiso similis esse perhibetur? Si

sorta di libro universale, avvolto da sette sigilli [Ap. 5, 1], che nessuno fu ritenuto degno di sciogliere tranne Colui che – come Giovanni attesta in questo stesso libro dell'*Apocalisse* –, mentre morendo vinceva il regno della morte, risorgendo superò la forza del leone.[16] "*Ecco*" è detto "*il leone di Giuda ha vinto e aprirà il libro sciogliendo i suoi sette sigilli*" (Ap. 5, 5). Di conseguenza, soltanto al Signore, che è morto e risorto, è stato concesso di rivelare i misteri, così grandi e così profondi, di questo libro, poiché è evidente che la potenza della lettera, che uccideva, si estinse con la morte di Cristo, mentre l'intelligenza spirituale, che vivifica, continuò a vivere [2 Cor. 3, 6]. Infatti, questo libro era come una specie di tomba sigillata, in cui la vita giaceva morta per non concedere ai morti il dono della vita. Ma non appena la vita, il Cristo, risuscitò dai morti, l'intelligenza vitale, che era nascosta, comparve, sbocciando, come l'apparire di un fiore, dal sepolcro della Scrittura.

L'apostolo tratta questi argomenti nella *Lettera ai Romani* e, fra le molte cose che vi ha scritto sulla distinzione fra legge e grazia, egli rivela perché nell'apertura del libro dell'*Apocalisse* sia raccomandata la vittoria del leone o, se si vuole, la risurrezione della vita [Ap. 1,12-20]. Egli dice queste cose con le parole seguenti: "*Per mezzo del battesimo siamo dunque stati sepolti insieme a Cristo, nella morte, perché come Cristo fu risuscitato dai morti per mezzo della gloria del Padre, così anche noi possiamo camminare in una vita nuova*" (Rm. 6,4). E poiché l'antichità della lettera corrispondeva alla morte, mentre la novità dello Spirito apparteneva alla vita, dopo l'inserimento di alcune frasi, egli continuò dicendo: "*Ora però siamo stati liberati dalla legge, essendo morti a ciò che ci teneva prigionieri, per servire nella novità dello Spirito e non nell'antichità della lettera*" (Rm. 7, 6). E dopo alcune altre parole aggiunse: "*Ciò che era impossibile alla legge, perché la carne la rendeva impotente, Dio lo ha reso possibile mandando il proprio Figlio in una carne simile a quella del peccato; in vista del peccato, Egli ha condannato il peccato nella carne, perché la giustizia della legge si adempisse in noi, che non camminiamo secondo la carne, ma secondo lo Spirito*" (Rm. 8, 3-4).

Chi è, in verità, Colui che fu risuscitato dai morti per la potenza dello Spirito, se non Colui che per la debolezza

enim mactandae ovis debilitas carnis infirmitatem praenotat, quid insuperabilis fortitudo leonis, nisi triumphatoris Spiritus majestatem designat? Inde est quod Samson ille fortis, quandiu sibi Spiritus fortitudinis affuit, fortitudinem superavit leonis, cum vero amore carnis in culpam prolapsus est, ne ut semel secundo et tertio inimicis resisteret, virtute Spiritus / privatus est. Quia igitur in morte Christi carnis infirmitas, ut ita dicam, infirmata interiit, et antiquae vetustas litterae consummationem accepit, in resurrectione autem novitas Spiritus et fidei fortitudo surrexit, recte libri apertio in leonis victoria, recte in resurrectione Christi sigillorum solutio designatur. Tunc enim aperuit discipulis suis sensum ut intelligerent scripturas.

Erat igitur Testamentum vetus a Jacob patriarcha usque ad Christum, septem involutum sigillis, quia septem specialia proelia temporibus et figuris distincta, sub eodem Testamento scripta sub eodem consummata leguntur, in quibus ecclesiastica bella et spiritualia sanctorum bella laboresque signantur. Aperit ergo librum Christus qui magister est omnium, aperit qui ligavit, et signacula solvit, sicut in angelo Philadelphiae de eo inter cetera scriptum est: "Haec dicit Sanctus et Verus, qui habet clavem David; qui aperit, et nemo claudit; claudit, et nemo aperit."

Sed frustra signaculorum septem quaerimus solutionem, nisi prius ipsa sigilla quae librum involvebant agnoscimus. Septem quidem sunt sigilla quibus signatus erat. Sed aliquid interest quod notari oporteat. Quinque sane illorum uniformia sunt; sextum et septimum dissimilia. Sunt enim simplicia quinque; sextum duplex; septimum sabbatizat. Quod si ita est,

della carne si racconta esser simile a un agnello immolato [Ap. 5, 6]? Se, infatti, l'impotenza della pecora da sacrificare prefigura la debolezza della carne, cosa designa l'invincibile forza del leone se non la maestà dello Spirito trionfatore? Da ciò deriva che il celebre e possente Sansone, finché lo Spirito della forza fu presente in lui, vinse la stessa forza del leone, ma quando per l'amore della carne cadde nel peccato, fu spogliato della virtù dello Spirito, affinché non resistesse ai nemici come accadde una prima, una seconda e una terza volta [Gdc. 13-16]. Quindi, poiché la debolezza della carne fu, per così dire, annullata, estinguendosi con la morte di Cristo, e l'antichità della vecchia lettera vi ricevette compimento, mentre la novità dello Spirito e la forza della fede videro la luce nella risurrezione, giustamente si rappresenta l'apertura del libro con la vittoria del leone, giustamente lo scioglimento dei sigilli con la risurrezione del Cristo. In quel tempo, infatti, Egli dischiuse ai suoi discepoli il senso per comprendere le Scritture.

Quindi, il Vecchio Testamento, la cui storia andava dal Patriarca Giacobbe fino a Cristo, è avvolto da sette sigilli, poiché vi si leggono sette conflitti particolari, distinti per tempi e per forme – nello stesso Testamento scritti, nello stesso portati a termine –, in cui sono indicate le guerre della Chiesa e le dolorose battaglie spirituali dei Santi. Così Cristo, che è maestro di tutti gli uomini, apre quel libro, lo apre Colui che lo ha chiuso legandolo e, insieme, ne ha sciolto i sigilli, come, fra le altre cose, fu scritto di Lui all'angelo di Filadelfia: "*Così parla il Santo, il Verace, Colui che ha la chiave di Davide; quando egli apre nessuno chiude, e quando chiude nessuno apre*" (Ap. 3, 7).

(III)

Ma invano chiediamo lo scioglimento dei sette sigilli se prima non sappiamo distinguere quegli stessi sigilli che avvolgevano il libro. E appunto sette sono i sigilli con i quali esso era stato sigillato. Tuttavia, ci preme qualcosa che è opportuno venga osservato: in effetti, cinque di quei sigilli sono uguali fra loro; mentre il sesto e il settimo sono diversi. Infatti i cinque sono singoli; il sesto sigillo è duplice; il settimo è come se osservasse il sabato.[17] Se ciò è

immo quia ita est, / ergo in sex signaculis labor est aliquis intelligendus. Sex itaque sigilla, sex sunt tyrannica bella, a tempore Moysi usque ad Esdram, sive ut certiorem praefigamus terminum, usque ad Alexandrum regem, in sex temporibus consummata, et in sacris codicibus a prophetis conscripta. Septimum vero bellum in septimo quidem tempore, hoc est, sabbato peractum est, videlicet sub Antiocho rege, quod legitur in libris Machabaeorum.

Sed tamen libri ipsi mystici nequaquam sunt, ut cetera prioris Testamenti volumina, et ideo a mysticarum canone scripturarum secundum aliquid seclusi sunt. Non enim oportebat illo in tempore quo sabbatum erat, scripturam mysticam iterum scribi, alioquin recte sabbatum dici non posset. Et ideo in sexto tempore praescripta a Daniele propheta, ut quasi duo mannae gomor sub sexto signaculo legerentur, quamvis multa sint in eis quae valeant mystice perscrutari, quia et si ut cetera scripturarum volumina authentici libri ipsi non sunt, ab ecclesia tamen pro aedificatione recipiuntur et leguntur, praesertim cum in eisdem libris illud juxta litterae superficiem ostendatur esse completum, quod propheta longe ante praedixerat, regnaturum videlicet esse regem impudentem facie, et intelligentem propositiones, qui supra quam credi posset universa va/staret.

Denique et in lege non prohibebantur Judaei colligere quod sponte profert humus ut esset eis in cibum, sed ne meterent agrum, aut uvas colligerent quasi vindemiam. Metere namque agrum est de universa historiarum segete spicas spirituales, hoc est, intelligentias mysticas de stipulis historiarum ubertim et seriatim colligere. Et hoc quidem facere per sex tempora licet. In septimo autem non licet, quia annus, inquit, requietionis est Domino; quia cum omnia, juxta quod legitur, tempus habeant, et omnis servilis conditio libertatem affectet, justum et pium visum est apud misericordiae Patrem, ut qui sex temporibus affligit po-

così, anzi, poiché è così, allora sui sei sigilli sarà necessario un certo sforzo d'interpretazione. Pertanto i sigilli sono sei come sei sono le guerre dei tiranni che vanno dal tempo di Mosè fino a quello di Esdra – oppure, per stabilirne più precisamente il termine, fino al regno di Alessandro –, compiutesi in sei tempi e trascritte dai Profeti nei sacri codici. Invece, la settima guerra fu condotta a termine proprio nel settimo tempo, cioè nel sabato – ovvero sotto il regno di Antioco – come si legge nei libri dei *Maccabei*.

Ma tuttavia, questi stessi libri dei *Maccabei* non sono affatto simbolici, come gli altri libri del Primo Testamento, e, quindi, per questo motivo furono esclusi dal canone delle scritture simboliche. Infatti non era opportuno che in quel tempo, che era sabato, venisse composta per la seconda volta una scrittura simbolica, altrimenti non si sarebbe potuto determinare con precisione il sabato. E perciò, quelle cose furono scritte prima, durante il sesto tempo, dal profeta Daniele, perché, come le due misure di manna,[18] esse venissero lette sotto il sesto sigillo, sebbene in esse vi siano molti spunti che meritano di essere esaminati a fondo simbolicamente, giacché, anche se questi stessi libri dei *Maccabei* non sono depositari della tradizione autentica come gli altri volumi delle Scritture, tuttavia sono accolti e vengono letti dalla Chiesa per edificazione. Tanto più che nei libri in questione si espone, secondo la superficie della lettera, il compiersi di ciò che il profeta aveva predetto molto tempo prima, ossia che "*salirà al trono un re impudente ed esperto d'inganni, che oltre ogni immaginazione distruggerà tutto*" (Dn. 8, 23-24).

Del resto, anche sotto la legge non si vietava agli Ebrei di raccogliere ciò che la terra offre spontaneamente, affinché servisse loro di nutrimento, ma si prescriveva che essi non mietessero il campo o raccogliessero l'uva come per farne vendemmia [Lv. 25, 5].[19] E in verità "mietere il campo" significa raccogliere le spighe spirituali da tutto il terreno delle storie della Scrittura, cioè raccogliere in abbondanza e per ordine dagli steli delle storie le nozioni simboliche. E questo certamente si può fare per sei tempi. Ma non si può farlo nel settimo, poiché, si dice, è l'anno di riposo per il Signore. Infatti, come si legge, ogni cosa ha il suo tempo e ogni servitù esige il suo riscatto,[20] sicché sembrò giusto e doveroso al Padre di Misericordia che

pulum suum, et tam interioris hominis exercitatione quam corporis affligendo instituit, eruditum tandem tentationibus ad justitiae libertatem perducat.

Si autem labor quem designat Lia in doctrina est, quid per otium et quietem Rachelis, nisi contemplatio designatur? Laborat quippe illa in quaerendo quod diligat. Ista requiescit speculando quod amat. In sex igitur annis, sex tempora laboriosa designata sunt. In septimo tempus libertatis et otii, non quod et ipsum flagellum suum circa finem non habeat, cum scriptum sit: "Percutiam vos septies propter peccata vestra," sed quia doctrina, quae de flagello septimo / colligenda erat, in sexto reponenda erat in veteri, quatinus in sexto tempore aperiretur in novo. Quod bene quoque in illis sabbatis designatum est, in quibus proeliatae sunt gentes contra Israel, nolentem se parare ad resistendum, et mortui sunt ex eis usque ad animas mille. Unde et Veritatis voce in evangelio dicitur: "Orate ut non fiat fuga vestra hieme vel sabbato," subauditur, sicut multorum erit.

Ut autem filii Israel ascendentes ex Aegypto, de manna quod illis Dominus mittebat singula gomor in die per personas singulas singulis dierum quinque colligere jussi sunt, sexto vero die in duplum, hoc est, simul duo gomor: unum videlicet pro die sexto, alterum pro die sabbati, quo operari et colligere non licebat; ita in sexto tempore gesta mystica ipsius temporis in libro collocata sunt, et nihilominus quae futura erant in septimo praeostensa et praescripta sunt; aperienda nihilominus utraque in hoc tempore sexto.

Quocirca in septimo tempore non erat tondendus ager quasi messio, aut uva quasi vindemia colligenda de his quae sponte profert humus, sed de eo aliquid velut in cibum libere carpendum, quia hujusmodi historiae

Colui che per sei tempi affligge il suo popolo, educandolo sia con l'esercizio dell'uomo interiore che con l'afflizione del corpo, finalmente lo conduca, istruito dalle tentazioni, alla libertà della giustizia.

D'altra parte, se il lavoro, che Lia rappresenta, significa la conoscenza dottrinale, cos'altro è rappresentato dall'inattività e dal riposto di Rachele se non la contemplazione?[21] Infatti, quella lavora per ottenere ciò che predilige. Quest'ultima riposa per contemplare ciò che ama. Quindi, nei sei anni furono rappresentanti i sei tempi lavorativi. Nel settimo il tempo della libertà e del riposo, non perché anche questo non abbia il suo flagello in prossimità della fine – giacché è stato scritto *"vi colpirò sette volte per i vostri peccati"* (Lv. 26,24) –, ma perché era necessario che la conoscenza dottrinale che doveva essere tratta dal settimo flagello, nel Vecchio Testamento fosse riposta in corrispondenza del sesto, dal momento che nel Nuovo sarebbe stata rivelata nel sesto tempo. Ciò è stato opportunamente rappresentato anche in quei sabati in cui le nazioni combatterono contro Israele che non voleva prepararsi ad opporre resistenza, sicché morirono fra gli Israeliti circa mille persone [1Mac 2,31-38]. Inoltre anche nel *Vangelo* è detto, dalla voce della Verità, *"pregate perché la vostra fuga non accada d'inverno o di sabato"* (Mt. 24,20), dove si sottointende, "come accadrà ai più".

Del resto, come i figli d'Israele che uscivano dall'Egitto ricevettero, a proposito della manna che il Signore mandava loro, l'ordine di raccoglierne per ogni persona una sola misura al giorno per ciascuno dei cinque giorni, mentre nel sesto giorno ricevettero l'ordine di raccoglierne il doppio, cioè due misure insieme – vale a dire una per il sesto giorno e l'altra per il sabato, in cui non si poteva lavorare e raccogliere [Es. 16] –, allo stesso modo, nel libro della Scrittura che corrisponde al sesto tempo, furono disposte le vicende simboliche di quello stesso tempo, e, non di meno, vi furono mostrate prima e scritte in anticipo quelle vicende che sarebbero accadute nel settimo, perché le une come le altre fossero rivelate in questo sesto tempo.

Di conseguenza, nel settimo tempo non si doveva falciare il campo come per la mietitura, o raccogliere l'uva come per la vendemmia, ma si doveva prendere liberamente qualsiasi cosa per nutrimento da ciò che spontanea-

veteres, quae veluti humana voluntate et arbitrio septimo tempore conditae sunt, non ita sunt, per singulas par/tes mystice demetendae, sicut illae quae in sex temporibus conditae sunt. Si in eis mysticum quid occurrerit, acsi flos de prato carpatur e medio et assumatur in cibum. Ceterum intactum, ut est in agro Domini, relinquatur; et aedificandi gratia historice coram plebe legatur.

Et sciendum quod in sexto tempore non solum usque ad sabbatum intellectus extenditur, verum etiam usque ad octavum, quia tria simul mysteria tempore sexto conveniunt: primum, quod pertinet ad sextum tempus; secundum, quod pertinet ad septimum; tertium, quod pertinet ad octavum. Unde et illic subditur: "Si dixeritis: Quid comedemus anno septimo, si non seminaverimus, neque collegerimus messes nostras? Dabo vobis benedictionem meam anno sexto; et faciet fructus trium annorum; seretisque anno octavo, et comedetis veteres fruges usque ad nonum annum; donec nascantur nova, vetera comedetis."

Quasi etenim fructus trium annorum in anno sexto collectus est, quando in sexto tempore, quod superius scripsimus, in tribus visionibus Danielis, quid futurum esset in tempore sexto, quid in septimo, quid in octavo, tunc quidem complenda ad litteram, nunc quoque in Spiritu, demonstratum est. Harum prima fuit, quae agit in fine de cornu illo undecimo, quod regnaturum est in tempus et tempora, et dimidium / temporis; quod quidem et si futurum fore visio ipsa manifeste demonstrat, aliquid tamen tunc accidit, quod esse simile videatur sub Nabuchodonosor rege Assyriorum. Nec mirum. Dictum est a Domino regi David, quod filius qui nasceretur ex lumbis ejus, aedificaret templum Domino vice patris. Quod utique de Christo dictum par est, et una omnium catholicorum sententia. Et tamen ad litteram Salomon e medio fratrum consurgens, templum manu factum aedificavit, ut spiritualibus rebus non modo verba, verum

mente offre la terra. Parimenti, anche le storie antiche, che per volontà e arbitrio dell'uomo furono composte in corrispondenza del settimo tempo, non si devono mietere in senso simbolico, riferendosi ad una precisa suddivisione, così come quelle che si composero nei sei tempi. Se in esse ci si è imbattuti in qualcosa di simbolico lo si colga dall'insieme come un fiore da un prato e lo si prenda per nutrimento. Il resto sia lasciato intatto, in quanto si trova nel campo del Signore, e davanti alla comunità dei fedeli lo si legga storicamente, per edificazione.[22]

Inoltre si deve sapere che in corrispondenza del sesto tempo il senso si dispiega non solo fino al sabato, ma anche fino all'ottavo tempo, perché nel sesto tempo si riuniscono insieme tre significati riposti: il primo che riguarda il sesto tempo; il secondo che riguarda il settimo; il terzo che riguarda l'ottavo. Perciò ancora in quel passo, si aggiunge: "*Se direte: che cosa mangeremo il settimo anno, se non semineremo e non raccoglieremo le nostre messi? Io vi darò la mia benedizione per il sesto anno ed esso vi darà frutti per tre anni. L'ottavo anno seminerete, e consumerete il vecchio raccolto fino all'anno nono; mangerete il raccolto vecchio finché non venga il nuovo*" (Lv. 25, 20-22).

E infatti, fu come se i frutti di tre anni fossero raccolti nell'anno sesto, quando – come abbiamo scritto in precedenza – nelle tre visioni di Daniele ci fu mostrato, in corrispondenza del sesto tempo, sia che cosa sarebbe accaduto nel sesto tempo, sia che cosa nel settimo, sia che cosa nell'ottavo: quegli avvenimenti allora, certo, dovevano compiersi alla lettera, mentre adesso si compiranno anche nello Spirito. La prima di queste visioni fu quella che tratta della fine di quell'undicesimo corno che avrebbe regnato "*per un tempo, più tempi e la metà di un tempo*" (Dn. 7, 25); tuttavia, sebbene, evidentemente, quella visione mostri ciò che dovrà ancora avvenire, qualcosa accadde anche allora, sembrando paragonabile a ciò che avvenne sotto il re degli Assiri Nabucodonosor. Né c'è da meravigliarsi di ciò. Il Signore ha detto di re Davide che il figlio che sarebbe nato dai suoi lombi avrebbe costruito il tempio del Signore al posto del padre [2Sam. 7,11-13]. Ciò conviene si dica specialmente di Cristo, e come definizione complessiva di tutti i cattolici. E tuttavia, secondo la lettera, Salomone, levatosi fra gli altri fratelli, costruì il tempio fabbricato, affinché si offrissero come testimo-

etiam opera mystica testimonium perhiberent.

Secunda trium visionum illa est, quae loquitur de hirco caprarum, de quo tandem cornu unum parvulum egressum est, quod usque ad fortitudinem coeli elevatum est, ita ut de fortitudine et de stellis eiceret. Et hoc quidem pari modo ad litteram completum est, nec tamen completum videmus, quod ibi promissum fuerat de abolitione peccati et justitia sempiterna, nisi secundum partem. Secundum vero totum, non nisi in statu suo complebitur.

Verumtamen quia in hac tertia visione de unctione Christi agitur, quae futura erat post hebdomadas septem, et rursum aedificandam esse civitatem in angustia temporum, et post hebdomadas septuaginta duas occidendum esse Christum, et negandum / a populo cum duce venturo, et finem ejus vastitatem, et post finem ejus destitutam desolationem, et illud quod in fine concluditur, in templo erit abominatio desolationis, et usque ad finem et consummationem perseverabit desolatio, non videntur velle verba ista, ut tribulatio secunda quae facta est sub Antiocho, sabbatum illud magnum respiciat, quod in tertio statu futurum est, sed aliud quod sabbatum illud praecessurum est.

Ac per hoc non absolute in sabbatum, quod erit tempus gaudii, reputandum est, quasi pro illa tribulatione videtur quod erit in fine, sed alio modo accipienda est. Sicut enim duos illos dies, qui praecedunt Pascha, in afflictione peragimus, feriam scilicet sextam et sabbatum, et sub una sexta hebdomada continentur, ita duae tribulationes quas ponit Daniel sub sexto septimoque signaculo, veluti sub una sexta hebdomada, sub uno sexto tempore colligendae sunt. Et hoc quidem non ex qualitate temporis, sed ex miseratione conditoris, qui sicut ex multis locis ostenditur, propter electos suos breviora facit tempora luctus, tamquam si a

nianza per le verità spirituali non solo parole, ma anche opere ricche di significato simbolico.

La seconda delle tre visioni è quella che descrive il grande capro, da cui, infine, spuntò un solo piccolo corno che fu innalzato fino alle schiere celesti, così che gettò nella polvere quelle schiere e le stelle [Dn. 8,9-10]. Anche questo significato che, analogamente, si è compiuto secondo la lettera, nondimeno lo vediamo compiuto solo in parte, poiché in quel passo si trovano anche l'annuncio dell'abolizione del peccato e quello della giustizia eterna. In effetti, dal punto di vista della totalità ciò non si compirà se non in corrispondenza del suo stato [ovvero del terzo].

Ma tuttavia, giacché nella successiva terza visione si tratta dell'unzione di Cristo, che dovrebbe accadere dopo sette settimane e inoltre si dice sia che la città dovrà essere ricostruita in breve tempo, sia che dopo settantadue settimane[23] Cristo dovrà essere ucciso, sia che Egli dovrà essere rinnegato dal popolo che verrà con il suo principe, sia che la fine di questo principe sarà un'inondazione, sia che dopo la sua fine rimarrà la desolazione – nonché quello che si argomenta in chiusura, "*nel tempio vi sarà l'abominio della desolazione e la desolazione continuerà fino alla fine e al termine segnato*" (Dn. 9,27) –, allora queste parole non sembrano voler dire che la seconda tribolazione, che accadde sotto Antioco, riguardi quel grande sabato che sarà nel terzo stato, ma piuttosto qualcos'altro che precederà quel sabato.

E perciò questo periodo non dev'essere assolutamente calcolato come il sabato, che sarà un tempo di gioia, quasi che in corrispondenza di quella tribolazione si possa vedere ciò che ci sarà alla fine, ma piuttosto quest'ultima dev'essere interpretata in maniera diversa. Infatti, come trascorriamo nell'afflizione quei due giorni – ossia venerdì e sabato – che precedono la Pasqua e che sono compresi nella medesima sesta settimana di Quaresima, così le due tribolazioni, che Daniele situa in corrispondenza del sesto e del settimo sigillo, devono essere raccolte in corrispondenza del solo sesto tempo, come appartenessero entrambe a quella stessa sesta settimana. E certo questo non avviene per la natura intrinseca del tempo, ma per la compassione del Creatore, che, come si ricava da molti passi della Scrittura, rende più brevi i tempi del dolore per i suoi eletti [Mt. 24, 22], quasi volesse riscuotere il

debentibus sextam hebdomadam exigeret diem sextum, aut a debentibus septimam diem septimum, juxta quod legitur in Ezechiele propheta, dicen/ te Domino: "Diem pro anno dedi tibi."

Duo igitur dies isti, quinimmo duo tempora designata per ipsos pro duabus hebdomadibus reputantur, et in ipsis complendae sunt duorum sigillorum apertiones, veluti sub uno tempore sexto sicut duo illa mannae gomor, quorum unum pertinebat ad sabbatum, sexto die simul colligebantur, ut nullus deinceps labor haberetur in sabbato. Sicque fit, ut hebdomada Paschae quae septima est a prima quadragesimae, alio genere octava sit, et pro octava miro modo accipiatur, sicut et pars septima libri alio genere octava est, pro eo quod sexta pars libri gemina est, sicut et tempus sextum, non solum quia tempus seminis et otii comprehendit in unum, verum etiam quia tempus ipsum seminis duplex est.

Nam et dies in quo passus est Dominus duplex fuit, quia bis in eo facta est nox, primo scilicet pro cursu temporis, secundo praeter legem naturae. Sic et in illo loco ubi agitur de regno bestiae quae percussura est Babylonem, usque ad eum locum ubi cantatur a sanctis omnibus alleluia, pro nocte illa in qua traditus est Christus Dominus accipiendum est. Ex eo autem ubi dicitur: "Vidi coelum apertum," et paulo post: "Vidi bestiam, et reges terrae, et exercitus eorum congregatos ad faciendum proelium cum illo qui sedebat in equo, et cum exercitu ejus," / usque ad eum ubi agitur de incarceratione Satanae vel paulo superius, pro illis tenebris accipiendum est quae factae sunt ab hora sexta usque ad horam nonam, in quibus horis Christus Dominus crucifixus est. Et fortasse mediante hora nona tradidit spiritum, ut tribus horis et dimidia suspensus in patibulo fuisse credatur, ut intelligatur illud quod de cornu undecimo in Daniele scriptum est: "Putabit quod possit mutare tempora, et leges; tradentur in

sesto giorno da coloro che sono debitori della sesta settimana, o il settimo giorno da coloro che sono debitori della settima settimana, proprio come si legge nel libro del profeta *Ezechiele*, là dove il Signore dice: *"Ti diedi un giorno per ogni anno"* (Ez. 4, 6).

Questi giorni, dunque, sono due, anzi i due tempi rappresentati da essi si calcolano al posto di due settimane, e in essi si devono compiere le aperture di due sigilli come in corrispondenza del solo sesto tempo, così come si raccoglievano insieme nel sesto giorno quelle due misure di manna, di cui una spettava al sabato, perché poi, di sabato, non vi fosse alcun lavoro. E così risulta che la settimana di Pasqua, che è la settima a partire dalla prima di Quaresima, per un altro verso risulti essere l'ottava e venga meravigliosamente interpretata come l'ottava. Allo stesso modo, anche la settima parte del libro dell'*Apocalisse*, secondo una diversa interpretazione, diviene l'ottava, per il fatto che la sesta parte del libro è duplice — come duplice è pure il sesto tempo, non solo perché riunisce il tempo della semina e quello del riposo, ma anche perché lo stesso tempo della semina è duplice.

Infatti, anche il giorno in cui il Signore subì la Passione fu duplice, poiché in esso si fece notte due volte, cioè una prima volta secondo la successione regolare del tempo, una seconda volta al di là della legge di natura. Così si deve interpretare, in relazione a quella notte in cui Cristo Signore fu tradito, anche quel passo della Scrittura dove si tratta del Regno della Bestia che abbatterà Babilonia [Ap. 17,1-18,24], fino a quel passo dove tutti i Santi cantano l'Alleluia [Ap. 19, 1-8]. Inoltre, si deve interpretare, in corrispondenza di quelle tenebre che scesero dall'ora sesta fino all'ora nona [Lc. 23,44-45],[24] nel cui lasso di tempo Cristo Signore fu crocifisso, il brano che va da dove si dice *"vidi il cielo aperto"* (Ap. 19,11) e, poco dopo, *"vidi allora la Bestia e i re della terra con i loro eserciti radunati per muover guerra contro colui che era seduto e contro il suo esercito"* (Ap. 19,19), fino a quel passo dove si tratta dell'imprigionamento di Satana [Ap. 20,2], o poco prima. E circa a metà dell'ora nona Cristo rese lo spirito, affinché si creda che Egli era stato appeso al patibolo per tre ore e mezza, e di conseguenza si possa comprendere ciò che è stato scritto nel libro di *Daniele* a proposito dell'undicesimo corno: *"penserà di mutare i tempi e*

manu ejus in tempus et tempora, et dimidium temporis." Ex qua re et illud intelligi posse datur quod dicitur: "Vidi unum de capitibus ejus occisum quasi ad mortem, et plaga gladii ejus curata est."

Duo namque proelia adversus ecclesiam sub sexto signaculo notata sunt, primum in rege Assyriorum et principe ejus Holoferne, secundum sub Aman Agagita qui legitur in libro Esther, aut si duo ista proelia communem unius temporis procellam insinuant, pro eo quod liber Apocalypsis bestiam ascendentem de mari, et bestiam ascendentem de terra in unum convenire demonstrat, fieri potest ut praesens tribulatio in bestia ascendente de mari designata, praevalente gladio Christi usque paene ad defectum deveniat, et rursum per draconis astutiam rediviva resurgat, eique pseudo-prophetarum turba as/sociata praevaleat, ita ut animata per illam deteriora faciat, quam fecisse antea videbatur. Unde et in eodum libro scriptum est: "Vidi de ore draconis, et de ore bestiae, et de ore pseudo-prophetae, spiritus tres immundos exire in modum ranarum. Sunt enim spiritus daemoniorum facientes signa, et procedunt ad reges totius terrae congregare illos in proelium ad diem magnum Dei omnipotentis." Verum hoc ad extremum quando caput jam paene mortuum vivificari incipiet.

Satis enim clare ostenditur, duo ista ingentia proelia in sexta parte libri hujus secundum quod praediximus affutura. Primum denotandum est circa exordium sextae partis, in loco illo ubi de regibus et bestia dicitur: "Hi cum Agno pugnabunt, et Agnus vincet illos." Secundum in sequentibus partis ejusdem ex eo loco ubi scriptum est: "Vidi bestiam, et reges terrae, et exercitus eorum congregatos ad faciendum proelium cum illo qui sedebat in equo, et cum exercitu ejus." Sic igitur aperte liquet duo maxima proelia sexto tempori fore subjecta si tamen duo dicenda sunt, et non

la legge; i Santi gli saranno dati in mano per un tempo, più tempi e la metà di un tempo" (Dn. 7, 25). Per cui ci è dato di poter comprendere anche ciò che è detto: *"una delle sue teste sembrò colpita a morte, ma la ferita della sua spada fu guarita"* (Ap. 13, 3).

Infatti, in corrispondenza del sesto sigillo si registrano due conflitti contro la Chiesa, il primo sotto il re degli Assiri e il suo comandante Oloferne [Gdt. 2-13], il secondo sotto Aman di Agag che si legge nel libro di *Ester* [Est. 3]. Altrimenti, se questi due conflitti – per il fatto che il libro dell'*Apocalisse* mostra la Bestia che viene dal mare e la Bestia che viene dalla terra divenire una sola Bestia [Ap. 13,1-18] – introducono a una calamità comune ad un unico tempo, può accadere che la tribolazione presente, rappresentata dalla Bestia che viene dal mare, giunga quasi alla sconfitta innanzi alla superiorità della spada di Cristo, ma, risuscitata dall'astuzia del dragone, quella Bestia si rialzi di nuovo e si rafforzi per l'unione della folla dei falsi profeti, sicché, rianimata da quella moltitudine, divenga peggiore di quanto sembrava essere stata in precedenza.[25] Di conseguenza, anche in questo libro dell'*Apocalisse* è stato scritto: *"Dalla bocca del drago e dalla bocca della Bestia e dalla bocca del falso profeta vidi uscire tre spiriti immondi, simili a rane: sono in verità spiriti di demoni che operano prodigi e vanno a radunare tutti i re di tutta la terra per la guerra del gran giorno di Dio Onnipotente"* (Ap. 16,13-14). Ma, tuttavia, ciò accadrà alla fine, quando la testa della Bestia, ormai quasi morta, inizierà ad essere vivificata [Ap. 13,3].

Dunque, secondo quanto abbiamo detto in precedenza, nella sesta parte di questo libro si mostra abbastanza chiaramente che questi due grandiosi conflitti saranno imminenti. Il primo si deve riconoscere pressoché all'inizio della sesta parte, in quel passo dove si dice dei re e della Bestia: *"essi combatteranno contro l'Agnello, ma l'Agnello li vincerà"* (Ap. 17,14). Il secondo dev'essere individuato nel seguito di quella stessa parte, a partire da quel passo dove è stato scritto: *"Vidi allora la Bestia e i re della terra, con i loro eserciti radunati per muover guerra contro colui che era seduto sul cavallo e contro il suo esercito"* (Ap. 19,19). In questo modo, quindi, si vede con evidenza che i due massimi conflitti verranno posti sotto il sesto tempo. Tuttavia, non è altrettanto chiaro se i conflit-

potius unum interpolatum, aut si dicatur melius recidivatum, eo quod per eandem bestiam utrumque complendum sit, quomodo per alteram illam bestiam quae perdidit Christum, et primo / incipientibus tenebris captus est et flagellatus ab impiis, et rursus per eandem subsequentibus adhuc tenebris crucifixus.

Sicut ergo una est tribus Joseph, gemina tamen in Manasse et Ephraem, ita sextum tempus et sabbatum quod sequitur illud, sub uno sexto tempore colligenda sunt; et rursum ut Manasses in duas partes divisa est, ita sexta tribulatio interpolanda est, ita ut inter primum et sequens gaudium non inane distinguat. Sed melius hoc ostendimus, si etiam jejuniorum exordia quae apud Graecos sollemnia sunt mysterialia et ipsa fore pensamus, quia magnos et ipsos quoque habuisse viros a quibus acceperunt nulli ambiguum esse potest, et si juniora tempora vetustioribus praejudicent.

Si ergo ab eadem hebdomada numerare incipimus, praesertim cum et nos ipsi ex eadem jejunare et abstinere a carnibus incipiamus, et si non ita sollemniter quomodo in sequenti hebdomada, profecto hebdomada illa quae de passione intitulatur, respectu ipsius hebdomadae sexta est. Ea vero quae praecedit Pascha et alio genere sexta est, istius modi respectu jam non erit sexta sed septima, vel ut melius dicamus, non septima sed bis sexta, propter ecclesias Graecorum et Latinorum, quarum prima sicut / aestimo, orientalis scilicet primo percutienda est; secunda, secundo. Inter utramque vero hebdomadam sollemnitas palmarum distinguit, nimirum

ti si debbano dire due e non piuttosto uno solo interpolato o, per meglio dire, rinnovato, per il fatto che entrambi gli scontri devono essere portati a termine dalla medesima Bestia, come accadde per quell'altra Bestia che uccise il Cristo. Infatti, Egli dapprima, non appena sopraggiunsero le tenebre [Lc. 22, 53], fu fatto prigioniero e flagellato dagli empi, e, in un secondo momento, nelle tenebre che seguirono [Lc. 23, 44], fu crocifisso, sempre a causa della stessa Bestia.

(IV)

Allora, come la tribù di Giuseppe è una sola, e tuttavia si sdoppia in quella di Manasse e in quella di Efraim [Gen. 48,1-22], così il sesto tempo e il sabato che lo segue devono essere riuniti in corrispondenza del solo sesto tempo; e, inoltre, come la tribù di Manasse fu divisa in due parti [Nm. 32,39], così la sesta tribolazione dev'essere interpolata, sicché non erroneamente si possa distinguere tra la gioia che precede e quella che segue.[26] Ma ciò si dimostra meglio se pensiamo che anche gli inizi dei digiuni quaresimali, che presso i Greci sono solenni, potrebbero esser presi anch'essi come dei giorni di servizio divino, poiché, per quanto i tempi più recenti prevalgono sui più antichi, non può essere messo in discussione da nessuno che fu da importanti e famosi uomini di fede che i Greci ricevettero questi usi.[27]

Se, quindi, iniziamo a contare dalla medesima settimana per raggiungere quella che viene chiamata settimana "della Passione"[28] – tanto più che anche noi stessi cominciamo a digiunare e ad astenerci dalle carni dalla medesima, sebbene non così solennemente come in quella successiva[29] – rispetto alla settimana di partenza quest'ultima è la sesta. Invece, quella settimana che viene prima della Pasqua e per altri versi risulta essere la sesta, in base a questa nuova suddivisione non sarà più la sesta ma la settima, o, per meglio dire, non la settima ma la sesta settimana per la seconda volta, così come accade per le chiese dei Greci e dei Latini, di cui – come penso – la prima, ossia l'Orientale, dev'essere colpita per prima, mentre l'altra verrà colpita per seconda. Inoltre, la festa delle Palme divide una settimana dall'altra, proprio per-

quia tribulatio sexta magna salvandorum sollemnitate interpolanda est, secundum quod in sexta parte manifeste, ut jam dixi, ostenditur; in hoc quod exultantium voces et alleluia cantantium, persecutio saepe dictae bestiae et praeit et secutura est. Erit autem gaudium ipsum propter pueros Hebraeorum qui convertentur ad Dominum laudantes et dicentes: "Benedictus qui venit in nomine Domini."

Ostenditur hoc quoque in sexto angelo tuba canente, ubi postquam agi incipit de tribulatione sexti temporis interponuntur aliqua de apertionibus libri; et rursus adduntur alia in consummatione laboris, in qua videlicet consummatione recte de mensibus quadraginta duobus mentio fit, hoc est, de annis tribus et dimidio, ut ostendatur ipsa esse tribulatio quam facturus est rex ipse undecimus in fine de quo et dicitur: "Putabit quod possit mutare tempora, et leges; et tradentur in manus ejus in tempus, et tempora, et dimidium temporis." Erit autem istud in consummatione sexti temporis, in quo sancti Dei occidendi sunt sicut Dominus Jesus a gentibus Judaeis impiissimis tradentibus eum occisus est, et ante ipsum Joannes Baptista, aut / certe sicut Petrus et Paulus, qui altercante cum eis Simone in conspectu Neronis ab ejus apparitoribus martyrizati sunt.

Sequetur autem tempus sabbati designatum in tribus horis et dimidia, nimirum quia brevius erit tempore sexto, in quo praevalente hoste fiet silentium in coelo quasi media hora, quia nulli licebit in diebus illis praedicare. Quantum ergo datur intelligi, in sexto tempore aetatis sextae consummandum est illud, quod in prima visione Danielis de undecimo illo cornu scriptum est, nimirum quia et sexta est in ordine visionum Danielis, si tamen quae praecedunt ipsam recte visiones intitulantur, cum solae quattuor ultimae Danielis visiones fuerint. Sive ergo visiones sive

ché la sesta tribolazione dev'essere interpolata dalla grande festa di coloro che devono essere salvati, secondo quanto si mostra con evidenza – come ho già detto – nella sesta parte dell'*Apocalisse*, in cui la persecuzione della Bestia, che spesso abbiamo nominato, precede e segue immediatamente le voci di chi esulta e gli alleluia di chi canta [Ap. 19, 1-8]. Del resto, la stessa gioia che c'era presso i fanciulli Ebrei sarà in coloro che si dirigeranno verso il Signore, lodandolo e dicendo "*Benedetto Colui che viene nel nome del Signore*" (Sal. 118, 26).[30]

Ciò appare anche nel passo del sesto angelo che suona la tromba [Ap. 9, 13], dove, dopo i primi accenni sulla tribolazione del sesto tempo, si inseriscono alcune notizie sulle aperture dei sigilli del libro [Ap. 10, 2-11], e inoltre se ne aggiungono altre sul termine del periodo di sofferenza – ossia dove si allude giustamente, a proposito del compimento di questa tribolazione, ai quarantadue mesi [Ap. 11,2], cioè a tre anni e mezzo. Così si mostra che questa è la stessa tribolazione che alla fine dei tempi verrà compiuta da quell'undicesimo re di cui è anche detto: "*penserà di mutare i tempi e la legge; i Santi gli saranno dati in mano per un tempo, più tempi e la metà di un tempo*" (Dn. 7, 25). Infatti, ciò accadrà al compimento del sesto tempo, in quel periodo in cui i Santi di Dio devono essere uccisi [Ap. 11, 3-13], allo stesso modo in cui il Signore Gesù – e prima di lui Giovanni Battista – fu ucciso dalle scelleratissime genti giudee che lo tradirono, o, certamente, come Pietro e Paolo, i quali, dopo che Simon Mago disputò con loro alla presenza di Nerone, furono martirizzati dai servitori personali dell'imperatore.[31]

Seguirà poi il tempo del sabato, rappresentato nelle tre ore e mezza – perché senza dubbio sarà più breve del sesto tempo – in cui, essendo più forte il nemico, si farà silenzio in cielo per circa mezz'ora [Ap. 8,1], giacché a nessuno sarà concesso di predicare in quei giorni. Quindi, per quanto ci è dato di comprendere, ciò che è stato scritto nella prima visione di Daniele su quell'undicesimo corno deve compiersi nel sesto tempo della sesta età, perché, appunto, essa – ammesso che quelle che la precedono si possano chiamare propriamente "visioni", in quanto solo le ultime quattro furono esperienze visive di Daniele – è sesta anche nella successione delle visioni di Daniele.[32] Pertanto, sia che si debbano dire "visioni", sia che non tutte

non omnes visiones, sed magis incisiones dicendae sint, sexta tamen est in ordine visio ista quae agit de decem regibus et de undecimo qui surget post eos, septima quae agit de ariete et de hirco caprarum, octava quae agit de unctione Christi et allatione justitiae sempiternae, pertinentis videlicet ad gratiam contemplationis, de qua et dicitur: "Maria optimam partem elegit, quae non auferetur ab ea."

Unde quia septima visio ad litteram in septimo tempore Testamenti veteris consummata est, videtur quod in tempore septimo / in Spiritu consummanda est, ut quomodo post inclita illa Machabaeorum proelia de genere sacerdotali in regni solium sublimatus est, vel potius Dei Filius qui rex est et pontifex in aeternum, ita nunc quoque consummatis septem proeliis quibus ecclesia instituta est, novum Machabaeorum genus in Christo rege designatum regale obtineat sacerdotium, de quo in libro isto scriptum est: Sacerdotes Dei sederunt, et regnaverunt cum Christo.

Certum est enim et ex aliis scripturarum locis colligitur, quod post illum tyrannum maximum qui regnaturus est in tempus, et tempora, et dimidium temporis,[36] alius quoque consurrecturus sit. Sed utrum rex Antiochus qui in septima visione ad litteram praenotatur regem istum respiciat, an eum qui in novissimo, scrupulosa interim admodum definitio est, pro eo quod nihil certum in libro Apocalypsis reperio, nisi forte ipse sit rex ille septimus de quo dicit Joannes: "Et reges septem sunt. Quinque ceciderunt; et unus est, et unus nondum venit; et cum venerit, oportet illum breve tempus manere,"[38] et hoc quidem satis ad rem pertinere cognoscitur. Sed qualiter hoc bellum perfi/ciendum sit non apparet, nisi forte tacite intelligatur in eo quod subditur: "Et vidi angelum et apprehendit draconem, serpentem antiquum, qui est diabolus et Satanas, et ligavit eum per annos mille; et misit eum in abyssum."

Quicumque autem erit tyrannus ille quem regem septimum appellavit Joannes, sive ille sit quem in hac septima visione Daniel tetigit in cornu

si debbano chiamare "visioni", ma piuttosto "sezioni", quella visione che tratta dei dieci re e dell'undicesimo che sorgerà dopo di loro [Dn. 7,1-28] è comunque sesta nella successione, quella che tratta dell'ariete e del grande capro [Dn. 8, 9-10] è settima, infine, quella che tratta dell'unzione di Cristo e della donazione della giustizia eterna [Dn. 9] — ossia quella che si riferisce alla grazia della contemplazione, di cui è anche detto: "*Maria si è scelta la parte migliore, che non le sarà tolta*" (Lc. 10, 42) — è ottava.

Perciò, giacché la settima visione si è compiuta alla lettera nel settimo tempo del Vecchio Testamento, sembra che nel settimo tempo del Nuovo essa debba compiersi nello Spirito, perché anche ora, portati a termine i sette conflitti che hanno temprato la Chiesa, una nuova stirpe di Maccabei, rappresentata da Cristo Re, — a proposito della quale in questo libro dell'*Apocalisse* è stato scritto: "*i sacerdoti di Dio sedettero e regnarono con Cristo*" (Ap. 20, 6) — ottenga il sacerdozio regale, così come, dopo quelle famose guerre dei Maccabei, essa si innalzò dalla stirpe sacerdotale al trono reale, o, piuttosto, a somiglianza del Figlio di Dio, che è Re e Pontefice per l'eternità.

Infatti è sicuro, e lo si deduce dagli altri passi delle Scritture, che dopo quel grandissimo monarca, il quale regnerà "*per un tempo, più tempi e la metà di un tempo*" (Dn. 12, 7), ne sorgerà anche un altro. Tuttavia, per ora è assai difficile definire esattamente se questo monarca coincida con re Antioco, che nella settima visione è predetto alla lettera [Dn. 7, 8], oppure se si tratti di quel re che deve venire negli ultimi tempi, in quanto, in proposito, non trovo nulla di preciso nel libro dell'*Apocalisse*. A meno che egli non sia quel settimo re di cui Giovanni dice: "*e sono sette re. I primi cinque sono caduti, ne resta uno in vita, e uno non è ancora venuto, e quando sarà venuto, dovrà rimanere per poco*" (Ap. 17, 9-10). Del resto si deve ammettere che ciò è abbastanza plausibile. Eppure, non è chiaro come questa guerra debba essere condotta a termine, a meno che non la si comprenda tacitamente in quel passo dove si aggiunge: "*vidi poi un angelo che afferrò il dragone, il serpente antico — che è il diavolo, Satana — e lo incatenò per mille anni, e lo gettò nell'abisso*" (Ap. 20, 1-3).

D'altra parte, chiunque sarà quel monarca che Giovanni ha chiamato "il settimo re" — sia che si tratti di quello che Daniele ha accennato nell'ultimo corno di quella setti-

ultimo, cujus typum gerit Antiochus, sive ille quem designat Alexander rex primus, illud tamen indifferenter verum est, quod in hoc flagello septimo consummanda est aetas sexta et incohabit septima, quamvis aetas ipsa extrema nequaquam septima dicenda sit, sed pro septima et quasi pars sextae, ut quasi una tribus Joseph gemina esse videatur, quae et recte una tribus dici potest, et non inconvenienter duae, quia et sicut utrumque verum est, ita in divina scriptura utrumque dictum reperitur.

Eodem modo Christianus populus geminus esse intelligitur, propter eos qui in adventu Domini crediderunt in Christum et eos qui in fine saeculi credituri sunt, quorum primus in duos populos distinctus est, in Graecos videlicet et Latinos, sicut et tribus Manasses interposi/to Jordane flumine in duas semis tribus distincta est, ita ut pars una jungeretur Ruben et Gad, altera Ephraem et tribubus reliquis; nimirum quia Latinus populus gratiae largitate praeventus, nequaquam sicut Graecus egisse convincitur, Judaicae superstitionis imitator extitit, sed magis ac magis ad anteriora respexit, quaerens apprehendere vel ex parte quod tempore suo accepturus est plenius populus quem significat Ephraem.

Quae cum ita se habeant, liquet quod Testamentum novum geminum est, habens in se duos status et duos populos, ita ut et duo Testamenta non frustra esse dicantur, et nihilominus Testamento novo duo inesse status intelligantur, de quibus in praesenti opusculo parum aliquid exprimendum existimo, ut qui sint ipsi status et ad quid non languide commendetur memoriae, exacturi illud in locis suis, cum aliquid de eis eloquendum occurrerit.

In tribus denique statibus distinguitur tempus legis et gratiae: sub lege,

ma visione, di cui Antioco incarna il tipo,[33] sia che si tratti di quel primo re che rappresenta Alessandro Magno –, è comunque vero che con questo settimo flagello deve compiersi la sesta età e incomincerà la settima. Tuttavia, proprio questa età finale non deve affatto essere chiamata settima, ma bisogna che essa, piuttosto che settima, sia detta parte della sesta, sicché sembri essere doppia come l'unica tribù di Giuseppe, che può definirsi giustamente un'unica tribù, e insieme, senza sbagliare, due, anche perché come entrambe sono realmente esistenti, così entrambe si trovano riportate nella Sacra Scrittura.

Per la stessa ragione si comprende che il popolo dei cristiani è sdoppiato in quelli che alla venuta del Signore hanno creduto in Cristo e in quelli che crederanno alla fine del mondo: i primi furono divisi in due popoli – ossia in Greci e Latini – come pure la tribù di Manasse, con il Giordano in mezzo, fu divisa in due mezze tribù, cosicché una parte di essa si congiunse con quelle di Ruben e di Gad, l'altra con la tribù di Efraim e con le rimanenti [Nm. 32, 39-41]. E senza dubbio il popolo latino è superiore per generosità della grazia perché non tentò in nessun modo di imitare le credenze dei Giudei, così come invece ha mostrato di fare quello greco,[34] ma ha guardato con sempre maggior attenzione alle cose accadute in precedenza, cercando di conoscere, anche se in parte, ciò che, al tempo opportuno, anche quel popolo che la tribù di Efraim simboleggia comprenderà più completamente.

Stando così le cose, è chiaro che il Nuovo Testamento è doppio[35] in quanto racchiude in sé due stati e due popoli[36] – cosicché si potrebbe anche dire, non senza ragione, che si tratti di due Testamenti – e comunque si intende che il Nuovo Testamento comprende due stati, dei quali penso che si debba dare almeno qualche cenno in questo opuscolo. Perciò stiamo per esaminare, nei passi appropriati – quando si presenti l'occasione di doverne dire qualcosa –, quali siano questi stati e per qual motivo siano affidati alla non labile custodia della memoria.

(V)

In breve, il tempo della legge e della grazia si divide in tre stati: sotto la legge, sotto la grazia, sotto una grazia

sub gratia, sub ampliori gratia; quia gratiam, inquit, pro gratia dedit nobis. Et primus quidem status ascribitur Patri, secundus Filio, tertius Spiritui sancto, sicut et tempus illud quod fuit ante legem, quando erat terra labii unius et sermonum eorundem, unitati divinae / ascribendum est, quae prius generi humano innotuit, quam manifestius de Trinitate quae Deus est sermo apud homines haberetur. Ac per hoc cum tertium tempus sub gratia esse describitur, respectu illius temporis quod fuit ante legem ita geminum fore intelligatur, quomodo tribus Joseph quae gemina fuit, aut sicut duo illa gomor quae simul sexta feria legebantur, quamquam unum ad diem sextum, alterum pertinet ad sabbatum. Et de his pro loco satis dictum.

Designatur autem tempus secundi status quod in lamentis et pressuris percurritur, in tempore quadragesimali, quoniam quidem sex hebdomadas quadragesima et sex partes in tumultibus liber iste et sex tempora status iste secundus habere dignoscitur, tuncque Paschale tempus usque ad vigiliam Pentecostes tempus tertii status designatur. Magnus vero dies ipse in quo data sunt plenius dona Spiritus, diem illum novissimum et aeternum designat, in quo retrusis reprobis in cubilibus suis, fulgebunt justi sicut sol in regno patris eorum, et filii erunt Dei cum sint filii resurrectionis.

Quapropter tribulatio prima quam scribit Daniel in tempore sexto secundi status consummanda est, quae scilicet tribulatio aut prae manibus est, aut in vicino est, quae velut in sexta feria in qua passus / est Dominus peragenda est, ad cujus nos devenisse confinia duorum Testamentorum concordia per ea quae gesta sunt viva voce testatur. Quae est enim viva vox, nisi Spiritus de quo dicit Apostolus: "Littera occidit, Spiritus vivificat"?

Sequetur autem tribulationem istam altera haud permodica tribulatio, quam facturus est populus ille quem designabat in spiritu hircus caprarum,

maggiore,[37] perché, come si dice, *"grazia su grazia ci ha dato"* [Gv. 1,16]. Di conseguenza il primo stato si assegna al Padre, il secondo al Figlio, il terzo allo Spirito Santo. Invece, quel tempo che venne prima della legge, quando la terra apparteneva alle labbra di uno solo e alle sue stesse parole, dev'essere assegnato alla divina unità, che si fece conoscere dal genere umano prima che gli uomini disponessero di una dimostrazione più chiara della Trinità in cui Dio consiste.[38] E per questa ragione si comprenda che, siccome rispetto a quel tempo che fu prima della legge il terzo tempo è descritto come quello che è sotto la grazia, esso sarà doppio[39] come fu doppia la tribù di Giuseppe [Gen. 48,1-22] o come furono due quelle misure di manna che venivano raccolte insieme il venerdì, anche se una spetta al sesto giorno e l'altra al sabato [Es. 16,1-29]. Ma di queste, al momento opportuno,[40] si è già detto a sufficienza.

Inoltre, se la durata del secondo stato, che trascorre fra gemiti ed afflizioni, è rappresentata dal periodo quaresimale – proprio perché la Quaresima si divide in sei settimane così come questo libro dell'*Apocalisse* è suddiviso dai conflitti di cui parla in sei parti, e questo secondo stato in sei tempi –, allora il periodo che va dalla Pasqua fino alla vigilia di Pentecoste rappresenta la durata del terzo stato.[41] Invece, lo stesso gran giorno durante il quale furono elargiti più completamente i doni dello Spirito simboleggia quel Giorno finale ed eterno in cui, dopo che i malvagi saranno ricacciati nei loro covi, i giusti risplenderanno come il sole nel Regno del Padre loro, e saranno figli di Dio perché sono figli della risurrezione [Lc. 20, 36].

Allora, la prima tribolazione che Daniele descrive – cioè la tribolazione che è a portata di mano o quasi imminente – deve compiersi nel sesto tempo del secondo stato: questa tribolazione dev'essere condotta a termine in corrispondenza del venerdì in cui il Signore subì la Passione e la concordia dei due Testamenti[42] attesta a viva voce, mediante i fatti che si sono realizzati, che noi ne siamo giunti ai confini. Cos'è infatti questa viva voce se non lo Spirito di cui l'apostolo dice: *"la lettera uccide, lo Spirito dà vita"* (2Cor. 3, 6)?

A questa tribolazione, poi, ne seguirà un'altra, di certo non minore, che sarà compiuta da quel popolo che il gros

veluti in sabbato hebdomadae sextae, eritque, ut superius diximus, silentium in caelo quasi media hora, quia nullus audebit praedicare in ecclesia regnante cornu illo, de quo et dicitur: "Supra quam credi potest, universa vastabit." Completa vero quadragesima, quae sextam mundi aetatem, hoc est, secundum statum designat, et completa sexta feria, quae pro hebdomada una accipienda est, et sextum tempus secundi status designat, sequitur dies septimus qui vocatur sabbatum, sabbatum dico vigiliae Paschae, in quo septimum tempus illud designatum est, quod erit terminus inter secundum statum et tertium, quia et ipse pro hebdomada una, hoc est, septima accipiendus est, quia, sicut jam superius diximus, propter electos suos quos elegit et praeelegit omnipotens, breviabuntur, ut ait / Dominus, dies illi, et cito superveniet tempus pacis, quasi dies Paschalis et inclitus, quod erit principium illius status qui erit magnum et generale sabbatum, respectu aetatis hujus sextae quae in labore peragitur, et si duo quaedam sabbata huic similia ante legem et sub lege praecessisse videantur, de quibus in sequentibus agendum est.

Quia vero tempus istud quod tertius status dicendum est, respectu temporis quod sub lege praeteriit, et temporis plenitudinis gentium quod in extremis nunc agere clarum est, in tempore Paschali quod septem terminatur hebdomadis designatum est, liquet quod initium hujus status quod primum est in temporibus aetatis septimae, octavum est respectu aetatis sextae, in qua Dominus noster resurrexit a mortuis; ideoque quod ibi secundum carnem, hic secundum Spiritum consummandum est, ut quomodo tunc Christus Jesus resurrexit a mortuis, ita et nos exurgentes a vetustate corporis nostri in novitate vitae ambulemus. Quantum ergo datur intelligi octava visio Danielis, quae tertia est a sexta, juxta illud

so capro rappresenta secondo il senso spirituale [Dn. 8, 5] in corrispondenza del sabato della sesta settimana, e – come abbiamo detto in precedenza – si farà *"silenzio in cielo per circa mezz'ora"* (Ap. 8,1), perché nessuno oserà predicare mentre sulla Chiesa regnerà quel corno di cui si dice persino che: *"oltre ogni possibile immaginazione, distruggerà tutto"* (Dn. 8,24). Ma, dopo che si è conclusa la Quaresima – che rappresenta la sesta età del mondo,[43] ossia il secondo stato – e dopo che è terminato il venerdì – che dev'essere inteso equivalente alla durata di una settimana e che rappresenta il sesto tempo del secondo stato –, segue il settimo giorno che viene chiamato "sabato". Il sabato, voglio dire, della vigilia di Pasqua, in cui è stato rappresentato quel settimo tempo che segnerà il confine fra il secondo e il terzo stato, perché anche questo sabato dev'essere inteso equivalente alla durata di una settimana, ossia della settima. Infatti, come già in precedenza abbiamo riferito,[44] quei giorni saranno abbreviati – come dice il Signore – a vantaggio dei suoi eletti [Mt. 24, 22], che l'Onnipotente sceglie e preferisce. E presto sopraggiungerà il tempo della pace, quasi si fosse concluso anche il giorno di Pasqua, che diverrà il principio di quello stato che, rispetto alla sesta età che trascorse nel lavoro, sarà il grande sabato universale, sebbene in un certo qual modo sembrino simili a questo i due sabati che sono già accaduti prima della legge e sotto la legge, di cui si deve trattare in seguito.[45]

Ma siccome questo periodo – che dev'essere chiamato terzo stato rispetto al tempo che trascorse sotto la legge e al tempo del compimento dell'evangelizzazione delle nazioni che, con evidenza, sta passando ora i suoi ultimi giorni –, fu rappresentato nel periodo pasquale, che si fissò in sette settimane, allora è chiaro che l'inizio di questo stato, che viene per primo secondo la scansione dei tempi della settima età, risulta invece ottavo rispetto alla periodizzazione della sesta età in cui Nostro Signore risuscitò dai morti.[46] Di conseguenza, ciò che lì – nella sesta età – si è compiuto secondo la carne, qui si deve compiere secondo lo Spirito, perché come allora Gesù Cristo risuscitò dai morti, così anche noi, sorgendo dalla vecchiezza del nostro corpo, potremo camminare nella novità della vita. Dunque, per quanto ci è dato comprendere, l'ottava visione di Daniele – che è terza a partire dalla sesta, proprio

quod de Christo dictum est, tertia die resurrexit a mortuis, in eodem octavo tempore incohanda est, ideoque / de eadem visione dictum est Danieli in spiritu: "Ab exitu sermonis ut aedificetur Hierusalem, usque ad Christum ducem, hebdomadae septem erunt."

Exitum sermonis, initium dicit sexti temporis, septem vero hebdomadas nominat septem tempora secundi status, in quorum consummatione dandus est Spiritus sanctus, sicut in die Paschae, et ungetur ille populus quem significat Christus, sicut in senectute David unctus est Salomon pro patre suo in regem, hoc est, pro eo populo qui hactenus glorifice militavit. Et consummabitur visio ex prophetis, sicut jurasse angelus legitur qui librum manibus gerebat apertum, sub sexto angelo tuba canente dicens: "Quia tempus jam non erit amplius; sed in diebus vocis septimi angeli, cum coeperit tuba canere consummabitur mysterium Dei, sicut evangelizavit per servos suos prophetas." Regnabit itaque Dominus Jesus in populo suo, sicut in sexta visione dicitur: "Judicium sedebit, ut auferatur potentia, et conteratur, et dispereat usque in finem; regnum autem, et potestas, et magnitudo regni, quae est subter omne coelum, detur populo sanctorum Altissimi, cujus regnum sempiternum, et omnes reges servient ei, et obedient."

Quod si ita est, liquet quod tyrannus / ille alius qui legitur in septima visione, plagam quidem faciet maximam, regnum autem Christi dissipare nequibit, sicut ex persona Dei Patris in typo Salomonis de populo tertii status qui regnaturus est dicitur. Sic igitur regnaturus est amabilis populus, qui quasi Salomon tertius a Saule, secundus a David regnum pacificum obtinebit, et regnabit a mari usque ad mare, et a flumine usque ad terminos orbis terrarum. Quod autem sequitur: "et post hebdomadas septuaginta duas occidetur Christus," et cetera, tempus respicit extremum, quod

come si disse di Cristo: *"il terzo giorno risuscitò dai morti"* (1Cor. 15, 4) – deve avere il suo inizio giusto in corrispondenza di quell'ottavo tempo, sicché, in quella medesima visione, Daniele disse, in senso spirituale: *"Da quando uscì la parola sulla ricostruzione di Gerusalemme fino al principe Cristo vi saranno sette settimane"* (Dn. 9, 25).[47]

L'uscita della parola significa l'inizio del sesto tempo, invece le sette settimane elencano i sette tempi del secondo stato, al cui compimento – in corrispondenza del giorno di Pasqua – deve essere elargito lo Spirito Santo. E quel popolo che è simboleggiato in Cristo sarà unto, così come, nella vecchiaia di Davide, Salomone fu unto re al posto del padre [1Re 1,28-40], ossia esso sarà unto al posto di quel popolo che fino a quel momento avrà gloriosamente prestato servizio. E la visione sarà compiuta dai profeti come, in corrispondenza del sesto angelo che suona la tromba, si legge che avesse giurato quell'angelo che teneva nella mani un libro aperto [Ap.10,2-5], dicendo: *"Poiché non vi sarà ormai più indugio! Ma nei giorni in cui il settimo angelo farà udire la sua voce, quando comincerà a suonare la tromba, si compirà il mistero di Dio, così come ha annunziato ai servi suoi, i profeti"* (Ap. 10, 6-7). Pertanto il Signore Gesù regnerà sul suo popolo così come è detto nella sesta visione: *"Si terrà poi il giudizio e gli sarà tolto il potere, quindi verrà distrutto e annientato per sempre. Allora il regno, il potere e la grandezza del regno che è sotto tutti i cieli saranno dati al popolo dei Santi dell'Altissimo, il cui regno è eterno, e tutti i re Lo serviranno e obbediranno"* (Dn. 7, 26-27).

Poiché, se è così, è chiaro che quell'altro monarca che si legge nella settima visione [Dn. 8, 1] procurerà di certo una grandissima distruzione, ma non riuscirà ad abbattere il Regno di Cristo, così come, secondo la persona di Dio Padre, si esprime nel tipo di Salomone ciò che riguarda il popolo del terzo stato, il cui regno sta per venire.[48] Infatti, come Salomone fu terzo a partire da Saul e secondo rispetto a Davide, così quell'amabile popolo che sta per salire al potere manterrà il regno in pace, estenderà i suoi domini da mare a mare e dal fiume fino ai confini del mondo. Invece ciò che segue – *"e dopo settantadue settimane il Cristo sarà ucciso"* [Dn. 9, 26] eccetera[49] – riguarda il tempo finale, che è rappresentato nella vigi-

designatur in vigilia Pentecostes, quando solvendus est diabolus de carcere suo, et facturus omnia illa quae scripsit Ezechiel, ubi agitur de proeliis Gog, et liber Apocalypsis, et quarta visio Danielis, quae in typo regum austri et aquilonis, proelium Christi et diaboli usque in finem prosequitur.

Duae ergo visiones concludunt statum secundum, duae tertium, quia et id quod continetur in duabus primis in proximo tempore consummandum est, et id quod continetur in duabus sequentibus circa finem cum solvetur Satanas de carcere suo, qui in proximo incarcerandus est ut non seducat amplius gentes, usque ad tempus illud, de quo et dicitur: / "Erit tunc tribulatio magna, qualis non fuit ab initio mundi usque modo, neque fiet. Et nisi breviati fuissent dies illi, non fieret salva omnis caro," quamvis et de fine secundi status dictum sit, et de eo plane intelligi possit, quia impetus Spiritus ad diversa dirigitur.

Qua in re considerandum est, quod quando persecutio Nabuchodonosor regis Assyriorum, et persecuutio Antiochi regis sub uno sexto tempore coartantur, veluti, ut jam dixi, in sexta feria hebdomadae sextae, et sabbato vigiliae Paschae, tunc septimum tempus quod erit in sabbatum in tempore paschali designandum est, immo et in toto tempore quo ecclesia primitiva pertransiit, excidium vero quod erit sub Gog, in persecutione Romanorum, sub qua et rebellis Judaeorum populus ultima caede prostratus est. Inde est quod sciscitantibus discipulis de diebus novissimis, ita eis Dominus de ruina Hierusalem quam passura erat subito locutus est, ac si ipsa deberet esse tribulatio ultima. Sic enim dicit post cetera, in evangelio Lucae: "Cum videritis Hierusalem circumdari ab exercitu, tunc scitote quia appropinquat desolatio ejus. Tunc qui in Judaea sunt, fugiant ad montes; et qui in medio ejus, discedant."

lia di Pentecoste, quando il diavolo sarà liberato dalla sua prigionia [Ap. 20,7-8] e accadranno tutte quelle cose che Ezechiele ha scritto dove si parla delle guerre di Gog [Ez. 38-39]. Inoltre, accadranno tutte quelle cose di cui parla il libro dell'*Apocalisse* [Ap. 20] e quelle di cui parla la quarta visione di Daniele che, nel tipo dei re del Meridione e del Settentrione, sviluppa fino alla fine la lotta fra Cristo e il diavolo [Dn. 11].[50]

Quindi, due visioni concludono il secondo stato, due il terzo, perché, mentre ciò che è contenuto nelle prime due deve compiersi nel tempo che sta per venire, ciò che è contenuto nelle due seguenti deve compiersi in prossimità della fine, quando Satana verrà liberato dalla sua prigionia [Ap. 20, 7-8]. Egli, infatti, nel tempo che sta per venire, dev'essere imprigionato per non corrompere maggiormente le nazioni, fino a quel tempo di cui è anche detto: "*Vi sarà allora una grande tribolazione, quale mai avvenne dall'inizio del mondo fino ad ora, né mai più ci sarà. E se quei giorni non fossero abbreviati, nessun vivente si salverebbe*" (Mt. 24,21-22). Tuttavia, ciò si può riferire anche alla fine del secondo stato, e facilmente si può interpretare come questo, in quanto lo slancio dello Spirito va in molteplici direzioni.[51]

E perciò si deve considerare che, siccome la persecuzione del re degli Assiri Nabucodonosor e la persecuzione del re Antioco sono condensate all'interno del solo sesto tempo – ossia, come ho già detto,[52] nel venerdì della sesta settimana e nel sabato della vigilia di Pasqua –, allora il settimo tempo, che sarà sabbatico dev'essere rappresentato dal periodo pasquale, anzi, anche dall'intero periodo di durata della chiesa primitiva, mentre la carneficina che verrà sotto Gog dev'essere rappresentata dalla persecuzione dei Romani, in cui anche il rivoltoso popolo dei Giudei fu messo in ginocchio dall'ultimo olocausto.[53] Ne consegue che, quando i discepoli interrogarono il Signore sugli ultimi giorni, Egli così parlò loro della caduta di Gerusalemme, di come sarebbe avvenuta di lì a poco e se la stessa dovesse essere l'ultima tribolazione. Infatti, così Egli dice, dopo altre cose, nel *Vangelo di Luca*: "*Quando vedrete Gerusalemme circondata dagli eserciti, sappiate allora che la sua devastazione è vicina. Allora coloro che si trovano nella Giudea fuggano ai monti, coloro che sono dentro alla città se ne allontanino*" (Lc. 21, 20-21).

Certe verba ista historialiter in principio ecclesiastici temporis completa sunt, / cum adhuc superessent sanctus Joannes, et beatus ipse Lucas qui hoc evangelium scripsit. Quid igitur pertinuit ad rem ista responsio, nisi quia haec novissima Judaeorum et illius Hierusalem tribulatio, ultimam tribulationem designat? Unde est quod cum Marcus et Matthaeus prosequantur ad litteram de signis quae ruinam illam secutura sunt, dicentes: "Et erit, post tribulationem dierum illorum, sol obscurabitur, et luna non dabit lumen suum," et cetera, Lucas, ut fidelis historiographus, ipsi enim datum est prosequi veritatem historiae, his quae scripserat de ruina Judaeorum, consequenter adjungit dicens: "Erit signa in sole, et luna, et stellis," et cetera. Erit ergo tunc tribulatio haec maxima, quae in duabus visionibus ultimis continetur. In proximo autem altera suppar illi, quae continetur, ut jam dixi, in duabus visionibus primis.

Sed forte parvipendenda erit, quia de illa evangelium tacuit? Qui hoc putat aut nequaquam evangelium legit, aut si legit, clausis oculis mentisque auribus praeterivit. Nunc ergo audiamus quid de hac tribulatione Matthaeus dicat priusquam quicquam agat de ultima. Sedente, inquit, Domino super montem Oliveti, acces/serunt ad eum discipuli dicentes: "Dic nobis quando haec erunt, et quod signum adventus tui et consummationis saeculi." Quibus ille respondit: "Videte ne quis vos seducat. Audituri enim estis proelia, et opiniones proeliorum. Videte ne conturbemini; oportet enim haec fieri, sed nondum statim finis. Surget autem gens contra gentem, et regnum in regnum; et erunt pestilentiae, et fames, et terraemotus per loca. Haec autem omnia initia sunt dolorum."

Hucusque ut legitur ita completum videmus, ceterum quod sequitur in januis prope est, si tamen ad hoc non pertinet, quod nuper Hierosolymis

Certamente queste parole si sono adempiute in senso storico all'inizio del tempo della Chiesa, essendo fin qui sufficiente ciò che dice San Giovanni e lo stesso Beato Luca che ha scritto questo *Vangelo*. Allora, come rimane in argomento questa risposta del Signore se non perché quest'ultima tribolazione dei Giudei e quella caduta di Gerusalemme raffigurano, piuttosto, la tribolazione finale? Quindi accade che, mentre Marco e Matteo descrivono alla lettera i segni che seguiranno quella caduta, dicendo *"e così sarà: dopo la tribolazione di quei giorni il sole si oscurerà e la luna non darà più la sua luce"* (Mt. 24,29; Mc. 13,24) e via di seguito, Luca, come un fedele storiografo – proprio lui, infatti, fu incaricato di esporre la verità del senso storico[54] – nel prosieguo dice, in aggiunta a ciò che aveva scritto sullo sterminio dei Giudei, *"vi saranno segni nel sole, nella luna e nelle stelle"* (Lc. 21,25), eccetera. Pertanto vi sarà solo allora – in corrispondenza di quei segni – quella grandissima tribolazione che è contenuta nelle ultime due visioni di Daniele. Invece è imminente un'altra tribolazione quasi uguale a quella che – come ho già detto – è contenuta nelle prime due visioni.

Ma forse che questa penultima tribolazione dovrà essere molto piccola, dato che su di essa il *Vangelo* ha taciuto? Chi pensa così non ha affatto letto il *Vangelo*, oppure, se lo ha letto, è passato oltre, con gli occhi e le orecchie della mente tappati. Quindi, ascoltiamo ora che cosa dice Matteo di questa penultima tribolazione prima di trattare alcune cose dell'ultima. *"Quando il Signore si sedette sul monte degli Ulivi,"* dice Matteo, *"gli si avvicinarono i discepoli dicendogli 'dicci quando accadranno queste cose, e quale sarà il segno della Tua venuta e della fine del mondo'* (Mt. 24, 3-4). Ed Egli rispose loro: *'State attenti che nessuno vi inganni. Infatti state per ascoltare di guerre e di notizie di guerre. Guardate di non allarmarvi, infatti è necessario che tutto questo avvenga, ma non sarà subito la fine. Invece, si solleverà popolo contro popolo e regno contro regno; vi saranno pestilenze, carestie e terremoti in vari luoghi. Ma tutto questo è solo l'inizio dei dolori'"* (Mt. 24, 6-8).[55]

Fino a questo punto vediamo che tutto si è compiuto così come si legge. Le altre cose che seguono sono quasi alle porte, quand'anche, tuttavia, non si riferisca a ciò quello che abbiamo appreso che di recente accadde a

accidisse didicimus. Nam sequitur: "Tunc tradent vos in tribulatione et occident vos; et eritis odio omnibus gentibus propter nomen meum. Et tunc scandalizabuntur multi, et in vicem tradent, et odio habebunt in vicem, et multi pseudo-prophetae surgent, et seducent multos. Et quoniam abundabit iniquitas, refrigescet caritas multorum. Qui autem perseveravit usque in finem, hic salvus erit." En istae sunt angustiae, quas imminere in proximo vel repente qua nescimus hora praediximus, quas facturus est ille rex nonus qui regnaturus est in tempus et tempora et dimidium temporis, et ille alius de quo dicitur, "supra quam credi potest, universa / vastabit." Erunt autem cum illis etiam pseudo-prophetae qui daturi sunt signa, ad seducendos si fieri potest etiam electos. Et notandum quod haec tribulatio sexta significata est in diluvio, quod factum est in diebus Noe.

Sequens autem quae in tempore sabbati futura est in apertione sigilli septimi, designata est in Nemrod qui fuit auctor ut traditur aedificandae turris Babelis, designans superbiam regis illius, "qui extollitur et adversatur supra omne quod dicitur Deus, aut quod colitur, ita ut in templo Dei sedeat, ostendens se tamquam sit Deus." Qua in re diligenter notandum, quod in sexta epistola Pauli quae missa est Thessalonicensibus tribulatio sexti temporis designatur cum dicitur: "Cum dixerint: Pax et securitas, tunc repentinus superveniet illis interitus quasi ⟨dolor⟩ in utero habenti, et non effugient." Hoc autem quod de filio perditionis eisdem rescribit in epistola septima continetur, ut ille esse intelligatur qui in septima visione Danielis scriptus est, de quo et dicitur: "elevatus est usque ad fortitudinem coeli; et dejecit de fortitudine, et de stellis," et ille de quo dicit Joannes: "et unus nondum venit"—septimus scilicet—"et cum venerit, oportet illum breve tempus manere." Quod si juxta

Gerusalemme.[56] Infatti Matteo prosegue dicendo: "*Allora vi consegneranno alla tribolazione e vi uccideranno, e sarete odiati da tutti i popoli a causa del mio nome. E allora molti ne resteranno scandalizzati ed essi si tradiranno a vicenda e a vicenda si odieranno. Sorgeranno molti falsi profeti e inganneranno molti. E per il dilagare dell'iniquità, l'amore di molti si raffredderà. Ma chi persevererà fino alla fine, lì sarà salvato*" (Mt. 24,9-13). Ecco, queste sono le prove che abbiamo preannunciato incombere da molto vicino o, meglio, da un momento per l'altro, anche se non ne sappiamo l'ora precisa [Mt. 25,13]. Esse saranno compiute da quel nono re che "*regnerà per un tempo, più tempi e la metà di un tempo*" (Dn. 7, 25) e da quell'altro monarca di cui si dice "*oltre ogni possibile immaginazione, distruggerà tutto*" (Dn. 8,24). Inoltre, saranno insieme a loro anche dei falsi profeti che compiranno dei prodigi [Ap. 19,20] per ingannare – se è possibile – anche gli eletti. Infine, bisogna tener presente che questa sesta tribolazione fu prefigurata dal diluvio che avvenne ai giorni di Noè [Gen. 6,5-9,17].

Invece, la tribolazione seguente, che accadrà nel tempo del sabato, all'apertura del settimo sigillo, è stata rappresentata in Nimrod, colui che fu promotore – come si tramanda – della costruzione della torre di Babele [Gen. 10,8-12], a simboleggiare la superbia di quei re "*che s'innalza e si contrappone ad ogni essere che viene chiamato Dio o è oggetto di culto, fino a sedere nel tempio di Dio, additando se stesso come Dio*" (2Ts. 2, 4). A proposito di queste cose, si deve osservare con attenzione che la tribolazione del sesto tempo è rappresentata nella sesta epistola di Paolo, che fu indirizzata ai Tessalonicesi, là dove si afferma: "*quando si dirà: 'pace e sicurezza', allora d'improvviso li colpirà la rovina, come le doglie una donna incinta, e nessuno scamperà*" (1Ts. 5,3), mentre quello che Paolo scrisse in seguito sul figlio della perdizione è contenuto nella settima epistola.[57] Ciò al fine di far comprendere che questi è colui che fu descritto nella settima visione di Daniele – di cui è anche detto: "*si innalzò fin contro le schiere celesti, e gettò nella polvere le schiere e le stelle*" (Dn. 8,10) –, e che si tratta dello stesso di cui Giovanni afferma: "*e uno non è ancora venuto* [vale a dire il settimo] *e quando sarà venuto, dovrà rimanere per poco*" (Ap. 17,10). Perciò se questi, secondo il profeta Daniele,

Da/nielem prophetam usque ad fortitudinem coeli elevari dicitur, juxta Paulum extolli et adversari supra omne quod dicitur Deus, aut quod colitur, cernere est quam recte aedificator turris Babelis similis ejus fore dicitur, qui etiam robustus venator coram Domino fuisse perhibetur, nimirum quia superbus ille cujus erit adventus secundum operationem Satanae, in omnibus signis et prodigiis mendacibus animas pereuntium venaturus est, et secum catervatim ad inferna ducturus. Porro tribulatio ultima quae erit in diebus Gog, in perditione Sodomae et Gomorrhae designata est, quando pluit Deus ignem et sulphur de coelo, et delevit impios a facie terrae. Ideoque et Veritas ipsa inquisita de diebus novissimis, duo ista discrimina in exemplum inducit.

His autem quam necesse positis et pro loco expositis, ad propositam quaestionem redeundum est, in qua et dicitur: "Dabo benedictionem meam vobis anno sexto, et faciet fructus trium annorum."[62] Haec enim fuit occasio dicendi ista, licet alias dicenda essent, propter quod in eis plusquam oportere videbatur moram fecimus, ut sciat lector propositum nostrum et intentionem auctoris, quae in sexta parte libri circa ista / versatur. Sed si fructus trium annorum in sexto tempore quaerimus, ut possimus in sequenti sabbato a labore quiescere, debemus vigilanter intueri quod dicitur: "Seretis octavo anno, et comedetis veteres fruges usque ad nonum annum; donec nascantur nova, vetera comedetis." Haec idcirco dico, quia in octava illa generatione quam indicat angelus Danieli in fine quartae visionis cum dicit: "et multi de his qui dormiunt in terrae pulvere evigilabunt in vitam aeternam, alii in opprobrium ut videant semper," nequaquam seminabitur aut metetur, quia in aetate illa ut ait Dominus: "neque nubent neque nubentur; sed erunt sicut angeli Dei in coelo," et "filii erunt Dei, cum sint filii resurrectionis."

è detto innalzarsi fino alle schiere celesti [Dn. 8,10], mentre, secondo Paolo, è descritto come colui che si innalza e si contrappone ad ogni essere che viene chiamato Dio o è oggetto di culto, allora si può scorgere quanto appropriatamente si sia paragonato a questo settimo monarca il costruttore della torre di Babele che, per giunta, si narra fosse stato *"valente cacciatore davanti al Signore"* (Gen. 10,9). Infatti proprio quel re orgoglioso, di cui vi sarà la venuta secondo i disegni di Satana, darà la caccia, con prodigi e presagi menzogneri, alle anime di coloro che si sono smarriti, e ne condurrà con sé all'Inferno a frotte. A sua volta, l'ultima tribolazione che verrà nei giorni di Gog, fu rappresentata dalla distruzione di Sodoma e Gomorra [Gen. 19,1-25], quando Dio fece piovere dal cielo fuoco e zolfo, e cancellò gli empi dalla faccia della terra. In conclusione, anche la stessa Verità,[58] interrogata sugli ultimi giorni, presenta come esempio queste due prove.

Allora, dopo che queste due tribolazioni sono state presentate ed esposte, per quanto era necessario, in riferimento ai corrispondenti passi della Scrittura, si deve ritornare all'argomento che stavamo trattando in precedenza,[59] in cui si dice pure: *"Io vi darò la mia benedizione per il sesto anno ed esso vi darà frutti per tre anni"* (Lv. 25,21). Infatti, questo fu lo spunto per parlare di queste cose, nonostante dovessero essere dette altrove, e lo abbiamo fatto perché su di esse sembrava necessaria più di una sosta, sicché il lettore conosca il nostro punto di vista e l'intenzione dell'autore dell'*Apocalisse*, che si occupa di questi argomenti nella sesta parte di quel libro. Ma se, per poter riposare dal lavoro il sabato seguente, chiediamo al sesto tempo i frutti di tre anni, allora dobbiamo considerare con attenzione che si dice: *"L'ottavo anno seminerete, e consumerete il vecchio raccolto fino all'anno nono; mangerete il raccolto vecchio, finché venga il nuovo"* (Lv. 25,22). Infatti, io sostengo queste cose perché, in quell'ottava generazione[60] – che l'angelo di Daniele rivela, alla fine della quarta visione, dicendo *"e molti di quelli che dormono nella polvere della terra si sveglieranno per la vita eterna, gli altri per vedere per sempre la loro vergogna"* (Dn. 12, 2) –, non si seminerà né mieterà affatto, in quanto, in quell'età, come dice il Signore, *"non si prenderà né moglie né marito, ma essi saranno come gli Angeli di Dio in cielo"* (Mt. 22, 30) e *"saranno figli di Dio, perché sono figli della risurrezione"* (Lc. 20, 36).

Ubi ergo semen octavi temporis et subsecutio noni anni, nisi in adventu Domini cum gentium populus conversus est, et in proximo cum Judaicus convertetur ad Christum? Hac pro causa Antiochus qui in cursu generali, hoc est, illius concordiae quae in duobus Testamentis consistit, sub septimo tempore accipiendus est, et cum tyranno ultimi temporis collationem habet, quia sicut iste praecessit adventum Domini primum et resurrectionem dominicam, ita ille qui vocatur Gog, ultimum adventum Domini / et generalem resurrectionem mortuorum praecedet. In concordia trium statuum quae triplicatur, non sic, sed sicut Antiochus post regem Assyriorum populum Judaeorum afflixit, templum polluit, et urbem sanctam contaminans in desertum redegit, ita et nunc illum regem undecimum alius consurget, qui ultra credi potest universa vastabit. Unde et in fine sexti angeli tuba canentis dicitur: "Vae secundum abiit, et ecce vae tertium veeniet cito."

Sicut autem tribulationem illam quam fecit Antiochus secuta est revelatio Filii Dei, et conversio gentium, ita tribulationem istam sequetur revelatio Spiritus sancti, ut sint homines docibiles et amabiles Dei, sicut Salomon, et Joseph et Joannes cujus est liber iste, et convertentur ad Deum vivum et verum, et ad Jesum Christum Filium ejus reliquiae Judaeorum et gentium, quae hactenus per occultum judicium in caecitate relictae sunt. Secundum hoc igitur octava visio Danielis tempus octavum respicit, in quo Christus occisus est ut resurget, et rursum tempus istud quod expectamus in proximo, in quo veritas quae prostrata erat in terra, sicut dixit angelus Danieli, felicius ut a morte et quasi de monumento consurget.

Si autem sub sexto tempore tria ista pariter ostensa sunt, / hoc est, et illa quae pertinent ad tempus sextum assimilatum diei in qua passus est

Allora, dove si potrebbe trovare il seme dell'ottavo tempo e la rimanenza dell'anno nono se non nella venuta del Signore, quando si convertì il popolo dei Gentili e quando, prossimamente, si convertirà al Cristo quello giudaico?[61] Per questa ragione Antioco, secondo la linea di sviluppo principale della Scrittura – ossia per quella concordia che sussiste fra i due Testamenti[62] –, dev'essere interpretato in corrispondenza del settimo tempo e va confrontato con il monarca del tempo finale. Infatti, come Antioco precedette la prima venuta del Signore e la risurrezione domenicale, così quel monarca che è chiamato Gog precederà l'ultima venuta del Signore e l'universale risurrezione dei morti. Ma non è così per la concordia dei tre stati,[63] che è triplice. Allora, come Antioco gettò nella polvere il popolo dei Giudei, violò il Tempio e, profanando la Città Santa, la fece tornare nel deserto [1Mac. 2, 25-38] dopo il re degli Assiri, così, anche ora, si leverà un altro monarca in corrispondenza di quell'undicesimo re che *"oltre ogni possibile immaginazione, distruggerà tutto"* (Dn. 8,24). In effetti, anche alla fine del passo del sesto angelo che suona la tromba, si dice: *"così passò il secondo 'guai', ed ecco che viene subito il terzo 'guai'"* (Ap. 11,14).

Inoltre, come a quella tribolazione che fece Antioco seguì la rivelazione del Figlio di Dio e la conversione dei Gentili, così a questa tribolazione seguirà la rivelazione dello Spirito Santo, affinché gli uomini imparino facilmente e siano degni dell'amore di Dio, come Salomone, Giuseppe e Giovanni, l'autore di questo libro dell'*Apocalisse*. Inoltre, le restanti nazioni dei Giudei e dei Gentili, che per un misterioso disegno sono state lasciate nell'oscurità, si convertiranno al Dio vivente e vero e a Suo Figlio Gesù Cristo. In questa prospettiva, quindi, l'ottava visione di Daniele riguarda l'ottavo tempo, in cui Cristo fu ucciso per poi risorgere. In un secondo momento, invece, essa riguarda questo tempo che aspettiamo come imminente, in cui la verità, che era stata umiliata sulla terra, risorgerà più prospera – così ha detto l'angelo di Daniele – come si levasse dalla morte e quasi uscisse dal sepolcro [Dn. 12,2-13].

Allora, se in corrispondenza del sesto tempo ci furono mostrati contemporaneamente questi tre avvenimenti – vale a dire, sia quello che si riferisce al sesto tempo, paragonato al giorno in cui il Signore subì la Passio-

Dominus, et illa quae pertinent ad septimum assimilatum illi sabbato in quo fugatis discipulis praevaluisse se gaudebant Judaei et illud quod pertinet ad tempus octavum assimilatum diei octavo resurrectionis dominicae, in quo chorus apostolicus unctus est a Domino Spiritu sancto, quis non videat tempori sexto datam esse benedictionem ut proferat fructum trium annorum, qui sufficere possit famelicis donec nova nascantur? Et haec quidem ita se habent.

Sed remanet adhuc quaestio de duobus mannae gomor. Si enim trium annorum fructus annus sextus exsolvit, videtur quod non duo tantum gomor, sed tria colligi oportuit in die sexto. Quod ex alio quoque loco satis evidenter ostenditur, etiam si ex his quae praedicta sunt manifestum non esset. Praecepit denique Josue filiis Israel ut praepararent sibi cibaria, quoniam post tertium diem Jordanem erant transituri, et intraturi in terram fluentem lac et mel, quam Dominus promiserat illis. Quod cum factum fuisset, praecepit Dominus ut circumciderentur, quod et factum est. Ubi et mox subditur: "Steteruntque / in eodem loco donec sanarentur." Qui deinde fecerunt Phase, et comederunt de frugibus terrae die altero.

Quod enim die tertia transierunt Jordanem accepturi regna gentium quae sibi erant a Domino repromissa, commorientium Christo per baptismum typum gerere visi sunt, baptismum dico non illum qui a Joanne in Jordanis flumine datus est, nec eum qui carnalibus oculis videri potest, sed eum qui in aqua Jordanis designatus est, de quo per semetipsam Veritas dicit: "Joannes quidem baptizavit aqua, vos autem baptizabimini Spiritu sancto non post multos hos dies." Hic est verus ille baptismus

ne; sia quello che si riferisce al settimo, paragonato a quel sabato in cui, dopo che i discepoli erano fuggiti, i Giudei si rallegravano per aver avuto la meglio; sia quello che si riferisce all'ottavo tempo, paragonato all'ottavo giorno, la Domenica della Risurrezione, in cui il gruppo degli apostoli fu unto dal Signore con lo Spirito Santo –, chi non è in grado di vedere che al sesto tempo si diede benedizione affinché produca frutti per tre anni, i quali possano bastare per gli affamati finché non ne nascano di nuovi [Lv. 25, 21-22]? E le cose stanno proprio in questo modo.

(VI)

Invece, rimane ancora il problema delle due misure di manna [Es. 16,16-22].[64] Infatti, se il sesto anno produce i frutti di tre anni, sembra che nel sesto giorno non fosse necessario raccoglierne soltanto due misure, ma tre. E qualora ciò non risultasse evidente da questi passi che sono stati citati in precedenza, lo si può vedere abbastanza chiaramente anche in un altro brano. E così, Giosuè comandò ai figli d'Israele che si preparassero da mangiare, poiché dopo il terzo giorno avrebbero attraversato il Giordano e sarebbero entrati nella terra dove scorre latte e miele, che il Signore aveva loro promesso [Gs. 3-5]. Quando ciò accadde, il Signore comandò che fossero circoncisi, e anche ciò fu fatto là dove, subito dopo, si aggiunge: *"e stettero in quello stesso luogo finché non furono guariti"* (Gs. 5,8). Poi essi celebrarono la Pasqua[65] e il giorno seguente mangiarono i prodotti della regione [Gs. 5,10-12].

Ebbene, siccome il terzo giorno questi attraversarono il Giordano per ricevere i regni delle nazioni che il Signore aveva promesso loro, essi parvero rappresentare il tipo di coloro che muoiono con Cristo per il battesimo, dove per "battesimo" io non intendo quello che fu somministrato da Giovanni nel fiume Giordano,[66] né quello che si può vedere con gli occhi della carne, ma quello che è rappresentato dall'acqua del Giordano, di cui la stessa Verità dice: *"Giovanni ha battezzato con acqua, voi, invece, fra non molti giorni, sarete battezzati nello Spirito Santo"* (At. 1, 5). È questo quel vero battesimo che, in virtù della gene-

qui sordes interioris hominis ad contemplandum factorem suum gratiae largitate purificat, ut illius beatudinis gloriam consequatur quam mundis cordibus promittit, et exhibet ille qui dicit: "Beati mundo corde, quoniam ipsi Deum videbunt."

Et quia tempore tertii status, qui quadam spirituali similitudine Spiritui sancto ascribitur, praerogitiva plenitudinis hujus revelanda est, non inconvenienti mysterio die tertio Jordanem transire jubentur, ut quotquot doni / hujus participes Spiritus sanctus esse tribuit, mox regni quod accepturi sunt, possessores efficiat, et illius patriae fructuum gustatores, sic tamen ut circumcisio secunda praecedat, ut relicto adhuc cortice litterae Spiritum teneamus, scientes expedire nobis in temporibus istis quod in diebus Joannis et Christi Jesu baptizatis et renatis in Christo expedire didicimus. Ut enim in diebus illis abicienda erat littera Testamenti prioris, Spiritus autem qui vivificat amplectendus, ita nunc abicienda est littera Testamenti novi ubi mystica vel historica est, ut spiritualis intellectus proficiat, quod utique a sensu historico sabbatizare est, et in loco quiescere, quousque sauciata corda ex verbi mutatione sanentur.

In Phase autem illo quod egisse leguntur tempus designatur octavum, quod erit in gaudium et laetitiam omnibus expectantibus illud. Videtur enim Phase quod interpretatur 'transitus' duplicem habere significationem, pro eo quod Christus Jesus transiturus ex hoc mundo ad Patrem, et primo a vita ista pertransivit ad mortem, et secundo a morte carnis ad perpetuam vitam.

Verumtamen quia secundus transitus felicitatis est, huic magis quam illi Phase vel Paschae nomen / ascribitur, quia non iste transitus propter illum secutus est, sed ut ille posset statui, iste in dolore praecessit. Sic

rosità della grazia, è in grado di purificare le impurità della parte più intima dell'uomo perché questi possa contemplare il suo Creatore, e così ottenga il premio della beatitudine che Colui che dice "*Beati i puri di cuore perché essi vedranno Dio*" (Mt. 5, 8), promette ed offre ai puri di cuore.

E poiché il privilegio della pienezza dello Spirito deve essere rivelato nel tempo del terzo stato, cui si attribuisce una forma di analogia spirituale con lo Spirito Santo, mediante un simbolo appropriato si ordina di attraversare il Giordano il terzo giorno, affinché lo Spirito Santo conceda a coloro che lo attraversano di essere tutti quanti partecipi di questo dono, mentre in seguito li renda proprietari del regno che stanno per ricevere e faccia gustare loro i frutti di quella patria. Tuttavia, ciò dovrà accadere in modo tale che la seconda circoncisione venga prima,[67] sicché, soltanto dopo aver abbandonato l'involucro della lettera, cogliamo lo Spirito, sapendo che in questi tempi si prepara per noi ciò che ai tempi di Giovanni e Gesù Cristo abbiamo detto che si preparava per coloro che furono battezzati e rinacquero in Cristo. Infatti, come in quei giorni si doveva gettare la lettera dell'Antico Testamento, abbracciando, invece, lo Spirito che vivifica, così ora si deve gettare la lettera del Nuovo Testamento, là dove essa presenta un senso storico o simbolico, affinché l'intelligenza spirituale progredisca, in quanto il senso storico è come se osservasse del tutto il sabato, e in quel punto si riposasse, finché i cuori feriti non verranno risanati dal cambiamento della parola.

Invece, si dice che l'ottavo tempo – che sarà di gioia e di felicità per tutti coloro che lo attendono – è rappresentato da quella Pasqua passata. Infatti, sembra che la Pasqua, che si traduce come "passaggio"[68] – per il fatto che Gesù Cristo sarebbe "passato" da questo mondo a quello del Padre –, abbia un duplice significato: per il primo Egli è "passato" da questa vita alla morte, mentre per il secondo Egli è "passato" dalla morte della carne alla vita eterna.

Tuttavia, poiché il secondo "passaggio" appartiene alla beatitudine, il nome di "Fase" o Pasqua si addice a questo piuttosto che a quello, in quanto non si consegue questo "passaggio" attraverso quello, bensì quest'ultimo è venuto prima, nel dolore, affinché si potesse determinare

ergo in Phase illo tempus octavum designatum est, in quo non oportet transire de vitiis ad virtutes, de labore ad requiem, de ignobilitate ad gloriam, de oculorum lippitudine ad meram et integram claritatem. Sequens autem dies in quo de terrae frugibus comederunt, tempus novum quod sequetur designat, in quo supervenientibus novis vetera proicientur. Ubi enim Spiritus sanctus magister erit, quae necessitas humani laboris? Propter quod et recte subjungitur: "Defecitque manna postquam comederunt de frugibus terrae; nec usi sunt ultra cibo illo filii Israel."

Quae cum ita se habeant, quaereretur non absurde, cur non tria mannae gomor die sexto collecta sunt, nisi quia dies quem nos octavum dicimus, Judaeis tunc temporis primus erat in hebdomadis singulis, et si in sexto legerentur tria gomor, ut unum in diem tertium servaretur, jam oportebat ipsos die illo qui primus erat in hebdomada a labore quiescere, et ita mysterium illud cedens alteri solveretur. Unde quod in uno mysterio scriptura siluit suppletur in altero, praeser/tim cum ipsum unum septimum gomor, quo intellectus anagogicus designatur, sufficiat simul septimo et octavo, quia vita contemplativa quae inde colligitur non mutatur in octavo sed perficitur, quia scriptum est: "Maria optimam partem elegit, quae non auferetur ab ea."

Et haec quidem necessarie, occasione duorum gomor et librorum qui Machabaeis inscribuntur, perstringenda credidimus, ostendentes pressuras illas maximas quae factae sunt sub Antiocho duplices habere respectus, propter aetatem sextam quae duplex est, ita ut secundum aliquid usque ad finem saeculi protendatur, et secundum aliquid usque ad tempus septimum, eo quod tempus septimum reputetur in sabbatum, et discretum sit a senario propter otium suum, et non omnino discretum, quia verum et perfectum sabbatum in hujus vitae naufragiis obtineri non potest.

quello. Così, allora, in quella Pasqua si rappresenta l'ottavo tempo, in cui non è opportuno passare dai vizi alle virtù, dal lavoro al riposo, dall'oscurità alla gloria, dall'offuscamento degli occhi alla pura e perfetta chiarezza. Invece, il giorno successivo, in cui gli Ebrei mangiarono i prodotti della regione [Gs. 5,12], rappresenta il tempo nuovo che seguirà, in cui il sopraggiungere delle cose nuove farà gettare le vecchie [Lv. 25,22]. Infatti, là dove lo Spirito Santo farà da maestro, che necessità ci sarà del lavoro dell'uomo? Per cui, giustamente poi si aggiunge che: "*La manna cessò il giorno dopo, come essi ebbero mangiato i prodotti della terra, e non ci fu più di quel cibo per i figli d'Israele*" (Gs. 5,12).

Stando così le cose, non sarebbe affatto assurdo chiedere perché nel sesto giorno non furono raccolte tre misure di manna. Sennonché, in quel tempo, il giorno che noi chiamiamo ottavo era per i Giudei il primo di ciascuna settimana, e se, per conservarne una per il terzo giorno, si fossero lette tre misure nel sesto tempo, allora essi avrebbero dovuto riposarsi dal lavoro in quel giorno che veniva per primo nella settimana, e così quel mistero si sarebbe risolto, trasformandosi in un altro. Di conseguenza, ciò che la Scrittura tace in un mistero viene supplito in un altro, tanto più che la stessa settima misura – in cui è rappresentato il senso anagogico[69] – da sola basta insieme per il settimo e per l'ottavo tempo, in quanto la vita contemplativa – a cui il settimo tempo viene anche collegato – non cambia nell'ottavo, ma si perfeziona. Sta scritto, infatti: "*Maria si è scelta la parte migliore, che non le sarà tolta*" (Lc. 10,42).

E, in particolare, abbiamo creduto che questi argomenti si dovessero necessariamente toccare in occasione delle due misure di manna e dei libri che si attribuiscono ai *Maccabei*, mostrando come quelle due grandissime persecuzioni che accaddero sotto Antioco abbiano – a causa della sesta età che è doppia – un doppio riferimento. Così, per un verso essa si estende sino alla fine dei tempi, mentre, per un altro, essa giunge sino al settimo tempo, dal momento che il settimo tempo è calcolato nel sabato e, per il riposo che gli è proprio, viene separato dagli altri sei, anche se non è separato del tutto, perché non si può ottenere il vero e perfetto sabato nei naufragi di questa vita.

Nunc de concordia Testamentorum agendum est, ut qualiter Testamento veteri novum respondeat videamus, et tanto magis intentio Spiritus qui auctor est hujus libri eniteat, quanto veteribus nova concordare et veluti ex eisdem subsistere et consonare sentimus. Si secundum quod se mutuis vultibus duo, quae scriptura saepe commemorat, Testa/menta respiciunt, concordiam assignare volueris, primus temporis cursus a Jacob incohandus est et terminandus in Christo, secundus a Christo usque ad finem saeculi, quando rursus ad faciendum judicium venturus est in gloria Christus. Sin vero quia Testamentum novum geminum est et quasi duplex, pro eo quod non solus Filius in carne apparuit, verum etiam et Spiritus sanctus in columba et igne, et non solum Filius missus est ut redimeret mundum, verum etiam et Spiritus sanctus complere quae Filius incohaverat, aetas ista quae sexta dicitur, in duas temporum portiones distinguitur.

Quod omnino necessarium est. Invenimus ⟨enim⟩ tribus statibus magna quaedam opera Domini distincta proprietatibus suis, in quibus trinam concordiam assignari oporteat salvo intellectu superiori, et prima illa assignatione quae duo velut ex aequo Testamenta concordat; non enim majus aliquid sunt Filius et Spiritus sanctus, quam solus Pater, aut solus Filius, aut solus Spiritus sanctus, et ideo simplex relatio est novi Testamenti ad vetus, et aequa secundi status ad primum, et tertii ad secundum, ut sive duo Testamenta quae scriptura commemorat, sive opera trium statuum quae aequaliter in singulis magna / sunt, simplex et fidelissima hinc inde similitudo prospiceret.

In prima ergo definitione taliter concordia assignanda est: tempus primi sigilli, a Jacob patriarcha usque ad obitum Moysi. Tempus secundi, ab obitu Moysi usque ad Samuelem. Tempus tertii, a Samuele usque ad

(VII)

Ma adesso si deve trattare della concordia dei Testamenti per vedere come il Nuovo Testamento corrisponda all'Antico, e l'intenzione dello Spirito, che è l'autore di questo libro, tanto più risplenda quanto avvertiamo che i nuovi avvenimenti concordano con i vecchi e da questi quasi ricevono sussistenza, accordandovisi.[70] Quindi, se tu volessi fissare la concordia dei due Testamenti che la Scrittura di frequente menziona, in essa i due Testamenti si guardano come due volti contrapposti[71]: il primo tratto di tempo deve iniziare da Giacobbe e deve terminare con Cristo, il secondo deve partire da Cristo e deve giungere sino alla fine dei tempi, quando Cristo verrà una seconda volta, nella gloria, per compiere il Giudizio. Ma, inoltre, quest'ultima età che si dice sesta viene suddivisa in due scansioni temporali, perché il Nuovo Testamento è raddoppiato e quasi diviso in due,[72] in quanto non solo il Figlio vi apparve nella carne, ma anche lo Spirito Santo vi apparve come colomba e come fuoco, e non solo il Figlio fu mandato per liberare il mondo, ma anche lo Spirito Santo fu mandato per completare ciò che il Figlio aveva iniziato.

E ciò è assolutamente necessario. Infatti, abbiamo scoperto che l'opera veramente grande del Signore si divide in tre stati per le sue particolari proprietà, fra le quali sarebbe opportuno annoverare la triplice concordia secondo il grado dell'intelligenza superiore e quella prima ripartizione che armonizza i due Testamenti come se fossero equivalenti[73]. In effetti, né il Figlio e lo Spirito Santo sono superiori in qualcosa rispetto al Padre da solo, né al Figlio da solo, né allo Spirito Santo da solo. Di conseguenza, v'è un'unica relazione fra il Nuovo Testamento e l'Antico, e una relazione analoga fra il secondo ed il primo stato come fra il terzo ed il secondo,[74] perché si possa scorgere un'unica ed aderentissima somiglianza da una parte come dall'altra, ovvero sia nei due Testamenti che la Scrittura ci tramanda, sia nelle opere dei tre stati, che sono ugualmente importanti in ognuno dei due.

Pertanto, secondo la prima definizione,[75] la concordia dev'essere fissata in quest'ordine: il tempo del primo sigillo dal patriarca Giacobbe fino alla morte di Mosè; il tempo del secondo dalla morte di Mosè fino a Samuele; il tempo del terzo da Samuele fino alla morte di Elia; il

transitum Eliae. Tempus quarti, a transitu Eliae usque ad Ezechiam. Tempus quinti, ab Ezechia usque ad ruinam Babylonis. Tempus sexti, a ruina Babylonis usque ad Alexandrum. Tempus septimi, ab Alexandro usque ad Joannem Baptistam. Haec in veteri. In novo autem sic: apertio primi sigilli, ab incarnatione Domini usque ad dormitionem sancti Joannis Evangelistae. Apertio secundi, ex eo usque ad Constantinum Augustum. Apertio tertii, ex eo usque ad Justinianum. Apertio quarti, ex eo usque ad Karolum. Apertio quinti, ex eo usque ad dies istos, post quos incohata sexta percutienda est Babylon nova sicut in prophetis ostenditur et liber iste Apocalypsis manifeste demonstrat. Ex eo itaque tempore erit sexta apertio, et perseverabit in dies quousque compleantur verba Dei sub regibus illius regni de quibus superius mentio facta est.

Completa vero tribulatione illa relinquetur / sabbatismus populo Dei, in quo tamen futura est tribulatio ultima quam designat Antiochus, post quam venturus est judicare mundum qui quondam redimere missus est, et reddet unicuique secundum opera sua. Hac pro causa ut ego puto afflictionem illius temporis quae similis est sabbato vigiliae Paschae quasi sub silentio praeterivit Joannes, ut illi concordiae responderet per singula quae in duobus Testamentis consistit, non illi quae in tribus statibus trina est. Quia vero sabbatum labores praeeunt, et quietem certamina, notanda sunt per ordinem Israelitica proelia, et nihilominus ecclesiastica bella, quae sive tunc pro fide unius Dei qui creator est omnium, sive nunc pro nomine Christi qui verus est et unus cum Patre Deus, per quem facta sunt omnia, fideles populi pertulisse leguntur, ut dum similia bellorum gesta in duobus Testamentis perpendimus, agnoscamus veram esse Salvatoris sententiam qua dicit: "Pater meus usque modo operatur, et ego operor."

In tempore primi sigilli habuit conflictum Israel cum Aegyptiis, qui se multis doloribus affligentes, servitutis quoque vinculo compeditum / te-

tempo del quarto dalla morte di Elia fino ad Ezechia; il tempo del quinto da Ezechia fino alla caduta di Babilonia; il tempo del sesto dalla caduta di Babilonia fino ad Alessandro; il tempo del settimo da Alessandro fino a Giovanni Battista. Questo per quanto riguarda l'Antico Testamento. Per il Nuovo, invece, secondo quest'ordine: l'apertura del primo sigillo dall'incarnazione del Signore fino alla morte di San Giovanni Evangelista; l'apertura del secondo da questa fino all'imperatore Costantino; l'apertura del terzo da questo fino a Giustiniano; l'apertura del quarto da questo fino a Carlo Magno; l'apertura del quinto da questo fino ad oggi, dopo di che, all'inizio della sesta apertura, la Nuova Babilonia dev'essere abbattuta, come si mostra nei *Profeti* e come espone chiaramente lo stesso libro dell'*Apocalisse*. Allora, la sesta apertura accadrà a partire da questo periodo, e continuerà nei giorni fino a quando le parole di Dio non si compiano in corrispondenza dei re di quel regno, di cui si è accennato in precedenza.[76]

Invece, dopo che quella tribolazione si sarà conclusa, resterà il riposo sabbatico del popolo di Dio. In esso, tuttavia, accadrà l'ultima tribolazione, simboleggiata da Antioco, in seguito alla quale Colui che un tempo fu mandato per redimere il mondo verrà a giudicarlo, e rimetterà a ciascuno secondo le sue opere. Per questo motivo – io penso – Giovanni ha quasi passato sotto silenzio la persecuzione di quel tempo che è simile al sabato della vigilia di Pasqua, affinché vi fosse per ciascuna una corrispondenza secondo quella concordia che sussiste nei due Testamenti, e non secondo quella che è triplice nei tre stati.[77] Ma siccome le fatiche vengono prima del sabato e le lotte precedono la pace, si devono elencare, in ordine, i conflitti degli Israeliti e, inoltre, le guerre della Chiesa, che – si legge – i popoli dei credenti compirono, sia allora, per la fede nel Dio Unico che è il Creatore di tutte le cose, sia oggi, per il nome di Cristo che, assieme al Padre, è l'unico vero Dio, per mezzo del quale tutte le cose sono state create. Così, mentre confrontiamo le imprese belliche analoghe nei due Testamenti, possiamo riconoscere la verità dell'affermazione del Salvatore, in cui Egli dice: "*Il Padre mio opera sempre e anch'io opero*" (Gv. 5,17).

Nel tempo del primo sigillo si ebbe il conflitto di Israele con gli Egiziani che, mentre lo perseguitavano con molti dolori, lo tenevano anche prigioniero col vincolo

nebant, ita ut non liceret ei explere jussa Domini in desertum, nec cessare ab operibus laterum quos sibi Aegyptiorum rex malitiose indixerat. In tempore quoque apertionis primae sub quo terminato veteri novum Testamentum in filiis incohatum est, surrexit iterum pro patribus novus et spiritualis Israel, qui adversus novos Aegyptios Judaeos certamen iniit, novo quoque Moyse qui est legislator fidelis et prophetarum Dominus incohante, ut quomodo in illo primo conflictu silentibus filiis Israel Moyses famulus Domini pugnavit et vicit, ita et hic tacentibus electis qui sub onere legis et litterae oppressi servitute inutili et labore supervacuo insudabant, solus Christus Jesus pugnaret et vinceret, et in manu valida et extenta populum adhaerentem sibi a Mosaica servitute legis et supervacua litterae superstitione eriperet. In cujus tamen concordiae serie illud vigilanter observa, quod in Domino nostro Jesu Christo qui lapis angularis dictus est, omnium patrum opera virtute quadam potentiae suae ostenduntur infixa, et nihilominus quae in filiis complenda erant temporibus suis, ita ut in operibus ejus tam nova quam / vetera redigantur in summa.

Ex qua re mirum aliquid accidit, ut sicut ipse ubique est, ita in quam pluribus scripturae locis inveniatur unus Christus Jesus respondere tam multis patribus qui sub veteri Testamento leguntur, et tamen in concordiae serie soli patriarchae Jacob respondere dignoscitur, qui sic in veteri Testamento duodecim patriarchas genuit, quomodo apostolos totidem ipse qui verus est Israel procreavit in novo, excepto quod ibi caro ex carne, hic spiritus ex Spiritu propagatus est, teste Veritate ipsa quae dicit: "Quod natum est ex carne, caro est; et quod natum est ex Spiritu, spiritus est."

Non igitur Christus Jesus ita in concordia respicit Moysen, quomodo Jacob patriarcham, sed quomodo aliorum quemlibet qui typum ejus pro

della schiavitù, sicché non gli fosse permesso di eseguire gli ordini del Signore nel deserto, né di abbandonare i lavori di costruzione che il re degli Egizi aveva astutamente imposto a suo vantaggio. Allo stesso modo, nel tempo della prima apertura – in cui, alla fine dell'Antico, il Nuovo Testamento ebbe inizio per i figli – è sorto ancora, come per i padri, un nuovo e spirituale Israele, che ha dato battaglia contro i Giudei, novelli Egizi. Inoltre, un nuovo Mosè[78] – che è il Legislatore della fede e il Signore dei profeti – incominciò quello scontro, affinché, così come, in quel primo conflitto, Mosè combatté e portò alla vittoria i muti figli d'Israele, anche allora Gesù Cristo, da solo, combattesse e portasse alla vittoria i taciti eletti, che sudavano, oppressi dall'inutile schiavitù della lettera e dalla vana fatica, sotto il peso della legge, e, infine, con la Sua mano grande e forte, Egli liberasse quel popolo che si era convertito a Lui dalla schiavitù mosaica della legge e dalla vacua superstizione della lettera. Tuttavia, nello sviluppo di questa concordia, tu osserva con attenzione come le opere di tutti i padri, proprio in virtù della Sua potenza, si mostrino impresse in Nostro Signore Gesù Cristo, che è stato chiamato "*pietra angolare*" [Mc. 12,10-11; Mt. 21,42; Lc. 20,17] e, nondimeno, in Lui si mostrino impresse quelle azioni che dovevano essere compiute dai figli, nei loro tempi, di modo che, nelle Sue opere, si possano riassumere tanto le nuove quanto le vecchie.[79]

Da questo fatto deriva qualcosa di meraviglioso: come Egli è in ogni luogo, così la corrispondenza di Gesù Cristo da solo si trova in un numero di passi della Scrittura tanto cospicuo, quanto quello che si legge per i molti padri dell'Antico Testamento. Tuttavia, nella successione della concordia, viene attribuita al Cristo la corrispondenza con il solo patriarca Giacobbe,[80] sicché come questi generò dodici patriarchi nell'Antico Testamento, così anche Lui, che è il vero Israele, fu padre di altrettanti apostoli nel Nuovo, salvo che nel primo si trasmise la carne dalla carne, mentre nel secondo lo spirito dallo Spirito, secondo la testimonianza della stessa Verità, che dice: "*Quel che è nato dalla carne è carne, e quel che è nato dallo Spirito è spirito*" (Gv. 3, 6).

Allora, nella concordia, Gesù Cristo non si riferisce a Mosè, così come al patriarca Giacobbe, ma come a qualsiasi altro padre che per luogo e tempo si ritenga aver

loco et tempore tenuisse probantur. Quocirca ut patriarchas duodecim apostoli primi respiciunt, ita Moysen et Aaron Paulus et Barnabas apostolorum novissimi, quia sicut Moyses et Aaron praecesserunt populum illum exiturum de Aegypto et progressurum in terram Chananeorum, ita Paulus et Barnabas fidelem populum exiturum de synogoga incredula et transiturum ad provincias paganorum. Pugna/vit Moyses pro libertate Israelis, pugnavit et Paulus, ille ut servitus cessaret quae erat in faciendis lateribus, iste ut cessaret servilis lex quae erat in carnis operibus, et uterque prostratis hostibus triumphavit et vicit. Nec mirum. Quis enim pugnabat in illis, nisi ille de quo dicitur in Psalmo: "Dominus fortis et potens, Dominus potens in proelio", et de quo per Joannem dicitur in libro isto, cum aperuisset unum de septem sigillis: "audivi unum de quattuor animalibus dicens: Veni et vide. Et vidi: et ecce equus albus, et qui sedebat super illum habebat arcum, et data est illi corona, et exivit vincens ut vinceret"?

Perseveravit ergo primum sigillum usque ad obitum Moysi et universae generationis illius quae egressa est in patribus ex Aegypto, et ita a Jordanis transitu incohavit secundum. Eodem modo apertio prima usque ad obitum apostolorum perseverasse dignoscitur, excepto discipulo quem diligebat Jesus, qui plurimam et evidentem concordiam cum Joseph et Josue comprobatur habere. Quare autem cum duobus unus? Quia prohibiti sunt patres mortis debito diutius in hac vita manere, et ideo necesse / erat filios supplere loca patrum, ut quod minus patres expleverant suppleretur in filiis. Non solum autem propter hoc, sed et propter alia atque alia figurarum enigmata, de quibus in suis locis dicetur.

Sed neque illud silendum puto, quod cum bella Aegyptiorum ad primum sigillum pertineant, Chananeorum ad secundum, nequaquam tamen bella secundi usque ad initium temporis sui dilata sunt, sed manente adhuc tempore primi initiata sunt in transitu bella secundi, quod in aliis quoque

posseduto il Suo tipo. Di conseguenza, come i primi fra gli apostoli si riferiscono ai dodici patriarchi, così Paolo e Barnaba, che sono gli ultimi, corrispondono a Mosè ed Aronne, in quanto, come Mosè ed Aronne indussero quel popolo ad uscire dall'Egitto e ad andare verso la terra dei Cananei, così Paolo e Barnaba indussero il popolo dei credenti ad uscire dalla sinagoga, priva di fede, e ad andare verso le terre dei pagani. Mosè combatté per la libertà d'Israele, e anche Paolo combatté – il primo perché finisse la schiavitù dei lavori di costruzione che stavano facendo, il secondo perché finisse la legge servile che era nelle opere della carne – ed entrambi, sbaragliati i nemici, ebbero la meglio ed ottennero la vittoria. Nulla di strano. Infatti chi combatteva in essi, se non Colui che nel *Salmo* è chiamato *"il Signore forte e potente, il Signore potente in battaglia"* (Sal. 24, 8), e che, in questo libro dell'*Apocalisse,* nel momento in cui si aprì il primo dei sette sigilli, Giovanni descrive così: *"Udii il primo dei quattro esseri viventi che diceva 'vieni e vedi'. E vidi. Ed ecco un cavallo bianco, e colui che lo cavalcava aveva un arco, gli fu data una corona e poi egli uscì vittorioso per vincere ancora"* (Ap. 6, 1-2)?

Quindi, il primo sigillo durò fino alla morte di Mosè e di tutta quella generazione che uscì dall'Egitto al tempo dei padri, e così il secondo sigillo iniziò dal passaggio del Giordano. Analogamente si ammette che la prima apertura durò fino alla morte degli apostoli, tranne che per il discepolo che Gesù amava [Gv. 13,23], il quale dimostra di possedere una concordia molteplice ed evidente con Giuseppe e Giosuè.[81] Ma perché, in questo caso, un solo individuo corrisponde a due persone? Perché la necessità della morte impedì ai padri di rimanere più a lungo in questa vita e, dunque, era necessario che i figli prendessero il posto dei padri, sicché i figli avrebbero portato a termine ciò che i padri solo in minima parte avevano eseguito. Inoltre, non soltanto per questo motivo, ma anche per molte altre ragioni celate nelle figure simboliche,[82] di cui si dirà nei luoghi opportuni.

Però, non penso che si debba tacere che, pur attribuendo le guerre degli Egizi al primo sigillo e quelle dei Cananei al secondo, tuttavia le guerre del secondo sigillo non furono affatto disposte a partire dall'inizio del loro tempo, ma, come si deve osservare anche per gli altri si-

signaculis observandum est. In tempore itaque secundi sigilli bella Chananeorum secuta sunt, pro quibus in ecclesia paganorum certamina successerunt, incohata quidem sub apertione prima, sed consummata in diebus apertionis secundae.

In tempore sigilli tertii, schismata inter Judam et Hierusalem, erroresque in utroque regno, sed magis in Israel orta sunt, pro quibus et inter se pugnaverunt diutius, et aliarum quoque gentium bella gravissima subsecuta sunt. Nec latet quod in tempore tertio in quo sigillum tertium apertum est, inter populum Graecorum et Latinorum schismata et errores multiplicata sunt, pro quibus inter Graecos et Latinos non modica certamina emerserunt, et nihilominus aliarum gentium bella fortissima subsecuta sunt. In tempore sigilli quarti praeeuntibus Syrorum proeliis successerunt bella Assyriorum, pro quibus in ecclesia praeeuntibus Persarum proeliis orta sunt bella Agarenorum tempore videlicet apertionis quartae, quorum atrox immanitas usque / ad praesens tempus perdurat.

In tempore sigilli quinti praeeuntibus Aegyptiorum proeliis cum adhuc superesset aliquid de procellis Assyriorum, secuta sunt in Juda certamina Chaldaeorum, per quos et Judaeorum regnum dissipatum est, sicut per Assyrios regnum Samariae, translatis ex ea decem tribubis propter iniquitates suas. Verumtamen civitates Samariae nequaquam desolatae sunt, sed repletae sunt alieno semine et confuso cum reliquiis Israel, instituto quoque in lege Domini timore perterrito, eo quod immitteret Dominus leones in illum et deterreret plaga fortitudinis suae. Fuerunt enim gentes illae, ut ait scriptura, metuentes Dominum, et nihilominus idolis suis immolantes.

Secundum hoc accidit ecclesiae orientali designatae in decem tribubus

gilli, le guerre del secondo incominciarono ancora durante il primo tempo, nel passaggio fra il primo e il secondo. Perciò, nel tempo del secondo sigillo seguirono le guerre dei Cananei, in corrispondenza delle quali accaddero, nella Chiesa, gli scontri con i pagani, incominciati, appunto, al tempo della prima apertura, ma compiutisi nei giorni dell'apertura del secondo sigillo.[83]

Al tempo del terzo sigillo ebbero origine le divisioni tra Giuda e Gerusalemme [1Re 12], e vi furono errori in entrambi i regni, ma soprattutto in quello di Israele, per cui essi giunsero persino a combattere a lungo fra di loro, e, per giunta, si susseguirono guerre d'inaudita violenza con le altre nazioni. Né ci sfugge che nel terzo tempo in cui si aprì il terzo sigillo, fra il popolo greco e quello latino si moltiplicarono errori e divisioni, per cui non pochi conflitti vennero a galla fra Greci e Latini e, nonostante ciò, seguirono guerre terribili con le altre nazioni. Al tempo del quarto sigillo, precedute dalle battaglie con i Siriani [1Re 20,1-22,38; 2Re 6,8-16,20],[84] vi furono le guerre degli Assiri [2Re 17,1-19,37]. In loro corrispondenza – ossia al tempo della quarta apertura e precedute dalle battaglie con i Persiani –, videro avvio, nella Chiesa, le guerre dei Saraceni,[85] la cui terribile crudeltà dura fino al tempo presente.

Al tempo del quinto sigillo, preceduti dalle battaglie con gli Egiziani [2Re 23,29-24,7] e quando rimaneva ancora qualche traccia dei disastri causati dagli Assiri [2Re 18,13-19,37; 2Cr. 32,1-22], seguirono, in Giudea, i conflitti dei Caldei, che portarono alla distruzione anche del regno di Giuda [2Re 25; 2Cr. 36,17-21]. Analogamente, il regno di Samaria era stato distrutto dagli Assiri e aveva subìto, a causa delle sue iniquità, la deportazione delle dieci tribù [2Re 17,18]. Eppure, le città di Samaria non furono affatto lasciate disabitate, bensì furono ripopolate con una stirpe straniera che venne mischiata con i superstiti d'Israele. Inoltre, siccome il Signore mandò i leoni contro quella stirpe e la spaventò con l'impeto della sua forza, essa fu educata alla legge del Signore mediante l'esercizio del timore [2Re 17,24-28]. Infatti, come dice la Scrittura, quelle popolazioni furono timorate del Signore anche se sacrificavano ai loro idoli [2Re 17,41].

In corrispondenza di queste vicende, a partire dal tempo in cui i frequenti assalti dei Saraceni cominciarono a

Israel, ex eo tempore quo in partibus illis crebri Agarenorum impetus inundare ceperunt. Videntur enim et ipsae aliquid esse, cum nihil sint, quia ex eo tempore ut historiae referunt ab ecclesia Romana scissae sunt, quamvis non desint in eis reliquiae quaerentes in corde bono et integro Deum patrum suorum, sicut et de reliquiis Israel Eliae dicitur: "Reliqui mihi septem milia virorum, qui non curvaverunt genua sua ante Baal." / Sic ergo visa est stare usque nunc orientalis ecclesia, sed vix in paucis reliquiis stetit in fide, quia extra corpus ecclesiae seponendum est, quod Romanae ecclesiae non adhaeret, sicut sub sexto angelo tuba canente Joanni dicitur: "Surge, et metire templum Domini, et altare, et adorantes in eo. Atrium autem, quod est foris templum, ejice foras, et ne metiaris illud, quoniam datum est gentibus."

Non sic autem in Juda non sic, sed licet pro sceleribus suis transmigraret et ipsa, nihilominus tamen in Babylone posita prophetarum monita non amisit, et completis septuaginta annis, percussa Babylone et rege ejus, jubente Cyro rege Persarum terrae suae de qua transmigraverat restituta est, et mox ut in ipsa recepta est, restauravit altare, fundavit templum, et licet in angustia temporum templo consummato urbem sanctam restituit, deterrentibus se in circuitu et undique et vim facientibus inimicis.

Igitur in tempore quinto Chaldaeorum qui regnabant in Babylone acerrima satis proelia subsecuta sunt, pro quibus Teutonicorum militia in nova Babylone regnantium contra novam Hierusalem quae est ecclesia Petri, et generaliter in ipsam universam / Latinorum ecclesiam a diebus Henrici imperatoris expugnare non desinit, ita ut succumbente Hierusalem glorietur quasi domina Babylon in sceleribus suis, et domina universarum gentium obmutescens et sustinens ingemiscat. Veniet, veniet tempus sextum in quo percutietur superba, aperietque Dominus ora mutorum, et linguas infantium faciet contra illam disertas.

dilagare in quelle terre, accadde che la Chiesa d'Oriente venisse rappresentata nelle dieci tribù d'Israele. Esse, infatti, sembrano essere qualcosa e invece son nulla, da quando – come riferiscono le cronache – si separarono dalla Chiesa di Roma. Tuttavia in esse non mancano alcuni superstiti che invocano con cuore integro e puro il Dio dei loro padri, come anche Elia afferma a proposito dei superstiti d'Israele: "*Mi sono rimasti settemila uomini che non hanno piegato le ginocchia a Baal*" (1Re 19,18). Quindi, anche se la Chiesa d'Oriente sembrò durare fino ad ora, tuttavia a mala pena è rimasta nella fede per pochi superstiti, poiché dev'essere espulso dal corpo della Chiesa ciò che non è conforme alla Chiesa di Roma. Come dice Giovanni in corrispondenza del sesto angelo che suona la tromba: "*Alzati e misura il Santuario del Signore e l'altare ed il numero di coloro che vi sono in adorazione. Ma l'atrio che è fuori del Santuario lascialo da parte e non misurarlo, perché è stato dato in balia delle genti*" (Ap. 11,1-2).

Invece, non fu così per il regno di Giuda, non fu così, ma anzi, sebbene fosse costretto ad emigrare a causa dei suoi delitti e, inoltre, a fissare la sua stessa dimora in Babilonia, tuttavia non dimenticò gli ammonimenti dei profeti. Passati settant'anni, quando Babilonia cadde, assieme al suo re, per ordine di Ciro, re dei Persiani, furono restituite al popolo di Giuda le sue terre, da cui era emigrato. E non appena tornò in esse, il popolo di Giuda ripristinò l'altare, ricostruì il Tempio, e il Tempio stesso fu terminato in breve tempo, per poter riedificare la Città Santa, che consentiva di tener lontani i nemici, opponendo resistenza lungo la cerchia delle mura e in ogni direzione.

Allora, nel quinto tempo seguirono i tremendi conflitti dei Caldei che regnavano su Babilonia, a cui corrisponde la milizia dei Teutonici che regnano sulla Nuova Babilonia e che non ha cessato di combattere, sin dai tempi dell'imperatore Enrico,[86] contro la Nuova Gerusalemme, che è la Chiesa di Pietro, e più in generale contro tutta la Chiesa Latina. Così, come Gerusalemme soccombe, mentre Babilonia, quasi signora del campo, si gloria dei suoi delitti, anche la Signora di tutte le genti geme ridotta al silenzio e affranta nel dolore. Verrà, verrà quel sesto tempo in cui la superba sarà colpita, e il Signore aprirà le labbra dei muti [Mc. 7,37], e contro di lei renderà eloquenti le lingue dei fanciulli!

In tempore denique sexti sigilli, soluti sunt de carcere suo Medi et Persae ad percutiendos Chaldaeos, per quos et Babylonis superbia quae ascendebat ad coelum usque ad inferos prostrata est, et humilitas Hierusalem quam suis plantis substraverat erecta est a pulvere et in altum levata. Ut enim legitur in libro Esdrae quod etiam libri Regum in extrema sui parte commemorant, primo anno quo Cyrus Persa regnare coepit, utique ut doctores dicunt una pariter cum Dario Medo qui percussit Balthasar et regnum ejus, et primus de genere Medorum regnasse legitur in Babylone, in universo regno suo scribi fecit edictum, ut quicumque esset in eo de semine Judaeorum, velletque ascendere in terram Juda ad restaurandam domum Dei quam Chaldaei succenderant, accepta libertate / a rege et donariis ex domo ejus ascenderet, et ceteri de locis suis unusquisque prout vellet et posset subsidia libere administraret.

Circa illud quoque tempus, utrum post necem Balthasar et regnum Darii, aut ante illud sicut ex nomine sacerdotis colligitur, qui legitur in libro Jeremiae prophetae, qui intitulatur Baruch, historia Judith completa esse probatur, in qua Nabuchodonosor rex Assyriorum elevatus regni fastigio, dominum se universae terrae praedicari voluisse describitur, cujus tamen superbiam per manum mulieris viduae confutavit Omnipotens, tradito in manus ejus Holofernes principe militiae suae, per quem sibi universam terram subjugari sperabat. Secuta est sub eodem signaculo historia Esther reginae, quam quidam matrem Cyri regis fuisse putant, quidam vero post Cyrum editam credunt, in qua traditur Aman secundus a rege adversus Judaeorum populum conspirasse, eumque voluisse delere de terra, sed Deus omnipotens qui prius liberavit Israel per manum viduae, ipse eripuit dispersos in gentibus studio ac favore Esther reginae, ita ut uterque populus a tam magnis liberatus periculis ageret coram Domino /

Infatti, al tempo del sesto sigillo i Medi e i Persiani uscirono dai loro confini per colpire i Caldei, ed essi, mentre gettarono all'Inferno la superbia di Babilonia, che si spingeva fino al cielo, sollevarono dalla polvere e innalzarono l'umiltà di Gerusalemme, che Babilonia aveva calpestato sotto ai suoi piedi. Allora, come si legge nel libro di *Esdra* [Esd. 1,1 sgg.] e come ricordano anche i libri dei *Re*, nella loro parte conclusiva [2Cr. 36,22-23], nel primo anno in cui Ciro incominciò a regnare sulla Persia – comunque, come riferiscono i dottori, unitamente a Dario il Medo, che sconfisse Baldassarre e il suo regno, e si dice che fu il primo della razza dei Medi a regnare su Babilonia – egli promulgò un editto per tutto il suo regno. Così, chiunque fosse della stirpe dei Giudei nel regno di Ciro e volesse ritornare nella terra di Giuda per ricostruire la Dimora di Dio che i Caldei avevano bruciato, poteva ritornare, dopo aver ricevuto la libertà dal re e doni dalla sua reggia. Invece, agli altri Giudei che rimanevano nei suoi territori era concesso di amministrare liberamente i propri beni, ciascuno come poteva e voleva.

Inoltre, intorno a quel tempo – o dopo l'uccisione di Baldassarre e il regno di Dario, o anche prima, come risulta dal nome del sacerdote che si legge nel libro del profeta *Geremia*, che si chiama Baruch [Ger. 32,13-52,34] –, si ritiene abbia avuto il suo svolgimento la vicenda di Giuditta. In essa si narra come il re degli Assiri Nabucodonosor, dopo aver raggiunto l'onore del trono, pretendesse di essere chiamato "Signore di tutta la terra". Invece, l'Onnipotente ne abbatté la superbia per mano di una donna vedova, consegnando nelle mani di questa Oloferne, il capo del suo esercito, con il quale egli sperava di sottomettere tutta la terra [Gdt. 10,1-13,26]. In corrispondenza dello stesso sigillo seguì la vicenda della regina Ester – che alcuni pensano fosse stata la madre del re Ciro, mentre altri credono che sia nata dopo Ciro –, in cui si tramanda che Aman, secondo solo al potere del re, aveva cospirato contro il popolo dei Giudei e intendesse cancellarlo dalla faccia della terra [Est. 7,10]. Ma lo Stesso Dio Onnipotente, che in precedenza aveva liberato Israele per mano di una vedova, salvò con la devozione e l'amore della regina Ester coloro che erano dispersi fra le genti. E allora il popolo, liberato da così grandi pericoli, le ricordava entrambe con giorni di festa davanti al Signore, Colui che

dies festos, qui occidit et vivificat, deducit ad inferos et reducit.

Quae postquam gesta sunt, etiam ipsis Medis et Persis propinatus est calix, ut nullius omnino gentis superbia pertransiret immunis, sed unaquaeque potaretur calice quo miscuit alteri, sicut per Jeremiam dicitur: "Sic ait Dominus exercituum, Deus Israel: Sume calicem furoris hujus de manu mea, et propinabis illum cunctis gentibus, ad quas ego mittam te. Et bibent, et turbabuntur, et insanient a facie gladii quem ego mittam inter eos." Cumque dinumerasset gentes plurimas adjecit et ait: Haec dicit Dominus exercituum Deus Israel: Bibete, et inebriamini, et vomite; et cadite, quia ecce in civitate in qua invocatum est nomen meum ego incipio affligere, et vos quasi innocentes, immunes eritis? Non eritis immunes; gladium enim voco super omnes habitatores terrae, dicit Dominus exercituum." Sic igitur Medi et Persae qui Babylonem percusserant, etiam et ipsi ob scelera sua percussi sunt a regno Graecorum, sicut Danieli prophetae in visione septima jam antea revelatum fuerat, et in libro visionum suarum ne oblivio raperet stilo ligatum. Gesta sunt haec omnia / sub tempore signaculi sexti, pro quibus in vicino tempore similia consummanda sunt, ut in eis quoque apertio sexta acsi candor lucis erumpat, ut quae hactenus in tenebris legimus proferantur in lucem, et quae aure percepta sunt in cubiculis praedicentur super tecta. "Qui ergo habet aures audiendi, audiat."

Pro rege illo superbissimo qui sibi nomen divinum arrogare non metuit, cujus princeps militiae Holofernes nomine a Judith honesta vidua turpiter interfectus est, rex quidam superbissimus et ut puto ab orientis partibus consurget, qui multa mala in Christiano populo committet, de quo in sexta parte libri per angelum qui ibi hoc ostendebat inter cetera Joanni dicitur: "Reges septem sunt. Quinque ceciderunt, et unus est, et unus nondum venit." Si quinque ceciderunt, et unus est, et unus nondum

uccide e vivifica [2Cor. 3,6], che scende agli inferi e poi risale [Ef. 4,10].

Dopo che furono accaduti questi avvenimenti, la coppa fu fatta bere anche agli stessi Medi e Persiani, affinché la superbia di nessun popolo ne fosse immune, e, anzi, ciascuna si trovasse a bere dalla coppa che aveva riempito per l'altra, come dice Geremia: "*Così disse il Signore degli eserciti, Dio d'Israele: prendi dalla mia mano questa coppa della mia ira, e falla bere a tutte le genti alle quali ti invio. E ne bevano, ne restino inebriate ed escano di senno dinnanzi alla spada che manderò in mezzo a loro*" (Ger. 25,15-16). E dopo che ebbe elencato numerose nazioni, il profeta aggiunse dicendo: "*Questo dice il Signore degli eserciti, Dio d'Israele: bevete ed inebriatevi, vomitate e cadete, poiché ecco Io incomincio a colpire proprio la città in cui s'invoca il mio nome, e voi, come innocenti, pretendereste di restare impuniti? Non resterete impuniti, infatti Io chiamo la spada su tutti gli abitanti della terra, parola del Signore degli eserciti*" (Ger. 25,27; 25,29). Perciò i Medi e Persiani che avevano fatto cadere Babilonia, anch'essi, a causa dei loro delitti, così come era già stato rivelato in precedenza nella settima visione del profeta Daniele e, per non dimenticare, fissato con lo stilo nel libro delle sue visioni, furono travolti dal regno dei Greci. Tutti questi avvenimenti[87] si svolsero al tempo del sesto sigillo. In corrispondenza di essi se ne devono compiere di analoghi nel tempo che ci è prossimo, affinché anche la sesta apertura inondi questi eventi come una fulgida luce, sicché quanto sinora leggiamo nelle tenebre si proclami nella luce e quanto si sente con gli orecchi nell'intimità delle stanze, venga annunciato sui tetti [Lc. 12,3] "*Chi, dunque, ha orecchi per intendere intenda*" (Mt. 11,15).

Al posto di quel re pieno di superbia, il cui capo dell'esercito, Oloferne, fu ucciso con ignominia dall'onesta vedova di nome Giuditta, e che non ebbe timore di pretendere per sé il nome di Dio [Gdt. 3,8], si leverà – credo da Oriente – un re altrettanto superbo, che commetterà molte malvagità contro il popolo cristiano. Di lui, nella sesta parte del libro dell'*Apocalisse*, l'angelo – mostrando, fra l'altro, proprio questo – dice a Giovanni: "*I re sono sette. Cinque sono caduti, uno ne resta in vita, e l'altro non è ancora venuto*" (Ap. 17,9-10). Se cinque re sono caduti, uno ne resta e l'altro non è ancora venuto, ne conse-

venit, restat ut sermo Joannis de sexto rege, et de sexto tempore factus esse credatur, sub quo librum qui signatus erat aperiri oportet. De quo etiam rege per angelum Danieli dicitur: "Quarta bestia, quartum regnum erit in mundo, quod majus erit omnibus regnis; et destruet universam terram, et comminuet eam. Porro cor/nua decem ipsius regni, decem reges erunt; et alius consurget post eos, et ipse potentior erit prioribus, et tres reges humiliabit et sanctos Altissimi conteret, et putabit quod possit mutare tempora, et leges; tradentur in manus ejus per tempus, et tempora, et dimidium temporis." Haec de superbia.

Quid de ruina? "Et judicium," inquit, "sedebit, ut auferatur potentia." Ut enim post ruinam Holofernis nulla de rege illo superbo, et regno ejus antiquitate robusto mentio vel permodica facta est, utique quia deletum est et redactum in nihilum, filiis autem Israel pace reddita digniora quoque prioribus et votis faventia successerunt, videntibus fundari templum quod Chaldaei succenderant, et eodem consummato sub regibus Persarum muros civitatis restitui, ita nunc quoque rege illo prostrato regnum Saracenorum deficiet, regnum vero Christi et sanctorum ejus elevabitur super verticem montium, sicut de eo per Isaiam prophetam dicitur: "Erit in novissimis diebus praeparatus mons domus Domini super verticem montium, et elevabitur super colles; et fluent ad eum omnes gentes, et ibunt populi multi, et dicent: Venite, ascendamus ad montem Domini, et ad domum / Dei Jacob; et docebit nos vias suas, et ambulabimus in semitis ejus, quia de Sion exibit lex, et verbum Domini de Hierusalem. Et judicabit gentes, et arguet populos multos; et conflabunt gladios suos in vomeres, et lanceas suas in falces. Non levabit gens contra gentem gladium, nec exercebuntur ultra ad proelium." Oportet enim prius praedicari evangelium Christi in universo mundo sicut ipse per semetipsum testatus est, et ita veniet consummatio, cum videlicet rex

gue che le parole di Giovanni sembrano riguardare il sesto re e il sesto tempo, in cui è necessario che il libro che era stato sigillato [Ap. 5,1-10] venga aperto. Inoltre, a proposito di quel re, l'angelo di Daniele dice: "*La quarta bestia, ovvero il quarto regno che ci sarà nel mondo, che sarà superiore a tutti gli altri regni; distruggerà tutta la terra, e la farà a pezzi. A loro volta le dieci corna di quel regno saranno i dieci re e dopo di loro ne sorgerà un altro ed egli sarà più potente dei precedenti, umilierà tre re e calpesterà i Santi dell'Altissimo, e penserà di mutare i tempi e la legge; essi saranno dati in sua mano per un tempo, più tempi e la metà di un tempo*" (Dn. 7,23-25). Questo si dice a proposito della sua superbia.

Che cosa si dice, invece, a proposito della sua rovina? "*Si terrà poi il giudizio,*" si dice, "*sicché gli sarà tolta la potenza*" (Dn. 7,26). Infatti, come dopo la rovina di Oloferne, non fu fatto nessun benché minimo accenno a quel re superbo e al suo regno di antica potenza. Ciò, senz'ombra di dubbio, perché esso fu distrutto e annientato, mentre i figli d'Israele, in seguito alla pace, ebbero vantaggi anche superiori a quelli ricevuti dai loro avi, e per le loro offerte ottennero il favore di Dio, sicché provvidero a costruire il Tempio che i Caldei avevano bruciato e, terminatolo, a ricostruire le mura della città sotto il re dei Persiani [Esd. 1,1-3; 2 Cr. 36,22-23]. Così, anche ora – dopo che quel re verrà abbattuto – il regno dei Saraceni si indebolirà, mentre il regno di Cristo e dei suoi Santi si innalzerà sopra la cima delle montagne,[88] come dice, in proposito, il profeta Isaia: "*Alla fine dei giorni il monte del Tempio del Signore sarà costruito sulla cima delle montagne e si innalzerà sopra i colli; ad esso affluiranno tutte le genti. Verranno molti popoli e diranno: 'Venite, saliamo sul monte del Signore, al Tempio del Dio di Giacobbe e ci insegnerà le sue vie, e potremo camminare per i suoi sentieri'. Perché da Sion uscirà la legge, e da Gerusalemme la Parola del Signore. Egli giudicherà le genti e sarà arbitro fra molti popoli; forgeranno le loro spade in vomeri, le loro lance in falci. Una nazione non alzerà la spada contro un'altra nazione, non si misureranno più in battaglia*" (Is. 2,2-4). Infatti, è più importante che il *Vangelo* di Cristo – come Egli in quelle stesse pagine ha dichiarato [Mc. 16,15] – sia predicato in tutto il mondo. E così giungerà la fine dei tempi, quando comincerà a re-

ille ultimus regnare incipiet qui cognominatus est Gog, quem dominus Jesus interficiet, sicut et illum qui in proximo venturus est, in cujus immundo spiritu venturus est ipse Gog, quomodo in Eliae spiritu missus est baptista Joannes.

Nunc de pressuris sexti temporis agendum est, quas sive rex ille undecimus sive alii reges terrae facturi sunt, eo quod multipliciter oporteat impleri quod in evangelio legimus: "Consurget gens contra gentem, et regnum adversus regnum," sicut et per apostolum dicitur: "Cum dixerint: Pax et securitas, tunc repentinus eis superveniet interitus, tamquam ⟨dolor⟩ in utero habenti, et non effugient." Oportet enim sub hoc sexto tempore, similem Darii Medi regem Christianum a partibus occiduis sicut ego puto consurgere, / qui novum Chaldaeorum genus, sanctae matris ecclesiae inimicum percutiet, et nihilominus novum Cyrum qui regale sacerdotium in excelsum constituet.

Quia vero Darius Medus qui percussit Balthasar pro eo regnasse legitur in Babylone, nec destructa legitur Babylon a regibus Assyriorum, sed magis ut praedixerat Isaias a Medorum populo desolata et a regno deposita fore creditur, illud aliquantulum dissonare videtur, quod ab illo rege Babylon nova in hoc libro percutienda describitur, qui Nabuchodonosor regem Assyriorum per concordiam respicit, qui utrum et ipse Babylonem percusserit incertum est; nisi forte Chaldaeam et Babylonem percussas jam tunc fuisse dicimus a rege Medorum et idcirco a diversis locis ad possidenda sancta sua Israel convenisse, prius etiam quam Cyrus Persus edictum proponeret libertatis, successisse vero Arphaxat Dario regi, qui regnavit in Babylone, quem videlicet Arphaxat rex Assyriorum

gnare quell'ultimo re – ossia colui che fu chiamato Gog – che il Signore Gesù annienterà, così come annienterà anche quel re che sta per arrivare nell'immediato futuro, nel cui immondo spirito – allo stesso modo in cui Giovanni Battista fu mandato nello spirito di Elia[89] – arriverà lo stesso Gog.

(VIII)

Ma adesso bisogna trattare delle persecuzioni del sesto tempo, che, sia quell'undicesimo re, sia gli altri sovrani della terra stanno per compiere, per cui è necessario sviluppare in molti modi ciò che leggiamo nel *Vangelo*: "*Si solleverà nazione contro nazione, e regno contro regno*" (Lc. 21,10), e parimenti ciò che dice l'apostolo: "*e quando si dirà 'pace e sicurezza', allora d'improvviso li colpirà la rovina, come le doglie del parto, e non si scamperà*" (1Ts. 5,3). Infatti, è necessario che in questo sesto tempo sorga – io penso dall'Occidente – un re Cristiano corrispondente a Dario il Medo, che sconfiggerà la nuova stirpe dei Caldei, nemica della Santa Madre Chiesa, e non di meno sarà necessario un nuovo Ciro che riporterà alla suprema dignità il Sacerdozio Regale.[90]

Eppure, siccome si legge che Dario il Medo, che sconfisse Baldassarre, regnò su Babilonia al posto di quest'ultimo – né si legge che Babilonia sia stata distrutta dal re degli Assiri, ma piuttosto si crede che, come aveva preannunciato Isaia [Is. 13,17-44], sia stata abbandonata dal popolo dei Medi, perdendo il suo dominio – ciò sembra differire lievemente da come in questo libro dell'*Apocalisse* è descritta la Nuova Babilonia [Ap. 17,1-18,24], che dovrebbe essere distrutta da quel re che, secondo la concordia, corrisponde al re degli Assiri Nabucodonosor, ma che, invece, non è affatto certo se sia stato proprio lui a distruggerla. A meno che, appunto, non sosteniamo che la Caldea e Babilonia siano state distrutte già allora, dal re dei Medi, e quindi che il popolo d'Israele, anche prima di quando Ciro il Persiano promulgò l'editto di liberazione, vi fosse convenuto da diverse regioni per prendere possesso dei suoi arredi sacri. Inoltre, potremmo supporre che Arpacsad sia succeduto al re Dario, che regnava su Babilonia, ovvero che, come si narra, il re degli Assiri

obtinuisse describitur in campo Ragau, et omne regnum possessionis illius sibi universaliter subjugasse. Aut si regnantibus adhuc Chaldaeis, quod magis creditur, regnum Assyriorum resumptis / viribus convaluisse dicimus, dubium non est quin regnum Babylonis circumquaque percusserit, cum utique regna ipsa quae Holofernes contrivit, subdita fuisse Babyloni et regi ejus ex verbis Jeremiae prophetae manifeste colligitur, qui ea regi Babylonis annis multis servitura praedixit, usque scilicet ad tempus visitationis ipsius.

Non igitur rex ille undecimus qui regnaturus est sub tempore sexto, ab illo primo tyranno discordat, qui se dominum universae terrae praedicari a suis subditis faciebat, quandoquidem et ille multos populos prostrasse describitur, et de regno istius in Daniele dicitur: "Quarta bestia, quartum regnum erit in mundo, quod majus erit omnibus regnis; et devorabit universam terram, et conculcabit, et comminuet eam." Et quia regnum Babylonis quod hujus mundi esse cognoscitur usque quaque diffusum est, quid est quod de ea Joanni dicitur: "Decem cornua quae vidisti in bestia, hi odient fornicariam, et nudam eam facient, et carnes ejus manducabunt, et ipsam igni concremabunt," nisi id quod de bestia quarta Danieli dicitur: "destruet universam terram et comminuet / eam?" Quod autem rege illo et regno ejus deleto, regnum Persarum et Medorum convaluit, sub quo templum et civitas restituta sunt, illud significat quod in eadem Danielis visione concluditur: "Et judicium sedebit, ut auferatur potentia, et dispereat usque in finem; regnum autem, et potestas, et magnitudo regni, quae est subter omne coelum, detur populo sanctorum Altissimi: cujus regnum sempiternum est, et omnes reges servient ei, et obedient."

Interim autem consummari oportet quod in historia continetur Esther, quod quidem ut ego puto a partibus occiduis egressurum est, sicut illud

avesse avuto ragione di Arpacsad sul campo di Ragau, e, in un sol colpo, avesse sottomesso tutti i domini in suo possesso [Gdt. 1,6-15]. D'altra parte, se ancora vi regnavano i Caldei – com'è più plausibile – possiamo dire che il regno degli Assiri, una volta ricuperate le forze, riacquistò la sua potenza, e senza dubbio fu in grado di distruggere il regno di Babilonia e i territori circostanti. Infatti, come si ricava chiaramente dalle parole del profeta Geremia – che predisse al re di Babilonia che la sua città sarebbe stata sottomessa per molti anni, ossia fino al tempo del suo stesso castigo [Ger. 50-51] –, quegli stessi regni che Oloferne travolse erano stati senz'altro sudditi di Babilonia e del suo re [Gdt. 2,21-3,10].

Quindi, quell'undicesimo re che sta per regnare in corrispondenza del sesto tempo non differisce da quel primo monarca che si faceva chiamare dai suoi sudditi "*Signore di tutta la terra*" [Gdt. 2,5], dal momento che si narra che anche lui avesse sottomesso molti popoli, e a proposito del suo regno si dice in Daniele: "*La quarta bestia significa che ci sarà nel mondo un quarto regno, che sarà il più grande di tutti i regni; e divorerà tutta la terra, la calpesterà e la farà a pezzi*" (Dn. 7,23). E siccome il regno di Babilonia si estese in ogni luogo conosciuto di questo mondo, cosa significa ciò che si dice di lei in Giovanni – "*le dieci corna che hai visto sulla Bestia odieranno la prostituta, la spoglieranno lasciandola nuda, ne mangeranno le carni e la bruceranno col fuoco*" (Ap. 17,16) –, se non ciò che si dice in Daniele a proposito della quarta bestia: "*distruggerà tutta la terra, e la farà a pezzi*" (Dn. 7,23)? Inoltre, una volta che quel re e il suo regno furono distrutti, crebbe la potenza del regno dei Medi e Persiani, durante il quale furono ricostruiti il Tempio e la città di Gerusalemme, e ciò significa quanto si conclude nella stessa visione di Daniele: "*Si terrà poi il giudizio, sicché gli sarà tolta la potenza, e sarà perduto fino alla fine; inoltre il dominio, la potenza, e la grandezza del regno che è sotto tutto il cielo sarà dato al popolo dei Santi dell'Altissimo, il cui regno sarà eterno e tutti i re lo serviranno e gli obbediranno*" (Dn. 7,26-27).

Per ora, invece, è necessario portare a compimento ciò che è contenuto nella storia di Ester, che – come io penso – sta per avere inizio proprio in Occidente, mentre è lasciato ad un'analoga congettura ciò che riguarda la storia

quod pertinet ad Judith a partibus orientis oportere surgere, sub simili opinione relinquitur. Sed si rex magnus Assuerus, quod verum est, regem coeli designat, nequaquam Aman secundus a rege tyrannum aliquem saecularem et quasi unum de regibus mundi designat, sed magis illum de quo loquitur dominus Zachariae prophetae dicens, et illi indicans quid ageret, ut ostenderet quid pro culpa populi esset ipse facturus qui regnare facit hypocritam propter peccata populi, et abscondit faciem suam aspernen/tibus lucem. "Sume," ait, "tibi vasa pastoris stulti. Quia ecce ego suscitabo pastorem in terra, qui derelicta non visitabit, dispersa non quaeret, et contritum non sanabit, et id quod stat non enutriet, et carnes pinguium comedet, et ungulas eorum dissolvet. O pastor, et idolum derelinquens gregem: gladius super brachium ejus, et super oculum dextrum ejus; brachium ejus ariditate siccabitur, et oculus dexter ejus tenebrescens obscurabitur." Et de his pro loco satis dictum est.

Nunc de septimo tempore et septimo signaculo videamus. Secundum illam concordiam quae duobus Testamentis consistit, si a tempore quo templum et civitas sub Zorobabel et Nehemia restituta leguntur, usque ad adventum Domini in sabbatum reputandum est, tunc persecutio Antiochi quae septima est in numero, cum extrema tribulatione quam facturus est Gog circa mundi finem concordat, et primus adventus Domini quem praeivit Joannes cum secundo quem praecurret Elias, qui etiam secundum hoc in octavo saeculo accipiendus est, in quo sunt resurrecturi mortui, / et sine fine cum Domino regnaturi. Secundum illam vero concordiam quae in tribus statibus assignanda est, omnia prout dictum est uniformiter observentur, excepto quod in fine secundi status nequaquam in concordia regis Antiochi, Gog tyrannorum ultimus accipiendus est, sed alius quisnam similis ejus, de quo dicit Joannes, "et unus nondum venit," et nihilominus in fine tertii status venturus est veraciter ipse Gog, facturus

di Giuditta, che è necessario si sviluppi in Oriente. Eppure, se il gran re Assuero rappresenta – come è vero – il Re del Cielo, Aman, il primo dopo il re [Est. 3,1], non rappresenta affatto qualcuno dei governanti mondani e, per così dire, uno dei re del mondo. Ma, piuttosto, Aman rappresenta quello di cui parla il Signore al profeta Zaccaria, dicendo e indicandogli come fare per mostrare che cosa il Signore stesso avrebbe compiuto in seguito alla colpa del popolo, facendo regnare un ipocrita per i peccati del popolo e celando il Suo Volto a coloro che rifiutavano la luce. *"Prendi per te,"* disse, *"gli attrezzi di un pastore insensato, poiché ecco io susciterò sulla terra un pastore che non avrà cura delle pecore che si perdono, non cercherà le disperse, non curerà le malate, non nutrirà quelle che rimangono; mangerà, invece, le carni delle grasse e strapperà loro le unghie. O pastore e spettro che abbandona il gregge! Una spada sta sopra il suo braccio e sopra il suo occhio destro: il suo braccio avvizzisca per l'aridità e il suo occhio destro, coprendosi di tenebre, s'accechi"* (Zc. 11, 15-17). E sull'argomento, in questa circostanza, si è detto a sufficienza.

Ora ci occuperemo del settimo tempo e del settimo sigillo.[91] Se, secondo quella concordia che risulta dai due Testamenti, il settimo tempo e il settimo sigillo si devono calcolare a partire dal tempo in cui si dice che il Tempio e la città di Gerusalemme furono ricostruiti, sotto Zorobabele e Neemia [Esd. 3,8; Ne. 2,17], fino al sabato della venuta del Signore, allora la persecuzione di Antioco – che è settima di numero – concorda con l'ultima tribolazione che Gog compirà in prossimità della fine del mondo. A sua volta, la prima venuta del Signore, che fu anticipata da Giovanni Battista, concorda con la seconda venuta, che sarà preceduta da Elia e che, anzi, per questo deve essere interpretata in corrispondenza dell'ottavo tempo, in cui i morti risusciteranno e regneranno con il Signore, per l'eternità. Invece, secondo quella concordia che si deve attribuire ai tre stati, si prenderà atto che tutto è uguale a quanto è stato detto, salvo che alla fine del secondo stato non si deve affatto interpretare Gog, l'ultimo monarca, in corrispondenza con re Antioco, ma si deve intendere qualcun altro, simile a lui, di cui Giovanni dice: *"e l'altro non è ancora venuto"* (Ap. 17,10). Tuttavia, alla fine del terzo stato, giungerà proprio lo stesso Gog, per

ea quae scribit diffusius Ezechiel propheta, et quae breviter Joannes in hoc libro pronunciat.

Quod ergo Daniel propheta de rege illo undecimo scribit, velut in sexto die sextae quadragesimalis hebdomadae consummandum est; quod autem de sequente locutus est, qui supra quam credi potest universa vastabit, acsi in sabbato hebdomadae sextae, quod paschalem sollemnitatem praecurrit. Et quia tempus nativitatis et resurrectionis dominicae initium tertii status per concordiam respicit, dubium non est quin finis ejus in excidio Hierusalem designetur, ut superius prout potui dictum est, quia sicut gesta illa prophetica quae in scripturis canonicis collecta sunt opera secundi status significant, / ita gesta apostolica incohata a Joanne Baptista opera tertii status designant. Et notandum quod de primo rege nihil Daniel ad litteram tangere visus est, quod regnum illud Assyriorum quod regnum illud quartum designabat, eo tempore jam ex toto ceciderat. Regnum vero Graecorum, de quo egressurus erat ad litteram rex Antiochus tunc noviter incohabat, ut patenter nobis daretur intelligi, eo tempore intelligendam esse visionem, in quo regnum orientalium Saracenorum deficeret, quod in Assyriis designatum est, et regnum occidentalium incoharet, quod hircus ille caprarum, hoc est, regnum Graecorum per concordiam respicit, quorum alterum quantum mihi videtur in calce est, alterum in capite est.

Sed et illud vigilanti memoria considerandum est, quod in solo sexto tempore et sexta narratione libri sui instruit angelus Danielem, docens illum mysterium bestiae, et in solo sexto tempore et sexta parte libri loquitur angelus beato Joanni, docens illum pari modo quid bestia illa

compiere quelle imprese di cui scrive ampiamente il profeta Ezechiele [Ez. 38-39], e che Giovanni preannuncia, con poche parole, in questo libro dell'*Apocalisse* [Ap. 20].

Allora, ciò che il profeta Daniele scrive a proposito di quell'undicesimo re [Dn. 7,24-27] si deve compiere in corrispondenza del venerdì della sesta settimana della Quaresima, mentre quanto è stato detto di colui che seguirà – "*che oltre ogni possibile immaginazione distruggerà tutto*" (Dn. 8,24) – deve compiersi in corrispondenza del sabato della sesta settimana, quello che viene prima della festa di Pasqua. E siccome il tempo di nascita e risurrezione della domenica riguarda, secondo la concordia, l'inizio del terzo stato, non v'è dubbio che il suo termine sia rappresentato – come in precedenza, per quanto ho potuto, è stato detto[92] – dalla distruzione di Gerusalemme. Infatti, come gli avvenimenti profetici, che sono stati raccolti nelle Scritture canoniche, illustrano le opere del secondo stato, così gli avvenimenti apostolici, iniziati da Giovanni Battista, rappresentano le opere del terzo stato. Inoltre, bisogna osservare che Daniele non sembrò affatto trattare di quel primo re secondo la lettera, perché allora, il regno degli Assiri, che rappresentava quel quarto regno [Dn. 7,7] era già in completa decadenza. Invece, il regno dei Greci – al quale, secondo la lettera, stava per accedere re Antioco – allora era ancora agli inizi, affinché ci fosse concesso di comprendere chiaramente che la visione, in cui il regno orientale dei Saraceni, rappresentato dagli Assiri, sarebbe scomparso, doveva essere attribuita a quel tempo. E, in quel tempo, avrebbe avuto inizio anche il regno occidentale dei Saraceni che, come il capro della visione [Dn. 8,5], si riferisce, secondo concordia, al regno dei Greci. Infatti, per quanto mi è dato a vedere, dei due regni saraceni il primo è alla fine, mentre l'altro è all'inizio.[93]

Ma, inoltre, si deve considerare e ricordare con precisione che l'angelo istruì Daniele, insegnandogli il simbolo della Bestia soltanto in corrispondenza del sesto tempo e della sesta sezione narrativa del suo libro [Dn. 7], e che l'angelo parla al beato Giovanni – insegnandogli, ugualmente, che cosa avrebbe significato per l'avvenire quella Bestia – soltanto in corrispondenza del sesto tempo e della sesta parte del libro dell'*Apocalisse* [Ap. 16,18-19, 21]. Di conseguenza, quelli che sono rappresentati dal

portenderit, ut videant et intelligant / et recogitent illi quos Daniel castissimus et Joannes Christi electus virgo designant, in hoc tempore quod sextum est intelligere se oportere mysteria ista abscondita a diebus antiquis et generationibus saeculorum usque nunc, si tamen audiant vocem dicentis: "Veni, ostendam tibi damnationem meretricis magnae." et faciant quod in persona eorum de se ipso Joannes asserit dicens: "et transtulit me in desertum in spiritu." Quod autem non solum illud sed et ea quae in septimo et octavo saeculo complenda erant, seu Danieli prophetae seu Joanni apostolo in sexto tempore praeostensa sunt, quid sibi velit, et unde accidat, superius dictum est.

Quod ergo de hirco caprarum et cornibus ejus, et de cornu illo modico revelatum est Danieli, sub Alexandro et successore ejus necnon et Antiocho rege completum est quomodocumque ad litteram, sicut in Salomone et templo ejus ea quae veraciter consummanda erant de Christo, ut non solum futura opera seu bona seu mala verba sonarent, verum etiam figurae praecurrerent, et tanto operatorem Dominum futurae / populorum turbae cognoscerent Deum verum esse, quanto in eis verba et opera in eadem sententia consonarent. Sic et illa visio quae in octavo loco secuta est, in qua promittebatur justitia sempiterna et abolitio culpae, ex parte non ex toto in primo adventu Domini completa est, in quo sacramentalis baptismus qui in aqua suscipitur, exteriora et actualia crimina sicut aqua lutum emundat, sed major est ille qui revelatus est in igne, quo etiam cogitationum rubiginem apertiori et efficaciori gratia emundari oporteat. Quae quidem in secundo statu vix in paucis hominibus occulte operata est, in tertio sollemniter et aperte revelanda est, ut quo ⟨magis⟩ mundi finis urget et vicinitas regni, eo majori puritate populus Christianus eniteat, et ad venturi susceptionem regis praeparatus occurat. Unde et per prophetam dicitur: "Ecce mittam vobis Eliam prophetam antequam veniat

castissimo Daniele e dal vergine Giovanni, il prediletto di Cristo [Gv. 13,23], siano in grado di vedere, capire e riflettere che solo in questo tempo – che è il sesto – si devono comprendere questi simboli, celati sin dall'antichità e per il succedersi delle generazioni fino ad oggi. Ammesso, però, che essi ascoltino la voce che dice *"vieni, ti farò vedere la condanna della grande prostituta"* (Ap. 17,1) e facciano delle loro persone ciò che Giovanni afferma di se stesso, dicendo *"e mi trasportò in spirito nel deserto"* (Ap. 17,3). Ma poi – che cosa ciò significhi e dove accada è stato detto in precedenza[94] –, sia il profeta Daniele che l'apostolo Giovanni non prefigurarono nel sesto tempo solo questi fatti, ma anche quelli che si dovevano compiere nel settimo e nell'ottavo tempo.

Quindi, ciò che fu rivelato da Daniele sul capro, sulle sue corna e su quel piccolo corno, si compì, comunque, secondo la lettera, con Alessandro, con il suo successore ed anche con re Antioco, così come si videro compiuti con Salomone e con il suo Tempio quei simboli che in verità si dovevano realizzare completamente in corrispondenza del Cristo. Ciò perché le parole non rivelassero soltanto gli avvenimenti futuri – vuoi buoni, vuoi cattivi –, ma anche delle figure storiche li anticipassero, e le moltitudini dei popoli che verranno potessero riconoscere il Signore Creatore quale vero Dio nella misura in cui, in quelle figure, le parole e i fatti concordavano nello stesso significato. Così, anche quella visione, in cui si prometteva la giustizia eterna e l'abolizione della colpa, che venne dopo questa, nell'ottavo capitolo del libro di *Daniele*, si compì solo in parte e non completamente con la prima venuta del Signore, da cui ebbe origine il sacramento del battesimo impartito nell'acqua, che purifica le colpe del corpo e dell'agire come l'acqua deterge lo sporco. Ma, più importante di questo, è quel battesimo che fu rivelato nel fuoco, mediante il quale, con grazia più chiara ed efficace, è necessario purificare anche l'errore dei pensieri.[95] E in effetti, ciò che si è realizzato a mala pena in pochi uomini durante il secondo stato, dev'essere rivelato in grande stile e con chiarezza nel terzo, così che tanto più è imminente la fine del mondo e la vicinanza del Regno di Dio, tanto più il popolo Cristiano risplenda per purezza e si presenti preparato alla comparsa di quel re che sta per venire. Perciò anche il profeta dice: *"Ecco io vi invierò il*

dies Domini magnus et horribilis. Et convertet cor patrum ad filios, et cor filiorum ad patres eorum; ne forte veniam, et percutiam terram anathemate.

Tale est enim acsi diceret, / quia Joannes Baptista venturus est in aqua, quin immo ille baptista quem designat Joannes, hoc est, unigenitus Dei cujus est ista vox, ut majora peccata abluat per activam vitam, nec tamen plenitudo justitiae in eadem activa vita consummanda est, oportet ut sequatur Elias non in aqua sed in igne, quin immo ille Spiritus quem designat Elias, ut arguat mundum de peccato, de justitia et de judicio, ut convertat corda dura et inveterata peccatis ad innocentiam parvulorum, et emundet oculos mentis ab immundis affectibus et doceat illos omnem plenitudinem veritatis, sicut scriptum est: "Beati mundo corde, quoniam ipsi Deum videbunt." Et bene ait: "ecce ego mittam vobis Eliam prophetam," quia loquens discipulis suis Dominus de Spiritu sancto cum adhuc in cena pariter moraretur: "nisi," inquit, "ego abiero, Paracletus non veniet ad vos, cum assumptus fuero mittam eum ad vos." Quasi enim per ora prophetarum loquitur Christus, cum per eos qui in fide catholica eruditi sunt instruit, et exercet ad bene operandum ecclesiam. Ne autem Judaeorum populus desperandum crederet cessantibus prophetis in Malachia, per ipsum qui prophetavit / extremus, Eliam designatorem Paracleti promittit, ut relictis visibilibus et caducis, ad speranda invisibilia et aeterna omni se conamine exercendo magis ac magis in spiritu spreta carne proficerent. Quod tamen quia in illis significatum est, in illis si non sumus increduli restat complendum. Sed quia id significat Christus quod Elias cum in relatione Joannis Christus accipitur, constat quod sicut populus Domini qui hactenus militavit in Christo, in Joanne Baptista significatus est, ita populus crediturus in proximo in

profeta Elia prima che giunga il giorno del Signore grande e terribile, perché converta il cuore dei padri verso i figli, e il cuore dei figli verso i padri, così che io non venga e colpisca la terra con la maledizione" (Ml. 3,23-24).

Infatti, queste cose sono come si diceva, perché Giovanni Battista – anzi, quel "battezzatore" che Giovanni rappresenta è Lui, vale a dire l'Unigenito Figlio di Dio, a cui propriamente si addice questo nome – sarebbe venuto nel segno dell'acqua, per purificare i peccati più grandi mediante la vita pratica. Tuttavia, siccome la pienezza della giustizia non si può realizzare all'interno della stessa vita pratica, è necessario che poi giunga Elia, non nel segno dell'acqua ma in quello del fuoco – che è proprio quello Spirito che Elia rappresenta[96] –, per far carico al mondo del peccato, della giustizia e del giudizio, per trasformare i cuori duri e invecchiati dal peccato nell'innocenza dei fanciulli, ripulendo gli occhi della mente dalle passioni immonde e insegnando loro la completa perfezione della verità, così come è stato scritto: *"Beati i puri di cuore, perché vedranno Dio"* (Mt. 5,8). E giustamente si dice: *"Ecco io vi invierò il profeta Elia"* (Ml. 3,23), perché il Signore, mentre ancora s'intratteneva in compagnia durante la cena, parlando ai suoi discepoli dello Spirito Santo disse: *"Se non me ne vado non verrà a voi il Consolatore [Paraclito]; ma quando me ne sarò andato, ve lo manderò"* (Gv. 16,7). Infatti, Cristo parla – per così dire – attraverso le bocche dei profeti, quando istruisce coloro che sono stati educati nella fede cattolica, e spinge la Chiesa a fare il bene. Così, il popolo dei Giudei non deve perdere la speranza credendo esauriti i profeti con Malachia, infatti proprio questo, che ha profetizzato per ultimo, preannunciò Elia come distributore del Paraclito, perché essi, dopo aver abbandonato le cose visibili e caduche, procedessero nella speranza di quelle invisibili ed eterne, facendo, in spregio della carne, ogni sforzo per avvicinarsi sempre più allo Spirito. Eppure, ciò che in quelle è stato prefigurato, in queste, se non siamo privi di fede, resta da compiersi. Ma siccome Cristo anticipa il significato di Elia, mentre, a sua volta, Cristo è interpretato in relazione a Giovanni, risulta evidente che, come il popolo del Signore – che fino ad ora ha militato in Cristo – fu prefigurato da Giovanni Battista, così il popolo che prossimamente giungerà alla fede è stato rappresentato in Gesù

Christo Jesu designatus est, utpote qui ad gaudium et laetitiam, ad cantica canticorum et epulas spirituales vocandus est, completis scilicet Joannis Baptistae multiformis laboris afflictionibus, transeunte imbre et hieme et vernantibus rosis. Non ⟨enim⟩ absurde populus ipse christus Domini vo-

Erit enim populus ille, ut jam dixi, sicut Salo/mon pacificus qui successit bellicoso David, qui quidem in principio amabilis Domino dictus est, sed in fine odiosus et contumeliosus fuit. Quanta enim mala facturus sit in fine saeculi ipse qui pro peccatis hominum de carcere suo solvendus est rex aquilonis, in ultima visione Danielis ostenditur. Quod licet obscurum sit et opertum velamine, non pauca tamen ex eo percipere et exprimere potest, qui regem austri intelligit esse Christum Jesum, qui proeliatur in corpore suo usque in finem, in rege vero aquilonis diabolum qui operatur in filiis diffidentiae, in tyrannis hujus mundi et principibus saeculi. Erit enim tribulatio ista in fine tertii status, designata, ut superius diximus, in excidio Hierusalem, assimilata vero per concordiam ei quae facta est sub Antiochio in fine primi status, et ei quae futura est sub rege illo septimo quem scribit Joannes.

Non solum autem in tribus istis manere consonantia ista credenda est, verum etiam in magnis Domini satisque venerandis operibus ut ea scilicet concordia habeatur inter secundum statum et tertium, quae habenda est inter primum / et secundum, ut quomodo Filius locutus est de Patre et de se dicens: "Pater meus usque modo operatur et ego operor," ita Spiritus sanctus opere magis quam voce de Filio et de se loquatur et dicat:

Cristo. Del resto, esso dev'essere chiamato alla gioia e alla letizia, ai canti delle canzoni e ai banchetti dello Spirito, dopo aver portato a compimento – s'intende – così come passano la pioggia e l'inverno, ed anche le rose di primavera, gli affanni dei diversi travagli che corrispondono alla figura di Giovanni Battista.[97] Infatti, a causa della maggiore effusione della grazia e dei doni dello Spirito Santo, non senza ragione questo popolo dev'essere chiamato l'"unto" del Signore, e tuttavia, in prossimità della fine, le armate di Gog, sedotte da Satana e come estratte di colpo dalla sua faretra, saranno sul punto di annientarlo. Di conseguenza, esso impari ad umiliarsi sin dal principio di quella che sarà una così terribile fine.

Allora, quel popolo sarà – come ho già detto[98] – tale quale il pacifico Salomone, che successe al bellicoso Davide, che, del resto, al principio fu detto *"caro al Signore"* [1 Sam. 16,13], ma, alla fine, rimase pieno d'odio e d'alterigia. Infatti, si può vedere nell'ultima visione di Daniele [Dn. 11] quanti dolori provocherà, alla fine dei tempi, il re del Settentrione, quello stesso che sarà liberato dalla sua prigionia a causa dei peccati degli uomini [Ap. 20]. Queste cose, anche se sono oscure e come coperte da un velo, tuttavia può coglierle traendole in buona parte da quel brano, colui che interpreta il re del Meridione come Gesù Cristo, che combatte fino alla fine nelle sue sembianze, mentre vede nel re del Settentrione il diavolo, che agisce sui figli dei senza fede, sui monarchi di questo mondo e sui prìncipi secolari. E senza dubbio questa tribolazione accadrà alla fine del terzo stato, rappresentata – come abbiamo detto in precedenza[99] – dalla distruzione di Gerusalemme. Tuttavia, essa viene paragonata, secondo la concordia, a quella distruzione che avvenne sotto il re Antioco, alla fine del primo stato [1Mac. 1,20-28; 2Mac. 5, 11-26], e a quell'altra che sta per compiersi sotto quel settimo re di cui scrive Giovanni [Ap. 17,10].

D'altra parte, non si deve credere che quest'accordo vi sia soltanto nei tre stati, ma anche nelle opere del Signore, importanti e degne di grande venerazione, di modo che – s'intende – si abbia fra il secondo e il terzo stato quella stessa concordia che si è avuta fra il primo e il secondo.[100] Di conseguenza, come il Figlio parlò di sé e del Padre dicendo: *"il Padre mio opera sempre e anch'io opero"* (Gv. 5,17), così lo Spirito Santo parli di sé e del Fi-

Filius cum Patre usque modo operatur et ego operor. Nec exigenda est a nobis quia haec dicimus concordia ista, quae, sicut jam diximus, futura est, sicut non erat exigenda in diebus Joannis Baptistae concordia status secundi, cum solus adhuc primus paries constructus esse videretur, et una, ut ita dixerim, telae facies, quae absque parte altera concordare non poterat. Non enim adhuc in apertione primi signaculi, pro Aegyptiis sequentibus Israel Judaei persecutores apparuerant, nec in apertione secundi pro Chananaeis pagani, nec in apertione tertii pro scissione Israelis a domo Juda, scissio Graecorum a Romana ecclesia, aut pro erroribus Israelis quibus etiam Juda foedatus est, errores Arianorum et aliorum multorum ex Graecorum populo pullulantes et Latinos foedantes, aut pro hostibus Judae et Israelis, Gothi, Vandalii, Langobardi et Persae; nec in apertione quarti pro Assyriis Saraceni, nec in apertione quinti pro Chaldaeis Alemanni, nec in apertione sexti pro ultimo rege / Assyriorum rex ille undecimus, qui in proximo revelandus est, aut pro Antiocho ille alius qui secuturus est, nec omnino multa alia bona vel mala, quae singula pro singulis data sunt. Et ideo in illis diebus loqui de concordia secundi status Christiani non poterant, quia nondum venerat tempus illud statutum, de quo dicit angelus Danieli: "Vade, Daniel, quia clausi sunt signatique sermones pertransibunt plurimi, et multiplex erit scientia."

Sicut ergo illo in tempore de prima hujuscemodi facie loqui homines poterant, de secunda non poterant, ita nos de utroque stamine, ut ita dixerim, loqui possumus, sed plene de sub tegmine loqui nequimus; quamvis et opera ipsa adhuc futura in textura a nobis assignari nequeant,

glio con i fatti più che con le parole e dica: "il Figlio con il Padre opera sempre, e anch'io opero". Né, siccome diciamo queste cose, si deve pretendere da noi quella concordia che – come abbiamo già detto – deve ancora venire, come anche ai tempi di Giovanni Battista non si doveva pretendere la concordia del secondo stato, poiché fino ad allora s'era vista costruita solo la prima facciata, e, per così dire, un solo lato della tela, e questo, in mancanza dell'altra parte, non poteva mostrare alcuna concordia. Infatti, fino all'apertura del primo sigillo [Ap. 6] gli Ebrei non erano ancora apparsi come persecutori in corrispondenza degli Egiziani che avevano perseguitato Israele; né fino all'apertura del secondo i pagani erano apparsi come persecutori in corrispondenza dei Cananei; né fino all'apertura del terzo la scissione dei Greci dalla Chiesa di Roma era apparsa in corrispondenza della separazione di Israele dalla casa di Giuda. Del resto, neppure gli errori degli Ariani e di molti altri, che attecchirono nel popolo dei Greci e poi contaminarono i Latini, erano apparsi in corrispondenza degli errori d'Israele, che in seguito contaminarono anche Giuda, né, tantomeno, i Goti, i Vandali, i Longobardi e i Persiani erano apparsi in corrispondenza dei nemici di Giuda e d'Israele. Né, fino all'apertura del quarto sigillo i Saraceni erano apparsi in corrispondenza degli Assiri; né fino all'apertura del quinto, i Tedeschi erano apparsi in corrispondenza dei Caldei; né, fino all'apertura del sesto, quell'undicesimo re, che si deve manifestare fra poco, potrà apparire in corrispondenza dell'ultimo re degli Assiri, e neppure quell'altro che gli succederà potrà apparire in corrispondenza di Antioco; né, in generale, potranno apparire i molti altri avvenimenti, buoni o cattivi, che ci furono dati, ciascuno in corrispondenza di ciascuno. E così, nei giorni del Battista, i Cristiani non potevano parlare della concordia del secondo stato, in quanto non era ancora giunto quel tempo stabilito, in cui l'angelo di Daniele dice: "*Va, Daniele, perché queste parole, che sono state chiuse e sigillate, saranno scorse da molti, e la loro conoscenza verrà moltiplicata*" (Dn. 12, 9; 12, 4).

Perciò, come allora gli uomini potevano parlare in qualche modo del primo lato della tela, mentre non potevano parlare del secondo, così noi possiamo parlare – per così dire – di entrambi i lati dell'ordito, ma non siamo in grado di parlare di ciò che sta nel tessuto. Eppure, anche

quod tamen ita futurum sit, et quod sit illud opus tertium, cum se opportunitas dederit pronunciari potest, propter illa quae superius diximus, quando de duobus gomor ageremus, quia videlicet etsi regi David aedificare templum datum non est, impensas tamen ex majori parte ipse ut praeambulus praeparavit; et Joanni Baptistae necdum plene scienti personaliter / Christum, quod tamen praesens esset et quantus esset scire concessum est, eique jam quantum poterat testimonium publice perhibebat. Sicut ergo scriptura veterum usque ad initium sextae aetatis expectare concordiam secundi status incohandi ad adventum Domini nesciebatur, quo usque Dei Filius a mortuis resurrexit, ad quod etiam illud pertinet quod ipse ait: "Nemini dixeritis visionem, donec Filius hominis a mortuis resurgat," ita librum Apocalypsis et Evangelia et librum Actuum Apostolorum expectare aliquid per concordiam in tertio statu, qui modo secuturus est, usque ad initium aetatis septimae occultari et contegi oportebat, ne mysteria ante tempus revelata vilescerent et tanto minus fastidientia corda tempore faciendi perpenderent, quanto de praesentiae copia et archanorum notitia superbirent.

Nunc igitur tempus est, et vere tempus ut occulta libri hujus revelentur mysteria, cum non licet alicui intumescere de scientia, sed cogitare de naufragio quod imminere perpendit. Nec illa, ut dixi, ad praesens acutius exquirenda sunt opera, quae complenda sunt in tertio statu, sed ea quae in secundo statu completa sunt, secundum quod ea in modum / litterae tangere liber iste visus est, donec veniat tempus illud, quo magis spiri-

se noi non siamo in grado di collocare gli stessi avvenimenti ancora a venire nella trama della tela, tuttavia, ogni qual volta che se ne presenti l'occasione, si può annunciare — per quel motivo che abbiamo detto in precedenza, quando trattavamo delle due misure di manna[101] —, ciò che, dunque, sarebbe imminente, e cosa sia quell'opera del terzo stato. Infatti, sebbene a re Davide non fosse stato permesso di costruire il Tempio, proprio lui, comunque, predispose in anticipo la maggior parte dei materiali necessari[1 Cr. 28,1-21]; e a Giovanni Battista, pur non conoscendo ancora il Cristo di persona, tuttavia fu concesso di sapere che cosa fosse Colui che gli stava davanti e quale fosse la Sua importanza, e subito — per quanto gli era possibile — il Battista ne offriva pubblica testimonianza [Gv. 1,29-36]. Quindi, come fino all'inizio della sesta età si ignorava che gli scritti veterotestamentari attendessero la concordia del secondo stato, che avrebbe avuto inizio dalla venuta del Signore fino a quando il Figlio di Dio risuscitò dai morti — a cui, senza dubbio, si riferisce ciò che Lui stesso afferma, "*non dite a nessuno di questa visione, finché il Figlio dell'uomo non sarà risorto*" (Mt. 17,9) —, così si ignorava che il libro dell'*Apocalisse*, i *Vangeli* e il libro degli *Atti degli Apostoli* attendessero, per la concordia del terzo stato che ora sta per giungere, qualcosa che necessariamente doveva essere occultato e tenuto nascosto fino all'inizio della settima età. E ciò perché i misteri, rivelati prima del tempo, non perdessero il loro valore e, tanto meno, si ritenessero svalutati i cuori degli uomini che non sono ammessi al tempo della loro realizzazione o, al contrario, essi si lasciassero andare alla superbia per la quantità di ciò che è già presente e per la conoscenza di quei segreti.

Di conseguenza, ora è giunto il tempo — il tempo preciso — perché siano rivelati i misteri nascosti di questo libro, il tempo in cui non è permesso a nessuno di gonfiarsi d'orgoglio per la conoscenza, ma vale la pena, piuttosto, di volgere la mente al naufragio che ci incombe.[102] Né, come ho detto, bisogna cercare con maggior precisione nel presente quelle opere che si devono compiere durante il terzo stato, ma quelle che si sono compiute durante il secondo stato, giacché si ritiene che questo libro dell'*Apocalisse* tratti di queste opere in forma letterale, finché non giunga quel tempo in cui esse si compiano più spiritual-

tualiter compleantur. Pro eo namque quod liber iste, sicut et Evangelia quattuor et liber Actuum Apostolorum medius est, inter primum statum in quo litteralis intellectus vigebat, et tertium ubi Spiritus plene manifestus erit, editus esse cognoscitur, ita inter utrumque medie temperate procedit, ut et primus intellectus ejus parum distare videatur a littera, et secundus in Spiritu exquirendus sit, nimirum quia opera secundi status magis spiritualia sunt quam opera primi, minus quam tertii, et idcirco in intellectu primo ex parte praefertur litterae non ex toto, in secundo vero integre et perfecte praeponitur.

Sed quia tempus adhuc parumper distat, ut ille intellectus qui perfecte erit in Spiritu assignari queat, magisque nobis incumbit assignare ea quae in statu secundo completa sunt, respondentia operibus testimonii prioris, sicut in opere *Concordiae*, quantum Deus donavit, ostendimus, operae pretium credidi ea ipsa quae consonare veteribus simplici asserti/one monstravimus, pro eo scilicet quod historiae quas ecclesiasticas dicimus, minus authenticae judicantur, ex libro Apocalypsis qui tantae est auctoritatis ostendere, ut tanto securius illi operi fidem accomodare possimus, quanto concordiam rerum et temporum quae in eo praestante Domino claruisse cognoscitur, nequaquam sensus hominis adinvenit et protulit sed is qui in utroque testimonio loquitur Spiritus edidit prophetiae.

Denique et ego cum librum hunc lectitare coepissem, et adhuc concordiarum sacramenta nescirem, quo illuc impetu a primo ductus sim nescio, Deus scit. Unde scio quod nequaquam historiarum peritia ad concordiae notitiam perductus sum, sed sola praeteritorum operum, hoc est, testimonii veteris comparatione pulsatus, credens discordare non posse in corpore quod in capite concors inveni, nec otiosum fore in reliquis sanctis quod in patriarchis et apostolis concordare perpendi, dedi operam in hoc

mente. Per questo motivo, infatti, si apprende che il libro dell'*Apocalisse* – che è intermedio, come i quattro *Vangeli* e il libro degli *Atti degli Apostoli* – ha visto la luce fra il primo stato, in cui era in vigore l'intelligenza letterale, e il terzo, in cui lo Spirito si manifesterà completamente. Di conseguenza, esso si sviluppa ugualmente e in giusta proporzione da entrambi, affinché, mentre la sua prima intelligenza appare di poco distante dalla lettera, la seconda si debba ricercarla nello Spirito. Infatti, le opere del secondo stato sono più spirituali delle opere del primo, ma meno spirituali di quelle del terzo e, quindi, nella prima intelligenza la lettera si oltrepassa solo in parte, non del tutto, mentre nella seconda la lettera viene superata integralmente e perfettamente.

Ma siccome manca poco al tempo stabilito per poter ricevere quell'intelligenza che si realizzerà perfettamente nello Spirito, e a noi, piuttosto, spetta – come abbiamo mostrato, per quanto Dio ci ha concesso, nel libro della *Concordia*[103] – il compito di assegnare, in corrispondenza delle opere della prima testimonianza, quelle che si sono compiute nel secondo stato, ho creduto valesse la pena che quegli stessi avvenimenti che abbiamo messo in corrispondenza con quelli passati per semplice asserzione – perché, purtroppo, le storie che chiamiamo ecclesiastiche sono ritenute meno degne di fede –, fossero tratti ad esempio dal libro dell'*Apocalisse*. Esso possiede un'autorità così grande che a quest'opera possiamo attribuire fede con maggior sicurezza, nella misura in cui si constata che in essa, per garanzia del Signore, appare evidente l'accordo dei fatti e dei tempi: l'intelligenza dell'uomo non scopre né rivela nulla, bensì lo Spirito, quello che parla in entrambe le testimonianze, lo ha prodotto per la profezia.[104]

E così anch'io, quando ho cominciato a leggere con attenzione questo libro, e ancora ignoravo i misteri delle concordie, non so in principio da quale impulso vi fossi condotto – solo Dio lo sa! Del resto, io so che non sono stato affatto indotto dallo studio delle storie, alla conoscenza della concordia, ma, in verità, vi sono stato spinto soltanto dal confronto con le opere passate dell'Antica Testimonianza, ritenendo che ciò che è trovato concorde nella testa non possa differire nel corpo, né che sia inutile ricercare negli altri santi ciò che concorda con i patriarchi e con gli apostoli. Io mi dedicai proprio a questo, affinché

ipso, ut quantum Deus mihi concederet testimoniorum concordiam compilarem, sed an scrupulosis mentibus satisfecerim nescio.

Quocirca quia sicut nec Pater / sine Filio nec Filius sine Patre est, ita nec vetus Testamentum sine novo, nec novum sine veteri concordare quis potest, et tamen ut de Patre Filius, ita novum de veteri Testamento processit, sit liber ille si placet testimonii veteris proprius, iste novi, ut in ore duorum testium, hoc est, Patris et Filii in duobus testibus loquentium tam mire sibi concordantibus stet omne verbum, donec reveletur apertius tertius testis, qui cum venerit totius dubietatis amovebit caliginem, et docturus est electos suos omnem plenitudinem veritatis. "Pater meus," inquit Dominus, "usque modo operatur, et ego operor," ipse in veteri, ego in novo, licet nec ipse sine me, nec ego sine ipso, quia omnia quae habet Pater mea sunt, et omnia quae ego habeo ejus sunt. Attamen ut duo esse sine cunctatione credamur, ipse operatus est manifeste in veteri, cum adhuc ego manerem occultus, nunc vero ego operor ut cognoscat me mundus, et omnes honorificent Filium sicut honorificant Patrem. Haec de se.

Quid vero de Spiritu sancto? "Multa," inquit, "habeo vobis dicere; sed non potestis portare modo. Cum autem venerit ille Spiritus veritatis, docebit / vos omnem veritatem." Hoc promissum perpaucis completum est, hoc est, apostolis, licet legamus apostolum dicentem: "Ex parte cognoscimus, et ex parte prophetamus; cum autem venerit quod perfectum est, evacuabitur quod ex parte est." Restat ergo ut sacramentum istud taliter completum esse dicamus, ut tamen in die Paschae quo datum est primo apostolis munus illud, tempus tertii status accipiamus in quo accepturi sumus plenius ad contemplandum, quod ad bene operandum hactenus accepisse videmur, gratia nobis data pro gratia. Quod autem in die Pentecostes consummatum est in apostolis, post novissimum diem saeculi

— per quanto Dio mi ha concesso — fossi in grado di redigere la concordia delle Testimonianze: tuttavia non so se abbia soddisfatto le menti più esigenti.[105]

Di conseguenza, come il Padre non sta senza il Figlio né il Figlio senza il Padre, così nessuno può concordare il Vecchio Testamento senza il Nuovo, né il Nuovo senza il Vecchio, e tuttavia il Nuovo Testamento è sorto dal Vecchio, come il Figlio dal Padre. Pertanto quel libro — la *Concordia* —, volendo, appartenga all'Antica Testimonianza, mentre questo lo si attribuirà alla Nuova, così come ogni parola — finché non verrà rivelato più chiaramente il terzo testimone, colui che, quando sarà venuto, toglierà ogni ombra di dubbio e condurrà i suoi eletti alla totale pienezza della verità — sta nella bocca di due testimoni, cioè del Padre e del Figlio, i quali parlano per mezzo dei due Testamenti[106] in modo tanto concorde fra loro. *"Il Padre mio,"* dice il Signore, *"opera sempre, e anch'io opero"* (Gv. 5,17), Egli nell'Antica Testimonianza, io nella Nuova, né Lui può farlo senza di me, né io senza di Lui, perché tutto ciò che il Padre possiede è mio, e tutto ciò che io possiedo è Suo. E nondimeno, anche se si crede, senza esitazione, che noi siamo due, Egli ha agito manifestamente nell'Antica Testimonianza, quando io rimanevo ancora nascosto, mentre adesso io agisco perché il mondo mi conosca, e tutti rendano onore al Figlio come rendono onore al Padre. Così il Signore ha parlato di sé.

Ma che cosa ha detto dello Spirito Santo? Egli dice: *"Molte cose ho ancora da dirvi, ma per il momento non siete capaci di portarne il peso. Quando però verrà quello Spirito di Verità, egli vi insegnerà la verità tutta intera"* (Gv. 16,12-13). Questa promessa si compì per pocchissimi uomini, ovvero per gli apostoli, anche se leggiamo l'apostolo dire: *"Conosciamo solo in parte, e in parte profetiamo; ma quando verrà ciò che è perfetto, ciò che è parziale scomparirà"* (1Cor. 13,9-10). Allora, si dà per certo che come diciamo che questo sacramento si è compiuto in questa maniera — sebbene quel dono fosse stato dato per la prima volta agli apostoli il giorno di Pasqua —, così accogliamo il tempo del terzo stato, in cui ci sarà concesso di contemplare più perfettamente ciò che finora pensiamo di aver ricevuto per agire bene: la grazia ci sarà data per la grazia. Invece, ciò che si è compiuto negli apostoli il giorno di Pentecoste, deve compiersi in tutti i sant'uomini

consummandum est in omnibus sanctis. At de his alias.

Illud vero quod in promptu est quantum ipse de quo loquimur dederit exequamur, et quod in illo primo opere laboriose ostendimus innitentes veteribus, amplectentes in hoc secundo novum Apocalypsis librum, studio quo possumus exquiramus, ut dum alteram per alteram cernimus, una ex utroque veritas illustrata clarescat. Primo itaque discutiendum est, quae sunt generales libri partes, et ita demum de specialibus quod ratio dictaverit inquiremus. /

Generales libri partes septem sunt, speciales plurimae, eo quod singula septem partium quibusdam certis capitulis distinguatur, licet in quarta parte libri, et sexta et septima non adeo distinctiones ipsae manifestae sint quomodo in ceteris partibus, sed tamen ex quibusdam numeris et operibus consonare in hoc ipso reliquis partibus comprobantur, de quibus quod Deus donaverit in suis locis dicetur. Generales itaque libri partes septem sunt, si tamen quae de sexto et septimo tempore scripta sunt, acsi duo mannae gomor sub uno sexto tempore coartentur, ut sub uno videlicet sexto tempore utriusque doctrina temporis proferatur.

Ac per hoc aperte datur intelligi geminam esse sextam partem, et duorum in se temporum gesta, sexti scilicet et septimi, ut superius jam diximus, continere. Et ob hoc septima libri pars quae et octava non incongrue dici posset, nequaquam secundum hoc aetatem septimam tangit sed octavam, sive, ut dicamus melius, et secundum aliquid septimam et secundum aliquid octavam, quia et pars quaedam claritatis Hierusalem manifesta erit in septima, et tota generaliter in octava. Et idcirco non

dopo l'ultimo giorno del mondo. Ma di ciò parleremo un'altra volta.[107]

Piuttosto è imminente che noi portiamo a termine quanto ci ha dato proprio Colui di cui parliamo, e ciò che, a fatica, abbiamo mostrato prima, in quel libro della *Concordia*, facendo leva sulle Antiche Testimonianze, lo ricerchiamo, con la cura di cui siamo capaci, trattando, in questo secondo lavoro, del libro straordinario dell'*Apocalisse*, perché, vedendo una cosa per mezzo dell'altra, un'unica verità divenga chiara alla luce di entrambe. Perciò, prima bisogna discutere quali siano le suddivisioni principali del libro e, soltanto a questa condizione, potremo indagare — secondo le necessità del discorso — sulle sue suddivisioni particolari.[108]

(IX)

Le suddivisioni principali del libro dell'*Apocalisse* sono sette, mentre quelle particolari sono molte di più perché ciascuna delle sette parti è divisa in un certo numero di capitoli, anche se nella quarta parte del libro — come nella sesta e nella settima — le stesse divisioni non sono così evidenti come nelle altre parti. Tuttavia, si verifica che esse, rispetto ad ognuno dei numeri e degli avvenimenti, concordino, in questo libro, con le parti rimanenti, di cui, al momento opportuno, si dirà ciò che Dio ci avrà concesso di dire. Quindi, le parti principali del libro sono sette, anche se quelle che sono state scritte riguardo al sesto e al settimo tempo, vengono riassunte — come le due misure di manna [Es. 16,1-29] — in corrispondenza del solo sesto tempo, affinché, cioè, l'insegnamento di entrambi i tempi sia esposto nel sesto tempo soltanto.[109]

Per questo motivo, dunque, si è fatto capire chiaramente che la sesta parte è doppia, e — come abbiamo già detto in precedenza — contiene in sé gli avvenimenti dei due tempi, vale a dire del sesto e del settimo. E perciò la settima parte del libro non erroneamente si può anche definire ottava, in quanto essa non riguarda affatto la settima età, bensì l'ottava, o, per meglio dire, essa concerne, per certi aspetti la settima e per certi l'ottava, perché la Gerusalemme di luce sarà rivelata, in parte nella settima età, e tutta, completamente, nell'ottava. E quindi, non a sproposito la se-

absurde / pars sexta gemina est, ut et per hoc quod septima pars supernae civitati relinquitur, partem claritatis ejus septima aetate saeculi revelandam esse fidelibus agnoscamus; et per hoc quod sexta pars gemina est et duo tempora tangit, perfectionem claritatis ejus in octavo et aeterno saeculo felicius quam in septimo affuturam speremus.

Quocirca nec vacare a mysterio credendum est, quod Graeci diebus sabbatorum praeter quam uno sabbato non jejunant, sicut nec illud vacare potuit quod Judaei operari sabbatis crimen putabant, quos tamen in hujusmodi otio eo litteralis intellectus occidit, quo Spiritus non vivificat. Quod si et Graeci quoque si sane saperent timere debuerant, nequando et ipsi deficiant in vetustate litterae, si novitatem spiritualis intellectus apprehendere nolunt.

Nos autem attendamus mysteria, in quibus major filius juniori deservit. Quod carnalis illa observatio sabbati sub statu primi temporis designabat, in tempore secundi status consummatum est, quando fideles populi libertate potiti a servili et carnali opere legis liberati sunt, et ab opere servili quod de veteri parente contraxerant / praestante Christi gratia sabbatizare coeperunt, metuentes iram judicis si dies salutis in vanum accipiant, et tempus acceptabile opere servili commaculent. Quod autem Graecorum populus qui in multis superstitionis Judaicae usque in praesentem diem immitator existit, epulari non mediocriter diebus sabbatorum elegit, atque hoc in omni tempore status secundi pertinaciter tenuisse cognoscitur, divino judicio accidisse nemo dubitet, qui ante quam veniat spirituale, praemittit quod animale est, ut tamdiu maneat in domo filius ancillae, quamdiu aut natus non est, aut si natus necdum adultus, necdum emancipatus a patre, et libertate donatus filius liberae, qui "sub tutoribus et actoribus est, usque ad praefinitum tempus a patre."

Quod ergo sub secundo statu Graeci hactenus servasse noscuntur, in

sta parte è doppia, cosicché, da un lato comprendiamo che, siccome la settima parte ci tramanda qualcosa della Città Celeste, una porzione della sua luce dev'essere rivelata ai fedeli nella settima età; dall'altro, giacché la sesta parte è doppia e riguarda due tempi, noi attendiamo la perfezione della sua luce che giungerà, nell'ottavo ed eterno tempo, più abbondantemente che nel settimo.

Di conseguenza, si deve credere che non sia privo di valore simbolico il fatto che i Greci, eccetto che per un unico caso, non digiunino nei giorni di sabato, come, a sua volta, non può esserne privo il fatto che i Giudei ritenevano un crimine lavorare di sabato. Ma i Giudei, in un tale ozio, in cui lo Spirito non vivifica, finirono per essere uccisi dall'intelligenza letterale [2Cor. 3,6]. E se ciò è accaduto, anche i Greci dovrebbero temerlo se ne avessero la consapevolezza, qualora anch'essi, per non venir meno all'antichità della lettera, si rifiutassero di apprendere la novità dell'intelligenza spirituale.[110]

Noi, invece, ci dedichiamo ai misteri in cui il figlio maggiore s'impegna a servire il minore. Ciò che nello stato del primo tempo rappresentava quell'osservanza carnale del sabato, si è compiuto nel tempo del secondo stato, quando i popoli credenti, ottenuta la libertà, furono sciolti dall'incombenza servile e carnale della legge, e dal travaglio di schiavitù che avevano ricevuto dal vecchio genitore. Essi, con la garanzia della grazia di Cristo, cominciarono a festeggiare il giorno del Signore, temendo l'ira di quel giudice se accolgono il giorno della salvezza inutilmente, e ne macchiano la durata sia pure con una sopportabile incombenza servile. Invece, siccome il popolo dei Greci – che fino ad oggi è sembrato imitare molte delle osservanze giudaiche – scelse di mangiare senza moderazione nei giorni di sabato e si sa che questa usanza fu osservata tenacemente per tutta la durata del secondo stato, nessuno deve dubitare che questo sia accaduto per decisione di Dio, che anticipa ciò che è animale prima che venga ciò che è spirituale. Così il figlio dell'ancella rimane in casa a lungo – per tutto il tempo che o non è ancora nato, o, se è nato, non è ancora adulto e non ancora emancipato dal padre –, e il figlio della donna libera, colui che "*dipende da tutori ed amministratori, fino al termine stabilito dal padre*" (Gal. 4, 2), ottiene la libertà.[111]

Allora, è noto che i Greci hanno osservato queste usanze fino ad oggi, durante il secondo stato, mentre esse devo-

tertio statu quod erit magnum sabbatum consummandum est, in quo reficiendae sunt animae justorum epulis spiritualibus, de quibus in quarta parte libri de contemplatorum ecclesia dicitur: "Et mulier fugit in solitudinem, ubi habet locum paratum a Deo, ut ibi pascant illam diebus mille ducentis sexaginta." Hoc spirituale pran/dium designatum est in Elias, quem postquam recessit a torrente Carith ubi pascebatur a corvis, pavit mulier Sarephtena pane subcinericio et oleo, quae doctrinam purae fidei et caritatis designant; quam ecclesia Latina membris Christi devotissima obtulit, non pane fermentato et carnibus quae obtulerunt corvi, quae doctrinam multipliciter corruptam sicut Origenis et carnales institutiones suas, et scripturas apocryphas quas indifferenter accipiunt, et quas ipsi obtulerunt et praetulerunt designant; propter quod recessit ab illis gratia, et ad ecclesiam Romanam transmissa est, cujus non deficiet fides, quam etsi cribrari oporteat sicut triticum, portae tamen inferi non praevalebunt adversus eam.

Quocirca perpendat Graecus et videat, ne sibi paleas Latino vero congreget fructum, quoniam quidem ille vere epulatur sabbatis qui in eis studet mentem implere non ventrem, nimirum quia sabbatum illud contemplatorum erit, quorum initium est jejunare a vitiis et a cibis, ut spiritualibus / epulis impleantur, et gustare per excessum mentis quam dulcis et suavis est Dominus. Desinat ergo, desinat superstitio ista. Desinant Graeci cum corvo non redire ad arcam, magis redire cum columba, proferentes in ore ramum olivae virentem foliis, verba dumtaxat fidelia et spiritualia quae decent sanctos, ut et ipsi sancti cum columba conserventur in arca.
Ceterum quod mysterii est, recte sabbato illo quod paschale festum praeit, affliguntur pariter et ipsi nobiscum, quia sabbatum istud non epularum dies sed tempus designat afflictionis permaximae, quae futura est sub rege illo quem scribit Daniel, cujus supra fecimus mentionem, qui supra.

no terminare nel terzo stato, che sarà il grande sabato, in cui le anime dei giusti devono rifocillarsi con cibi spirituali. Di essi, nella quarta parte del libro dell'*Apocalisse,* si dice, parlando della Chiesa dei contemplativi, "*La donna, invece, fuggì nel deserto, dove Dio le aveva preparato un rifugio perché vi fosse nutrita per milleduecentosessanta giorni*" (Ap. 12,6). Questo banchetto spirituale è stato rappresentato in Elia [1Re 17,3-5],[112] che, dopo essersi ritirato presso il torrente Cherit, dove veniva nutrito dai corvi, fu sfamato dalla donna di Zarepta con pane cotto sotto la cenere e con olio, che simboleggiano l'insegnamento della pura fede e della carità. Questo nutrimento fu offerto dalla Chiesa Latina, la più devota delle membra di Cristo, che non prese il pane fermentato e le carni che avevano offerto i corvi, che simboleggiano i molti modi in cui si corrompe la dottrina. Per esempio quello di Origene e dei suoi insegnamenti carnali,[113] o delle scritture apocrife, che i Greci accolgono indistintamente, e che, anzi, essi hanno prodotto e preferito. Perciò la grazia si ritrasse dai Greci e passò alla Chiesa di Roma, che non verrà meno nella fede, e anche se bisogna che venga setacciata come il frumento, tuttavia "*contro di lei le porte degli inferi non prevarranno*" (Mt. 16,18).

Dunque, il Greco ponderi e rifletta, perché non tocchi a lui la paglia, mentre al Latino spetti la spiga, dal momento che, certo, mangia veramente di sabato colui che, in questi giorni, desidera riempirsi la mente, non la pancia. Infatti, quel sabato apparterrà ai contemplatori, che iniziano con l'astenersi dai vizi e dai cibi, per saziarsi di vivande spirituali, e giungono a gustare, con il rapimento della mente, quanto dolce ed amabile è il Signore. Perciò si finisca, si abbandoni questa credenza! I Greci la smettano di non tornare all'arca con il corvo, piuttosto vi ritornino insieme alla colomba, dicendo, con in bocca il ramoscello d'ulivo, verde di foglie, le parole di fede e spirituali che, né più né meno, si addicono ai santi, perché, santi pure loro, vengano salvati nell'arca assieme alla colomba [Gen. 8,8-12]. Del resto, è simbolicamente significativo che anch'essi si affliggano come noi, proprio in quel sabato che precede la festività pasquale, perché questo sabato non indica un giorno di banchetti, ma rappresenta il tempo di grandissima afflizione che sta per accadere, in corrispondenza di quel re che Daniele descrive e di cui

ut ait, credi potest, universa vastabit.

Quia vero mentio de sabbatis facta est, in his quae praescripsimus et in scribendis facienda occurret, operae pretium arbitror quid differat inter sabbatum et sabbatum diligenti scrutatione discutere, ne pro eo quod diversa sunt sabbata et diversa mysteria sabbatorum, aliud occurrens pro alio intellectum obscuret, / et sicut accidere ⟨potest⟩ in similibus rebus occupata mens circa plurima ad diversa discurrat, et alia pro aliis accipiendo desipiat.

Sabbatorum ergo genera plura sunt. Est enim sabbatum historicum, et est sabbatum morale. Est sabbatum typicum, et est sabbatum contemplativum. Unumquodque istorum praeter contemplativum multiplex est, quia multas eorum singulum species habere cognoscitur. Sabbatum historicum est, diei, mensis, et anni, quia et diem et mensem et annum custodire primus populus jussus est. Sabbatum morale est quasi diei, cum quis post lectionem et psalmos redit ad opus, et iterum post laborem ad contemplationem recurrit. Est et sabbatum quasi mensis, cum relicta quis vanitate saeculi Deo se totum exhibet mente et corpore serviturum. Est et quasi anni, cum seminatur corpus animale ut requiescat anima, donec peracto sabbato suo corpus recipiat spirituale. De hoc sabbato dicit apostolus: "Qui ingressus est in requiem ejus, etiam ipse requievit ab operibus suis, sicut a suis Deus." Sabbatum typicum illud est, quod de figuris Testamenti veteris in novo colligitur. Est autem et ipsum quasi diei, cum singulis temporibus sextae aetatis usque ad / sextum tempus, hoc est,

abbiamo fatto menzione in precedenza, il quale – come egli dice – *"oltre ogni possibile immaginazione, distruggerà tutto"* (Dn. 8,24).

(X)

Ma poiché si è accennato alla questione dei sabati in ciò che abbiamo già scritto e se ne ripresenterà l'occasione in ciò che dobbiamo ancora scrivere, ritengo valga la pena, mediante un attento esame, discutere sulla differenza tra sabato e sabato. Questo perché, siccome diversi sono i sabati e diversi i significati simbolici dei sabati, non si confonda l'intelligenza mostrando una cosa per l'altra, e – come può succedere in casi analoghi – la mente, impegnata intorno a moltissimi problemi, non si disperda in argomenti diversi, e prendendo una cosa per l'altra, giunga a conclusioni stravaganti.

Quindi, vi sono molti tipi di sabato. V'è, infatti, il sabato storico e il sabato morale. V'è il sabato tipologico e v'è il sabato contemplativo.[114] Ciascuno di questi, tranne il sabato contemplativo, è molteplice, perché si sa che ognuno di loro possiede molti aspetti. Si ha il sabato storico del giorno, del mese e dell'anno, perché quel primo popolo[115] ricevette l'ordine di osservare il sabato sia per il giorno, che per il mese, che per l'anno [Lv. 23,3; 23,23-25; 25,1-17]. V'è il sabato morale corrispondente al giorno, quando qualcuno, dopo la lettura della Sacra Scrittura e la recita dei *Salmi,* fa ritorno alla sua occupazione pratica e, di nuovo, dopo il lavoro, torna di corsa alla contemplazione. V'è anche il sabato morale corrispondente al mese, quando qualcuno, abbandonata la vanità del mondo, offre tutto se stesso a Dio per servirlo con la mente e con il corpo. Inoltre, v'è il sabato morale corrispondente all'anno, quando, mentre l'anima riposa, viene generato il corpo animale, finché, dopo aver trascorso il suo periodo sabbatico, essa riceve il corpo spirituale. Di questo sabato l'apostolo dice: *"Chi è entrato nel suo riposo, riposa anch'egli dalle sue opere, come Dio dalle proprie"* (Eb. 4,10). Il sabato tipologico è quello che si ricava dalle figure del Vecchio Testamento nel Nuovo. D'altra parte, anche questo è corrispondente al giorno, quando si comprende che il sabato è presente in ciascun periodo della sesta età

singulis sex temporibus inesse sabbatum intelligitur, eo quod per singula sex certaminum dederit Deus pacem ecclesiae suae, ut requiesceret intervallis temporum a laboribus.

Ut enim singula hebdomadarum quadragesimae sabbatum suum habere dignoscitur, ita singulo ecclesiae tempori datum est habere sabbatum suum, ne protelata nimis afflictione desperationem subiret. Est et sabbatum quasi mensis, cum consummatis sex temporibus aetatis sextae sequetur sabbatum majoris gloriae, acsi hebdomadas quadragesimae hebdomada Paschae. Est nihilominus quasi anni, cum consummatis sex aetatibus mundi sequetur sabbatum aetatis septimae, quod erit tempus tertii status cujus supra fecimus mentionem. Secundum vero anagogen, unum erit sabbatum contemplativum, quod erit in vita futura, quod eo modo assignandum est quo superius diximus, videlicet ut sextam aetatem mundi usque ad finem saeculi protendamus, eo quod infra pressuras mundi verum esse sabbatum nequeat, respectu illius sabbati quod in patria est. Sive autem de isto sabbato, sive de illo quod typicum est, in epistola ad Hebraeos / per apostolum dicitur: "relinquetur sabbatismus populo Dei." Hoc de tribus generibus sabbatorum, quae per tres intelligentias mysticas huc illucque discurrunt, juxta consuetum usum et sollemnem intelligentiam scripturarum.

Verumtamen alio modo tria sabbata assignari queunt, quorum tertium illud est, quod in tertio statu saeculi diximus affuturum, de quo in hoc articulo tacendum non est, eo quod alio modo quam praediximus status mundi hujus distinguatur. Horum primum fuit ante legem, secundum sub lege, tertium sub gratia. Ante legem fuit sabbatum per quadringentos quadraginta annos, manentibus filiis Israel in Aegypto; hoc est, ex eo tempore quo patres eorum ingressi sunt Aegyptum usque ad Moysen, qui filios Israel patres nostros de regno Aegyptiorum eripuit, et ad terram

– ossia per ciascuno dei sei tempi – fino al sesto,[116] perché Dio avrebbe concesso la pace alla Sua Chiesa per ciascuna delle sei guerre, affinché essa, in questi intervalli dei tempi, si riposasse dalle fatiche.

Infatti, come si riconosce che ciascuna delle settimane della Quaresima ha il suo sabato, così si concesse che ciascun tempo della Chiesa avesse il suo sabato, perché essa, durando troppo la pena, non sprofondasse nella disperazione. Inoltre, v'è il sabato tipologico corrispondente al mese, quando, dopo che si sono compiuti i sei tempi della sesta età, seguirà un sabato di maggior gloria, così come la settimana di Pasqua viene dopo le settimane della Quaresima. Ma, comunque, v'è anche il sabato tipologico corrispondente all'anno, quando, dopo che si saranno compiute le sei età del mondo, seguirà il sabato della settima età, che sara il tempo di quel terzo stato che abbiamo già nominato in precedenza.[117] Invece, secondo il senso anagogico, il sabato contemplativo, che verrà nella vita futura, sarà uno solo, perché dev'essere stabilito in quel modo che abbiamo appena detto – ovvero come se facessimo durare la sesta età del mondo sino alla fine dei tempi – in quanto, di fronte a quel sabato che è nella patria celeste, non può esserci un vero sabato fra le sofferenze del mondo. Allora, di questo sabato o di quello che è tipologico, l'apostolo dice, nella *Lettera agli Ebrei*: "*Al popolo di Dio spetta ancora un riposo sabbatico*" (Eb. 4,9). Questo è quanto riguarda i tre tipi di sabato che, mediante le tre intelligenze simboliche,[118] si rappresentano, in questo o in quel passo, secondo la lettura abituale e l'interpretazione tradizionale delle Scritture.

Ma, tuttavia, i tre sabati si possono fissare anche in un altro modo: il terzo di questi è quello che abbiamo detto che sta per venire nel terzo stato del mondo, sul quale, a questo punto, non si deve più tacere. Infatti, lo stato del mondo proprio di questo sabato si può distinguere diversamente da quanto abbiamo detto in precedenza. Il primo di questi sabati venne prima della legge, il secondo sotto la legge, il terzo sotto la grazia.[119] Prima della legge vi fu un sabato di quattrocentoquarant'anni [Es. 12,40], durante i quali i figli d'Israele rimasero in Egitto; cioè da quando i loro padri entrarono in Egitto fino a Mosè, che fece uscire i nostri padri, i figli d'Israele, dal regno degli Egiziani, e li attirò, come suona la superficie della lettera – qualo-

fluentem lac et mel, et montes satis uberes ut littera extra resonat, si tamen sic ad litteram tenendum est, et non magis ad Spiritum invitavit. Secundum sabbatum sub lege fuit, cessantibus historiis et prophetis, a diebus scilicet Malachiae prophetae / usque ad Joannem Baptistam Sane tertium sabbatum sub gratia futurum est, a tempore quo diabolus incarcerabitur ut non seducat amplius gentes usque ad finem saeculi cum venturus et praecursurus judicem expectatur Elias.

Et quia scriptum est de primo trium ad litteram per quendam sapientem: dum medium silentium tenerent omnia, quod tantum in Spiritu de secundo intelligendum est, quaeritur non absurde utrum etiam secundum sabbatum et tertium silentium habeant, et quale sit singulorum silentium. Si incipimus enumerare gesta patrum, cursusque temporum et annorum per singulos, exordientes ab Adam, non deficiet in eis sermo divinus et numerus annorum per patriarchas singulos, usque ad Joseph qui mortuus est in Aegypto, et annumeratus patribus, deficientibus in eis historiis et computationibus temporum.

Ex eo namque tempore usque ad Moysen de nullo nepotum Jacob scriptum est, quod cum esset tot annorum genuerit talem aut talem, etsi videatur scriptus numerus annorum vitae Levi et filii ac nepotis ipsius, / per quem tamen chronicaria tempora assignari non possint, nisi quod in summa et confuse traditum est, quod habitatio filiorum Israel in Aegypto fuerit quadringentorum annorum. Sed neque alicujus opera scripta sunt, sicut antea fieri consueverat, et sicut in sequenti tempore a Moyse usque ad Esdram, ut esse tempus illud trium sabbatorum tam silentium doceret quam otium.

Eodem modo a Zorobabel usque ad Joannem Baptistam, neque per Regum chronicam, neque per patrum genealogiam annorum summa distincta est, sed neque gesta aliquorum usque ad Machabaeos in libris

ra ci si debba attenere alla lettera e non piuttosto allo Spirito –, verso la terra dove scorre latte e miele e vi sono colline molto fertili [Es. 3,8]. Il secondo sabato fu sotto la legge, in corrispondenza della fine delle storie e dei profeti, vale a dire dai giorni del profeta Malachia fino a Giovanni Battista. Il terzo sabato, che è sotto la grazia, certamente accadrà, a partire dal tempo in cui il diavolo verrà incatenato per non corrompere ancora le nazioni [Ap. 20,1-3], fino alla fine del mondo, quando è atteso Elia,[120] che giungerà precedendo il Giudice Supremo.

E siccome del primo dei tre sabati un certo sapiente ha scritto, alla lettera, *"mentre un eguale silenzio avvolgeva tutte le cose"* (Sap. 18, 14), il che deve essere inteso soltanto in senso spirituale a proposito del secondo sabato, non erroneamente ci si chiede se il silenzio appartenga anche al secondo e al terzo sabato, e di che tipo sia il silenzio di ciascuno. Se, a partire da Adamo, cominciamo a contare le imprese dei padri e il susseguirsi dei tempi e degli anni, ad uno ad uno, fino a Giuseppe, che morì in Egitto e che appartiene al novero dei padri a cui mancano sia i racconti storici che il computo dei tempi, in questi ultimi non verrà meno, per ciascun patriarca, né la parola divina, né il conto degli anni.

Infatti, da allora fino a Mosè, di nessuno dei discendenti di Giacobbe si scrisse quanti anni avesse quando generò questo o quell'altro patriarca, anche se vediamo annotato il numero degli anni di vita di Levi, di suo figlio e di suo nipote [Es. 6,16-20], che, tuttavia, non permettono il calcolo della cronologia. Così si scrisse solo ciò che è stato tramandato come cifra complessiva e senza distinzioni, ovvero che la permanenza dei figli d'Israele in Egitto sarebbe stata di quattrocento anni [Gen. 15,13; Es. 12, 40]. Però non si trascrissero le gesta di nessuno, come accadeva abitualmente in precedenza e come accadde in seguito, da Mosè fino ad Esdra, per insegnare che quel tempo dei tre sabati sarebbe stato sia di silenzio che di riposo.

Egualmente, nel periodo che va da Zorobabele fino a Giovanni Battista, la somma degli anni non fu ulteriormente suddivisa né dalla cronaca dei Re, né nella genealogia dei padri, ma neppure, fino ai Maccabei, si trascrissero nei libri canonici le imprese di qualcuno, né gli stessi libri dei *Maccabei* furono accolti nel computo delle Scrit-

canonicis scripta sunt, neque libri ipsi sicut magna illa Prophetarum et Hagiographorum volumina in catalogo scripturarum recepti sunt, sed fuit silentium prophetarum in omni tempore illo, donec omnipotens Dei sermo de regalibus sedibus adveniret. Ut autem in silentio primo summa quidem annorum colligitur, sed tamen de principio dubitatur, ita et hic quoque dictum est Danieli in spiritu, ab exitu sermonis usque ad Christum ducem, hebdomadae septem erunt, et iterum sexaginta duae; sed tamen de principio usque hodie dubitatur. Qua / in re illud mihi significari videtur, quod numerum annorum tertii sabbati quod futurum est, incertum omnipotens Deus esse velit, ut nullus mortalium scire possit, qua die vel qua hora ad extremum exercendum judicium judex judicum venturus sit.

Ut autem in tribulatione prima quae facta est in Aegypto a duobus regibus Aegypti missus est contra ipsos Moyses, in ea vero quae facta est in terra Juda a primo et secundo Herode missus est Joannes Baptista, ita in ea quae futura est in diebus Gog venturus creditur Elias, ut ita ipse praecurrat judicem, quomodo Joannes Baptista missus est praecurrere redemptorem. Et quia misso ad pharaonem Moysi datus est in socium Aaron, non frustra tenet opinio venturum et Enoch cum Elias, licet de hoc quod duo prophetae traduntur in libro isto occidendi a bestia, occultum atque involutum satis relinquatur mysterium, eo quod liber Apocalypsis duos intellectus mysticos demonstretur habere, quorum primus in secundo statu consummandus est, secundus in tertio, nec tamen in genere libri sed in specie, pro eo scilicet quod in genere libri cursus / temporis tangitur usque ad novissimum diem, in specie vero usque ad initium tertii status, et in tertio intellectu ab initio tertii status usque in finem, praesertim cum generalis intellectus magis tangat statum secundum, specialis magis tertium, quod qualiter intelligi debeat in sequenti dicetur.

Si autem intellectus typicus duplicandus est, quis scit utrum istud in

ture, come i molti volumi dei *Profeti* e degli *Agiografi*. Invece, durante tutto quel tempo vi fu il silenzio dei profeti, finché l'onnipotente parola di Dio non sopraggiunse dalle sue regali dimore. Inoltre, come per il primo silenzio si calcola un certo numero di anni, ma, tuttavia, si è incerti sull'inizio, così, allo stesso proposito, anche Daniele disse, in senso spirituale, che *"vi saranno sette settimane, e poi sessantadue"* (Dn. 9,25-26)[121] dalla fine della parola alla venuta del Cristo Principe, e ciononostante, ancor oggi si è incerti sul loro inizio. Con questa omissione mi sembra si faccia comprendere che Dio Onnipotente vuole che rimanga indeterminato il numero degli anni del terzo sabato che verrà, perché nessuno dei mortali sia in grado di conoscere in che giorno o in che ora il Giudice dei Giudici verrà per compiere il Giudizio [Mt. 25,13; Mc. 13,32].

Invece, come nella prima tribolazione che i due faraoni fecero in Egitto fu mandato contro di loro Mosè, mentre in quella che compirono il primo e secondo Erode fu mandato Giovanni Battista, così, in quella tribolazione che accadrà nei giorni di Gog si crede debba venire Elia, perché egli possa precedere il Giudice Supremo, così come Giovanni Battista fu mandato a precedere il Redentore. E siccome quando Mosè fu mandato dal faraone gli fu dato come compagno Aronne [Es. 5,1], non senza ragione si presume che con Elia verrà Enoch, anche se il mistero rimane abbastanza oscuro e denso per il fatto che proprio in questo libro si riferisce che i due profeti devono essere uccisi dalla Bestia [Ap. 11,7].[122] Infatti il libro dell'*Apocalisse* mostra di possedere due intelligenze simboliche, la prima delle quali deve compiersi nel secondo stato, la seconda nel terzo. Tuttavia, ciò non accade nel significato principale del libro, ma in quello particolare, perché, appunto, secondo il significato principale del libro, il corso del tempo si estende fino al giorno del Giudizio, mentre invece, secondo quello particolare, lo sviluppo temporale giunge fino all'inizio del terzo stato e, per la terza intelligenza, dall'inizio del terzo stato fino al suo termine. Questo accade perché l'intelligenza generale riguarda soprattutto il secondo stato, mentre quella speciale riguarda soprattutto il terzo – ma come ciò si debba intendere lo dirò in seguito.[123]

D'altra parte, se l'intelligenza tipologica dev'essere duplicata, chi può sapere se è necessario che ciò si compia

Spiritu an in littera consummari oporteat, ut quomodo Elias bis venturus erat, qui venire semel promissus fuerat, primo quidem in persona Joannis, secundo veraciter in se ipso, ita quod de prophetis dictum est bis consummandum accipitur? Quocumque autem modo istud se habeat, illud tamen apud omnes irrefragabiliter certum est, quod sicut Moyses missus est in fine temporis quod fuit ante legem, Joannes Baptista in fine temporis quod fuit sub lege, ita in fine temporis quod est sub gratia Elias propheta venturus est, qui sicut ait Dominus in evangelio, ipse restituturus est omnia. Designat autem Moyses personam Patris, utpote qui genitor fuit; Joannes qui non genuit, Christum Jesum, qui sicut dicit Joannes / cujus est liber iste, "in aqua venit et sanguine;" Elias Spiritum sanctum, qui in specie quondam ignis apparuit.

Ut enim ministerium suum in aqua Joannes, ita suum in igne consummabit Elias. Qui videlicet Elias nec usquam filium habuisse legitur, et omnino cujus fuerit filius reticetur, ut specialius procedentis Spiritus quam gignentis Patris, aut nascentis Filii typum tenuisse monstretur. Si autem in hac parte Moyses quidem Dei Patris, Joannes Baptista Filii, Elias Spiritus sancti similitudinem gerit, quid est quod Elias tempore primo Moysen secutus est, secundo Joannem, nisi quia unus atque idem Spiritus a Patre Filioque procedit? Qui etiam propter hoc ut Deo Patri in veteri cooperatus est, loquens verba mystica per prophetas, ita in Testamento novo cooperatur Filio, loquens in eisdem verbis mysticis per doctores ecclesiae.

Quocirca etsi primum silentium sabbatum dici potuit, quia numquam est Pater absque illo qui ab ipso procedit, etsi secundum silentium sabbatum dici potuit, quia numquam est Filius absque Spiritu sancto, qui ab ipso quoque sicut et a Patre procedit, quoniam quidem ad ipsum pertinet

secondo la lettera o secondo lo Spirito, sicché si possa intendere che come Elia, la cui venuta era stata preannunciata una sola volta [Ml. 3,23], verrà per due volte – la prima, infatti, nella persona di Giovanni, la seconda proprio in se stesso –, così ciò che è stato detto dai profeti debba compiersi due volte? Ma, comunque ciò avvenga, è innegabilmente certo per tutti che come Mosè fu mandato in conclusione del periodo che fu prima della legge, mentre Giovanni Battista fu mandato in conclusione del periodo che fu sotto la legge, così il profeta Elia – "*Colui che,*" come dice il Signore nel *Vangelo,* "*ristabilirà ogni cosa*" (Mt. 17,11; Mc. 9,12) – verrà in conclusione del periodo che è sotto la grazia. Del resto, mentre Mosè raffigura la persona del Padre, in quanto fu genitore, e Giovanni, che non generò, simboleggia Gesù Cristo, che – come dice il Giovanni autore di questo libro – "*è venuto con acqua e sangue*" (1Gv. 5,6), Elia rappresenta lo Spirito Santo, che apparve in sembianza di fuoco [1Re 18, 38].

Infatti, come Giovanni compì il suo ministero con l'acqua, così Elia compirà il suo con il fuoco. Inoltre di lui, cioè di Elia, in nessun passo si dice che avesse avuto prole, e si tace del tutto di chi fosse figlio,[124] per dimostrare che in lui era custodito più adeguatamente il tipo dello Spirito che procede, piuttosto che quello del Padre che genera o del Figlio che nasce. Allora, se in questa prospettiva Mosè manifesta l'analogia con il Padre, Giovanni Battista quella con il Figlio ed Elia quella con lo Spirito Santo, cosa significa il fatto che la prima volta Elia venne dopo Mosè, mentre la seconda verrà dopo Giovanni, se non che un solo ed identico Spirito procede dal Padre e dal Figlio?[125] Per questo motivo, come nel Vecchio Testamento lo Spirito cooperò con Dio Padre, esprimendo parole simboliche attraverso i profeti, così anche nel Nuovo Testamento Egli coopera con il Figlio, esprimendosi, a proposito di quelle stesse parole simboliche, mediante i dottori della Chiesa.[126]

Di conseguenza, anche se si è potuto chiamare "sabato" il primo silenzio perché il Padre non è mai senza Quello che da Lui procede, anche se si è potuto chiamare "sabato" il secondo silenzio perché il Figlio non è mai senza lo Spirito, che procede anche da Lui come dal Padre – infatti, il riposo del sabato si addice proprio allo Spirito,

requies sabbati, sicut dicit apostolus, "ubi Spiritus Domini, ibi libertas," specialius tamen silentium quod futurum / est, sabbatum vocari potest, eo quod magis proprie pertineat ad Spiritum sanctum qui est bonitas Dei, per quam accipientes fiduciam efficiamur filii et heredes, "heredes quidem Dei, coheredes autem Christi."

Dicitur autem sabbatum tempus primi silentii, respectu illorum temporum quae fuerunt ante legem usque ad tempus illud quo descendit Israel in Aegyptum. Secundum quoque silentium sabbatum dictum est, respectu illorum temporum quae sub lege et prophetis decursa sunt usque ad Malachiam prophetam. Tertium respectu illorum quae hactenus sub gratia decursa sunt, et usque ad finem sexti temporis in aerumnis et gemitibus peragentur. Sicut autem silentium primum judicium Sodomae anteivit, secundum Babylonis primae quae fuit metropolis Chaldaeorum, ita silentium novum quod in proximo futurum est, judicium Babylonis novae quod in sexta parte libri hujus Joannes annotavit praecurret.

Nec putetur contraria definitio ista ei quae de tribus statibus facta est, quorum primum ab Abraham, secundum a Joanne Baptista, tertium a tempore isto in mysterio sanctae Trinitatis incohatum diximus, quia sensus ille typicus est, et infra mundi limitem coartatur, iste vero anago/gicus, et usque ad aeternam felicitatem pertingit. In illa per unum populum qui fuit ante legem divinae unitas naturae signatur, per tres autem distinctas, populi qui per singulos trium statuum electi, et praeelecti sunt, individuae Trinitatis mysterium. In ista per populum qui fuit ante legem persona Patris designata est, per eum qui sub lege fuit persona Filii facti sub lege, per eum qui sub gratia illustratus est, et adhuc in proximo illustrandus, persona Spiritus sancti, qui pro eo quod in duobus praeceptis cordibus electorum infunditur, primo quidem in specie aurae deinde in splendore

perché, come dice l'apostolo, *"dove c'è lo Spirito del Signore lì c'è la libertà"* (2Cor. 3,17) –, tuttavia, si può chiamare "sabato" con maggior precisione proprio quel silenzio che verrà. Infatti esso si riferisce più da vicino allo Spirito Santo che è la Bontà di Dio, quella che, ricevendone il pegno, ci fa figli ed eredi: *"eredi, certo, di Dio, ma anche coeredi di Cristo"* (Rm. 8,17).

Allora, il periodo del primo silenzio è chiamato "sabato" rispetto a quei tempi che vennero prima della legge fino al momento in cui Israele scese in Egitto. Anche il periodo del secondo silenzio fu chiamato "sabato" rispetto a quei tempi che trascorsero sotto la legge e i profeti fino al profeta Malachia. Il terzo silenzio sarà chiamato "sabato" rispetto a quei tempi che finora sono passati sotto la grazia, e saranno portati a compimento, fra pene e lamenti, al termine del sesto tempo. Inoltre, come il primo silenzio precedette il giudizio di Sodoma, mentre il secondo anticipò il castigo della prima Babilonia che fu capitale dei Caldei, così il nuovo silenzio, che verrà tra poco, precorre il giudizio della nuova Babilonia, che Giovanni ha descritto nella seconda parte di questo libro [Ap. 16, 18-19,21].[127]

Né si pensi che questa suddivisione sia contraria a quella che è stata fatta secondo i tre stati – il primo dei quali abbiamo detto che fu iniziato da Abramo, il secondo da Giovanni Battista, il terzo, in virtù del simbolo della Santa Trinità, in questo nostro tempo –, perché mentre quel senso è tipologico ed è costretto entro i limiti del mondo, questo è anagogico e si estende fino alla beatitudine eterna.[128] In quella suddivisione l'Unità della natura divina è simboleggiata da quell'unico popolo che fu prima della legge,[129] mentre il simbolo della Trinità indivisibile è indicato dalle tre nature distinte, che sono i popoli scelti e preferiti per ciascuno dei tre stati.[130] Invece, in questa seconda suddivisione, la persona del Padre è stata rappresentata dal popolo che fu prima della legge, la persona del Figlio, venuto sotto la legge, è raffigurata da quel popolo che fu sotto la legge, mentre la persona dello Spirito Santo è rappresentata da quel popolo che apparve sotto la grazia e che dovrà manifestarsi ancor di più fra poco, perché lo Spirito viene infuso nel cuore degli eletti in due modi. Dapprima, infatti, Esso fu dato ai santi apostoli in forma di soffio d'aria, poi nello splendore del fuoco [At. 2,

ignis sanctis apostolis datus est, ut non frustra tempus gratiae quod modo agitur duplex esse intelligatur. Cum autem in tribus istis temporibus sacramentum Trinitatis accipitur, tunc summae et individuae unitatis mysterium in futuri saeculi statu assignatur, ubi revera unum erit et simplex electorum collegium, unum cor, una anima, sed et una voluntas.

In tribus itaque statibus qui infra mundum sunt, ex parte data est consolatio, ut per bona quae temporaliter percipimus firma sit expectatio futurorum. In primo deni/que sabbato sublimatus est Joseph in Aegypto, et universa domus Jacob requievit in pace. In secundo restituto templo muri civitatis obducti sunt, destruxerat enim illos rex Babylonis, praebentibus subsidia regibus terrae et honorantibus domum Dei et ministros ejus et urbem, licet non defuissent insidiae quaerentium malum filiis Juda, et deterrentium undique ne opus incohatum perficerent. In tertio quoque sabbato reaedificandum est templum Dei, reaedificanda est sancta civitas de novis et politis lapidibus, et hoc a filiis transmigrationis modernae, sicut quondam templum illud et civitas a filiis transmigrationis Judae. Percutit enim Deus et sanat, occidit et vivificat, ducit ad inferos et reducit, cujus judicia justa sunt, et omnes viae ejus misericordia et veritas, qui sicut opportuno tempore exaltat humiles, ita cum expedire cernit deprimit et deponit superbos, ut confusos erigat, et humiliatos exaltet. Deponit autem superbos cum eos ad Babylonem pertrahit, exaltat humiliatos cum eos ad claritatem perducit, et hoc quidem Deus omnipotens privatius operatur in singulis, sed tamen in / illis sabbatis sollemnius operandum decrevit.

Nunc igitur videndum est, qualiter Deus omnipotens in illis tribus sabbatis operetur, ut per ea quae sollemniter gesta sunt privata quoque et specialia investigare possimus. Primo considerandum est, quod si respectu praeteritorum temporum sabbata ista tempora dicta sunt, restat ut sequentia saecula, sive primo secundum litteram sive ad extremum secundum Spiritum pro octavis et quasi dominicis, sive per mysterium ut

2-3], perché si comprenda che il tempo della grazia, di cui ora si tratta, non appare duplice invano.[131] Inoltre, siccome il mistero della Trinità è accolto proprio in questi tre tempi, allora il simbolo dell'Unità suprema ed indivisibile va attribuito allo stato del mondo futuro, quando vi sarà realmente una sola ed unica comunione degli eletti: un solo cuore, una sola anima, ma anche una sola volontà.

Pertanto, la consolazione fu concessa solo in parte nei tre stati che vi sono all'interno del mondo, perché, in seguito a quanto di buono proviamo temporalmente, sia salda l'aspettativa del futuro. E così, durante il primo sabato Giuseppe acquistò potere in Egitto, e l'intera casa di Giacobbe riposò in pace. Durante il secondo sabato, ricostruito il Tempio, si innalzarono le mura di Gerusalemme – infatti il re di Babilonia le aveva distrutte – con l'aiuto dei re della terra e tributi d'onore per la casa di Dio, per i suoi ministri e per la città, anche se in Giuda non erano mancate le insidie di coloro che cercano di fare del male ai Suoi figli, e di coloro che, ovunque, tentano di dissuadere dal portare a termine l'opera iniziata [Esd. 3,1-6,22; Ne. 2,11-6,19]. Anche nel terzo sabato il Tempio di Dio dev'essere riedificato, la Città Santa dev'essere rifatta con pietre nuove e levigate, e ciò sarà compiuto dai figli dell'esilio moderno, proprio come quel Tempio e la città furono ricostruiti dai figli dell'esilio di Giuda. Infatti, Dio colpisce e risana, uccide e vivifica, conduce agli inferi e salva. I Suoi giudizi sono giusti, e la misericordia e la verità sono tutte le Sue vie. Egli esalta gli umili nel momento opportuno, così come, se lo ritiene necessario, prostra ed abbatte i superbi, per innalzare quelli che lo temono ed esaltare quelli che si sono umiliati [Lc. 1,46-55]. Quindi, prostra i superbi trascinandoli a Babilonia, mentre esalta coloro che si sono umiliati conducendoli alla luce, e ciò Dio Onnipotente preferisce farlo per ciascuno individualmente, ma, tuttavia, in quei sabati decise di doverlo fare in maniera più solenne.

Adesso, quindi, bisogna vedere che cosa fa Dio Onnipotente in quei tre sabati, perché, mediante ciò che è stato fatto in modo solenne, noi possiamo indagare anche sugli avvenimenti individuali e particolari. Innanzitutto si deve considerare che, se questi periodi furono chiamati "sabati" in relazione ai tempi già trascorsi, resta certo che interpretiamo – dapprima, alla lettera, poi, in senso spiri-

in veteri, sive in veritate rei ut in novo et aeterno testamento accipiamus, eo quod digniora fuerint saecula quae sabbata illa secuta sunt, haud dubium quin et illud saeculum quod tertium sabbatum secuturum est. In exordio namque primi sabbati aliquod bonum demonstratum est, quando patriarcharum primi peregrinari saltem permissi sunt in terra quam accepturi erant in sorte, sed majus fuit cum post illud sabbatum universa multitudo Israel ad terram ipsam perducta est, non jam sicut patres peregrinatura in illa, sed sicut per Moysen scriptum est: "Introduces eos, et plantabis in monte hereditatis tuae, firmissimo habitaculo tuo quod operatus es, Domine." ' In exordio quoque / secundi sabbati quando aedificata est civitas magnum in populo factum est animorum tripudium, sed quae comparatio illius gaudii ei quod factum est in ortu et resurrectione dominica? Similiter et nunc in exordio tertii sabbati, cum destructa fuerit nova Babylon, et aedificata iterum nova Hierusalem a filiis transmigrationis novae magnum erit gaudium his qui visuri sunt.

Sed quale erit futurum gaudium cum perveniemus ad patriam, visuri matrem nostram Hierusalem, et faciem illius qui fecit, possedit et creavit nos? Hinc ergo vigilanter pensandum est qualiter haec sabbata accipienda sint, ut possimus et illa sabbata intelligere quae minora sunt, quorum quaedam reputantur in dies festos, quaedam in vigilias dierum istorum, et alia quoque sabbata quae penitus simplicia sunt. Satis est sollemnis hebdomada nativitatis dominicae, multo amplius hebdomada Paschae, nec minus Pentecostes, et quadam ratione mysterii et sabbata reputantur. Et hebdomadae quidem Paschae et Pentecostes satis sunt aperta mysteria,

tuale — i periodi successivi come ottavi e per così dire "domeniche", vuoi per via simbolica, come nel Vecchio Testamento, vuoi nella verità effettiva, come nel Nuovo ed Eterno Testamento. E siccome i periodi che seguirono quei sabati sono stati migliori dei precedenti, non c'è dubbio che lo sarà anche quel periodo che verrà dopo il terzo sabato. Infatti qualcosa di buono si vide all'inizio del primo sabato, quando i primi patriarchi poterono almeno vivere come nomadi nella terra che avrebbero ricevuto in sorte. Ma migliore fu ciò che si vide quando, dopo quel sabato, l'intera moltitudine d'Israele fu condotta in quella terra, non già per vagabondarvi come i padri, bensì, come scrisse Mosè: *"Falli entrare, e li pianterai sul monte della Tua eredità, la Tua saldissima dimora che Tu, Signore, hai preparato"* (Es. 15, 17). Anche all'inizio del secondo sabato, quando fu ricostruita la città di Gerusalemme, si fece nel popolo un grande tripudio degli animi, ma come si può paragonare questa gioia a quella che vi fu per la nascita e la risurrezione del Signore? Parimenti, anche adesso, all'inizio del terzo sabato, quando i figli del nuovo esilio avranno distrutto la nuova Babilonia e ricostruita la nuova Gerusalemme, vi sarà una grande gioia per coloro che la vedranno.

(XI)

Ma allora, quanto grande sarà la gioia che accadrà quando giungeremo in patria, nel vedere nostra madre Gerusalemme ed il volto di Colui che ci ha fatti, ci ha avuti e ci ha creati? A questo punto, quindi, bisogna considerare attentamente come si debbano intendere questi sabati, comprendendo, per quanto possiamo, anche quei sabati che sono meno importanti. Alcuni di questi sono quelli che si calcolano nei giorni festivi, alcuni sono quelli che si calcolano nelle vigilie delle feste, e poi vi sono gli altri, che sono i sabati del tutto normali. È abbastanza solenne la settimana della natività del Signore, ma lo è molto di più la settimana di Pasqua, né è da meno quella di Pentecoste e anch'esse, per una qualche ragione simbolica, sono calcolate come dei sabati. E, certo, i motivi simbolici della settimana di Pasqua e di quella di Pentecoste sono abbastanza evidenti, mentre quelli della natività del Si-

nativitatis autem dominicae non adeo sunt aperta, licet hoc ipsum / de eadem sentiendum sit, quod de his duabus sentitur. Idcirco autem in hebdomada nativitatis Domini minus sufficienter liquet, quia non sunt distinctae a reliquis sex hebdomadae quae illam praecedunt, sicut sex hebdomadae quadragesimales quae paschalia festa praecedunt. Sex sunt denique non minus ampliusve quae hujus sollemnitatis eminentiam in abstinentiae afflictione praecedunt, quarum respectu hebdomada ipsa in sabbatum reputata est, eo quod solutis abstinentiae vinculis libertati et gaudio consecrata sit, sicut de ea in quodam loco per psalmistam dicitur: "Constituite diem sollemnem in condensis, usque ad cornu altaris." Sed et post completionem ipsius aliae sex hebdomadae, diem et hebdomadam Pentecostes, quae et ipsa pari modo sollemnis est, annuatim praecedunt, quarum respectu hebdomada ipsa in sabbatum reputata est.

Quae cum ita se habeant, est tamen aliquid speciale in singulis quod pro octavis accipiendum sit, sicut est dies Paschae et Pentecostes, haud dubium quod et nativitatis Domini, nimirum quia et quilibet dies festus dominici diei similitudinem gerit, sicut et vigilia singuli pro sabbato quod praecedit dominicam accipienda est. Si autem respectu sex / dierum septimus dies sabbatum, et respectu dierum septem octavus dies dominicus dicitur, liquet quod initia hebdomadarum istarum pro octavis accipienda sint, quorum respectu praecedentes se vigiliae sabbata dictae sunt, et nihilominus pro diebus primis quorum respectu et in fine sabbata, et post finem dies singulos octavae sequuntur.

Est enim prima octava circumcisio Domini, secunda octava Paschae, tertia Pentecostes. Si autem per singulas hebdomadarum istarum, duo inter dies reliquis sollemniores et sanctiores habentur, primus scilicet qui et octavus dicitur, et alter qui omnino dies octavus est, licet alterius causa mysterii apud multos dies sacer Pentecostes octavam non habeat, et duo

gnore non sono altrettanto palesi, benché si debba scorgere in questa lo stesso che si può scorgere in quelle due. Del resto, questo motivo simbolico non risulta abbastanza chiaro nella settimana della natività del Signore, perché non si vollero separare le sei settimane che vengono prima di questa, così come si distinguono le settimane della Quaresima che precedono la festività pasquale. Infatti, quelle settimane che, nell'afflizione dell'astinenza, vengono prima del culmine di questa festività, sono né più né meno di sei, rispetto alle quali la stessa settimana pasquale fu ritenuta come un sabato perché, sciolti i vincoli dell'astinenza, questa fosse consacrata alla libertà e alla gioia, così come il salmista dice di lei, in un certo versetto: *"Ordinate il giorno solenne, con un corteo di rami frondosi, fino all'angolo dell'altare"* (Sal. 118,27). Ma poi, dopo la conclusione della Pasqua, altre sei settimane precedono il giorno e la settimana – anch'essa altrettando solenne – di Pentecoste, in relazione alle quali questa stessa settimana fu calcolata come un sabato.[132]

Stando così le cose, v'è, comunque, in ciascuna di queste settimane sabbatiche qualcosa di specifico che dev'essere inteso come ottavo – è il caso del giorno di Pasqua e di Pentecoste, e, senza dubbio, anche di quello della natività del Signore. Infatti, proprio perché qualunque giorno festivo è simile al giorno domenicale, si deve intendere la vigilia di ciascuno di questi come il sabato che precede la domenica. Ma se rispetto ai sei giorni il settimo giorno si chiama "sabato", e rispetto ai sette giorni l'ottavo giorno si chiama "domenica", è chiaro che gli inizi di queste settimane devono essere intesi come ottavi, in relazione ai quali quelli che li precedono si chiamarono "sabati di vigilia", e ciononostante essi vennero ritenuti, rispetto a questi, come primi giorni, e, alla fine, "sabati". Inoltre, dopo la fine, le "ottave" seguono ciascuno di questi giorni.[133]

Infatti la prima ottava corrisponde alla circoncisione del Signore, la seconda ottava alla Pasqua, la terza alla Pentecoste. Se, del resto, tra i giorni di ciascuna di queste settimane ve ne sono due più solenni e santi di tutti gli altri – il primo, ossia quello che è anche detto l'ottavo, e il secondo che è proprio l'ottavo (anche se presso molti popoli, il santo giorno di Pentecoste, per altre ragioni simboliche, non ha il suo ottavo)[134] – e se, comunque, vi sono

nihilominus sabbata inveniantur per singulos, liquet quod hae tres hebdomadae sex dies magis sollemnes habent, et totidem sabbata deputata per singulos. Sane inter tria istorum sabbata quae praecedunt hebdomadas et ea quae hebdomadas ipsas concludunt hoc differre cognoscitur, quod tria quae praecedunt afflictionis sunt, tria vero reliqua gaudiorum, nihilque tali modo afflictionis habentia. Quocirca insistendum est singulis, et per singula trium magnorum sabbatorum, ut qua/liter duo minora sabbata cum suis dominicis aut quasi dominicis, singula trium magnorum sabbatorum aut commixta afflictione laetitia praecesserunt, aut in plena laetitia secuta sunt vestigare possimus, ut per multa quae sollemniter completa sunt, pauca quae adhuc restant intelligere per similia valeamus.

Primum sabbatum afflictionis fuit tempore quo Abraham demoratus est in Ur Chaldaeorum, etsi quidem qualiter illuc patres sui perveniant scriptura non dicat. Videtur tamen sabbatum illud a tempore quo confusum est labium in Babel initiatum fore, eo quod a superbo opere cessare vel inviti compulsi sunt, qui primo elevati superbia, patrare quae incoeperant insudabant. Successit autem illi dies quasi dominicus, quando egressus de terra illa cujus nomen est Ur, quod in lingua nostra interpretatur ignis, per quem ardor luxuriae intelligitur, quem captivantes animas daemones instigando immittunt, ad terram fluentem lac et mel sic peregrinaturus quasi regnaturus accederet. "Veni," inquit Dominus, "in terram quam monstravero tibi, et faciam te crescere in gentem magnam." /

Secundum sabbatum laetitiae fuit in diebus Moysi et Aaron, quando filii Israelis egressi sunt ex Aegypto, ut irent ad possidendam terram pro qua juraverat Dominus patribus suis, ad quam tamen ingredi permissi non sunt, nisi multis experti temptationibus et probati quasi aurum, ut nemo sibi blandiatur de otio, nemo se liberatus a corporeis exercitiis licet contemplationi deditus putet esse securum.

due sabati per ciascuno, è chiaro che queste tre settimane hanno sei giorni più solenni, e altrettanti sabati assegnati per ognuno. Certo, si sa che, tra questi sabati, quelli che precedono le settimane in questione e quelli che le concludono differiscono per il fatto che i tre che precedono sono d'afflizione, mentre gli altri tre sono di gioia e, in questo senso, non presentano alcuna traccia d'afflizione. Di conseguenza, ci si deve soffermare su ciascuno – e in corrispondenza di ognuno dei tre grandi sabati –, perché, analizzando come siano i due sabati meno importanti, con le loro domeniche o con i giorni equivalenti a domeniche, possiamo scoprire se ciascuno dei tre grandi sabati o sia venuto prima, mescolando insieme la felicità con l'afflizione, o sia venuto dopo, in perfetta felicità. Solo così, in virtù dei molti avvenimenti che si sono solennemente compiuti, siamo in grado di comprendere, in base alle somiglianze, i pochi fatti che ancora ci restano.[135]

Il primo sabato d'afflizione accadde al tempo in cui Abramo abitava a Ur dei Caldei, benché, per la verità, la Scrittura non dica come i suoi antenati erano giunti in quel luogo [Gen. 11, 27-32]. Tuttavia, sembra che quel sabato avesse avuto inizio al tempo della confusione delle lingue a Babele [Gen. 11, 9], in cui coloro che dapprima si erano distinti per la superbia, stentavano a portare a termine ciò che avevano cominciato, essendo costretti, anzi forzati, a desistere da quell'orgogliosa impresa. A quel sabato, poi, seguì un giorno simile alla domenica, quando Abramo uscì da quella terra di nome Ur – che nella nostra lingua significa "fuoco", quale s'intende l'ardore della lussuria, che i demoni introducono con l'eccitazione nelle anime prigioniere[136] –, andando verso la terra dove scorrono latte e miele [Es. 3, 8], sia per viverci da nomade, sia per regnarvi. "*Vieni*," disse il Signore, "*nella terra che ti mostrerò, e io farò crescere da te un grande popolo*" (Gen. 12,1-2).

Il secondo sabato di letizia accadde nei giorni di Mosè e di Aronne, quando i figli d'Israele uscirono dall'Egitto per andare a prendere possesso di quella terra che il Signore aveva promesso ai loro padri. Tuttavia, non si permise loro di entrare in essa se non dopo che si sottoposero a molte prove e furono saggiati come l'oro, affinché nessuno si crogioli nell'ozio, né alcuno, dopo essersi liberato dalle fatiche del corpo, ritenga di essere al sicuro, pur dedicandosi alla contemplazione.

Si autem quaeritur quare illud sabbatum afflictionis fuisse dicimus, quo mansit Abraham in Ur Chaldaeorum, hoc autem quo semen ejus mansit in solitudine deserti non afflictionis sed gaudii, cum istos magis afflictos et temptatos legerimus, illud causae est, quod in ruina justorum contristamur, compungimur, et affligimur, in morte vero et passione illorum dies festos et jucundos laetabundi agere consuevimus. Aliud est enim cum de malo in deterius tendimus, aliud cum de bono pervenimus in melius. Ibi enim consolatio nulla est nisi cum sequitur resurrectio. Hic omnino gaudium est, nisi cum prae angustia is qui putatur justus deicitur. De illo enim sabbato dictum est per prophetam: "Dole et satage." De isto longe altius psalmista loquitur dicens: / "Qui seminant in lacrimis, in gaudio metent. Euntes ibant, et flebant, mittentes semina sua. Venientes autem cum exultatione, portantes manipulos suos."

Tali ergo ratione praecedens sabbatum afflictionis fuisse dicimus, quod tamen dies laetitiae secutus est, sequens vero sabbatum non afflictionis sed gaudii quantum ad Spiritum, licet quantum ad carnem in hoc magis afflictio quam in illo, utrumque vero dies sollemnis secutus est, illud scilicet quasi dies natalis Domini qui vigiliam sequitur, istud quasi dies octavus qui post septimum diem nativitatis Domini feriatus occurrit. Hujuscemodi autem vicissitudo sabbatorum uniformiter servanda est, ut videlicet sicut primum sabbatum afflictionis, secundum laetitiae, ita tertium afflictionis, quartum laetitiae, quintum afflictionis, sextum laetitiae, uniformiter aestimemus, licet festiva tempora quae singillatim sabbata subsequuntur omnia similiter etsi alia plusquam alia laeta sint, quia non solum ille laetatur qui cum sanus sit ad palmam ducitur, verum etiam et ille qui postquam infirmatur ad mortem, cum jam desperare cogitur ex insperato reducitur ad salutem. Igitur et sabbatum istud quod actum est

Allora, se ci si chiede perché diciamo che quello, durante il quale Abramo soggiornò a Ur dei Caldei, fu un sabato d'afflizione, mentre questo, durante il quale la sua stirpe rimase nella solitudine del deserto – benché abbiamo letto che questi uomini furono maggiormente afflitti e messi alla prova – non fu un sabato d'afflizione, ma di gioia, il motivo è che mentre per la caduta dei giusti, in sé, siamo rattristati, colpiti ed afflitti, per la loro sofferenza e per la loro morte, invece, siamo soliti trascorrere, pieni di gioia, giorni festivi e lieti. Perché una cosa è andare di male in peggio, un'altra di bene in meglio.[137] Lì, infatti, non v'è alcuna consolazione se non quando, poi, viene la risurrezione. Qui, invece, tranne che nel momento in cui chi è ritenuto giusto viene a cadere innanzi alle difficoltà, v'è gioia completamente. Allora, di quel sabato il profeta disse: "*Addolorati ed agitati*" (Mi. 4,10). Mentre, di questo, il salmista parla con maggiore profondità, dicendo: "*Coloro che seminano nelle lacrime, mieteranno nella gioia. Andandosene si allontanavano e piangevano, lasciando cadere i loro semi. Ma tornando, vennero con giubilo, portando i loro fasci di grano*" (Sal. 126, 6).

Per questo motivo, quindi, diciamo che il sabato precedente, anche se poi venne un giorno di letizia, fu un sabato d'afflizione, mentre il sabato successivo, sebbene in questo vi fosse più afflizione per la carne che in quello, per lo Spirito non fu d'afflizione ma di gioia. Ambedue, invece, furono seguiti da un giorno solenne, ovvero: quel primo sabato, come il giorno del Natale del Signore segue la Vigilia, questo secondo, come quell'ottavo che, dopo il settimo giorno dalla natività del Signore, capita festivo.[138] In questo senso, dunque, l'avvicendarsi dei sabati deve mantenere un criterio uniforme,[139] così che, come riteniamo coerentemente che il primo sabato sia stato d'afflizione e il secondo di letizia, a sua volta il terzo debba essere d'afflizione e il quarto di letizia, il quinto d'afflizione e il sesto di letizia, nonostante i periodi festivi che seguono singolarmente ciascuno dei sabati siano tutti – anche se qualcuno più dell'altro – ugualmente lieti. Infatti, non gioisce soltanto colui che, essendo in buona salute, è condotto alla vittoria, ma anche colui che, dopo essersi ammalato a morte, è inaspettatamente riportato in salute, quando ormai pensa di aver perso ogni speranza. Allora, anche questo sabato, che trascorse nel deserto sotto

in / deserto sub Moyse et Aaron secutum est tempus quasi dominicum sub Josue filio Nun, qui ad terram promissam patribus eorum duxit et introduxit filios Israelis, non ut essent adhuc hospites in illa sicut patres eorum, sed sicut de eis etsi mystice dictum sit: "Introduces eos, et plantabis in monte hereditatis tuae, firmissimo habitaculo tuo quod operatus es, Domine."

Tertium sabbatum completum est in captivitate Babylonis, postquam tempus libertatis secutum est sub Cyro et Dario et Artaxerxe regibus Persarum, sub quibus templum et civitas restituta sunt. Quartum sabbatum ab ortu Christi incohatum est, in cujus sacro natali novum gaudium ortum est mundo, eo quod "lux vera, quae illuminat omnem hominem venientem in hunc mundum," visibilis huic mundo apparuit, consummatum vero in vigilia Paschae. Secutus est autem illud dies sollemnis, non quomodocumque aut qualecumque sed singulariter prae cunctis sollemnis, in quo Dominus noster Christus Jesus resurrexit a mortuis, et gaudia quae cum morte ejus occiderant renovavit et auxit.

Quintum sabbatum afflictionis est, sicut primum et tertium. Praesens est autem sabbatum istud, et nemo / est qui recogitet in corde suo, non est qui se doleat incurrisse, quia sola illa tantum adversa credimus quae corpora mortalia laedunt, illa tantum pro parvis ducimus quae animas viventes deiciunt. Dolebant Judaei quondam super servitute corporea, et nos dolere parvipendimus super servitute peccati. Dolebant se illi corpore servire principibus Babylonis, et nos non attendimus quam miserum sit expectare ecclesiasticas dignitates a principibus mundi, obedientes propter illas praeceptis sacrilegis, et illicitis tyrannorum jussis assensum quam indigne praebentes. Verumtamen quia benignus est et misericors Dominus, non obliviscetur misereri et compati, neque continebit in ira sua misericordiam suam, exaudietque lacrimas viduae clamantis ad se die ac nocte, ut faciat vindictam pauperi et judicium injuriam patienti, ut reddat electis suis coronam pro cinere, oleum gaudii pro luctu, pallium laudis pro spiritu maeroris. Appropinquat enim dies et ecce adest, ut percutiatur

Mosè ed Aronne, fu seguito da un periodo, per così dire, domenicale, sotto Giosuè figlio di Nun. Egli guidò i figli d'Israele facendoli entrare nella terra promessa ai loro padri [Gs. 1,13], perché in essa non fossero più ospiti, come i loro padri, ma come – benché simbolicamente – si disse di loro: *"Falli entrare, e poi li pianterai sul monte della Tua eredità, la Tua saldissima dimora che Tu, Signore, hai preparato"* (Es. 15,17).

Il terzo sabato si compì durante la cattività babilonese, dopo di che seguì un periodo di libertà in corrispondenza dei re dei Persiani Ciro, Dario e Artaserse, sotto i quali il Tempio e la città furono ricostruiti. Il quarto sabato iniziò con la nascita di Cristo – nei cui sacri natali una nuova gioia nacque al mondo, perché Egli, *"giungendo in questo mondo la luce vera, quella che illumina ogni uomo"* (Gv. 1,9), divenne visibile quaggiù –, mentre terminò alla Vigilia di Pasqua. Invece, dopo quel sabato venne un giorno solenne – non un giorno come gli altri o un giorno qualsiasi, ma un giorno particolarmente solenne in confronto a tutti gli altri – in cui Nostro Signore Gesù Cristo risuscitò dai morti e la gioia, che avevano ucciso con la sua morte, si rinnovò e crebbe.

Il quinto sabato è d'afflizione, come il primo e il terzo. E in verità è questo il sabato presente, e non c'è nessuno che rifletta in cuor suo, nessuno che si dolga di esservi giunto, perché noi crediamo tanto odioso ciò che danneggia i corpi mortali, da considerare meno grave ciò che colpisce le anime viventi. Un tempo i Giudei si dolevano della schiavitù del corpo, mentre noi, adesso, trascuriamo di dolerci della schiavitù del peccato. Quelli si dolevano di servire col corpo i prìncipi di Babilonia e noi non badiamo quanto sia miserabile aspettare le dignità ecclesiastiche dai prìncipi del mondo, obbedendo, per quelle, a precetti sacrileghi, e assecondando, davvero indegnamente, gli ingiusti comandi dei tiranni. Ma poiché il Signore è benigno e misericordioso, non si dimenticherà di avere compassione e di compatire, né per l'ira inibirà la sua misericordia. Ed Egli ascolterà le lacrime della vedova che grida verso di lui giorno e notte, perché vendichi il povero e renda giustizia a chi ha subito torto, perché renda agli eletti la corona al posto della cenere, l'olio di gioia al posto del lutto, la veste di lode al posto dello spirito di tristezza. Infatti, s'avvicina il giorno

superbia, et excitetur adhuc novus Cyrus in terra, qui jubeat aedificari et reaedificari templum Domini, quod praevalentibus hostibus ipsius destructum est, et post illum / novus Artaxerxes, qui muros civitatis dirutae restaurari praecipiat.

Erit autem tunc tempus illud quasi dies sollemnis et celebris, in quo per omnes vicos urbis etiam hic cantabitur alleluia, sicut in sexta parte libri declaratur, cum dicitur: "Audivi quasi vocem magnam tubarum multarum in coelo dicentium: alleluia; laus, et gloria, et virtus Deo nostro: quia vera et justa judicia ejus sunt, qui judicavit de meretrice magna, quae corrupit terram in prostitutione sua, et vindicavit sanguinem servorum suorum de manibus ejus. Et iterum dixerunt: alleluia." Erit itaque in die illo hujuscemodi gaudium non omni populo, sed timentibus et amantibus Deum, non secundum vitae praesentis successus, sed in Spiritu sancto, siquidem inter ipsa gaudia multa intererunt quae displiceant amatoribus mundi, multa supervenient quae graviter electos affligent, quorum quaedam designata sunt in tribulatione Israelis, quam passus est sub Nabuchodonosor rege Assyriorum in manu Holofernis tyranni, qui erat princeps exercitus ejus, quaedam in tribulatione quae facta est in Susis filiis Juda moliente illis malum A/man, et quaerente delere nomen Judaeorum, et si fieri posset penitus a facie terrae.

Ceterum quod Alexander rex Macedo reges terrae contrivit sicut et rex Medorum qui regem Babylonis prostraverat, et Nabuchodonosor rex Assyriorum qui quendam regem Medorum devicerat, non ad spiritualia bella quae pro fide Christi habenda sunt referendum quis putet, sed tantum ad bella tyrannica, quae cum regibus Christianis reges gentium habituri sunt, sicuti factum est his diebus Hierosolymis ob imminentia certamina, et fieri aliquid tale in proximo et multo deterius formidamus, etiam si pro variis bellorum eventibus praevalere Romani principes videantur, quia

– ecco è arrivato –, perché venga percossa la superbia, e sorga ancora un nuovo Ciro sulla terra, che ordini di edificare e ricostruire il Tempio del Signore [Esd. 1,3], che con il prevalere dei nemici di Dio era stato distrutto. E, dopo di lui, sorga un nuovo Artaserse, che comandi di rifare le mura distrutte della città [Ne. 2,8].[140]

Allora, quel tempo sarà come un giorno solenne e famoso, in cui, per tutte le strade della città – e anche qui – si canterà l'Alleluia, come si annuncia nella sesta parte del libro dell'*Apocalisse*, dicendo: *"Udii come una voce potente di una folla immensa che diceva in cielo 'Alleluia! Lode, gloria e potenza al nostro Dio, perché veri e giusti sono i suoi giudizi, Lui che ha condannato la Grande Meretrice che ha corrotto la terra con la sua prostituzione, e ha vendicato dalle mani di lei il sangue dei Suoi servi. E di nuovo dissero, Alleluia!'"* (Ap. 19,1-3). Così, in quel giorno non vi sarà ugualmente gioia per tutto il popolo, ma solo per coloro che temono Dio e Lo amano, non per i successi della vita presente, ma nello Spirito Santo, dato che nel novero delle gioie stesse, ve ne saranno molte che dispiacerebbero agli amanti del mondo e molte ne verranno che affliggeranno profondamente gli eletti. Di queste, alcune sono state rappresentate nella tribolazione d'Israele, che, sotto Nabucodonosor re degli Assiri, soffrì in mano al tiranno Oloferne, che era a capo del suo esercito [Gdt. 7, 1-32]. Altre sono state rappresentate nella tribolazione che fu compiuta contro i figli di Giuda, a Susa, quando Aman faceva loro del male e cercava di distruggere la razza dei Giudei e – se è possibile – di cancellarla completamente dalla faccia della terra [Est. 3, 6-13].

Del resto, non si pensi di dover riferire il fatto che Alessandro re di Macedonia ebbe ragione dei re della terra – come, a sua volta, ne ebbe ragione sia il re dei Medi, che aveva sbaragliato il re di Babilonia, sia il re degli Assiri Nabucodonosor, che aveva sottomesso uno dei re dei Medi – alle guerre spirituali che si sono avute per la fede in Cristo. Ma ciò dev'essere messo in relazione soltanto con le guerre dei monarchi, che i re delle nazioni presto avranno contro i re Cristiani, così come è successo in questi giorni a Gerusalemme in vista delle battaglie che stanno per accadere.[141] E, anche se i condottieri Romani sembrano avere la meglio nelle varie vicende belliche, temiamo qualcosa del genere e molto peggio fra poco, giacché

scriptum est: "Vidi unum de capitibus bestiae occisum quasi ad mortem, et plaga mortis ejus curata est, et admirata est universa terra post bestiam." Et dixerunt: "Quis similis bestiae? et quis poterit pugnare cum ea?" et cetera quae sequuntur.

Sequetur tamen post haec omnia radix peccatrix quam Antiochus rex iniquus designat, qui propter duo magna mysteria, ut superius jam diximus, ad diversa se habet. Cum ergo persecutio regis hujus ad designanda quae / futura sunt cum superioribus stringitur, tunc magni illius sabbati quod in tertio statu futurum est ex eo maxime tempore similitudo accipienda est, quo finitis, ut supra diximus, Machabaeorum bellis, filius qui fuit de genere sacerdotum, in regni fastigium sublimatus est, designans sacerdotale regnum, et regale sacerdotium quod erit in tertio statu, qui videlicet status totus in ipsum sabbatum reputandus est, de quo nimirum regno per Joannem dicitur, sacerdotes Dei sederunt et regnaverunt cum Christo. Quod autem post regnum illud surrexit Herodes semen nequam interfector puerorum innocentum, et persecutor Christi, imperante jam tunc Augusto Caesare, qui erat quasi vicarius regis aquilonis, extrema tempora mundi designat, quando pro Romano principe qui et destruxit Hierusalem et exercitu ejus regnaturus est Gog cum exercitu suo, quorum erit numerus, ut ait Joannes, sicut arena maris, et circumdabunt castra sanctorum et civitatem dilectam, hoc est, electorum ecclesiam, regnante et tunc quoque diabolo quem designat Herodes, quousque veniat tempus / captionis ipsius, ut sepultus in infernali tumulo diuturnae venationis suae libertatem amittat.

Erit tamen electis sabbatum gaudii in consolatione Eliae, sicut fuit in diebus Herodis regis sub Joanne Baptista. Quid enim? Numquid propter pressuras corporis omittunt sancti laetari in Domino, praesertim cum

è scritto: "*Vidi una delle sue teste come colpita a morte, e la sua piaga mortale fu guarita, e la terra intera, presa d'ammirazione, andò dietro alla bestia*". E dissero: "*Chi è simile alla bestia? E chi può combattere con essa?*" (Ap. 13,3-4) e le restanti cose che seguono.

Tuttavia, dopo tutti questi avvenimenti, seguirà la radice del peccato, rappresentata dall'empio re Antioco, che – come abbiamo già detto in precedenza[142] – per due importanti ragioni simboliche sta in relazione con eventi diversi. Di conseguenza, quando la persecuzione di questo re viene collegata con le precedenti per rappresentare quelle che verranno, allora si deve intendere soprattutto la somiglianza fra questo tempo e quel grande sabato che verrà nel terzo stato. In esso, terminate, come abbiamo detto prima,[143] le guerre dei Maccabei, un figlio, appartenente alla stirpe dei sacerdoti, salì alla dignità del regno [1Mac. 3,1], simboleggiando il regno sacerdotale e il regale sacerdozio che ci sarà durante il terzo stato. Infatti, l'intero terzo stato si deve ritenere compreso in questo sabato, e proprio su quel regno Giovanni dice: "*I sacerdoti di Dio si assisero e regnarono con Cristo*" (Ap. 20,6). Ma dopo il regno di quel re, sorse la stirpe dissoluta di Erode,[144] assassino di fanciulli innocenti [Mt. 2,1-19] e persecutore di Cristo, all'epoca in cui Cesare Augusto – che era, per così dire, il vicario del re del Settentrione [Dn. 11], – già esercitava il potere imperiale. Ciò sta a rappresentare gli ultimi tempi del mondo, quando, al posto dell'imperatore romano che distrusse Gerusalemme e del suo esercito,[145] regnerà Gog con le sue truppe, il cui numero sarà – come dice Giovanni – "*pari alla sabbia del mare*", ed essi "*cingeranno d'assedio l'accampamento dei Santi e la città diletta*" (Ap. 20,8-9), ovvero la Chiesa degli eletti. Inoltre, anche in quel tempo regnerà il diavolo, che Erode rappresenta, fino a quando non venga il momento del suo arresto [Ap. 20,10], sicché egli, sepolto nella tomba dell'inferno, perda la libertà per la sua lunga battuta di caccia.

Tuttavia, per gli eletti vi sarà un sabato di gioia grazie alla consolazione di Elia, come è avvenuto nei giorni di re Erode con Giovanni Battista. Ma perché, quindi? Forse che i Santi trascurano di rallegrarsi nel Signore a causa delle pene del corpo, proprio quando sanno che sta scritto: "*ma voi alzate le vostre teste, ecco si avvicina la vostra*

habeant scriptum: "Vos autem levate capita vestra, ecce approp nquat redemptio vestra?" Erit enim inter tenebras ipsas magna lux time itibus Deum, expectantibus diem illum dominicum propter quem fact sunt omnes dies, diem, inquam, diem qui non novit occasum. Ipse est enim dies de quo scriptum est: "Haec est dies quam fecit Dominus; exultemus, et laetemur in ea."

Haec de spiritualibus sabbatis et diebus festis atque dominicis specialiter dicta sunt, ut quia singulae partes Apocalypsis sabbatis finiuntur, et ipse quoque liber secundum plenitudinem sui circa locum ubi agitur de judicio, cujusmodi sint sabbata ista de quibus in hoc loco modo agendum est ex multorum collatione vestigare possimus. Non enim illa sabbata pertinent ad librum istum / quae sive ante legem sive sub lege transacta sunt, sed illud tantum sabbatum speciale quod erit in proximo, consummatis ab adventu Domini sex temporibus in labore, in quorum fine tertius status initiatus est consummandus in proximo. Oportet enim, ut jam dixi, praecedere jacturam seminis, ut compleatur quod scriptum est: "donec nascantur nova, vetera comedetis." Hoc ergo sabbatum, in fine singularum partium usque ad sextam partem uniformiter ubique occurrit. Porro post sextam partem sabbatum illud generale clarescet, quod est unum de tribus in cujus fine sequetur ultimum sabbatum, quod erit sabbatum sabbati, hoc est, sabbati aetatis septimae, ex eo initiatum tempore, aut paulo post, quo solvetur Satanas de carcere suo, et exibit et seducet gentes quae sunt super quattuor angulos terrae Gog et Magog, sicut paulo superius dictum est.

Pro his ergo duobus magnis sabbatis, quorum unum est in exordio magni sabbati, alterum in fine, et pro ipso magno sabbato quod erit tempus tertii status, per tam multa sabbatorum genera pervagati sumus, de quibus adhuc aliquid re/stat dicendum, quia non solum ipsa specialia sabbata a magnis sabbatis differunt, quae quasi initia et fines eorundem magnorum sabbatorum sunt, verum etiam in ipsis specialibus sabbatis aliquid spe-

liberazione" (Lc. 21,28)? Infatti, in mezzo a quelle tenebre vi sarà una grande luce per coloro che hanno timor di Dio, per coloro che attendono quel giorno del Signore per cui sono stati fatti tutti gli altri giorni, quel giorno – dico – che non conosce tramonto.[146] Proprio questo, appunto, è il giorno di cui si scrisse: "*Questo è il giorno che il Signore ha fatto; esultiamo e rallegriamoci in esso*" (Sal. 118, 24).

Questi argomenti sui sabati spirituali e sui giorni festivi sono stati affrontati in particolare, perché possiamo apprendere da molteplici confronti – siccome ciascuna parte dell'*Apocalisse* è delimitata da un sabato, e anche il libro stesso, nel suo complesso, è delimitato da un sabato in quella parte dove si parla del Giudizio – di qual sorta siano questi sabati di cui solo adesso si deve trattare. Infatti, quei sabati che trascorsero vuoi prima della legge, vuoi sotto la legge, non riguardano questo libro, ma lo riguarda soltanto quel sabato particolare che verrà fra poco, dopo che si saranno consumati nel lavoro sei tempi dalla venuta del Signore, al cui termine prenderà avvio il terzo stato che deve compiersi nel prossimo futuro. Perché – come ho già detto[147] – è necessario anticipare il lancio del seme per completare ciò che è stato scritto: "*mangerete il raccolto vecchio, finché venga il nuovo*" (Lv. 25, 22). Perciò, questo sabato si presenta ovunque, di regola, alla fine di ciascuna suddivisione fino alla sesta parte del libro. In seguito, dopo la sesta parte, risplenderà quel sabato universale – che è unico rispetto ai tre sabati [Ap. 20,1-6] –, al cui termine seguirà l'ultimo sabato, che sarà il sabato dei sabati, cioè il sabato della settima età,[148] iniziato da quel tempo – o poco dopo – in cui, come poco fa è stato detto, "*Satana verrà liberato dal suo carcere e uscirà seducendo le nazioni ai quattro angoli della terra, Gog e Magog*" (Ap. 20,7-8).

Allora, a causa di questi due grandi sabati, che sono uno all'inizio l'altro alla fine del grande sabato del Millennio, e per lo stesso grande sabato che sarà il tempo del terzo stato, ci siamo intrattenuti su tanti tipi di sabati, di cui resta ancora qualcosa da dire. Infatti, non solo gli stessi sabati particolari, che fungono, per così dire, da inizio e da fine proprio dei grandi sabati, differiscono da quelli, ma si deve anche considerare qualcosa di più specifico negli stessi sabati particolari, come dentro alla set-

cialius considerandum est, ac si inter hebdomadam Paschae, et sabbatum quod praecedit hebdomadam cum ipso die Paschae, et in fine inter sabbatum quod concludit hebdomadam, cum octavo die Paschae qui et sequitur illud.

Magna itaque sabbata et praecipue tertium quod significatur per duo ita consideranda sunt, quomodo si totum tempus quod est a Pascha usque ad Pentecosten, unum esse sabbatum diceremus, specialia vero et praecipue quod in proximo futurum est, sicuti est hebdomada Paschae quae principium est magni sabbati, quod est a Pascha usque ad Pentecosten. Et quia non solum vigiliam Paschae et nativitatis Domini in afflictione peragimus, verum etiam et praecedentes dies, et non solum diem Paschae et Pentecostes, necnon et nativitatis Domini sollemnes et jucundos ducimus, verum etiam et sequentes dies, non potest vel hoc ipsum a magnis vacare mysteriis, quandoquidem in multis rebus experiri ⟨quis⟩ queat, aliud esse quod / specialiter refertur ad caput, aliud quod generaliter derivatur ad membra. Inde est quod vigilias Paschae et nativitatis dominicae dies jejuniorum praeveniunt, inde quod festa ipsa celebria dies epularum et gaudii comitantur.

Secundum hoc igitur tota hebdomada quae praecedit nativitatem reputatur in vigiliam, tota hebdomada nativitatis in diem festum, tota hebdomada in qua passus est Christus in vigiliam, tota resurrectionis in diem festum, tota hebdomada quae praecedit Pentecosten in vigiliam, licet alio genere in dies festos reputetur tota hebdomada Pentecostes, et diem festum. Secundum hoc genus intelligentiae, etiam tota quadragesima cum hebdomada quinquagesimae se praecedente reputatur in vigiliam, vel in sabbatum non gaudii sed maeroris, totum paschale tempus a Pascha usque ad Pentecosten in diem festum. Et notandum est secundum hanc legem, quod sive hebdomada nativitatis Domini, Paschae, et Pentecostes, sive totum paschale tempus pro octavis reputanda sunt non pro sabbatis, vigiliae vero non pro sextis sed sabbatis accipiendae sunt. Ergo secundum

timana Pasquale si deve considerare sia il sabato che precede la settimana con lo stesso giorno di Pasqua, sia il sabato che la conclude, avendo per ottavo il giorno di Pasqua, che a sua volta viene dopo di quello.[149]

Così i grandi sabati, e soprattutto il terzo che è prefigurato dai primi due, si devono esaminare come se dicessimo che l'intero periodo che va da Pasqua a Pentecoste fosse un unico sabato. Invece, i sabati particolari, e soprattutto quello che verrà tra poco, sono come la settimana di Pasqua, che è l'inizio del grande sabato che va da Pasqua fino a Pentecoste. E siccome noi non passiamo in afflizione solo la vigilia di Pasqua e della natività del Signore, ma anche i giorni precedenti, e non trascorriamo solenni e gioiosi solo i giorni di Pasqua e Pentecoste – come pure della natività del Signore –, ma anche i giorni successivi, proprio questo fatto non può essere privo di importanti significati simbolici, dal momento che, in molte occasioni, si può sperimentare che una cosa è ciò che si riferisce in particolare alla testa, un'altra è ciò che si attribuisce in generale alle membra. Dalla prima osservazione deriva che dei giorni di digiuno precedano le vigilie di Pasqua e della natività del Signore, dalla seconda deriva che dei giorni di banchetti e di gioia accompagnino quelle stesse celebri feste.

Di conseguenza, quindi, l'intera settimana che precede la natività è riassunta nella vigilia, l'intera settimana della natività nel giorno festivo, l'intera settimana in cui Cristo patì nella vigilia, l'intera settimana della risurrezione nel giorno festivo, l'intera settimana che precede la Pentecoste nella vigilia. Tuttavia, per un altro verso, l'intera settimana di Pentecoste, assieme al giorno stesso della festa, è considerata nel novero dei giorni festivi. Secondo questo tipo d'interpretazione anche tutta la Quaresima, assieme alla settimana di Quinquagesima che la precede,[150] va annoverata nella vigilia di Pasqua – anzi nel sabato che non è di gioia ma di tristezza –, mentre l'intero periodo pasquale, da Pasqua fino a Pentecoste, si riassume nel giorno festivo. E, secondo questa regola, bisogna notare che sia le settimane della natività del Signore, di Pasqua e di Pentecoste, sia l'intero periodo pasquale, si devono considerare come ottave e non come sabati, mentre le vigilie non si devono intendere come seste ma come sabati. Perciò, dunque, l'intero periodo del secondo stato,

hoc totum tempus secundi status quod proprie sextum est, pro sabbato accipiendum est, tempus vero tertii status quod proprie sabbatum est, pro resurrectione dominica; sed et tempus sextum secundi status quod jam nunc initiatum est, pro vigilia et pro sabbato accipiendum est, et tunc non ab adventu Domini tempora septem numeranda sunt, / sed a tempore Cyri Persi, secundum quod in opere *Concordiae* manifestius apparet.

Semper enim concordia in octavo loco accipienda est, hoc est transactis temporibus septem, ac per hoc singula tempora Testamenti novi pro octavis uniformiter accipi possunt. Si autem a Cyro veteri usque ad novum qui in proximo futurus est septem tempora currunt, liquet quod tempus captivitatis in quo modo sumus si tamen est qui percipiat, pro sabbato afflictionis reputandum est, et respicit per concordiam illud sabbatum quod scribit Jeremias, post quod domus Domini quam superbia destruxerat in manu Zorobabel et Josedech reaedificari incepta est. Si autem et de vigilia Paschae quaeritur, et de ipso sacratissimo die Paschae, quid mystice in hoc sensu requirat, erit utique tempus vigiliae in diebus illius regis, qui supra quam credi potest universa vastabit. Sequetur autem illam in proximo tempus tam laetum et tam sollemne, ut mox oblivioni tradantur angustiae priores, et ex hoc jam magnum illud sabbatum propter quod tam multa de sabbatis prosecuti sumus, quod alio / genere, ut jam dixi, pro die dominica et paschali deputandum est. Expeditis autem ab hujusmodi libet ad seriem narrationis redire, ut cetera quae tractatus iste introductorius efflagitat diligentius exquisita solvamus.

Diximus superius jam semel et iterum septem esse libri partes, et totidem tempora ab adventu salvatoris usque ad extremum judicium. Et

che effettivamente è sesto, si deve intendere come sabato. Invece il tempo del terzo stato, che propriamente è sabato, si deve interpretare come il giorno della risurrezione del Signore. D'altra parte, anche il sesto tempo del secondo stato – che ora è già iniziato – si deve intendere come vigilia e come sabato, e allora i sette tempi non si devono contare dalla venuta del Signore, ma, come risulta più chiaramente nel libro della *Concordia*, dal tempo di Ciro di Persia.[151]

Infatti, la concordia deve sempre essere collocata all'ottavo posto, cioè dopo che sono trascorsi i sette tempi, e per questo motivo ciascun periodo del Nuovo Testamento può essere interpretato ugualmente come ottavo. Ma se passano sette tempi dal vecchio Ciro al nuovo che verrà fra poco, è chiaro che il tempo di prigionia, in cui – sempre che vi sia qualcuno in grado di comprenderlo – proprio ora ci troviamo, si deve considerare come un sabato d'afflizione, e, secondo la concordia, si riferisce a quel sabato di cui scrive Geremia [Ger. 17,19-27], dopo il quale si iniziò a ricostruire, per mano di Zorobabele e Iozadak [Esd. 3,2], la casa del Signore che la superbia aveva distrutto. Invece, se ci si chiede in questo senso che cosa si può cercare simbolicamente sia riguardo alla vigilia di Pasqua, sia riguardo allo stesso santissimo giorno pasquale, il tempo della vigilia verrà senz'altro nei giorni di quel re "*che oltre ogni possibile immaginazione, distruggerà tutto*" (Dn. 8,24). Poi, quella vigilia sarà subito seguita da un tempo così lieto e così solenne, che presto si lasceranno cadere in oblio le difficoltà precedenti, e allora ne conseguirà quel grande sabato, che, come ho già detto, per un altro verso si deve stimare come un giorno domenicale e pasquale, e a causa del quale abbiamo trattato così a lungo dei sabati. Ma, esposti gli argomenti in questo modo, ci piace tornare al seguito della narrazione, per risolvere, dopo averli analizzati molto attentamente, tutti gli altri problemi che questo trattato d'introduzione all'*Apocalisse* pone con insistenza.

(XII)

In precedenza, abbiamo già detto a più riprese che le suddivisioni del libro dell'*Apocalisse* sono sette, e altrettanti sono i tempi dalla venuta del Salvatore fino al Giu-

prima quidem parte agitur de prelatis, qui primi bellum temporis acceperunt. In secunda de martyribus. In tertia de doctoribus. In quarta de heremitis. In quinta de generali ecclesia. Diximus et quattuor illos ordines adversus quattuor bestias dimicatos fuisse, ecclesiam vero quae est nova Hierusalem, adversus immundissimam Babylonem. Diximus in sexta parte et in sexto tempore judicandam Babylonem, sed et bestiam et pseudoprophetam contra nomen Christi consurgere, qui et ipsi protinus judicandi sunt. Deinde incarcerato diabolo sequetur sabbatum, circa cujus finem solvetur iterum diabolus de carcere suo, et seducet gentes quae sunt per quattuor angulos terrae, Gog et Magog. Ad extremum mittetur diabolus in stagnum ignis, eritque / universale judicium, et resurrectio mortuorum.

Quibus peractis nulla jam ulterius erunt tempora sed dies unus aeternus; nec regnabunt ulterius reges terrae, sed solus rex dominus exercituum; nec erunt ultra ut hactenus et nunc civitates gentium, sed sola civitas Dei mater nostra Hierusalem, cujus claritatis gloriam pars octava prosequitur quae et septima est, nimirum quia partim in aetate sexta, partim in septima consummanda est. Et ideo illa pars quae consummatur in sexta revelatur in septima, quae autem in septima consummanda est, revelabitur in octava. Unde et ad gloriam ejus cernendam, unus de septem angelis habentibus phialas invitat Joannem dicens: "Veni, et ostendam tibi novam nuptam, sponsam Agni." Protinusque adjecit Joannes dicens: "Sustulit me in spiritu in montem magnum et altum, et ostendit mihi civitatem sanctam Hierusalem, descendentem de coelo, habentem claritatem Dei," et cetera quae ibi sequuntur. Si autem unus de septem angelis hoc illi

dizio Finale. E, in verità, nella prima parte si tratta dei prelati, che affrontarono la guerra del primo tempo [Ap. 1,1-3,22]. Nella seconda si tratta dei martiri [Ap. 4,1-8, 1]. Nella terza dei dottori [Ap. 8,2-11,18]. Nella quarta degli eremiti [Ap. 11,19-14,20]. Nella quinta della Chiesa in generale [Ap. 15,1-16,17]. Inoltre, abbiamo detto che quei quattro ordini furono fatti combattere contro le quattro bestie, mentre la Chiesa, che è la nuova Gerusalemme, combatté contro la spregevolissima Babilonia. Infine, abbiamo detto che nella sesta parte e nel sesto tempo Babilonia dev'esser giudicata [Ap. 16,18-19,21], ma anche la Bestia e lo pseudo-profeta che sorgeranno insieme contro il nome di Cristo, anch'essi devono subito esser giudicati [Ap. 19,20-21]. Quindi, dopo che il diavolo sarà incarcerato [Ap. 20,1-3], seguirà il sabato [Ap. 20,4-6]. Verso la fine del sabato *"il diavolo verrà nuovamente liberato dal suo carcere, e sedurrà le nazioni che sono ai quattro angoli della terra, Gog e Magog"* (Ap. 20,7). Alla fine, il diavolo sarà gettato nello stagno di fuoco (Ap. 20,10), e vi sarà il Giudizio Universale e la risurrezione dei morti [Ap.20, 11-15].

Compiutisi questi eventi, non vi sarà, più avanti, nessun altro tempo, ma solo un giorno eterno; né i re della terra regneranno ancora, ma regnerà soltanto il Signore, Re degli eserciti; né dureranno oltre – come fino ad allora ed anche adesso – le città delle nazioni, ma vi sarà soltanto la Città di Dio, nostra madre Gerusalemme. La parte ottava dell'*Apocalisse* – che, poi, è anche la settima – tratta lo splendore della sua gloria, proprio perché essa si deve compiere in parte nella sesta età, in parte nella settima. Infatti, siccome quella parte che si compie nella sesta età è rivelata nella settima sezione del libro [Ap. 20,1-10], allora ciò che si deve compiere nella settima età sarà rivelato nell'ottava sezione [Ap. 20,11-22,21].[152] Quindi, anche uno dei sette angeli che portano la coppa invita Giovanni a vedere la gloria della Gerusalemme Celeste, dicendo: *"Vieni, ti mostrerò la nuova promessa, la sposa dell'agnello"* (Ap. 21,9). E subito dopo, Giovanni ha aggiunto: *"Mi trasportò in spirito su di un monte grande e alto, e mi mostrò la Città Santa, Gerusalemme, che scendeva dal cielo avendo lo splendore di Dio"* (Ap. 21,10-11), e le restanti parole che di lì seguono. Ma se uno dei sette angeli mostra questo secondo quella successione che Giovanni indi-

ordini quem Joannes designat ostendit, illeque hanc de coelo descendere contemplatus est, juxta illud quod per prophetam dicitur: "ecce Dominus Deus meus veniet, et omnes / sancti ejus cum eo," cum isti septem angeli de quibus loquitur infra temporalia coartentur, videtur quod revelatio Hierusalem septimo tempori secundum partem unam ascribi possit, praesertim cum non solum in octava aetate, verum etiam in septima visio pacis futura sit.

Breviter tangam quod magno indigeret volumine. Videmus gallum avem domesticam, multas sibi associare gallinas, similiter et alias quasdam. Columbarum autem masculus non sic, sed sicut multarum avium consuetudo est unam sibi columbam associat, et illa tamquam uni viro, uni tantum socio nubendo adhaeret. Sunt ergo duo tantum, masculus et femina, et quod proprium est columbarum et turturum, duos tantummodo procreat pullos, non ambas feminas, sed juxta illud quod scriptura dicit: "masculum et feminam creavit eos." Mysterium hoc magnum est in viro et uxore, tamquam in Abraham et Sarah, et rursus in viro et uxore tamquam in Isaac et Rebecca, ego autem dico in Deo Patre et Israelitica plebe, et in Christo Jesu et sponsa ejus ecclesia. Igitur Deus Pater cum / omnibus patriarchis qui fuerunt usque ab Abraham et deinceps usque ad Joseph virum Mariae, in masculo columbarum qui parens est designatur, synagoga Judaeorum a Sarah usque ad virginem Mariam in matre reputata est. Natus est enim illi masculus Christus cum praelatis ecclesiarum, sive cum omnibus sanctis militibus qui in martyrio coronati sunt, quorum princeps est Christus, et cum omnibus reliquis sanctis qui diversis temptationibus affecti sunt, et afficientur usque ad tempus illius regis undecimi cujus supra fecimus mentionem, qui quidem unus de magnis antichristis est, sed non ille qui in fine venturus est. Hic est ergo ille filius masculus

ca, e quest'ultimo ha contemplato la Città di Dio scendere dal cielo proprio come disse il profeta *"ecco, verrà il Signore mio Dio, e con Lui tutti i Suoi santi"* (Zc. 14,5), allora, siccome questi sette angeli di cui si parla vanno collocati necessariamente dopo gli eventi temporali, sembra che solo in parte la rivelazione di Gerusalemme possa essere attribuita al settimo tempo, tanto più che la visione della pace avverrà non solo nell'età ottava, ma anche nella settima.

(XIII)

Adesso tratterò in breve ciò che ancora manca del grande libro dell'*Apocalisse*. Noi vediamo il gallo, che è un uccello domestico, unirsi con molte galline, come accade anche per alcune altre specie di uccelli. Invece, il maschio dei colombi non fa così, ma com'è consuetudine per molti altri volatili, si unisce ad un'unica colomba, e questa si accosta soltanto al compagno che deve sposare come al suo unico marito. Perciò essi sono solo due, un maschio e una femmina, e – la qual cosa è caratteristica dei colombi e delle tortore – il colombo genera due pulcini soltanto, non entrambi femmine, ma proprio come dice la Scrittura: *"maschio e femmina li creò"* (Gen. 1, 27). Questo grande simbolo sta nel marito e nella moglie, come in Abramo e Sara, ed ancora nel marito e nella moglie, come in Isacco e Rebecca, ma anche – aggiungo io – in Dio Padre e nella stirpe d'Israele, e in Gesù Cristo e nella Sua sposa, la Chiesa. Di conseguenza, Dio Padre, assieme a tutti i patriarchi che vi furono fino ad Abramo e, in seguito, fino a Giuseppe, marito di Maria, è rappresentato nel maschio dei colombi, che è padre, mentre la sinagoga dei Giudei, da Sara fino alla Vergine Maria, è stata considerata come madre.[153] Infatti, le nacque un maschio, il Cristo, in compagnia dei prelati delle chiese, vuoi assieme a tutti i santi suoi militi – al cui comando è Cristo stesso – che furono premiati nel martirio, vuoi assieme a tutti gli altri santi che saggiarono molteplici tentazioni e che saranno messi alla prova fino al tempo di quell'undicesimo re di cui abbiamo fatto menzione in precedenza. Questo monarca è, certamente, uno dei grandi Anticristi, ma non quello che dovrà venire alla fine.[154] Questo nato, in-

quem mulier peperit non suscepto semine, Christus scilicet Jesus, cum membris suis primis qui in adventu ejus crediderunt.

Cum ergo plenitudo gentium intrabit ut et Israel generaliter salvus fiat, tunc incipiet apparere puella cui et dicitur: "Jam enim hiems transiit; imber abiit, et recessit. Flores apparuerunt in terra, tempus putationis advenit; et vox turturis audita est in terra nostra; ficus protulit grossos suos; vineae florentes dederunt odorem. Surge, amica mea, sponsa mea, et veni." Bene autem / flores apparuerunt, quia roseus exercitus sanctorum martyrum in conspectu altissimi praesentabitur, ut incipiant et lilia germinare quae nesciunt pati gelu et glaciem, imbrem et procellas ventorum, quia nimis delicata est ad tolerandos labores candida teneraque virginitas.

Quia vero civitas illa coelestis quae super solum firmissimum fundata est, duodecim fundamenta et totidem portas habere describitur, videtur quod in secundo statu fundamenta posita sint, quoniam quidem in primo statu inventus est locus, et designati sunt quasi formulae fulcimentorum, et in tertio consummatis fundamentis statuendae sunt portae in locis suis de populo Israelis, sicut per apostolum dicitur: "Donec plenitudo gentium introierit, et tunc omnis Israel salvus fiet."

Erit ergo nunc consummatio fundamentorum, quam sequetur pulchritudo portarum, et ideo secundum partem in septimo saeculo accipienda est illa pars, quae agit de illa secundum plenitudinem in octavo. Inde est quod completis sex hebdomadis a septuagesima per singulos annorum circulos statio fit in Hierusalem, et in ea Romanus Pontifex non sine rosae mysterio sollemnia celebrare consuevit, quia completis sex aetatibus mun/di in quibus atrocius solito filii liberae a filiis ancillae afflicti sunt,

vece, è quel figlio maschio che una donna partorì senza aver ricevuto seme [Mt. 1,18], ovvero Gesù Cristo, assieme ai suoi primi seguaci, che hanno creduto nella sua venuta.

Perciò, quando la totalità delle nazioni entrerà fra i credenti – sicché anche Israele sarà completamente salvo [Rm. 11,25-26][155] –, allora inizierà a mostrarsi la sposa, a cui, pure, si dice: *"Infatti, già l'inverno è passato, la pioggia è diminuita ed è cessata. I fiori sono apparsi sulla terra, il tempo della potatura è arrivato e la voce della tortora si fa sentire nella nostra terra; il fico ha messo fuori i suoi frutti; le viti fiorite hanno sparso il profumo. Alzati, amica mia, mia sposa, e vieni!"* (Ct. 2,11-13). Del resto, a ragione sono apparsi i fiori, in quanto l'esercito di rose dei santi martiri si mosterà al cospetto dell'Altissimo, perché, poi, possano cominciare a germogliare anche i gigli,[156] che non riescono a sopportare il gelo ed il ghiaccio, la pioggia e le tempeste di vento; infatti, la loro candida e fragile verginità è troppo delicata per resistere a questi travagli.

Invece, siccome quella Città Celeste, che fu fondata su terreno saldissimo, è descritta con dodici fondamenta ed altrettante porte [Ap. 21,12-14], e dal momento che, certamente, durante il primo stato, il sito di costruzione fu rinvenuto e si prospettarono, per così dire, le misure dei sostegni, si pensa che le fondamenta siano state poste nel secondo stato, mentre nel terzo, una volta terminate le fondamenta, il popolo d'Israele deve innalzare le porte nei luoghi più adatti. Come dice l'apostolo: *"Quando sarà entrata la totalità delle nazioni, allora Israele sarà salvo"* (Rm. 11,25-26).

Così, adesso vi sarà il completamento delle fondamenta, a cui seguirà la bellezza delle porte, e pertanto quella sezione dell'*Apocalisse*, di cui si tratta appieno nell'ottavo tempo, dev'essere intesa, anche se in parte, nel settimo. Ne consegue che, per ciascun ciclo di anni, una volta che le sei settimane sono state completate dalla settima, si fa sosta a Gerusalemme, e, in essa, il Pontefice di Roma – non senza il misterioso simbolismo della rosa[157] – ebbe la consuetudine di celebrare dei riti solenni. Allora, dopo che si sono compiute le sei età del mondo in cui, in linea generale, i figli della donna libera sono stati perseguitati più crudelmente dei figli dell'ancella, il Sommo

offeret summus Pontifex qui in coelis est sacrificium martyrum Deo Patri, et "laetabitur Dominus in operibus suis." Laetabitur Hierusalem et diem festum agent omnes qui lugebant super illam, quia peribit nomen aemulae ejus, et filii ancillae qui persequebantur electos, ipsique erit pax et libertas ex hoc nunc et usque in saeculum.

Haec de generalibus partibus. Si autem quaeritur de specialibus quid sibi velint, quoniam quidem unaquaeque pars in septem portionibus scinditur, illud profecto causae est, quod unusquisque sanctorum ordinum habet proprie tempus suum in quo debeat contra hostes confligere, sed tamen non omittunt jugiter omnes simul ordines proeliari, subvenientibus sibi omnibus et ferentibus solamen ad invicem. Ut autem intelligatur levius, utamur exemplis. Ponamus quod populus Hierosolymitanus habeat proelium contra Arabes, et fuerit ei dimicandum mense Martii; Antiochenus contra Syros et fuerit ei dimicandum mense Maii; Constantinopolitanus contra Scythas, et fuerit ei dimicandum mense Junii; Romanus contra barbaros, et fuerit ei dimicandum mense quinto; quibus omnibus expletis habuerit proelium unum / generale quod ex aequo tangeret omnes, eo quod conglobatae gentes simul insurgerent contra omnes, essetque omnibus ex aequo dimicandum mense sexto, et ita incohato mense septimo consopitis omnibus bellis remearent ad propria.

Quare autem mense septimo, cum praeter sextum bellum quod generale est et commune omnium, cetera quinque specialia sint, et singula imminentia singulis? Quia mos est regum terrarum qui in expeditione sunt, ex omnibus civitatibus quae in pace sunt electam militum juventam producere, et in subsidium civitatis mittere quam hostes impugnant, ne non solum de illa patiatur excidium, verum etiam victore hoste de ceteris quoque urbibus detrimentum incurrat.

Pontefice che è nei cieli offrirà a Dio Padre il sacrificio dei martiri, e così "*gioirà il Signore delle Sue opere*" (Sal. 104, 31). Gerusalemme gioirà e tutti quelli che piangevano su di essa passeranno un giorno di festa, perché sarà cancellato il nome della sua rivale e saranno sconfitti i figli dell'ancella che perseguitavano gli eletti, e anche lei stessa avrà pace e libertà, da quel momento e fino alla durata del tempo.[158]

Questi avvenimenti riguardano le suddivisioni principali dell'*Apocalisse*. Ma se ci si chiede che cosa significhino le suddivisioni particolari – dal momento che, appunto, ogni parte del libro è divisa in sette sezioni –, in verità ciò accade perché ciascun ordine di santi ha il suo periodo particolare, in cui esso deve combattere contro i nemici. Eppure, tutti gli ordini non cessano di combattere insieme, continuamente, aiutandosi tutti fra loro e portandosi sollievo a vicenda. Anzi, perché si comprenda più facilmente, facciamo alcuni esempi. Supponiamo che il popolo di Gerusalemme faccia guerra contro gli Arabi e che esso abbia dovuto combattere nel mese di Marzo; che il popolo di Antiochia faccia guerra contro i Siriani e che esso abbia dovuto combattere nel mese di Maggio; che il popolo di Costantinopoli faccia guerra contro gli Sciti e che esso abbia dovuto combattere nel mese di Giugno; che il popolo Romano faccia guerra contro i barbari e che esso abbia dovuto combattere nel mese che viene per quinto.[159] Supponiamo, una volta che furono portate a termine tutte queste guerre, che vi sia stato un solo conflitto principale, che riguardasse tutti allo stesso modo, perché le nazioni, riunite, si levavano contemporaneamente contro tutte, e tutte dovevano ugualmente combattere nel sesto mese e, in seguito, assopitasi ogni battaglia all'inizio del settimo mese, esse ritornavano nei loro confini.

Ma perché ciò accade nel settimo mese, dopo il sesto conflitto che è universale e comune a tutti, mentre gli altri cinque sono particolari e ognuno incombe su ciascun popolo? Perché è consuetudine dei re della terra che sono impegnati in una campagna militare il far uscire una forza scelta di soldati da tutte le città che sono in pace, e mandarli in aiuto della città che i nemici attaccano, affinché non solo questa non debba subire la distruzione, ma, inoltre, qualora vincesse il nemico, non vi sia danno anche per le altre città.

Si autem singulis mensibus singulis quinque urbibus taliter ab omnibus succurrendum est, et ad ultimum generale proelium in commune omnibus commitendum, quid restat nisi ut fateamur singulos populos singula proelia praeter illud quod generale est specialiter commisisse, et tamen dum omnes singulis subvenisse noscuntur, unumquemque illorum cum ceteris sex proelia commisisse? Si enim interrogas primum populum quot mensibus in / bello perstiterit, respondebit sex; si quaeris quot commiserit proelia cum sodalibus suis, respondebit sex; similiter et omnes dicturi essent. Si autem quaereretur a singulis, quot proelia sibi proprie imminuerint, responderet unum. Sic igitur quinque sunt proelia quae singulis propria sunt, et sextum quod est proprium novi ordinis, in quo oportet et illos quinque ordines exituros ex hoc saeculo convenire, quatinus et ipsi requiescant in coelis, et reliquiae eorum qui pervenient usque ad sabbatum requiescant in terris.

Sicque fit ut dum singulus quisque ordinum septem species habere cognoscitur, et dum quasi quaedam spiritualis progenies usque ad septimam generationem extenditur, et quinarium habeat in numero ordinum et septenarium in perfectione, ita ut in eisdem ordinibus et quinarius veraciter et septenarius inveniri queat. Nec praetermittendum quantae perfectionis sint isti numeri, et quemadmodum sibi mira et inexplicabili affinitate conveniant.

Diximus superius librum istum veteribus respondere mysteriis et plurimam cum illis possidere concordiam. Quia vero non hunc omnibus respon/dere diximus sed quibusdam, illud quod superius praetermisimus adjiciendum puto, non solum videlicet librum istum generali historiae opponendum fore, verum etiam in prima fronte librum Actuum Apostolorum, qui historicus est, cui merito liber iste junctus est, propter quinque

Ma allora, se tutte le città, per ciascun mese, devono portare aiuto a ognuna delle altre cinque, e, alla fine, tutte insieme devono combattere il conflitto principale, cosa ne consegue se non che – come diciamo – ogni popolo abbia combattuto, oltre a quello che è principale, ciascun conflitto particolare, e tuttavia, sapendo che tutti sono venuti in aiuto di ciascuno, che ognuno di loro ha combattuto, assieme agli altri, sei conflitti? Infatti, se interroghi il primo popolo su quanti mesi sia rimasto in guerra, esso ti risponderà sei; se gli chiedi quanti conflitti abbia combattuto assieme ai suoi alleati, esso ti risponderà sei; e anche tutti gli altri ti avrebbero risposto allo stesso modo. Invece, se si chiedesse a ciascun popolo quanti conflitti propriamente lo minacciano, esso risponderebbe uno solo. Così, dunque, vi sono i cinque conflitti che appartengono a ciascuno singolarmente, e il sesto che appartiene all'ordine nuovo, in cui è necessario che si riuniscano anche quei cinque ordini che sortiranno da questo tempo [ovvero il tempo del secondo stato], perché anch'essi riposino in cielo, e i loro superstiti, che giungeranno fino al sabato, possano riposare in terra.

In questo modo accade che – mentre si sa che ogni singolo ordine ha sette specie, e mentre, per così dire, una sorta di discendenza spirituale si prolunga fino alla settima generazione – vi sia vuoi il quinario nella somma degli ordini, vuoi il settenario nella loro perfezione, affinché si possa effettivamente trovare negli ordini stessi sia il quinario che il settenario. Né si deve trascurare di che grande perfezione siano questi numeri e come si corrispondano per meravigliosa e inesplicabile affinità.[160]

(XIV)

Abbiamo detto in precedenza che questo libro dell'*Apocalisse* corrisponde agli antichi simboli e ha con essi una molteplice concordia. Ma siccome abbiamo anche detto che esso non corrisponde a tutti i simboli, ma solo ad alcuni, penso che si debba aggiungere ciò che prima abbiamo trascurato, ovvero che non si dovrà mettere a confronto con la storia principale solo questo libro, ma anche, a quanto pare, quello degli *Atti degli Apostoli*, che è un libro storico, al cui significato è stata collegata l'*A*-

et septem quae duodenarium perficiunt. Quid est quinque et septem? Quinque tribus quae priores hereditatem acceperant, et septem quae posteriores suis possessionibus locatae sunt. Quinque principales ecclesiae de quibus ait propheta: "erunt quinque civitates in terra Aegypti loquentes lingua Chanaan," et septem, quibus liber iste inscribitur. Quinque panes ordeacei et septem qui triticei fuisse creduntur. Qui notare ista voluerit, intelliget in quinque et septem magna mysteria contineri, propter quod etiam tam sollemnis est duodenarius numerus. Quinque autem et septem duodecim faciunt.

Ut autem propalemus causam, et quae sit numerorum istorum perfectio, notum est omnibus qui sane sapiunt, in quinque corporis sensibus et septem virtutibus perfectionem hominis contineri, ita ut minus aliquid a perfectione habeat, qui vel uno istorum caret / sive visu, sive auditu, sive gustu, sive odoratu, sive tactu; et rursum sive sapientia, sive intellectu, sive consilio, sive fortitudine, sive scientia, sive pietate, sive timore. Secundum hoc igitur voluit Deus omnipotens diversos ordines ponere in ecclesia sua, et alios quidem qui videntur exercitari in carne, propter quos maxime corporalia sacramenta constituta sunt, alios quorum exercitia magis essent in spiritu quam in carne.

Dedit enim Dominus in ecclesia presbyteros quasi aures, ad informandos et docendos discipulos in doctrina Domini; diacones quasi os, ad evangelizandum quod a presbyteris didicerunt; episcopos quasi manus qui defenderent illam a luporum morsibus, quasi brachia fidei, propter quod et Judae patriarchae qui fuit fortissimus inter fratres assimilati sunt; virgines quasi oculos, qui sedeant contemplantes, expectantes beatam spem et adventum gloriae magni Dei, et salvatoris nostri Jesu Christi; clerum generalem quasi nasum, ad psallendum et confitendum Domino, cui etiam adjuncti sunt continentes laici, et hi qui uxores accipiunt causa

pocalisse, in virtù del cinque e del sette che completano la dozzina.[161] Cosa significano il cinque ed il sette? Cinque sono le tribù che avevano ricevuto per prime l'eredità della terra promessa e sette quelle che, in seguito, furono sistemate nei loro possedimenti.[162] Cinque sono le chiese principali, di cui il profeta dice: "*ci saranno cinque città in Egitto che parleranno la lingua di Canaan*" (Is. 19,18) e sette sono quelle di cui questo libro dell'*Apocalisse* scrive [Ap. 1,4-3,22]. Cinque si crede che siano stati i pani d'orzo [Gv. 6, 8] e sette quelli di frumento [Mc. 8,5-6; Mt. 15-34].[163] Chi abbia voluto osservare questi particolari, capirà che nel cinque e nel sette sono contenuti grandi simboli, per cui anche il numero dodici è così importante. Infatti, cinque più sette fa dodici.[164]

D'altra parte, – affinché noi possiamo svelare le ragioni di tale importanza e quale sia la perfezione di questi numeri – è noto, a tutti coloro che sono ben istruiti, che la perfezione dell'uomo risiede nei cinque sensi corporei e nelle sette virtù. Così, colui che manca anche di uno solo di questi – vuoi della vista, o dell'udito, o del gusto, o dell'odorato, o del tatto, come vuoi anche della sapienza, o dell'intelligenza, o della saggezza, o del coraggio, o della conoscenza, o della pietà, o del timore – ha qualcosa in meno della perfezione. Di conseguenza, quindi, Dio Onnipotente ha voluto porre nella Sua Chiesa ordini diversi: alcuni che sembrano esercitarsi sulla carne – per cui, in particolare, furono istituiti i sacramenti del corpo –, altri i cui effetti si avessero più sullo spirito che sulla carne.

Infatti, il Signore ha dato alla Chiesa i presbiteri perché, come orecchie, informassero e istruissero gli allievi nella dottrina del Signore; ha dato i diaconi perché, come una bocca, predicassero il *Vangelo* che hanno imparato dai presbiteri; ha dato i vescovi perché, come mani, difendessero la Chiesa dai morsi dei lupi, quasi fossero le braccia della fede – per questo essi furono anche paragonati a quel patriarca di Giuda che fu il più forte tra i fratelli.[165] Egli ha dato i vergini perché, come occhi, stiano fermi, dedicandosi alla contemplazione, nell'attesa della beata speranza e della venuta della gloria del Gran Dio, e del Nostro Salvatore Gesù Cristo; ha dato il clero generale – a cui furono aggiunti anche i laici che osservano la castità, e coloro che prendono moglie per aver figli, oppure in

prolis, aut etiam pro eo quod continere / non possunt.

Ad istos quinque ordines pertinent quattuor evangelia et liber Actuum Apostolorum. Quare? Quia quattuor evangelia prosequuntur quattuor opera Christi, nativitatem, baptisma, resurrectionem ex mortuis, ascensionem in coelum; liber vero Actuum Apostolorum, qui sic incipit: "primum quidem sermonem feci de omnibus, o Theophile, quae coepit Jesus facere et docere, usque in diem qua praecipiens apostolis per Spiritum sanctum, quos elegit, assumptus est," ut ostenderet significari quattuor illa opera Christi in quattuor decadis, adjecit et ait: "quibus et praebuit se ipsum vivum in multis argumentis, per dies quadraginta," qui rursum ut ostenderet in quinto tempore vel opere consummationem dari a Spiritu sancto, aliquantis interpositis, adjecit et ait: "Et cum complerentur dies Pentecostes factus est repente de coelo sonus, tamquam advenientis spiritus vehementis, et replevit totam domum ubi erant sedentes." Nativitas itaque ascribitur sacerdotibus, quos designat Matthaeus; baptisma diaconibus quos designat Lucas; resurrectio episcopis quos designat Marcus; ascensio contemplatoribus quos designat Joannes; adventus Spiritus sancti in communi vita ferventibus quos designat ecclesia discipulo/rum super quam in die Pentecostes cecidit Spiritus sanctus, ut impleretur illud quod psalmista praedixerat: "Ecce quam bonum et quam jucundum, habitare fratres in unum!"

De his ergo quinque ordinibus nihil in hunc modum ad librum Apocalypsis, quoniam omnes isti ordines possunt compleri in communi habitu, sicut fieri videmus in ecclesia. Numquid enim sacerdotes vel episcopi, vel canonici, vel virgines quae simpliciter sibi manent, seu in domibus patrum, seu in aedibus virorum suorum qui virgines suas servare decernunt, vel clerici qui et uxores etiam in minoribus ordinibus habere permittuntur, illud praeceptum vel potius exhortationem adimplesse noscuntur

quanto non sono in grado di contenersi – perché, come il naso, esso canti i Salmi e faccia professione di fede nel Signore.

A questi cinque ordini corrispondono i quattro *Vangeli* e il libro degli *Atti degli Apostoli*. Perché? Perché i quattro *Vangeli* trattano le quattro opere di Cristo: la nascita, il battesimo, la risurrezione dai morti, l'ascensione in Cielo. Invece, il libro degli *Atti degli Apostoli* – che inizia così: "*Nel mio primo libro ho già trattato, o Teofilo, di tutto quello che Gesù cominciò a fare e a insegnare, fino al giorno in cui, dopo aver dato, mediante lo Spirito Santo, istruzioni agli apostoli che si era scelti, fu assunto in Cielo*" (At. 1,1-2) –, per mostrare che quelle quattro opere di Cristo sono riassunte in quattro decadi, vi aggiunse le parole "*ad essi Egli si mostrò vivo con molte prove, per quaranta giorni*" (At. 1,3). Inoltre, per mostrare che nel quinto tempo – o, piuttosto, nella quinta opera – il compimento è affidato allo Spirito Santo, il libro degli *Atti* inserì, dopo un lungo inciso, la frase "*e quando il giorno di Pentecoste stava per finire, si fece all'improvviso dal cielo un suono, come di un colpo di vento che si abbatte impetuoso, e riempì tutta la casa dove essi dimoravano*" (At. 2, 1-2). Perciò la nascita va attribuita ai sacerdoti, rappresentati da Matteo; il battesimo ai diaconi, rappresentati da Luca; la risurrezione ai vescovi, rappresentati da Marco; l'ascensione ai contemplatori, rappresentati da Giovanni. Invece, la venuta dello Spirito Santo nella vita di tutti i giorni va attribuita ai ferventi, rappresentati dalla comunità dei discepoli, sulla quale, nel giorno di Pentecoste, cadde lo Spirito Santo, affinché si compisse ciò che il salmista aveva predetto: "*Ecco, quanto è buono e quanto è soave che i fratelli abitino in un'unica casa*" (Sal. 133,1).

In questo senso, allora, nulla di questi cinque ordini si riferisce al libro dell'*Apocalisse*, dal momento che tutti questi ordini possono realizzarsi nelle condizioni quotidiane, come vediamo accadere nella Chiesa. Infatti, i sacerdoti, i vescovi, i canonici, le vergini – quelle che abitano da sole, vuoi nelle dimore dei padri vuoi nelle case di quei mariti che decidono di conservare vergini le loro donne –, o anche i chierici che, per giunta, negli ordini minori hanno il permesso di avere moglie, forse si sa se tutti questi ordini abbiano adempiuto a quel comandamento, o,

qua dicitur: "Vende omnia quaecumque habes, et da pauperibus, et veni sequere me?" Aut numquid soli illi qui hoc faciunt ad vitam perveniunt? Si non et de istis sicut et de illis pertineret ad Dominum, nequaquam quinque illa volumina his ordinibus proprie dedicaret. Idcirco enim Dei Filius venit in carne, ut videat omnis caro pariter salutare Dei.

Nunc ergo de his ordinibus nihil hoc modo ad librum Apocalypsis, quia habent isti propria volumina, quinque scilicet magna et in/tegra in quibus debeant exercitari. In hoc autem libello proprie agitur de abrenuntiantibus saeculo et operibus ejus, de his quorum Deus omnipotens hereditas est, eo quod nolint hic habere manentem hereditatem sed futuram inquirant. Agit autem de septem ordinibus designatis in septem tribubus, et in septem ecclesiis, sicut illi quinque ordines in quinque tribubus majoribus et ecclesiis totidem designati sunt. Apponuntur autem illis quinque panes ordeacei, hoc est, quinque suprascripti libri qui omnes historici sunt, et in eis fructus spiritualis sub cortice latet; his autem septem panes triticei, hoc est, septem partes Apocalypsis, quae nihil sonant historicum sicut illa quinque volumina, sed totum paene quod in eis resonat Spiritus et vita est.

Hinc autem vigilanter discutiendum est, quod quinque de septem ordinibus libri hujus, magnam cum quinque supradictis affinitatem comprobantur habere, et ideo diligenter discutiendum est, ne in carne Spiritus extinguatur, ne intellectus superior ab inferiori absorbeatur. In illa prima similitudine, in primo manet nativitas, in secundo baptisma, in tertio resurrectio, in quarto ascensio, in quinto adventus Spiritus sancti; in ista / in primo resurrectio, in secundo passio, in tertio nativitas, in quarto ascensio, in quinto, sexto, et septimo datio Spiritus sancti.

Quare autem in quinto, sexto et septimo? Quia tribus vicibus datus est apostolis Spiritus sanctus: primo, quando crediderunt in Christum; se-

meglio, a quell'esortazione che dice: "*Vendi tutto quello che hai, dallo ai poveri, e vieni per seguirmi*" (Lc. 18, 22)? O forse, solo quegli ordini che fanno questo raggiungono la vita eterna? Ma se anche quelli, come questi ultimi, non appartenessero al Signore, Egli non avrebbe dedicato proprio a quegli ordini secolari quei cinque libri.[166] In effetti, per questo il Figlio di Dio è venuto nella carne, perché ogni carne veda, allo stesso modo, la salvezza di Dio [Lc. 3, 6].

In questo senso, quindi, nulla di questi ordini si riferisce, adesso, al libro dell'*Apocalisse*, poiché essi hanno i loro libri, vale a dire quei cinque volumi importanti e perfetti, su cui devono istruirsi. Invece, nell'*Apocalisse* si tratta propriamente di coloro che hanno rinunciato al mondo e alle sue opere, di coloro che ereditano Dio Onnipotente, perché non vogliono ricevere, in questo mondo, l'eredità presente, ma aspirano a quella futura. Così, essa tratta dei sette ordini rappresentati dalle sette tribù e dalle sette chiese, come quei cinque ordini furono simboleggiati dalle cinque tribù maggiori e da altrettante chiese.[167] Allora, si pongano in tavola per i primi cinque ordini i cinque pani d'orzo, cioè i cinque libri già citati, che sono tutti storici, e in cui il frutto spirituale si nasconde sotto la crosta; invece, si pongano in tavola per i secondi sette ordini i sette pani di frumento, cioè le sette parti dell'*Apocalisse*, che non ci fanno sentire alcunché di storico, come quei cinque libri, ma quasi tutto ciò che riecheggia in esse è Spirito e vita.[168]

Piuttosto, qui si deve argomentare con attenzione, in quanto si ammette che cinque dei sette ordini di questo libro abbiano una grande affinità con i cinque già citati, e quindi si deve essere scrupolosi nell'argomentazione, perché lo Spirito non si spenga nella carne, né l'intelligenza superiore sia assorbita dall'inferiore. In quel primo paragone, al primo posto sta la nascita, al secondo il battesimo, al terzo la risurrezione, al quarto l'ascensione, al quinto la venuta dello Spirito Santo; in questo al primo posto sta la risurrezione, al secondo la passione, al terzo la nascita, al quarto l'ascensione, al quinto, al sesto e al settimo il dono dello Spirito Santo.[169]

Ma perché al quinto, al sesto e al settimo? Perché lo Spirito Santo fu dato agli apostoli in tre momenti: la prima volta quando hanno creduto in Cristo; la seconda il

cundo, in die Paschae; tertio, in die Pentecostes. Primo datus est ut praeveniret; secundo, ut cooperaretur; tertio, ut perficeret. Qui enim sic non accipit Spiritum sanctum, perfectus Christianus esse non potest. Propter haec enim tria data—non dico Spiritus, quia Spiritus quidem unus est, sed tria data—semel puer inungitur oleo ante quam baptizetur, semel chrismate baptizatus per manum baptizatoris, semel per manum episcopi.

Quinque sunt autem ordines quos designat specialiter liber iste, qui omnes abrenuntiantes saeculo secuti sunt Christum: primus fuit apostolorum, secundus martyrum, tertius doctorum, quartus heremitarum, quintus monachorum. Primus designatus est in leone, secundus in vitulo, tertius in homine, quartus in aquila, quintus in throno Dei. Isti quinque ordines per quinque tempora dividuntur, quae proprie pertinent ad statum secundum. Porro duo tempora quae sequuntur sextum et septimum communiter aguntur inter statum secundum et tertium, et digniores / sunt ordines qui incipiunt propter novitatis fervorem, quam illi duo ordines qui quinque suprascriptos sequuntur, et ideo sermo Dei tollitur a veteribus et datur novis. Hac in re vigilanter pensandum, quod licet tanta virtus sit in scripturis divinis ut plerumque inveniatur in singulis quod communiter invenitur in pluribus, non ideo tamen indifferenter accipiendum est horum aliquid, sed unumquodque distincte et in ordine suo.

Ecce enim primus cursus habet aetates quinque, secundus septem; licet illae magnae sint, istae tempore quidem sed non opere parvae. Et ideo secundum hoc quinque panes ordeacei dandi sunt veteri Testamento, novo septem triticei qui pertinent ad librum Apocalypsis. Verumtamen ne putes cursum illum fraudari septenario suo, cum omnis concordia Testamentorum id deposcat, habet et ille septenarium suum, non tamen isto

giorno di Pasqua; la terza il giorno di Pentecoste. La prima volta fu dato per anticipare; la seconda per cooperare; la terza per completare. In effetti, chi non riceve lo Spirito Santo in questo modo, non può essere un Cristiano perfetto. Per queste ragioni, infatti, si hanno tre conferimenti dello Spirito – non dico "Spiriti", perché lo Spirito, certo, è uno solo, ma "tre conferimenti" – una volta quando il bambino viene unto con l'olio prima di essere battezzato, una volta quando viene battezzato col crisma per mano del battezzatore, una volta quando viene unto per mano del vescovo.

Invece, gli ordini che questo libro dell'*Apocalisse* rappresenta in modo specifico sono i cinque che, tutti, hanno seguito Cristo rinunziando al mondo: il primo fu quello degli apostoli, il secondo quello dei martiri, il terzo quello dei dottori, il quarto quello degli eremiti, il quinto quello dei monaci. Il primo fu simboleggiato dal leone, il secondo dal vitello, il terzo dalla figura d'uomo, il quarto dall'aquila, il quinto dal trono di Dio. Questi cinque ordini si distribuiscono per cinque tempi, che corrispondono propriamente al secondo stato. A loro volta, i due tempi che, come sesto e settimo, vengono dopo, si svolgono insieme tra il secondo e il terzo stato. E gli ordini che iniziano sull'onda del desiderio di novità sono di maggior valore rispetto a quei due ordini che seguono i cinque già citati, e quindi la parola di Dio viene presa ai vecchi e viene data ai nuovi. Su ciò si deve riflettere con attenzione, perché, anche se nelle Scritture Divine v'è tanta perfezione da far trovare in ciascuna la maggior parte di ciò che si scopre, complessivamente, in molte, tuttavia non per questo si deve accogliere indifferentemente qualsiasi elemento di questi scritti, ma, ognuno, distintamente e secondo il suo ordine.[170]

Infatti, ecco che il primo ciclo ha cinque età, il secondo sette; benché quelle siano di lunga durata, queste – certo – brevi, ma non di opere. E quindi, per questo si devono dare i cinque pani d'orzo al Vecchio Testamento, i sette di frumento [Gv. 6,9; Mt. 15,36; Mc. 8,6] al Nuovo, che, a sua volta, corrispondono al libro dell'*Apocalisse*. Ciononostante, perché tu non pensi che quel ciclo manchi del suo settenario – siccome lo esige la completezza della concordia dei Testamenti –, anche quel primo ciclo ha la sua ricorrenza del numero sette, sebbene non in questo

modo, sed altero. Ecce enim primus cursus saeculi sub quo Testamentum vetus consummatum est, quinque magnas aetates habuisse cognoscitur; secundus vero cursus sub quo Testamentum novum perficitur, in septem incisionibus distinguitur, et quasi in aetatibus septem parvu/lis; quia et septem tribus parvae fuerant comparatione aliarum quinque, etiam septem ecclesiae quas commemorat liber iste, quasi nihil fuerant comparatione quinque ecclesiarum, quarum episcopi patriarchae dicuntur. Harum prima Romana est, secunda Constantinopolitana, tertia Alexandrina, quarta Antiochena, quinta Hierosolymitana, fundatione vero e converso, excepta Romana, quae velut stipes arboris cum ramis omnibus communionem habet, et media inter quattuor fundata est, factis novissimis quae erant primae, et quae novissimae primis. Sed de his alias.

Ad hoc enim ad praesens de eis mentio facta est, ut ostendamus causam mysterii quod quinque aetates majores sunt, septem minores, et quod quinque pertineant ad Testamentum vetus quod carnalibus hominibus datum est, septem ad Testamentum novum quod natis de Spiritu concessum est. Licet autem in quinque panibus ordeaceis quinque libri Moysi intelligi queant, melius tamen quattuor historias speciales et unam generalem in eisdem accipimus, in quibus continetur universaliter quicquid pertinet ad quinque aetates.

Cum autem antiqua illa historiarum volumina taliter distinguuntur, / tunc quattuor evangelia pro quattuor panibus triticeis accipienda sunt; liber Actuum Apostolorum pro duobus, eo quod in prima parte agitur de Judaeis, in secunda de gentibus. Porro Apocalypsis liber qui contemplativus est, pro uno septimo pane accipiendus est, tamquam pro illo mannae gomor, qui reponebatur in sabbatum. Sin vero semotis quinque aetatibus et Testamento quod sub eis conditum est, de novo tantum Testamento agendum fuerit, quod in duobus statibus continetur, tunc primus eorum,

modo ma in un altro. Infatti, ecco che si sa che il primo ciclo del mondo – in cui si compì il Vecchio Testamento – ebbe cinque grandi età; mentre il secondo ciclo del mondo – in cui vede la sua realizzazione il Nuovo Testamento – è ripartito in sette suddivisioni, quasi fossero sette piccole età. Del resto, anche le sette tribù d'Israele erano piccole in confronto alle altre cinque, e anche le sette chiese di cui parla questo libro [Ap. 1,4-3,22] furono quasi nulla in confronto a quelle cinque chiese i cui vescovi sono chiamati "patriarchi". La prima di queste è quella di Roma, la seconda quella di Costantinopoli, la terza quella di Alessandria, la quarta quella di Antiochia, la quinta quella di Gerusalemme. Invece, rispetto alla fondazione, al contrario – fatta eccezione per quella di Roma che, come il tronco dell'albero, partecipa di tutti i rami ed è stata fondata in mezzo alle altre quattro –, furono istituite per ultime quelle che abbiamo elencato per prime, e per prime quelle che abbiamo elencato per ultime. Ma su ciò si dirà più avanti.

Per il momento, infatti, si è parlato di queste chiese solo per mostrare l'oscura ragione del simbolo secondo cui le cinque età sono più lunghe, mentre le sette sono più brevi, e secondo cui le cinque età corrispondono al Vecchio Testamento, che fu dato agli uomini carnali, mentre le sette corrispondono al Nuovo Testamento, che fu assegnato ai nati dallo Spirito. Ma anche se nei cinque pani d'orzo si possono leggere i cinque libri di Mosè,[171] tuttavia in essi preferiamo interpretare le quattro storie particolari e l'unica principale, in cui si raccoglie, nel complesso, qualsiasi cosa spetti alle cinque età.

Inoltre, siccome quegli antichi libri storici sono suddivisi in questo modo, allora i quattro *Vangeli* devono essere intesi come quattro pani di frumento, il libro degli *Atti degli Apostoli* come due pani di frumento, perché nella prima parte si tratta dei Giudei, mentre nella seconda dei Gentili. A sua volta, il libro dell'*Apocalisse* – che è contemplativo – dev'essere inteso come il solo settimo pane, quasi si trattasse di quella misura di manna che veniva messa da parte per il sabato [Es. 16,22-30]. Se, invece, dopo aver accantonato le cinque età e il Testamento che è stato composto in loro corrispondenza, si dovesse trattare soltanto del Nuovo Testamento, che è compreso in due stati, allora il primo di questi – ovvero il secondo stato – dev'essere

hoc est, secundus status, in quinque temporibus distinguendus est, et quattuor quidem primis temporibus quattuor evangelia data sunt, quinto vero tempori et sexto liber Actuum Apostolorum. Et ita quinque panes ordeacei praemittendi, benedicendi, et frangendi sunt in tempore sexto, ut cognoscatur Dominus in fractione panis.

Denique et castellum illud ad quod ibant sexaginta stadiis distabat ab Hierosolymis, ubi fractio illa a Domino facta est. Et idcirco constitutum est in ecclesia haud dubium quod a Spiritu sancto, ut completis sex hebdomadis a septuagesima, miraculum quod fecit Dominus de quinque panibus audiente universo populo in ecclesiis legatur, ut sciamus quod in fine sexti temporis juxta hunc intellectum consummandum / erat in nobis, quod ante tot annorum curricula velut in suspenso manebat. Et merito sexto tempore benedicuntur panes ipsi, ut comedatur ex eis quod in aliis temporibus acquisitum est, quoniam: "alius est," teste Veritate, "qui seminat, et alius qui metit."

Cum vero quinque ipsa volumina, evangelia scilicet et liber Actuum Apostolorum sex temporibus coaptantur, tunc liber Apocalypsis in septimo tempore statuendus est, quod est initium tertii status, finis secundi, sicut commune dicitur aliquid de Joanne Baptista et Christo, videlicet quod uterque finis sit legis, uterque initium evangelii, licet ille ut homo, iste autem ut Deus homo. Et tamen ille qui prior natus est magis pertinet ad Testamentum vetus, Dominus autem qui baptizavit in Spiritu magis pertinuit ad Testamentum novum. Quod enim Joannes finis sit legis, Dominus ipse demonstrat, cum dicit: "Lex et prophetae usque ad Joannem Baptistam." Quod principium evangelii sit, Marcus manifestat cum dicit: "Principium evangelii Jesu Christi, Filii Dei. Sicut scriptum est in Isaia propheta: Ecce mitto angelum meum," et cetera. De Domino autem quod sit finis legis testatur apostolus, dicens: "Finis legis Christus, ad salutem omni credenti."

Quomodo ergo uterque dicitur finis Testamenti veteris, / uterque prin-

diviso in cinque tempi, e, certo, per i primi quattro tempi furono dati i quattro *Vangeli*, mentre, per il quinto e sesto tempo fu assegnato il libro degli *Atti degli Apostoli*. E così i cinque pani d'orzo devono essere offerti, benedetti e spezzati nel sesto tempo, perché il Signore venga riconosciuto proprio nell'atto di spezzare il pane (Lc. 24,13-35).[172]

Del resto, anche quel villaggio in cui il Signore fece l'atto di spezzare il pane e verso cui andavano i due discepoli, distava sessanta stadi da Gerusalemme.[173] E, senza dubbio per questa ragione, nella Chiesa, lo Spirito Santo ha stabilito che – passate sei settimane dalla Septuagesima[174] – sia letto nelle chiese, affinché tutto il popolo lo ascolti, quel miracolo che fece il Signore a proposito dei cinque pani [Lc. 9,10-17]. Di conseguenza, riconosciamo che, secondo quest'interpretazione, dovrebbe realizzarsi in noi, alla fine del sesto tempo, ciò che in precedenza era rimasto come in sospeso per tanti cicli d'anni. E a buon diritto gli stessi pani si benedicono nel sesto tempo, perché si possa mangiare da essi ciò che è stato acquisito durante gli altri tempi, giacché, come attesta la Verità, "*uno è colui che semina, uno è colui che miete*" (Gv. 4,37).

Ma siccome quegli stessi cinque libri – vale a dire i *Vangeli* e il libro degli *Atti degli Apostoli* – si adattano ai sei tempi, allora il libro dell'*Apocalisse* dev'essere collocato nel settimo tempo, che è l'inizio del terzo stato e la fine del secondo, così come la stessa cosa si dice di Giovanni Battista e di Cristo,[175] ovvero che entrambi sono la fine della legge, entrambi l'inizio del *Vangelo*, anche se quello come uomo, mentre questo come Dio-uomo. E tuttavia, colui che nacque per primo si riferì più al Vecchio Testamento, mentre il Signore, che ha battezzato nello Spirito, corrispose piuttosto al Nuovo Testamento. Infatti, il Signore in persona dimostra che Giovanni è la fine della legge, quando dice: "*la legge e i Profeti, fino a Giovanni Battista*" (Lc. 16,16). Marco, invece, rivela che Giovanni è l'inizio del *Vangelo*, quando dice: "*Inizio del Vangelo di Gesù Cristo, Figlio di Dio. Come è scritto nel profeta Isaia: Ecco io mando il mio messaggero*", eccetera (Mc. 1,1-2). A sua volta, riguardo al Signore, l'apostolo testimonia che proprio Lui è la fine della legge, dicendo "*Cristo è la fine della legge, per la salvezza di ogni credente*" (Rm. 10,4).

Allora, come entrambi sono chiamati la fine del Vecchio Testamento, entrambi sono chiamati l'inizio del

cipium novi, et tamen magis Joannes finis, Christus principium, ita sextum et septimum tempus quae sunt in confinio secundi et tertii status ambo in fine secundi status accipienda sunt, ambo in principio tertii—acsi Joseph qui natus est ante quam Jacob reverteretur de Haran, et Benjamin qui natus est post reversionem ipsius. Et tamen sextum tempus et sextus ordo magis ad statum pertinere noscuntur tertium. Verumtamen sicut Joannes perfectionem suam et novitatem vitae non de primo statu accepit, sed de secundo, ita perfectio novi ordinis in angelo Philadephiae qui sextus est designata, de gloria novi status est, non de calamitate vetusti, quia omnia quae in mundo sunt veterascunt et transeunt, et nihil est stabile super terram. Sic igitur in sexto tempore statui potest libri principium, propter illud quod in eo scriptum est, vidi Agnum tamquam occisum, sed tamen summum ejus perfectumque principium illud est, quod subsequenter adjungitur: "Ecce vicit leo de tribu Juda, aperire librum, et solvere septem signacula ejus." Agnus sane occisus ad sextum pertinet, leo resurgens ex mortuis ad tempus / septimum, quia et sexto die sextae hebdomadae passus est Dominus, et prima die septimae quae alio genere octava est et prima, resurrexit a mortuis.

Sicut ergo Joannes praecursor factus est Domini, ita tempus sextum praecucurrit septimum. Et ideo utrumque tempus dici potest principium, licet sextum quasi praecurrens, septimum ut consummans principium et evacuans quod ex parte est, juxta illud quod de adventu suo et subsecutione Domini per eundem praecursorem dicitur: "Qui post me venit, ante me factus est; cujus ego non sum dignus ut solvam corrigiam calceamenti ejus." In septimo ergo tempore statuenda est prima pars libri, acsi in hebdomada Paschae, quam scilicet hebdomadam ambae subsequuntur terminatae in vigilia Pentecostes. De quo per beatum Ambrosium in quodam suorum hymnorum dicitur: "Sollemnis surgebat dies, quo

Nuovo, e comunque, Giovanni è piuttosto la fine, mentre Cristo è l'inizio, così come il sesto e il settimo tempo, che sono sul confine fra il secondo e il terzo stato, si devono intendere ambedue alla fine del secondo stato, ambedue all'inizio del terzo – come Giuseppe, che nacque prima che Giacobbe ritornasse da Aran, e Beniamino, che venne alla luce dopo il suo ritorno [Gen. 28,10; 30,25; 35,18]. E tuttavia, si ammette che il sesto tempo e il sesto ordine appartengano piuttosto al terzo stato. Ciononostante, come Giovanni non ricevette la perfezione e l'originalità della sua vita dal primo stato, ma dal secondo, così la perfezione del nuovo ordine – simboleggiata nell'angelo di Filadelfia, che è il sesto – non viene dalla rovina del vecchio stato, ma dalla gloria del nuovo, dal momento che tutte le cose che vi sono al mondo invecchiano e passano,[176] e nulla rimane immutabile sulla terra. In questo senso, quindi, l'inizio del libro dell'*Apocalisse* può essere stabilito nel sesto tempo, per ciò che vi è stato scritto: "*ho visto un agnello, come immolato*" (Ap. 5, 6), tuttavia il suo inizio, eccellente e perfetto, è quello dove, in seguito, si aggiunge: "*Ecco, ha vinto il leone della tribù di Giuda, e aprirà il libro e i suoi sette sigilli*" (Ap. 5, 5). Certo, l'agnello immolato corrisponde al sesto tempo, mentre il leone che risorge dai morti corrisponde al settimo, perché il Signore sia subì la passione il sesto giorno della sesta settimana, sia risuscitò dai morti il primo giorno di quella settima settimana che, secondo un'altra interpretazione, è sia l'ottava che la prima.[177]

Allora, come Giovanni divenne il precursore del Signore, così il sesto tempo anticipa il settimo. E quindi si possono chiamare "inizio" entrambi i tempi, anche se il sesto come ciò che anticipa, mentre il settimo come ciò che conclude l'inizio e libera[178] ciò che è parziale. Proprio quello che lo stesso precursore – il Battista – dice sulla sua venuta e su quella successiva del Signore: "*Chi viene dopo di me è stato creato prima di me; a lui io non son degno di sciogliere il legaccio del suo sandalo*" (Gv. 1, 27). Di conseguenza, la prima parte del libro dell'*Apocalisse* dev'essere collocata nel settimo tempo, come nella settimana di Pasqua – vale a dire quella settimana che è seguita dalle altre, giungendo fino alla vigilia di Pentecoste.[179] Di essa, in uno dei suoi *Inni*, il Beato Ambrogio disse: "*Urgeva il giorno solenne, in cui il cielo, trascorso sette volte il settemplice*

mystico septemplici orbis volutus septies signat beata tempora." Quod si exclusis quinque libris prioribus, quattuor scilicet evangeliis et libro Actuum Apostolorum, in solo Apocalypsi utrumque requiritur, et illud videlicet quod ad quinque ordines, et illud quod / refertur ad septem, miro quodam et ineffabili modo, acsi quinque corporis sensus et septem virtutes animi in uno perfecto viro conveniunt.

Sed melius hoc intelligimus, si duorum apostolorum Christi praecipuorum in mysteriis gesta pensamus. Petrus et Joannes apostolorum praecipui, magnam prae coapostolis suis praerogativam in mysteriis habuisse noscuntur. Primus namque illorum vitam activam, secundus contemplativam designat, quia alter assumpta cruce secutus est Dominum, alter diu certans in corpore pacato fine quievit. Et quia quinque corporis sensus ad actionem pertinent, septem virtutes animi ad contemplationem, justum fuit ut Petrus senior quinque aedificaret ecclesias, Joannes septem, ut in his duodecim ecclesiis omnium aliarum fundamenta consisterent. Et de Joanne quidem certam auctoritatem habemus, de Petro autem utrum haberi valeat an non inquiramus.

Petrus a principio praefuit Hierosolymis, et aedificavit ecclesiam quae concordat cum tribu Ruben, deinde praefuit Antiochiae quae concordat cum tribu Gad, deinde praefuit Romanae quae concordat cum tribu Juda. Porro Alexan/drinae ecclesiae per seipsum non praefuit, sed misit illuc discipulum suum qui fundaret illam et regeret vice sua, et inter primas ecclesias sublimandam nutriret. Cum vero pars Romanorum sequeretur Augustum, et ex ea apud Constantinopolim gens nova propagata fuisset, ita ut antiquitus nova Roma tamquam Romae filia et consors imperii diceretur, visum est praelatis ecclesiarum, et etiam in conciliis constitutum est, ut inter principales ecclesias Constantinopolitana ecclesia sublimari debuisset, essetque post Romam secunda, prima inter ceteras quattuor

mistico giro, segna i tempi beati".[180] Ciò accade in un certo modo, meraviglioso e ineffabile, se, tralasciati i primi cinque libri – vale a dire i quattro *Vangeli* e il libro degli *Atti degli Apostoli* –, si ricercano entrambi i raggruppamenti, cioè sia quello che si riferisce ai cinque ordini, sia quello che si riferisce ai sette, nella sola *Apocalisse* così come in un unico uomo completo si riuniscono i cinque sensi del corpo e le sette virtù dell'anima.[181]

(XV)

Ma comprendiamo meglio questo fatto, se pensiamo alle azioni dei due principali apostoli di Cristo riguardo alle verità di fede.[182] Si sa che Pietro e Giovanni, i più importanti fra gli apostoli, sono stati oggetto di grande preferenza rispetto ai loro compagni per quanto concerne le verità di fede. Infatti, il primo di essi rappresenta la vita attiva, il secondo quella contemplativa, perché l'uno seguì il Signore avendo preso su di sé la croce, l'altro, combattendo a lungo, alla fine si riposò senza subire pene corporali. E siccome i cinque sensi del corpo appartengono all'azione, mentre le sette virtù dell'anima spettano alla contemplazione, fu giusto che Pietro, il più vecchio, fondasse cinque chiese e Giovanni sette, cosicché in queste dodici chiese risiedessero le fondamenta di tutte le altre. E indubbiamente, riguardo a Giovanni, abbiamo una testimonianza autorevole e sicura, invece, per Pietro, se non volessimo indagare, si potrebbe supporla.

All'inizio Pietro fu a capo della comunità di Gerusalemme e fondò la chiesa che corrisponde alla tribù di Ruben; poi guidò la comunità di Antiochia che corrisponde alla tribù di Gad; in seguito fu alla guida della chiesa di Roma, che corrisponde alla tribù di Giuda. Inoltre, non guidò di persona la chiesa di Alessandria, ma vi mandò un suo discepolo per fondarla e governarla al posto suo,[183] sicché, mediante le sue cure, essa si distinse fra le chiese primitive. Invece, quando una parte dei Romani seguì l'imperatore a Costantinopoli e lì, da essa, ebbe origine una nuova nazione – difatti nel tempo antico la si chiamava "nuova Roma", come pure "figlia di Roma" e "coerede dell'impero" –, parve ai prelati delle chiese, e fu anche stabilito nei concilii, che si dovesse elevare la chiesa

tamquam consors et particeps sanctae Romanae ecclesiae. Est ergo Romana ecclesia acsi altera Hierusalem sedes Dei, in cujus circuitu et in medio quattuor animalia visa sunt, de quibus in hoc libro per Joannem dicitur: "Et animal primum simile leoni, et secundum animal simile vitulo, et tertium animal habens faciem quasi hominis, et quartum animal simile aquilae volanti."

Assimilatur denique primitiva ecclesia fortissimo animali leoni, quia ex ipsa processit leo fortissimus qui fundavit eam, sicut de illa in quodam loco per psalmistam dicitur: "Numquid Sion dicet: Homo / et homo natus est in ea, et ipse fundavit eam Altissimus?" Assimilatur Antiochena secundo animali, quod est vitulus, quia in ea reperti sunt primo discipuli Christiani parati ad oboediendum in omnibus quae mandarent apostoli. Assimilatur Alexandrina tertio animali, hoc est, homini, quia magni in ea doctores antiquitus reperti sunt, cum necdum in ecclesia Romana doctorum suorum aliquis claruisset. Assimilatur Byzantina ecclesia quarto animali, hoc est, aquilae, eo quod in ea invenirentur viri contemplantes coelestia, fortassis occasione Macedonii, qui Paracletum sanctum Deum esse negavit.

Ut enim ex ecclesia prima processit Judas, qui terrore malitiae suae cautos fecit apostolos, ita ex Antiochena processit Nicolaus, unus de septem, qui factus inoboediens errorem suum posteris dereliquit, ita ex Alexandrina Arius, sacerdos impurus, qui doctor videri cupiens, auctor pravi dogmatis adversus Dei Filium factus est, ita Macedonius altius contemplari cupiens, blasphemare in Spiritum sanctum compulsus est. Offendit ergo Nicolaus Patrem ruptis oboedientiae vinculis; offendit Arius unigenitum Dei, ignorans humilitatis virtutem, / in qua et totius magisterii plenitudo est; offendit Macedonius Spiritum sanctum, ignorans libertatis

di Costantinopoli fra le chiese più importanti, e fosse la seconda dopo Roma, la prima delle rimanenti altre quattro, e, inoltre, coerede e partecipe di Santa Romana Chiesa. Perciò, la chiesa di Roma è dimora di Dio come una seconda Gerusalemme, nel cui perimetro e al cui centro apparvero i quattro animali, di cui, proprio in questo libro, Giovanni dice: *"E il primo animale era simile a un leone, il secondo animale era simile a un vitello, il terzo animale aveva l'aspetto di un uomo, e il quarto animale era simile a un'aquila che vola"* (Ap. 4,7).

Di conseguenza, la prima chiesa è paragonata al leone, animale di grandissima forza, perché proprio da quella provenne il leone fortissimo che ne gettò le fondamenta, come, in proposito, a un certo punto il salmista dice: *"Forse che Sion dirà: nacque in essa un uomo e poi un altro uomo, e l'Altissimo in persona la fondò?"* (Sal. 87,5). Quella di Antiochia è paragonata al secondo animale, che è il vitello, perché vi si trovarono per la prima volta discepoli Cristiani [At. 11,26], pronti ad obbedire a tutto ciò che gli apostoli ordinavano. L'Alessandrina è paragonata al terzo animale, ossia alla figura d'uomo, perché anticamente, ai tempi in cui nella chiesa di Roma nessuno dei suoi dottori era ancora diventato famoso, vi furono in essa uomini assai dotti. La chiesa Bizantina è paragonata al quarto animale, ovvero all'aquila, perché vi si trovavano uomini inclini alla contemplazione delle cose divine, forse in reazione a Macedonio, il quale negò che il Santo Paraclito fosse Dio.[184]

Infatti, come dalla prima chiesa provenne Giuda, che per paura della sua malvagità rese prudenti gli apostoli, così da quella di Antiochia venne fuori Nicola, uno dei sette [At. 6,5], che, divenuto disobbediente, lasciò ai posteri il suo errore.[185] A sua volta, dalla chiesa di Alessandria uscì l'empio sacerdote Ario che, desiderando esser creduto un dottore, fu autore della perversa dottrina contro il Figlio di Dio,[186] così come Macedonio, ambendo contemplare le cose più elevate, si spinse a bestemmiare contro lo Spirito Santo. Quindi, Nicola offese il Padre con la rottura dei vincoli d'obbedienza, mentre Ario offese il Figlio Unigenito di Dio, misconoscendo la virtù dell'umiltà, in cui, del resto, risiede la pienezza di ogni insegnamento. Infine, Macedonio offese lo Spirito Santo, misconoscendo la grazia della libertà che ci fu donata nello Spi-

gratiam quae in Spiritu sancto donata est, ita ut per illum efficiamur filii, qui digni non eramus vel servi, ignorans, inquam, illud quod per apostolum dicitur, misit Deus Spiritum Filii sui in corda nostra, in quo clamamus: Abba, Pater. Sed plerumque cum reprobi prolabuntur in haeresim, in ea parte in qua illi errant electi perfectius instituuntur, quia dum cupiunt vitare haeresim veritatem inquirunt, cumque ratio ipsa docet quod aliquando simplicitas fidei nuda, ut ita dixerim, auctoritate tenebat, incipit esse contemplator, qui prius erat fidelis, ut eum jam contemplando teneat, quem fide aliquando cognoscebat.

Sic ergo in primitiva ecclesia doctrina typica fundata est, in Antiochena historica, in Alexandrina moralis, in Byzantina contemplativa, in Romana generalis, quae est unitas et collectio fratrum, et designata in illo cubito arcae in quo totius corporis vastitas consummata est, ut nulla sit in arca Domini scissura, licet in illis quattuor quadrata esse videatur, sed sit in modum tunicae inconsutilis, desuper contextae / per totum. Quod si ita est, quid dicemus de his ecclesiis quae gentes sibi diviserunt, et adhuc dividunt in quattuor partes, ut impleatur scriptura quae dicit: "diviserunt sibi vestimenta mea, et super vestem meam miserunt sortem?" Quomodo ergo tunica inconsutilis, nisi quia non simpliciter ipsae ecclesiae participare aeternaliter tunicae Domini credendae sunt, quae sicut in evidenti esse coepit ad gentium portiones deveniunt, sed illud quod per ipsas ecclesias spiritualiter intelligitur?

Designatur enim in primitiva ecclesia ordo pastorum, qui a sanctis apostolis incohatus est; in Antiochena ordo diaconorum; in Alexandrina ordo sacerdotum, qui ad docendum spiritualiter populum institutus est; in Constantinopolitana, ordo virginum, quem decet vacare et videre quam suavis est Dominus; in Romana, generalis ecclesia quae mater est omnium

rito Santo, perché grazie a Lui non diventiamo figli – noi, che non eravamo degni neppure d'esser servi –, trascurando, aggiungo, proprio ciò che dice l'apostolo: *"Dio ha mandato nei nostri cuori lo Spirito di Suo Figlio, in cui gridiamo: Abba, Padre!"* (Gal. 4, 6).[187] Ma, in genere, quando i malvagi cadono nell'eresia, gli eletti vengono istruiti più completamente proprio in quella parte della dottrina in cui quelli errano, perché essi ricercano la verità mentre desiderano evitare l'eresia, e siccome la ragione stessa insegna ciò che, una volta, la semplicità della fede possedeva – come dire – per pura autorità, chi, in precedenza, era fedele, incominciò ad essere un contemplatore, per possedere ora, mediante la contemplazione, ciò che prima conosceva per fede.

In questo modo, allora, nella prima chiesa si inaugurò la scienza tipologica, nell'Antiochena quella storica, nell'Alessandrina quella morale, nella Bizantina quella contemplativa, nella Romana – che rappresenta l'unità e la riunione dei fratelli – quella generale.[188] Questa scienza generale viene anche simboleggiata da quel cubito dell'arca in cui si realizzò la grandezza smisurata di tutto il corpo, perché, anche se sembrava che ci fossero quattro quadrati, non vi fosse alcuna divisione nell'arca del Signore [Es. 25,10-16] e, anzi, fosse come la tunica senza cuciture del Cristo, tessuta tutta d'un pezzo da cima a fondo [Gv. 19,23]. Perciò, se le cose stanno così, che cosa potremmo dire di queste chiese che si sono spartite le nazioni, ed ancora le dividono in quattro parti, adempiendo la Scrittura che dice: *"Si sono divise le mie vesti, e sul mio abito giocano a sorte"* (Sal. 22,19)? Che cosa significa, quindi, la "tunica senza cuciture", se non che le chiese stesse – che, come comincia ad essere evidente, derivano dalle suddivisioni delle nazioni – non devono credere di poter partecipare per sempre separatamente alla tunica del Signore, ma, piuttosto, ciò che proprio in quel passo le chiese medesime intendono in senso spirituale, ovvero l'unità della Chiesa?

Dunque, l'ordine dei pastori, che ebbe inizio con i santi apostoli, è rappresentato dalla prima chiesa; l'ordine dei diaconi da quella di Antiochia; l'ordine dei sacerdoti, che fu istituito per istruire spiritualmente il popolo, da quella di Alessandria; l'ordine dei vergini, a cui si addice l'inattività e la contemplazione di quanto amabile è il Signore, da quella di Costantinopoli. Invece, la Chiesa nel suo insieme – quella che è madre di tutti gli eletti, e che, siccome è una ed

electorum, quae cum sit una et unica columba Christi, de calore Spiritus sancti et oleo spirituali fecunda, in procreandis Deo filiis et spiritualiter educandis laborat.

Sunt igitur quinque generales ordines in vita desudantes activa, septem speciales contemplationi vacantes. Ideoque secundum plus et minus illi quinque primi quasi carnales sunt et in / carne pugnantes, septem, quos speciales diximus, in spiritu Domino servientes. Et illos quidem qui corporales sunt quinque opera Christi erudiunt, nativitas scilicet et baptismus, passio, resurrectio, et in coelum ascensio, quorum quidem quattuor quattuor animalibus suprascriptis, leoni scilicet et vitulo, homini et aquilae assimilata sunt. In uno autem quod est baptismus corporali specie sicut columba Spiritus sanctus apparuit, ut sciamus quam virtuosum sit militare contra vitia carnis, quam gloriosum et felix coronam immortalitatis in eadem carne percipere, quandoquidem propter haec Dei Filius nasci, baptizari et mori in carne mortali et passibili dignatus sit, ut in ea quoque a morte resurgeret, et ad patriam coelestem immarcessibilem gloriam suscepturus ascenderet.

Septem vero speciales ordines, ad quos mira illa linguarum divisio et ignis insufflatio pertinere cognoscitur, non tam corporalis exercitatio probat, quam septem invisibilibus donis Spiritus sanctus illustrat, separans illos a carne reliqua et in proprium sui cultum assumens, ut ipse sit eorum possessio. Pro quo possessionum copiae et totius mundi gloriae valedicunt, cantantes in cordibus suis / Domino, et assidue in orationibus suis cum psalmista dicentes: "Quid enim mihi est in coelo? Et a te quid volui super terram? Defecit caro mea et cor meum; Deus cordis mei, et pars mea, Deus, in aeternum." Non igitur inter illos annumerandi sunt isti, qui sic creatori suo placere student, ut tamen possidere quae sua sunt et uti eis simpliciter velint, facientes ex eis fragmenta inopi, et porrigentes

unica la colomba di Cristo, fatica, ricolma dell'ardore dello Spirito Santo e dell'olio spirituale, per generare figli a Dio e per educarli spiritualmente – è rappresentata da quella di Roma.[189]

Pertanto, gli ordini principali che si affaticano nella vita attiva sono cinque, mentre sono sette gli ordini particolari che rinunciano all'azione per la contemplazione. E per questo motivo – più o meno – quei primi cinque sono più che altro carnali e combattono nella carne, mentre i sette, che abbiamo chiamato "particolari", servono il Signore nello Spirito. E le cinque opere di Cristo – vale a dire la nascita e il battesimo, la passione, la risurrezione e l'ascensione in cielo, quattro delle quali furono paragonate ai quattro animali citati in precedenza, ovvero al leone, al vitello, alla figura d'uomo e all'aquila – istruiscono, appunto, quegli ordini che sono corporali. In una sola, invece, cioè nel battesimo, lo Spirito Santo apparve in forma corporea come una colomba, perché noi potessimo sapere quanto sia virtuoso combattere contro i vizi della carne, quanto sia glorioso e fecondo ottenere il premio dell'immortalità nella carne stessa. Infatti, proprio per questo il Figlio di Dio ha ritenuto valesse la pena nascere, essere battezzato e morire nella carne mortale e sofferente, per poi poter risorgere dalla morte proprio in essa, e ascendere alla patria celeste, ricevendone la gloria incorruttibile.

Invece, l'esercizio del corpo non fa risaltare i sette ordini particolari – ai quali si ammette corrispondano la meravigliosa distribuzione delle lingue e l'infusione del fuoco della Pentecoste –, così come lo Spirito Santo riesce a illuminarli con i sette doni invisibili, separandoli dalla carne che resta e prendendosene cura personalmente, per averne, proprio Lui, il possesso. Per quei doni si dice addio alla ricchezza degli averi e alla gloria di tutto il mondo, innalzando nei propri cuori canti al Signore, e dicendo continuamente nelle proprie preghiere, assieme al salmista: "*Ebbene, cosa mi spetta in cielo? E da te cosa ho voluto sulla terra? Mi mancarono la mia carne e il mio cuore; ma Dio possiede il mio cuore, e Dio è la mia sorte, in eterno*" (Sal. 73,25-26). Perciò, coloro che appartengono ai sette ordini non devono essere annoverati fra quelli che cercarono di piacere al loro Creatore, anche se vogliono comunque conservare le cose in loro possesso e utilizzarle per proprio conto, ricavandone degli avanzi per il povero e dandone delle bri-

portiunculas indigenti, sed inter eos qui respondentes Domino dicere potuerunt: "Ecce nos reliquimus omnia, et secuti sumus te."

Licet enim sancti apostoli in sortem generalium ordinum propter labores passionis reputati sint, nihilominus tamen ut fundatores ecclesiae utrisque ordinibus debitores fuerunt, ut et perfecti reperirent in eis in quo possent proficere, et infirmi quod imitari possent, ne rigore praegravati deficerent. Praedicabant carnalibus Christum crucifixum; loquebantur sapientiam inter perfectos; omnibus omnia facti sunt ut omnes facerent salvos, imitantes Christum Jesum qui venit in mundum non ut vocaret justos, sed ut quaereret et salvum faceret quod perierat.

Quocirca sancti apostoli non / infra quattuor animalia aestimandi sunt, sed supra ea, etsi aliquid habeant cum leone commune, sicut de eis et de quibusdam aliis dicitur: "In circuitu sedis sedilia viginti quattuor et supra thronos viginti quattuor seniores circumsedentes, amicti vestimentis albis, et in capitibus eorum coronae aureae." Si enim quattuor animalia in medio et in circuitu sedis esse feruntur, et distincte de animalibus dicitur quod sedeant super thronos viginti quattuor, liquet quod seniores quattuor animalibus praeferuntur, et non tam de illorum numero quam supra illos aestimandi sunt, non quasi tyranni et domini, sed sicut patres venerabiles et benigni fundatores, et patroni omnium ordinum, omniumque sanctarum ecclesiarum.

Igitur ecclesiae septem quas Joannes instituit, ita illos ordines designant qui a mundi consortio segregati sunt et contemplationi invigilant, quomodo illae quinque quas Petrus aut per se aut per alios, ut praefatus sum, fundasse dignoscitur, illos quinque ordines generales quos superius scripsimus. Quod si quinque principales ecclesiae pertinentes ad Petrum, quinque generales ordines praedicationi et operibus insistentes de/signant, septem vero pertinentes ad Joannem, septem speciales ordines contemplationi vacantes, restat nunc de istis inquirere qui sint et utrum cum illis

ciole al bisognoso, ma fra quelli che, rispondendo al Signore, hanno potuto dire: "*Ecco, noi abbiamo lasciato tutto e ti abbiamo seguito*" (Mt. 19,27).[190]

Infatti, benché si ritengano i santi apostoli nel novero degli ordini principali in seguito alle sofferenze della passione,[191] ciononondimeno, essi furono debitori di ambedue i tipi di ordini come fondatori della Chiesa, perché anche i perfetti potessero trovare in loro in che cosa migliorarsi, mentre i deboli vi scoprissero qualcosa da poter imitare, per non mancare, schiacciati dal rigore. Essi predicavano il Cristo Crocifisso agli uomini carnali, mentre parlavano della sapienza tra i perfetti: fecero tutto per tutti, perché tutti fossero salvati, imitando Gesù Cristo, che non venne al mondo per chiamare i giusti, ma per cercare e mettere in salvo ciò che era perduto [Lc. 19,10].

Di conseguenza, i santi apostoli non si devono considerare fra i quattro animali, ma sopra quelli, sebbene essi abbiano qualcosa in comune con il leone, come si dice di loro e di qualche altro santo: "*Attorno al trono c'erano ventiquattro seggi, e sui seggi stavano seduti ventiquattro vegliardi, avvolti in candide vesti, e con corone d'oro sulle loro teste*" (Ap. 4,4). Infatti, se si asserisce che i quattro animali stavano in mezzo e intorno al trono e si dice che i ventiquattro sedevano sui seggi separatamente dagli animali, è chiaro che i vegliardi vanno preferiti ai quattro animali. E ciò non tanto per il loro numero, quanto perché essi devono essere stimati al di sopra degli animali, non come si trattasse di tiranni o signori, ma come fossero venerandi padri e benevoli fondatori, patroni di tutti gli ordini e di tutte le sante chiese.

Allora, le sette chiese che Giovanni ha istituito rappresentano quegli ordini che si sono allontanati dal consorzio del mondo e si dedicano alla contemplazione, così come quelle cinque che – come ho detto in precedenza – si ritiene che Pietro avesse fondato, vuoi in prima persona, vuoi mediante altri, rappresentano quei cinque ordini principali di cui abbiamo già scritto prima. Perciò, se le cinque chiese maggiori, che corrispondono a Pietro, rappresentano i cinque ordini principali che si dedicano alla predicazione e alle opere, mentre le sette che corrispondono a Giovanni rappresentano i sette ordini particolari, che rinunciano all'azione per la contemplazione, ora ci resta da chiedere, a proposito dei secondi, quali

quinque aliquam similitudinem habeant, et utrum ita sibi conveniant quomodo sensus corporis cum virtutibus animae, quod tamen et ipsum idem in quaestione relinquitur.

Primo ergo id ipsum discutiendum est, utrum ita sit, et quomodo sit, praesertim cum quinque et septem ad duodecim consurgant, et nequaquam sibi ex aequo conveniant, quia ut sibi convenire possint septem, septem requirunt. Perturbaret aequalitatem, sive ut dicamus melius similitudinem istam sacer apostolorum numerus, nisi quia propter ipsam duo apostolorum novissimi, Paulus scilicet et Barnabas, duodecim superadditi sunt, ut et propter sacrum mysterium Trinitatis quod duodenarius exigit numerus, duodecim apostolorum nomina in fundamentis Hierusalem scripta esse dicantur, et propter septem dona Spiritus qui subjectas, ut ita dixerim, mansiones requirit, quartus decimus apostolorum numerus in scripturis canonicis reperiatur. Nec mirum / tamen.

Si enim civitas illa coelestis oculis cordis nostri infigitur, invenitur quinque illas distinctiones habere. Est enim civitas ipsa, ut ait Joannes, in quadro posita, et in unaquaque partium portas tres habere describitur. Hujus pars orientalis pertinet ad leonem qui pastores designat, septentrionalis ad vitulum qui diacones respicit, occidentalis ad hominem qui doctores significat, australis ad aquilam quae contemplatores designat, corpus civitatis ad aquilam, quae sanctam matrem ecclesiam quae proprie clericorum est, exprimit, cujus filii sunt illi, qui necdum praedicare, aut competenter praedicatorum vocem audire et retinere sufficiunt.

Quod sit ita est, quid de continentibus aut conjugatis dicendum? Numquid et ipsi a coelestis aedificii structura tolluntur, tamquam non praepositi lapides vivi sint pertinentes ad aedificium regni coelorum? Sed ad haec

siano e se vi sia una qualche analogia con quei cinque, e se questi si adattino a loro come i sensi del corpo alle virtù dell'anima.[192] Tuttavia, proprio quest'ultimo argomento va lasciato alla discussione.

Allora, per prima cosa si deve discutere proprio di questo – se accada così, e come accada –, soprattutto in relazione al fatto che il cinque e il sette si assommano nel dodici, e non possono corrispondersi affatto alla pari, perché, per avere una corrispondenza con il sette, ce ne vogliono altri sette. Né il sacro numero degli apostoli sconvolgerebbe l'uguaglianza o, per meglio dire, questa analogia, se non perché, proprio in virtù di tale corrispondenza, furono aggiunti ai dodici i due ultimi apostoli, ovvero Paolo e Barnaba. Ecco allora che, in virtù del sacro simbolo della Trinità, che esige il numero dodici, si dice che i dodici nomi degli apostoli furono scritti sulle fondamenta di Gerusalemme, mentre per il simbolo dei sette doni dello Spirito, che – per così dire – richiede adeguati riscontri, si trova, nelle scritture canoniche, il numero di quattordici apostoli.[193] Tuttavia, non c'è di che meravigliarsi.

In verità, se gli occhi del nostro cuore fissano la Città Celeste, si può vedere che essa ha quelle cinque divisioni. Infatti la città stessa è stata posta, come dice Giovanni, all'interno di un quadrato, ed è descritta con tre porte da ciascun lato [Ap. 21,10-21].[194] La sua parte orientale corrisponde al leone, che rappresenta i pastori; quella settentrionale al vitello, che riguarda i diaconi; quella occidentale alla figura d'uomo, che simboleggia i dottori; quella meridionale all'aquila, che raffigura i contemplatori; mentre il blocco della città corrisponde ancora all'aquila, che è l'emblema della Santa Madre Chiesa, quella che appartiene propriamente ai chierici, di cui son figli coloro che non sono ancora in grado di predicare o di ascoltare e assimilare consapevolmente la voce dei predicatori.

(XVI)

Ma se le cose stanno così, che cosa si deve dire dei laici continenti o dei coniugati? Forse anche loro furono innalzati alla costruzione dell'Edificio Celeste, quasi che, senza disporre prima le pietre, essi, da vivi, già appartengano all'architettura del Regno dei Cieli? Piuttosto, per queste

memores esse debemus, quia ubi loquitur scriptura de habentibus domos in civitate, etiam de suburbanis et vicis mentio fit, sicut et per Tobiam dicitur, per omnes vicos ejus cantabitur alleluia. Si autem in suburbanis continentes, in vicis conjugatos accipimus, ut et ipsos cum sint fideles ordines, in quinque superioribus / jungamus, liquet quod septem sunt ordines pertinentes ad corporis unitatem, acsi tactui manuum, gustui oris, auditui aurium, visui oculorum, et odoratui narium, incessus quoque pedum et opus matrimonii adjungantur, ut ita inveniantur in uno corpore septem sensus, quomodo septem dona Spiritus in una anima, licet propter illa quae diximus duos inferiores sensus saepe scriptura supprimat, concludens illos sub nomine tactus, qui tamen alio genere supprimendi non sunt. Inde est quod nequaquam septem, sed quinque sunt principales ecclesiae, de quibus per prophetam dicitur: "Erunt quinque civitates in terra Aegypti loquentes lingua Chanaan; Civitas Solis vocabitur una."

Quae est autem illa una quae vocatur Civitas Solis, nisi sancta Romanorum ecclesia quae unitatem aliis omnibus servat et pacem, eo quod mater sit et vinculum omnium ecclesiarum? Haec ergo una cui praesidet sol justitiae Christus, et ordo generalis designatus in illa continet sub se duos ordines illos qui ejusmodi civitates non habent; quamvis non frustra crediderim, non casu aliquo accidisse sed Domini voluntate, qui ni/hil in terra sine causa fieri patitur contigisse, ut duas quasdam occidentales ecclesias in partibus Venetiorum et Aquileiae sub Romanae ecclesiae finibus constitutas patriarchali praenomine honoratas esse videamus, ut quomodo civitas illa quae sursum est suburbana et vicos habere dicitur, ita Romana ecclesia quae in typo civitatis ejusdem omnibus ecclesiis praelata est, duos istos patriarchatus qui minoris auctoritatis sunt, sub mensura calami sui et virga acsi princeps famulas videatur habere.

cose dobbiamo avere buona memoria, in quanto, là dove la Scrittura parla di coloro che hanno dimora nella città, si fa menzione anche dei quartieri periferici. Del resto, come dice Tobia: *"per tutti i suoi quartieri si canterà l'Alleluia"* (Tb. 13,22). Inoltre, se accogliamo – siccome sono ordini di credenti – i continenti nei sobborghi e i coniugati nei quartieri periferici, di modo che aggiungiamo anch'essi ai cinque ordini superiori, risulta evidente che gli ordini corrispondenti all'unità del corpo sono sette, come se al tatto delle mani, al gusto della bocca, all'udito delle orecchie, alla vista degli occhi, e all'odorato delle nari, si aggiungesse anche il camminare dei piedi e ciò che è necessario all'atto matrimoniale. Così si troverebbero sette sensi in un unico corpo, come si hanno sette doni dello Spirito in una sola anima,[195] benché, per quei motivi che abbiamo già detto, la Scrittura ometta spesso i due sensi inferiori, terminando il loro elenco con il nome del tatto – invece, in quest'altra prospettiva, essi non devono essere trascurati. Ciononostante, ne consegue che le chiese principali non siano affatto sette, ma cinque, a proposito delle quali il profeta dice: *"Ci saranno cinque città, in terra d'Egitto, che parleranno la lingua di Canaan; una sarà chiamata la 'Città del Sole'"* (Is. 19,18).

Ma cos'è quell'unica città che è chiamata la "Città del Sole", se non la Santa Chiesa dei Romani, che, siccome è madre e punto di collegamento fra tutte le chiese, mantiene la pace e l'unità con tutte le altre? Pertanto, il sole della giustizia – il Cristo – sta a capo di questa sola, e l'ordine generale che è stato simboleggiato in essa comprende sotto di sé quei due ordini che, di conseguenza, sono senza città.[196] Tuttavia, avrei una buona ragione per credere che questo non sia accaduto accidentalmente, bensì per volontà del Signore – il quale non permette che nulla di ciò che avviene sulla terra accada senza ragione –, dal momento che vediamo proprio le due chiese occidentali di Venezia e di Aquileia, istituite all'interno della giurisdizione della chiesa romana, essere onorate dal titolo patriarcale. Pertanto, come si dice che quella città di lassù ha sobborghi e quartieri periferici, così la Chiesa di Roma, che è stata scelta fra tutte le chiese come tipo della Città Celeste, sembra avere questi due patriarcati, che sono di minor autorità, sotto il suo scettro e sottomessi alle disposizioni della sua penna, come fa un sovrano con le ancelle.

Licet enim de jure sit ut decretis sanctae Romanae ecclesiae universitas ecclesiarum subdi debeat, solae tamen occidentales ecclesiam Romanam sequuntur, sicut sola tribus Juda domum David, reliquae autem recalcitrare et velut ex aequalitate quam sibi arrogant repugnare noscuntur. Quod si in una ecclesiarum illarum usurpatam quis dignitatem et honorem patriarchalis vocabuli praeter causam existimat, magisque Ravennatem ecclesiam a beato Apollinare martyre discipulo sancti Petri apostoli fundatam, aut aliam omnino ecclesiam ad complendum septenarium numerum acci/piendam dixerit, non est in hujusmodi re asserenda vel neganda necessitas, dum modo intelligamus septem ordines juxta exercitium constitutos in ecclesia, totidemque spiritualibus inhaerentes, sic tamen ut in illis ordinibus quos ad Petrum pertinere diximus, duo ultimi qui inferiores sunt sub quinto qui prae ceteris generalis est et major tacite intelligatur, quomodo sub nomine tactus, simul et incessus pedum et opus conjugii intelligitur.

Haec cum ita se habeant, quid obstet non video, quin sensus corporis qui quinque esse dicuntur et tamen alio genere septem sunt, cum septem virtutibus animae consona unione conveniant, quatinus unicuique virtuti similis sibi sensus subjaceat: ut est fortitudini brachiorum spiritus fortitudinis; locutioni oris per quam datur consilium; seu etiam gustui qui dulce ab amaro discernit spiritus consilii; auditui aurium spiritus intellectus; visui oculorum spiritus sapientiae; odoratui in quo est discretio ad eligendum aut reprobandum aliquid spiritus scientiae; incessui pedum qui ministrantibus incumbit spiritus pietatis; voluptati carnis quae sine culpa / exerceri nequit spiritus timoris.

Secundum hoc igitur Hierosolymitana ecclesia cum Ephesia, Antiochena cum ecclesia Smyrnae, Alexandrina cum ecclesia Pergami,

Infatti, anche se è conforme alla legge che la totalità delle chiese debba sottomettersi ai decreti di Santa Romana Chiesa, tuttavia solo la tribù di Giuda ubbidì alla casa di Davide [1Re 12,20], mentre si sa che le altre si rifiutano e, inoltre, la contrastano, in nome dell'uguaglianza che pretendono per loro. E se si ritiene, senza motivazioni pretestuose, che sia stata usurpata una qualche dignità ed onore dell'attributo patriarcale per una di quelle due chiese, dicendo che si dovrebbe prendere piuttosto, per completare il settenario, la chiesa di Ravenna, fondata dal beato martire Apollinare, discepolo di San Pietro apostolo, o addirittura un'altra chiesa, ciò non è necessario doverlo affermare o negare in questa sede.[197] Adesso, intanto, possiamo comprendere i sette ordini istituiti nella Chiesa secondo la pratica, e quelli equivalenti che si riferiscono alle cose spirituali, anche se – come in quegli ordini che abbiamo attribuito a Pietro – i due ultimi, che sono inferiori, vengono tacitamente compresi nel quinto che, rispetto agli altri, è il principale e il più importante, così come sotto il nome del tatto si intendono insieme il camminare dei piedi e ciò che è necessario all'atto coniugale.

Se ciò sta così, non vedo cosa impedisca che i sensi del corpo – che si dicono cinque e tuttavia, in un'altra prospettiva, sono sette – si accostino alle sette virtù dell'anima in un'armonica unione, dato che il senso affine a ciascuna virtù si subordina ad essa.[198] Così, lo spirito del coraggio sta alla forza delle braccia; lo spirito della saggezza sta al parlare della bocca – mediante la quale si comunica la saggezza – o, anche, al gusto, che distingue il dolce dall'amaro; lo spirito dell'intelligenza sta all'udito delle orecchie; lo spirito della sapienza sta alla vista degli occhi; lo spirito della conoscenza sta all'odorato, in cui v'è il discernimento per scegliere o rifiutare qualcosa; lo spirito della pietà sta al camminare dei piedi, che si addice a coloro che prestano servizio nella Chiesa; lo spirito del timore sta al piacere della carne, che non può essere praticato senza colpa.

Di conseguenza, quindi, sembrerebbe esserci una certa analogia, anche di titolo, fra la Chiesa di Gerusalemme e quella di Efeso, fra la Chiesa di Antiochia e quella di Smirne, fra la Chiesa di Alessandria e quella di Pergamo, fra la Chiesa di Costantinopoli e quella di Tiatira, fra la

Constantinopolitana cum Thyatirae, Romana cum Sardium aliquid simile et nomen habere videretur. Quod etiam in reliquis duabus observandum esset si de eis specialiter ageretur, et non potius sub aliis intelligendae essent, sicut sunt religiosi illi qui litteras nesciunt, quorum alteri conversi, alteri familiares a modernis dicuntur, sive ut in partibus Hierosolymae quidam religiosi laici Templarii, quidam Hospitalarii dicti sunt, de quibus tamen, ut jam dixi, sermo proprius in hoc libro non est, quia sextum tempus quod his posset ascribi, novae cuidam plantationi subjicitur respicienti per concordiam tempus primum, eo quod quinque perfectiones denarii, septem perfectiones septenarii infra semet ipsas concludant, et quadam arithmeticae spiritualis virtute senarius octonarium aequivaleat, et uterque per concordiam aequipolleat primo.

Non igitur ecclesia Philadelphiae, et ecclesia Laodiciae quae ultima scribitur cum supra/dictis duabus ultimis consonare putentur, sed magis duae simul angustatae sub una, cum Hierosolymitana ecclesia et cum tribu Ruben tertiam praefigunt concordiam, eo quod per singulos status ob claritatem sequentis luminis denigretur praecedens, et haberi pro corporali incipiat quod spirituale antea putabatur, acsi luna quae respectu alicujus stellae magnum luminare est, respectu solis quod majus est minus esse dicatur et sit.

Verbi gratia, cum populus Judaeorum hereditatem temporalem expeteret, de sola tribu Levitica dictum est: Non habebit Levi hereditatem inter fratres suos, quia ego sum, ait Dominus, hereditas et possessio ejus. Haec autem tribus quae velut luna splendida lucebat in populo, ⟨et⟩ circa sexti temporis extremitatem quam feliciter floruit, prolato prius praecursore Domini qui multos baptizavit in aqua, protulit tandem sacerdotem magnum Christum Jesum qui plures baptizavit in Spiritu. Ex quibus ipse qui fecit omnia sextam apostolorum fundavit et consummavit ecclesiam. Nec defuerunt ex eodem populo reliquiae, ex quibus septima

Chiesa di Roma e quella di Sardi. Ciò andrebbe considerato anche per le altre due chiese,[199] osservando se si trattasse proprio di quelle, e non, piuttosto, se esse non si dovessero intendere in subordinazione ad altre, così come vi sono quei religiosi illetterati, che i moderni chiamano conversi o famigli, oppure come, nella regione di Gerusalemme, quei religiosi laici che si chiamano alcuni Templari e alcuni Ospedalieri, che, tuttavia – come ho già detto[200] – non hanno una loro trattazione in questo libro. Infatti, il sesto tempo che si può assegnare loro va collocato in una nuova disposizione che, secondo la concordia, lo vede in corrispondenza con il primo tempo, perché cinque perfezioni si hanno nella decina, mentre sette perfezioni si completano in loro stesse nel settenario, e per una precisa prerogativa dell'aritmetica spirituale il senario equivale all'ottonario, ed entrambi, per la concordia, hanno lo stesso valore del primo.[201]

Perciò, non si ritenga che la Chiesa di Filadelfia e la Chiesa di Laodicea, che è elencata per ultima [Ap. 3,14-22], corrispondano a quelle ultime due chiese citate in precedenza,[202] piuttosto loro due, insieme, vengono ridotte ad una sola, fissando una terza concordia con la Chiesa di Gerusalemme e con la tribù di Ruben. Infatti, ciascuno stato oscura il precedente a causa della chiarezza della luce successiva, e si comincia a considerare corporeo ciò che prima era creduto spirituale, così come la luna, che è un grande astro in confronto a qualsiasi stella, viene detta meno luminosa – e lo è – rispetto al sole, che è più grande.

Per esempio, quando il popolo dei Giudei rivendicava la sua eredità temporale, solo della tribù di Levi si disse: *"Levi non avrà eredità fra i suoi fratelli, perché sono io,"* dice il Signore, *"la sua eredità e il suo possesso"* (Nm. 18, 20; Ez. 44,28). Ma questa tribù, che brillava sul popolo come una luna splendente, fiorì anche più rigogliosamente verso la fine del sesto tempo, quando prima fu generato il precursore del Signore, che ne battezzò molti con l'acqua, e in seguito vide la luce il Gran Sacerdote Gesù Cristo, che, invece, ne battezzò parecchi con lo Spirito. Di conseguenza, proprio Colui che creò ogni cosa ha fondato e realizzato la chiesa degli apostoli, che è la sesta.[203] Né mancarono a quello stesso popolo le altre chiese, fra le quali sarebbe stata fondata la setti-

fundaretur / ecclesia, illa scilicet ecclesia quae vocata est a gentibus primitiva, eo quod ab apostolis fundata fuerit in Hierusalem priusquam verbum Domini propagaretur in gentibus, ad instar illius ecclesiae Levitarum quae prima fuit in statu primo, et prima eduxit populum ex Aegypto, cui successit secunda in tempore Judicum, tertia in tempore Regum usque ad Eliam prophetam, quarta ex eo tempore usque ad Zedechiam, quinta quae translata est in Babylonem, sexta quae incohavit a renovatione templi, in cujus fine facta est revelatio de Joanne Baptista, et multitudo discipulorum Joannis et Christi collecta est per baptisma, quae tamen tandiu perseveravit in lege, quousque Christus passus in cruce corpus peccati simul configeret et mortificaret in ligno.

Propter quod et primitiva ecclesia ab apostolis derelicta est, quia post verbum crucis ut canis ad vomitum reversa est, quaerens justificari in lege, quae jam curata erat per gratiam. Haec in primo intellectu, in fine videlicet primi status tribui Dan assimilata est, quae ultima fuit in septem tribubus, et absorpta est. In secundo autem statu mutato intellectu in principio ejusdem status, eadem ecclesia / primitiva accipienda est in similitudinem Ruben, qui propter incontinentiam suam primogenita perdidit. Data sunt autem filiis Joseph, qui significant Alexandrinam et Constantinopolitanam ecclesiam.

Erat enim in ecclesia primitiva aliquanta multitudo gentilium, hoc est, Graecorum, quae sub lege vel reperta vel reducta est, de quibus dicitur: "In diebus illis, crescente numero discipulorum, factum est murmur Graecorum," secundum quos praecipue Rubeniticae assimilata est. Nempe et in ecclesia Galatarum corruptio ipsa reperta est, haud dubium quod a pseudo-apostolis decepta, qui ab ecclesia primitiva processerant, dicentes oportere omnem hominem ingredi secundum legem Moysi, et per omnia

ma, ovvero quella che le genti chiamarono "chiesa primitiva", perché fu istituita a Gerusalemme dagli apostoli, prima che la parola del Signore si diffondesse fra le nazioni, analogamente a quella chiesa dei Leviti, che venne per prima all'interno del primo stato, e per prima guidò il popolo fuori dell'Egitto. Ad essa seguì la seconda chiesa al tempo dei Giudici, la terza dal tempo dei Re fino a quello del profeta Elia, la quarta da quell'epoca fino a Zedechia, la quinta, che fu quella deportata a Babilonia, la sesta, che fu quella che iniziò con la ricostruzione del Tempio. Alla fine della sesta chiesa vi fu la rivelazione di Giovanni Battista e, con il battesimo, si raccolse la moltitudine dei discepoli di Giovanni e di Cristo, eppure essa rimase ancora per lungo tempo nella legge, finché Cristo, messo in croce, non vi fece morire il corpo del peccato inchiodandolo lì sul legno.

Per questo motivo anche la chiesa primitiva fu abbandonata dagli apostoli, perché, dopo la parola della croce, essa era stata fatta tornare sui suoi passi come il cane al vomito, pretendendo che venisse giustificato nella legge, ciò che era già stato sanato dalla grazia.[204] Per la prima intelligenza, ovvero in corrispondenza della fine del primo stato, questa chiesa è stata paragonata alla tribù di Dan, che fu l'ultima delle sette tribù e ne fu assorbita. Ma, in corrispondenza del secondo stato, cambiatane l'intelligenza all'inizio dello stesso stato,[205] quella chiesa primitiva si deve intendere in analogia a Ruben, che a causa della sua incontinenza perse la primogenitura [Gen. 35,22; 49, 3-4]. Invece, la primogenitura fu data ai figli di Giuseppe, che indicano la chiesa Alessandrina e quella di Costantinopoli.

Infatti, v'era nella chiesa primitiva una discreta quantità di Gentili – cioè di Greci –, che si trovò sotto la legge o vi fu ricondotta, di cui si dice: "*In quei giorni, mentre aumentava il numero dei discepoli, si fece un mormorio fra i Greci*" (At. 6,1), e proprio da questi, appunto, essa fu paragonata alla tribù di Ruben. Evidentemente, anche nella chiesa dei Galati si scoprì lo stesso tipo di corruzione, senza dubbio perché era stata ingannata da quegli pseudo-apostoli che erano usciti dalla chiesa primitiva, ribadendo la necessità che ogni uomo entrasse nella Chiesa secondo la legge di Mosè, e la osservasse in tutti i precetti legali, fino alla singola iota

jussa legalia usque ad unum iota servare. Fuit itaque ordo Leviticus spiritualis in septem, ut ita dixerim, generationibus suis, respectu laicorum illius temporis, qui in duodecim tribubus continebatur, et praecipue in tribu Juda, quoniam aliae citius absorptae sunt. Habuit enim et tribus Juda cum ceteris successiones suas in temporibus quinque, usque ad Zorobabel qui ascendit de transmigratione Babylonis, post quem Nehemias / sacerdos, et exinde usque ad Herodem sacerdotes in illo populo principatum tenuisse leguntur.

Sic igitur aperte liquet, quod in primo statu pars inferior usque ad finem quinti temporis in claritate perstitit, superior vero usque ad finem sexti, quod scilicet tempus sextum duas protulit electorum species, quae etiam sub uno signaculo reputatae sunt, eo quod in quinque illis temporibus septem alio modo tempora assignari queant, propter quod et septuaginta anni transmigrationis Judae in sabbatum reputati sunt, completis ab initio mundi septuagenis quadraginta novem, et a prima aedificatione templi septuaginta septem.

Quocirca ut dies quadraginta novem, qui faciunt septem hebdomadas, addita monade, in Pentecosten convertuntur, ita quinque illa tempora septenarium suum habuisse noscuntur, secundum tempus illud quod alias sextum diximus octavum est, tempus videlicet incarnationis Dominicae, sicut dies illi qui Pentecostae juncti sunt, et secundum numerum decadum in sexta decada, et secundum numerum hebdomadarum in octava hebdomada reputandi sunt. Propter hoc magnum mysterium, quod diligentius in multis locis notari et assignari / oportet, scribentibus evangelistis promissionem Domini dicentis: ''Sunt de hic stantibus qui non gustabunt mortem, donec videant Filium hominis venientem in regno suo,'' unus evangelista scripsit factum miraculum post dies sex, alius vero post dies octo, nimirum quia tempus quod designatur in diebus ipsis et secundum aliquid octavum est, et secundum aliquid sextum.

[Gal. 3,1-6,18]. Pertanto, l'ordine levitico spirituale consistette, per così dire, nelle sue sette generazioni, in confronto ai laici di allora, che erano compresi nelle dodici tribù, e in particolare nella tribù di Giuda, dal momento che le altre, ben presto, ne furono assorbite. Quindi, anche la tribù di Giuda ebbe, assieme alle altre, la sua successione divisa in cinque tempi, fino a Zorobabele, colui che ritornò dall'esilio babilonese [Esd. 2,2]. Dopo di lui fu sacerdote Neemia, e si dice che, da allora fino ad Erode, su quel popolo abbiano governato i sacerdoti.[206]

Così, dunque, è assai chiaro che durante il primo stato la parte inferiore di questo rimase illuminata fino alla fine del quinto tempo, mentre la superiore lo fu sino alla fine del sesto, e ciò perché il sesto tempo produsse due specie di eletti, che, del resto, furono annoverate sotto un unico sigillo. Per questo motivo, al posto di quei cinque tempi, in un'altra prospettiva, se ne possono fissare sette e, di conseguenza, anche i settant'anni dell'esilio di Giuda furono calcolati come sabato, in quanto erano trascorse quarantanove settantine dall'inizio del mondo, e sette settantine dalla prima costruzione del Tempio.[207]

Allora, come quarantanove giorni – che fanno sette settimane –, addizionati di un'unità, si trasformano nella Pentecoste, così si ammette che quei cinque tempi abbiano avuto il loro settenario. E il secondo tempo, quello che altrove abbiamo chiamato sesto, è l'ottavo, ossia il tempo dell'incarnazione del Signore, come quei giorni che vengono aggiunti a Pentecoste, e si devono calcolare, secondo la numerazione delle decadi, nella sesta decade e, secondo la numerazione delle settimane, nell'ottava settimana. A causa di quest'importante simbolo, che bisognerebbe fosse individuato e riconosciuto più attentamente in molti passi, allorché gli evangelisti riferirono della promessa del Signore dicendo: "*Vi sono alcuni fra i presenti che non proveranno la morte, finché non vedranno il Figlio dell'uomo venire nel suo regno*" (Mt. 16, 28), un evangelista scrisse che il miracolo[208] avvenne dopo sei giorni [Mt. 16, 28; Mc. 9, 2], mentre un altro evangelista dopo otto giorni [Lc. 9, 28], proprio perché il tempo che è rappresentato in quei giorni per un certo verso è l'ottavo, e per un altro è il sesto.

Septem ergo ecclesiae quibus scribit Joannes, septem spiritualium hominum generationes designant. Quorum tamen alii commendantur, alii non, quia non omnis qui dicitur monachus, monachus est; sed is qui, relictis omnibus et seipso, in spiritu contrito et humiliato sequitur Christum; et quod foris habitu praetendit, intus morum studiis et vitae puritate adimplet.

Ecclesia ergo Ephesi quae prima est, et a Paulo fundata, illos religiosos respicit, qui ad vocem apostolicam crediderunt; et transcendentes commune praeceptum, propositum continentiae tam carne quam spiritu susceperunt, quaerentes hic affligi in corpore, ut possent in futuro saeculo felicius regnare cum Christo. Hoc autem propositum duplex fuit, non tamen contrarium: / aut manere scilicet solos in heremo, aut communiter a saecularibus sequestratos, ut non impedirentur vota et orationes eorum.

Ecclesia vero Smyrnae quae secunda est, illos religiosos designat, qui in tempore sanctorum martyrum subsecuti sunt. Ideoque etsi plures eorum cum beato Joanne Evangelista evaserunt gladium, nihilominus tamen passionum et patientiae participes effecti sunt, vel quia capti incarcerati et afflicti fuerunt, vel quia maximum in corde gemitum pro his qui patiebantur, et pro his praecipue qui ruebant, et pati non poterant habuerunt.

Ecclesia quoque Pergami non dissonat a doctoribus sanctis, sed nec ecclesia Thyatirae a contemplatoribus veritatis. Fuere namque religiosi plurimi in diebus doctorum, qui et ipsi docebant subjectos suos et quoscunque fideles vitare consortia haereticorum; et nihilominus sacrae virgines in tempore quarto, quae relictis domibus et rebus parentum, assumpto religioso velamine, aut solae in privatis cellulis, aut communiter in cenobiis, Deo vivo et vero servirent.

Haec est enim differentia inter illos ordines qui in saeculo militant, et

(XVII)

Perciò, le sette chiese di cui Giovanni ha scritto rappresentano sette generazioni di uomini spirituali [Ap. 1, 20]. Tuttavia, alcuni di questi si consegnano, altri no, perché non tutti quelli che si dicono monaci, sono monaci, ma solo chi, lasciata ogni cosa ed anche se stesso, segue il Cristo con animo pentito ed umile; e ciò che dal di fuori promette con l'abito, lo realizza dentro di sé, con la cura dei comportamenti e la purezza della vita.

Allora, la chiesa di Efeso, che è la prima e che è stata fondata da Paolo, corrisponde a quei religiosi che prestarono fede alla parola degli apostoli. Essi, superando la norma comune, intrapresero il proposito della continenza sia nella carne che nello spirito, chiedendo quaggiù di esser afflitti nel corpo, per poter regnare più felicemente assieme a Cristo nel mondo a venire. Ma questo proposito si manifestò in due modi, sebbene non in contrasto fra loro: vale a dire, o restare da soli in un eremo, o stare in comunità separati dalle cose del mondo, perché non ne vengano ostacolati i voti e le loro preghiere.[209]

Invece, la chiesa di Smirne, che è la seconda, rappresenta quei religiosi che vennero dopo, all'epoca dei santi martiri. E perciò, anche se parecchi di loro, in compagnia del beato Giovanni Evangelista, riuscirono a sfuggire alla spada, ciononostante presero parte alle sofferenze e alla resistenza, vuoi perché furono catturati, imprigionati e perseguitati, vuoi perché ebbero nel cuore una grandissima pena per quelli che soffrivano e in particolare per quelli che, non riuscendo più a resistere alle sofferenze, ne morivano.

La chiesa di Pergamo, poi, non rifiuta il paragone con i santi dottori, né quella di Tiàtira con i contemplatori della verità. In effetti, ai tempi dei dottori vi furono moltissimi religiosi che, anche di persona, insegnavano ai loro soggetti e ad ogni fedele in generale di evitare la compagnia degli eretici. Non furono da meno, nel quarto tempo, le sacre vergini che, lasciate le case e i possessi dei genitori, dopo aver preso il velo delle religiose, si mettevano al servizio del Dio Vivente e Vero, o da sole, nelle celle individuali, o in comunità, nei monasteri.

Infatti, la differenza fra quegli ordini che militano nel mondo, e quelli che, invece, dal mondo si separano,

eos qui a saeculo / sequestrantur: quod illi, etsi bene vivant, aliquid tamen sibi quo vivere in saeculo videantur reservant; hi autem cuncta deserunt, ut soli Deo vivere possint. Porro in tempore quinto secuta est sollemnis et generalis monachorum professio, sub regula sancti patris Benedicti degentium, qui tamen, quia non recte regulam ipsam secuti sunt, in specie ecclesiae Sardium durius increpantur, sicut et generalis clericorum ecclesia cui similis ordo ipse, a Jeremia propheta, qui sic Israel ad litteram objurgare videtur, ut tamen clericorum ecclesiam desolatam deploret.

Huc usque quinque et quinque acsi in fundamentis et muris urbis miro modo conveniunt, reliquae vero duae ecclesiae ad tertium transeunt statum, et tamen cum secundo participant, sicut ecclesia discipulorum Joannis et Christi, et ecclesia quam apostoli in circumcisione fundarunt, quae cum essent velut flores et fructus earum quae sub lege praecesserant, respectu tamen aliarum quae venturae erant in Spiritu, ob praecepta carnalis legis quae zelabantur post fidem, pro carnalibus et infirmis reputatae sunt.

Secundum hoc igitur accidet nunc in ordine monachorum sexto, designato in ecclesia Philadelphiae, et in ordine / septimo designato in ecclesia Laodiceae. Duo isti ordines sub uno sexto tempore coartantur, qui cum sint spirituales prae ceteris qui se praecesserunt, respectu tamen quorundam qui superventuri sunt, minus et ipsi spiritales, minus contemplativi reperiuntur, quoniam hi circa scientiam litterarum laborant et studio doctrinae adhuc insistunt; illi veritate praecognita sola coelestia degustare intendent, non ut quaerant scire quae sint, sed ut possint apprehendere quae Spiritu insufflante cognoscent.

Cum igitur tam primo statui quam secundo tempora quinque deputata

è questa: i primi, pur vivendo rettamente, sembrano comunque voler serbare per loro qualcosa con cui vivere nel mondo, mentre i secondi abbandonano tutto, per poter vivere da soli in Dio. D'altra parte, nel quinto tempo, poi, ebbe luogo il solenne ed universale atto costitutivo dei monaci che stanno sotto la regola del Santo Padre Benedetto, ma che, tuttavia, proprio perché non seguirono correttamente quella regola, si rimproverano assai duramente, in analogia con la chiesa di Sardi. Inoltre, essi sono rimproverati così come la chiesa generale dei chierici – a cui è paragonabile questo stesso ordine – fu rimproverata dal profeta Geremia, che alla lettera sembra riprendere Israele, mentre invece va inteso come se deplorasse la chiesa desolata dei chierici [Ger. 2, 2-37].

Quindi, fino a questo momento le chiese sono cinque, come cinque sono gli ordini che corrispondono meravigliosamente alle fondamenta e alle mura della città [Ap. 21,10-21].[210] Le altre due chiese, invece, passano al terzo stato, anche se partecipano, parzialmente, del secondo, come la chiesa dei discepoli di Giovanni e di Cristo, e come la chiesa che gli apostoli fondarono fra i circoncisi[211]: queste, pur essendo come i fiori e i frutti di quelle che erano venute prima, sotto la legge, furono comunque ritenute carnali e deboli rispetto alle altre che sarebbero venute nello Spirito, proprio per i precetti carnali della legge che esse continuavano ad osservare dopo la fede.

Per questo motivo, dunque, ora verrà il sesto ordine dei monaci, rappresentato dalla chiesa di Filadelfia, e poi verrà il settimo, rappresentato dalla chiesa di Laodicea. Questi due ordini si raggruppano sotto il solo sesto tempo: essi, pur essendo spirituali in confronto a quegli altri che li avevano preceduti, tuttavia si trovano ad essere – pure loro – meno spirituali e meno contemplativi rispetto a quelli che verranno, perché essi lavorano alla conoscenza delle Scritture, dedicandosi, inoltre, all'apprendimento del sapere, mentre quelli, avendo già conosciuto la verità, vorranno assaporare soltanto le cose divine, non per cercar di sapere che cosa sono, ma per poter prendere possesso di ciò che già conosceranno mediante l'infusione dello Spirito.[212]

Allora, siccome sono stati assegnati cinque tempi sia al primo stato che al secondo – benché si ammetta che sia

sint, et tamen et ibi et hic septem justorum species repertae fore noscantur, quid est quod in illis ordinibus qui ad corpus pertinent, duo ultimi absconduntur et supprimuntur; in his vero qui ad Spiritum spectant, duo ultimi prae claritate sequentis luminis cujus perfunduntur confinio, clariores prae ceteris esse videntur, licet septimus ordo de remissa conversatione arguatur, nisi quia corporalis exercitatio a magnis incipit, et descendit ad ima, spiritualis vero a minoribus incipit et ad potiora levatur? Et illa quidem cum carne deficit, et a possessore aufertur; haec de bono transit in melius et in / fine felicior reperitur.

Quocirca etsi septem sunt numero ecclesiae quae in hoc libro scribuntur, quia tamen sola quinque tempora simplices ordines proferre noscuntur, sextum vero tempus ex utroque commixtos, eo quod tempus sextum quod alia ratione octavum et primum dicitur, et finis sit veteris et initium novi, liquet apertissime duas ultimas ecclesias anomalas esse, quae sic ad completionem septenarii pertinent, ut tamen secundum aliquid reputentur simul ambae pro una. Sicque fit ut quinque tantum tempora reperiantur proprie deputata statui primo, quinque secundo, transire vero statum primum limitem secundi, secundum tertii, ut compleatur illud: "donec nascantur nova, vetera comedetis."

Quae cum ita se habeant, nulla jam cum adjutorio Dei difficultas intelligentiae esse potest, cur in quinque generalibus partibus quinque tantum generales ordines et quinque tempora liber iste complectitur, cur in septem specialibus septem ecclesias et sex tempora peragit, quorum tamen sextum duplex est, propter illa quae superius diximus, et qua ratione sextum tempus pro octavo et primo reputandum sit, quae nisi / vigilanter discuterentur in capite, difficile in corpore discuti et intelligi possent.

in quello che in questo vi furono sette tipi di giusti[213] –, il fatto che in quegli ordini che corrispondono al corpo i due ultimi vengono nascosti e si eliminano, mentre in questi, che riguardano lo Spirito, i due ultimi ordini, innanzi allo splendore delle luci successive, dal cui margine sono invasi, appaiono – sebbene il settimo sia accusato di una certa rilassatezza[214] – più luminosi degli altri, cosa significa se non che l'esercizio del corpo inizia dalle cose più importanti e scende fino a quelle più irrilevanti, mentre quello spirituale inizia dalle cose più piccole e si eleva a quelle di maggior valore? E inoltre, le prime finiscono con la carne e vengono sottratte al loro possessore, mentre le seconde vanno di bene in meglio e, alla fine, si trovano arricchite.

Di conseguenza, è assai evidente che le ultime due chiese sono anomale. Infatti, se, per un verso, corrispondono al completamento del settenario, tuttavia, per altri motivi, entrambe sono calcolate insieme come una sola, dal momento che, anche se le chiese che vengono enumerate nell'*Apocalisse* sono sette, si ammette comunque che solo cinque tempi presentino gli ordini singolarmente, mentre il sesto – proprio perché il sesto tempo, che in un altro senso si dice ottavo e primo, è vuoi fine del vecchio, vuoi inizio del nuovo – presenta i due ordini mescolati l'uno con l'altro. E così accade, affinché si abbiano solo cinque tempi assegnati in particolare al primo stato, cinque al secondo, ma il primo stato oltrepassi il confine del secondo, e il secondo del terzo, sicché possano compiersi queste parole: "*mangerete il vecchio, finché nasca il nuovo*" (Lv. 25, 22).

Stando così le cose, con l'aiuto di Dio non vi può più essere, ormai, alcuna difficoltà di comprensione, riguardo ai motivi per cui questo libro dell'*Apocalisse* riunisce nelle sue cinque parti principali solo i cinque ordini principali e i cinque tempi, e riguardo ai motivi per cui esso tratta nelle sue sette suddivisioni particolari le sette chiese e i sei tempi – il sesto fra loro è, comunque, duplice, per le ragioni che abbiamo detto in precedenza e, inoltre, per quella che il sesto tempo dev'essere calcolato come primo e come ottavo. Queste sono cose che, se non si discutessero attentamente nella testa, difficilmente si potrebbero discutere e comprendere nel corpo.[215]

Prima itaque pars libri, in qua facta est mentio de dominico die et de septem angelis ecclesiarum, pastoribus adscripta est; secunda in qua agitur de Agno qui fuit occisus, et de septem apertionibus signaculorum, martyribus; tertia in qua agitur de angelo offerente incensum coram altari aureo, et de septem angelis canentibus tubis, doctoribus; quarta in qua agitur de muliere amicta sole et de filio ejus, et de centum quadraginta quattuor milibus virginum, sacris virginibus; quinta in qua agitur de templo tabernaculi et mari vitreo mixto igne, et de septem angelis egredientibus ex ipso, generali ecclesiae.

Quia vero hi quinque ordines in corpore militant, et eis ut quibusdam corporis sensibus spirituales ordines uniti sunt, non frustra in singulis istis septenarius numerus reperitur, quia tales sunt illi ordines qui spirituales dicuntur, ut quasi lapides sex angulati ubique conveniant, animantes ceteros ordines ad exercitia sua. Dum enim praestante Deo cum candelabris lucent, cum patientibus patiuntur, cum doctoribus docent, cum contemplatoribus contemplantur, cum zelantibus zelantur, et quod supra ceteros est, sive in desertum transferuntur in spiritu ut videant damnationem meretricis magnae, sive in montem magnum et altum ut videant gloriam sponsae Christi, quasi per singulos illorum quinque septenarium possident, et tamen non nisi septem sunt, sicut et septem spiritus Domini, qui missi sunt ad omnem terram. Quod ergo usque ad quintum tempus producitur, commune est et consors utriusque; quod autem in sexto et septimo superest, spiritualibus ordinibus datum est. Et hoc in sexta successione cui dicitur: "Veni, ostendam tibi damnationem meretricis magnae," nimirum quia in sexto tempore punienda est Babylon. Et rursus: "Veni, ostendam tibi novam nuptam, sponsam Agni," pro eo scilicet

(XVIII)

Pertanto, la prima parte dell'*Apocalisse*, in cui si parla del Giorno del Signore e dei sette angeli delle chiese, fu attribuita ai pastori [Ap. 2-4]; la seconda, in cui si tratta dell'agnello che fu immolato e delle sette aperture dei sigilli, fu attribuita ai martiri [Ap. 5-7]; la terza, in cui si tratta dell'angelo che offre incenso davanti all'altare d'oro e dei sette angeli che suonavano le trombe, fu attribuita ai dottori [Ap. 8-11]; la quarta, in cui si tratta della donna vestita di sole, di suo figlio e dei centoquarantaquattromila vergini, fu attribuita ai consacrati vergini [Ap. 12-14]; la quinta, in cui si tratta del Tempio della Tenda della Testimonianza, del mare di cristallo misto a fuoco, e dei sette angeli che escono proprio da quello, fu attribuita alla Chiesa generale [Ap. 15-16].

Ma, dal momento che questi cinque ordini militano nel corpo e ad essi, come ad alcuni sensi del corpo, furono uniti gli ordini spirituali, in ognuno di loro il numero sette non si trova per caso, in quanto quegli ordini che si dicono spirituali sono così fatti da adattarsi ovunque, come pietre di sei angoli, incitando gli altri ordini alle loro mansioni.[216] Infatti, mentre brillano con i candelabri alla presenza di Dio [Ap. 1,20], essi soffrono assieme a coloro che subiscono il martirio, insegnano assieme ai dottori, contemplano assieme ai contemplatori, ardono di zelo assieme agli zelanti. Inoltre essi – cosa che supera tutti gli altri ordini – o vanno in spirito nel deserto per assistere alla dannazione della grande prostituta, o si recano su di un monte grande ed alto per vedere la gloria della sposa di Cristo, come se per ciascuno di quei cinque ordini se ne avessero sette, anche se essi non sono sette, come invece lo sono i sette spiriti del Signore, che furono mandati su tutta la terra. Quindi, ciò che è stato prodotto fino al quinto tempo è comune e diviso fra entrambe le serie di ordini, mentre ciò che rimane nel sesto e nel settimo tempo fu affidato agli ordini spirituali. E ciò accade alla sesta generazione, a cui si dice: "*Vieni, ti farò vedere la condanna della grande prostituta*" (Ap. 17,1), indubbiamente perché Babilonia dev'essere castigata nel sesto tempo. E poi, le si dice di nuovo: "*Vieni, ti mostrerò la nuova fidanzata, la sposa dell'agnello*" (Ap. 21,9) – ovvero che proprio in quel sesto tempo la gloria di nostra madre

quod sub eodem sexto tempore gloria matris nostrae Hierusalem revelanda est cum percussa fuerit aemula ejus, quia justum est, ut jam dixi, apud omnipotentem Deum, qui est Pater misericordiarum et Deus totius consolationis, ut cum superba cadit de sede, exaltetur humilis, et cum gloria / mundi tendit ad nihilum, revelari incipiat gloria regni.

Ut enim breviter proferam proelia quae liber iste complectitur, quid esse dicimus Babylonem nisi regnum diaboli, quod est in inferno; et quid esse dicimus istam Hierusalem, nisi regnum Dei, quod est in coelo? Sunt ergo duo reges, unus austri, alius aquilonis, Deus videlicet et diabolus; duae civitates, videlicet Hierusalem et Babylon. Habet Hierusalem quattuor animalia, quattuor scilicet ordines militum qui pugnant pro illa, et ipsa nihilominus quantum praevalet, quoniam unusquisque ordinum habet, ut superius scripsimus, tempus suum.

Habet et Babylon quattuor bestias quae pugnant pro ea. Quae tamen, jubente Deo, insurgent ad ultimum contra illam, quia "non est pax impiis, dicit Dominus." Pugnant ergo singulae contra singulam, secundum quod in contrarium oppositae esse videntur. Pugnant specialiter et ad invicem, praeter id quod commune est, leo et leaena, vitulus et ursus, homo et pardus, aquila et bestia quarta, quae juxta Danielem prophetam dissimilis erat ceteris et terribilis nimis, quoniam quidem Joannes in una quadam bestia ex quattuor illis composita, quattuor ipsas bestias comprehendit. Et ad extremum Hierusalem et Babylon, praemissis quattuor / proeliis, quinto loco et tempore simul ambae confligunt, quorum expositio talis est.

In primo tempore conflixit ordo apostolicus assimilatus leoni, cum synagoga Judaeorum quam designat leaena. In secundo, ordo martyrum designatus in vitulo, cum imperio Romano quod significat ursus. In tertio, ordo doctorum designatus in Joanne, cum populo Ariano, quem significat

Gerusalemme si deve rivelare, mentre la sua rivale sarà colpita. Infatti, come ho già detto, è giusto che in Dio Onnipotente – che è Padre delle opere di misericordia e Dio di ogni consolazione – l'umile sia esaltata allorché la superba cade dal trono e, proprio quando la gloria del mondo volge al nulla, incominci ad essere rivelata la gloria del Regno.

In verità, affinché io possa enunciare, in breve, i conflitti che questo libro raccoglie, cosa diciamo che sia Babilonia se non il regno del diavolo, che sta nell'Inferno, mentre cosa diciamo che sia questa Gerusalemme se non il Regno di Dio, che è nel cielo? Allora i re sono due, uno del Meridione, l'altro del Settentrione, ossia Dio e il diavolo, e due sono le città, vale a dire Gerusalemme e Babilonia. Gerusalemme può contare su quattro animali – cioè su quattro ordini di soldati che combattono per lei –, e nonostante ciò lei stessa non ha la meglio per molto, perché, come scrivemmo in precedenza,[217] ciascun ordine ha il suo tempo.

Anche Babilonia ha quattro bestie che combattono per lei. Tuttavia, per ordine di Dio, esse alla fine si leveranno contro di lei, in quanto *"non c'è pace per gli empi – dice il Signore"* (Is. 48, 22). Di conseguenza, le bestie combattono l'una contro l'altra, per cui esse sembrano contrapporsi come dei nemici. E appunto, dal momento che Giovanni comprende proprio le quattro bestie in una sola, composta da quelle quattro [Ap. 13, 2], esse combattono, al di là di ciò che hanno in comune, l'una contro l'altra e in particolare, il leone e la leonessa, il vitello e l'orso, la figura d'uomo e il leopardo, l'aquila e la quarta bestia che, secondo il profeta Daniele [Dn. 7,1-8], era diversa da tutte le altre e assai terribile. E, in conclusione, dopo che si svolsero quei primi quattro conflitti, Gerusalemme e Babilonia combattono entrambe, insieme, in corrispondenza del quinto tempo e della quinta parte dell'*Apocalisse*. Lo svolgimento di questi cinque conflitti è il seguente.

Nel primo tempo si ebbe il conflitto fra l'ordine degli apostoli, paragonato al leone, e la sinagoga dei Giudei, che la leonessa rappresenta.[218] Nel secondo, l'ordine dei martiri, rappresentato dal vitello, si misurò con l'impero Romano, che l'orso simboleggia. Nel terzo, l'ordine dei dottori, rappresentato da Giovanni, combatté con il popolo Ariano, che il leopardo indica. Nel quarto, l'ordine dei

pardus. In quarto, ordo virginum designatus in aquila, cum gente Saracenorum designata in bestia illa terribili, occupante Africam et Aegyptum, Syriam simul et Asiam, in quibus maxime partibus sacrae virgines et heremitae crebruisse leguntur. In quinto, Romana ecclesia quae est spiritualis Hierusalem, cum Roma quae est altera Babylon; quin immo universa ecclesia cum universa multitudine reproborum, quae vitiis et corruptionibus suis foedare filios ejus, natos utique secundum Spiritum, non quiescunt, qui pro eo quod non aquiescunt votis nefariis, ab eis multipliciter affliguntur.

Haec sunt quinque certamina quae milites Babylonis et milites Hierusalem in campo hujus mundi committunt, singulae turmae contra singulas, / in temporibus quinque, licet generaliter et contra omnem singulae, et contra singulas omnis—de quibus per singulas quinque partium pro dono omnipotentis Dei abundantius in suis locis loquemur—a principio scilicet ecclesiae usque ad dies nostros, in quos fines saeculorum istorum devenerunt, quoniam quidem, ut verum fatear, ter verbum istud dicendum est, antequam desinat mundus iste, antequam transeant transitoria et sequantur aeterna: primo scilicet consummatis saeculis Hebraeorum; secundo, hoc est, in proximo, consummatis saeculis plenitudinis gentium; in fine vero mundi consummatis adhuc saeculis reliquiarum Israelis et gentium.

Nunc ergo consummatis quinque proeliis et quinque temporibus, destruetur nova Babylon, incohato scilicet tempore sexto, regnum videlicet mundi hujus quod affligit ecclesiam. Et dabitur regnum quod est subtus omne coelum, ut ait angelus Danieli, populo sanctorum, qui vocatur spiritualis Hierusalem. Et paulo post, consummatis proeliis draconis bestiae et regum terrae et pseudo-prophetae, et incarcerato diabolo qui bella ista committit, erit pax et sabbatum usque ad solutionem Satanae. Exibit enim circa finem / saeculi "et seducet gentes quae sunt super quattuor angulos terrae, Gog et Magog," ad quas utrum perveniat antea nomen

vergini, rappresentato dall'aquila, si scontrò con la nazione dei Saraceni, rappresentata da quella bestia terribile, che, infatti, occupa quei paesi in cui soprattutto si legge che si diffusero le sacre vergini e gli eremiti: l'Africa, l'Egitto, insieme alla Siria e all'Asia. Nel quinto la chiesa di Roma, che è la Gerusalemme Spirituale, combatté con Roma, che è la seconda Babilonia. Anzi la Chiesa nel suo insieme si misurò con l'intera moltitudine degli empi, che, con i loro vizi e con le loro corruzioni, non cessano di macchiare i figli della Chiesa, coloro che sono nati assolutamente secondo lo Spirito: essi sono perseguitati in molti modi dagli empi, perché non accettano propositi malvagi.[219]

Queste sono le cinque battaglie che i soldati di Babilonia e i soldati di Gerusalemme affrontano sul campo di questo mondo. Ciascuno squadrone va contro ciascun altro durante i cinque tempi – di cui, per ciascuna delle cinque suddivisioni, in virtù del dono di Dio Onnipotente, abbiamo parlato estesamente nei passi appropriati –, anche se ciascuno squadrone è andato contro tutti gli altri, come tutti gli altri hanno fronteggiato ciascuno, secondo la linea di sviluppo principale, ovvero dagli inizi della Chiesa fino ai nostri giorni, quando giunsero le "fini" di questi tempi. A dire il vero, infatti, questa parola – "fine" – dev'essere detta per tre volte[220] prima che questo mondo finisca e prima che, passando ciò che è transitorio, segua ciò che è eterno[221]; ovvero la prima al compimento dei tempi degli Ebrei; la seconda – che è prossima – al compimento dei tempi della pienezza delle nazioni; quindi, alla fine del mondo, al successivo compimento dei tempi dei superstiti d'Israele e delle nazioni.

Adesso, dunque, terminati i cinque conflitti e i cinque tempi, ovvero dopo che avrà inizio il sesto tempo, verrà distrutta la nuova Babilonia, vale a dire quel regno di questo mondo che perseguita la Chiesa. E, come dice l'angelo di Daniele [Dn. 7,27], il regno che sta sotto ogni cielo sarà dato al popolo dei santi, che è chiamato Gerusalemme Spirituale. E, poco dopo, concluse le battaglie del dragone, della Bestia, dei re della terra e degli pseudoprofeti, nonché incatenato il diavolo che aveva causato questa guerra, vi sarà pace e un sabato che durerà fino alla liberazione di Satana. Questi infatti sfuggirà, circa alla fine del mondo, *"e sedurrà le nazioni che sono ai quattro angoli della terra, Gog e Magog"* (Ap. 20,8), a cui,

Christi nescitur, "quorum est," inquit, "numerus sicut arena maris." Venient autem et circumdabunt ecclesiam, et universa castra laetantium in maerorem convertent. Descendet autem ignis de coelo et consumet eas, et diabolus qui seducet illas jactabitur in stagnum ignis, et sic veniet consummatio.

Sequetur enim calamitatem illa dies magni judicii. Resurgent mortuorum agmina statuenda coram judice Christo. Discernentur agni ab haedis euntibus in ignem aeternum, agni vero in vitam aeternam. "Pascentur autem agni," ut ait propheta, "juxta ordinem suum," accipientes singuli propriam mercedem secundum suum laborem. Tunc apparebit gloria justorum manifesta fulgentium tamquam sol in regno Patris eorum, et consummatis ad integrum muris Hierusalem, apparebit in oculis reproborum quasi sponsa circumamicta varietate, et ornata monilibus suis, et regnabit ex hoc nunc, magis autem ex tunc et usque in saecula saeculorum. Amen.

Explicit Enchiridion abbatis Joachim super Apocalypsim.

forse, Satana giungerebbe prima che il nome di Cristo non vi fosse conosciuto, e *"il loro numero,"* si disse, *"sarà come la sabbia del mare"* (Ap. 20,8). Allora, quelle schiere verranno, stringeranno d'assedio la Chiesa, e volgeranno alla tristezza gli accampamenti di coloro che sono pieni di gioia. Ma il fuoco scenderà dal cielo divorandole, e il diavolo, che le aveva sedotte, sarà gettato in uno stagno di fuoco, e così giungerà la fine.

Infatti, dopo la rovina verrà quel giorno del Grande Giudizio. Risorgeranno le schiere dei morti, disponendosi innanzi al loro giudice, il Cristo. Saranno separati gli agnelli dai capretti[222]: questi finiranno nel fuoco eterno, mentre gli agnelli andranno alla vita eterna. Come dice il profeta: *"allora vi pascoleranno gli agnelli, secondo il loro ordine"* (Is. 5,17), ricevendo ciascuno, in ragione del suo lavoro, la propria ricompensa. Allora, la gloria dei giusti, che risplendono come il sole nel Regno del Padre loro, apparirà manifesta, e Gerusalemme, completate interamente le sue mura, apparirà agli occhi degli empi come una sposa avvolta in vesti variopinte, adorna dei suoi gioielli.[223] Ed essa regnerà da questo momento o, meglio, da allora e per tutti i secoli. Amen.

Qui si conclude il *Manuale sull'Apocalisse* dell'abate Gioacchino.

APPARATI

Dal male peggiore può ben nascere il bene, e dal disordine qualcosa di molto ordinato.

THOMAS MANN, *L'eletto*

La numerazione progressiva delle note del *Commentario* rinvia alla traduzione italiana dell'*Enchiridion*, mentre la segnalazione delle righe si riferisce all'edizione critica (testo latino a fronte).

Commentario

Prologo (rr. 2-57)

[1]rr. 12-14: *Postremo... ad ornatum*

Il testo riecheggia, in questo punto, Ct. 1,10-11. Il tema della sposa del Signore verrà ripreso alle rr. 1872-1903 con un'esplicita citazione del *Cantico* (Ct. 2,11-13). Inoltre non bisogna dimenticare che il tema della sposa ricompare anche alla fine dell'*Apocalisse*, in riferimento alla Gerusalemme Celeste (Ap. 19,7-8; Ap. 21,2). Per il tema di Dio-sposo Israele-sposa nell'A.T. cfr. Os. 2, 16; Is. 54,6; Ez. 16,7 sgg. Nel N.T. il Cristo-sposo e la chiesa-sposa in 2Cor. 11, 2; Ef. 5, 25-32; Rm. 7, 4; Mt. 22,1 sgg.; Mt. 25, 1 sgg.; Mc. 2,19; Gv. 3,29. Per la *lactens Ecclesia* (chiesa del secondo *status*) cfr. Mottu 1977, pp. 131-132.

[2]r. 25: *nec sunt... consentit*

Cfr. "Ubi non est consensus utriusque, non est conjugium" (Gratianus, *Corpus iuris canonici*, C. 30 q. 2) (Migne, *Patrologiae Cursus Completus*, Series Latina 187, col. 1442).

[3]r. 51: *sermone... rustico*

Il Mottu, che riporta la traduzione di questo testo, precisa che l'espressione *sermo rusticus* "è un modo di dire tradizionale in ambiente monastico e significa 'stile contemplativo'" (Mottu 1977, p. 23 n. 61). Noi abbiamo conservato la versione letterale perché il termine "contemplativo", in G., è più fortemente connotato, sia nella dottrina degli *intellectus* (vedi saggio introduttivo) che nella successione degli *ordines*. Riguardo alle "testimonianze sicure e necessarie" di cui parla G. (certis... et necessariis... documentis), il de Lubac parla della "pretesa quasi scientifica, cioè matematica, di questa esegesi" (de Lubac 1959-1964, II/1, p. 461).

[4]rr. 52-54: *si tamen... disertas*

Ne *La posterità spirituale di Gioacchino da Fiore*, de Lubac riporta questo testo nella versione dell'*Introductorius*, rinviando erroneamente al capitolo vi dell'*Introductorius* (*E* i, 6a). In realtà il riferimento va fatto con il *prologus* dell'*Introductorius* (*E* i, 2b), che ha *infantium* al posto di *parvulorum* (de Lubac 1979-1981, I, p. 62).

[5]r. 58: *historiarum nemora... obumbrant*

Come dimostrano le miniature del *Liber Figurarum*, il simbolismo dell'albero è intimamente connesso, nel pensiero di G., con l'idea dello "sviluppo" della storia, come "successione" di popoli e di generazioni (*LF* I; II; V; VI). Qui, in particolare, G. utilizza la metafora dell'albero per riassumere la divisione dell'A.T. in una storia generale — dalla creazione fino a Esdra —, che è la linea narrativa principale del libro, e in quattro particolari, corrispondenti alle vicende di Giobbe, Tobia, Giuditta ed Ester.

[6]r. 60: *rota*

Il simbolo della ruota "che ha quattro facce" è desunto dal primo capitolo del libro di *Ezechiele*. In questo senso G. svilupperà la lettura di Ez. 1,16 poco più innanzi (rr. 84-96).

rr. 67-68: *duae minus... judicantur*

[7]Si tratta del libro di *Tobia* e di quello di *Giuditta*. Come scrive san Girolamo nella *Praefatio in librum Tobiae*: "librum utique Tobiae, quam Hebraei de catalogo divinarum Scripturarum secantes, his, quae apocrypha memorant, manciparunt" (S. Eusebii Hieronymi, *Divinae Bibliothecae*, pars II, coll. 23-24). E nella *Praefatio in librum Judith*: "Apud Hebraeos liber Judith inter apocrypha legitur" (S. Eusebii Hieronymi, *Divinae Bibliothecae*, pars II, col. 39). Tuttavia, come ricorda subito dopo lo stesso G., questa non è l'opinione della Chiesa "a cui lo Spirito rende testimonianza" (r. 69).

[8]r. 70: *quattuor evangelia*

G. sviluppa il seguente parallelo fra le quattro storie particolari dell'A.T. e i quattro Vangeli del N.T.: *Matteo* (primo Vangelo; apostolo; testimone oculare); *Giobbe* (prima storia; canonica per gli Ebrei); *Giovanni* (quarto Vangelo; apostolo, testimone oculare); *Ester* (quarta storia; canonica per gli Ebrei); *Marco* (secondo Vangelo; discepolo; riporta cose udite); *Tobia* (seconda storia; apocrifa per gli Ebrei); *Luca* (terzo Vangelo; discepolo; riporta cose udite); *Giuditta* (terza storia; apocrifa per gli Ebrei). Sembra, quindi, che anche nel N.T. vi sia uno scarto nel valore della testimonianza fra il primo e quarto Vangelo e gli altri due. Ma, per "lo studioso del significato segreto della Scrittura", precisa G., queste distinzioni di valore non hanno senso: tutte le storie in questione sono state egualmente tracciate dal "dito di Dio" (rr. 80-83).

[9]r. 85: *rotae... linteamina*

G. sviluppa qui una doppia esegesi simbolica giocata su (Ez. 1,16) (la ruota fra le ruote) e su (Gv. 20,7) (il sudario e le bende nel sepolcro di Cristo). Le ruote e le bende (*linteamina*) sono, allora, le quattro storie particolari dell'A.T. e i quattro vangeli del N.T., mentre la ruota principale e il sudario di Cristo rappresentano la linea narrativa principale dell'A.T. (la successione delle cronache dei Patriarchi, dei Giudici e dei Re: rr. 63-64) e quella

del N.T., riassunta, complessivamente, nell'*Apocalisse* (r. 86). Più avanti (rr. 93-96), G. aggiunge che se la ruota principale della narrazione è l'insieme di storie che va da Adamo fino a Esdra, questa è la ruota esterna, mentre la ruota interna, che è il libro dell'*Apocalisse*, giunge sino alla fine dei tempi. A proposito del simbolismo della *rota infra rotam* rinviamo a quanto scrive Henry Mottu (Mottu 1977, pp. 97-100; in particolare: Mottu 1977, p. 97 n. 86). Altri brani famosi di G. in cui si impiega questo simbolismo sono *C* II, 7b; *E* i, 3a; *P* p, 226cd; *LF* XV. Come scrive Mottu: "Intendiamo lo '*infra*' dell'espressione '*rota infra rotam*' non nel senso di 'sotto', ma 'dietro', su un piano invisibile: 'la ruota (invisibile) dietro la ruota (visibile)' — 'la ruota *nella* ruota'. Quest'espressione allude a Ez. 1,15 sgg. sul 'carro di Jahvè' con le sue quattro ruote; vedere in particolare il versetto 16: 'come se fossero l'una *in mezzo* all'altra' — 'quasi sit rota *in medio* rotae'" (Mottu 1977, p. 97 n. 86). Il testo dell'*Enchiridion* presenta, invece, l'espressione letterale *in medio* (rr. 84-85, 90).

[10]r. 93: *scriptores... sabbatizasse*

Come G. avrà modo di spiegare più avanti (rr. 1429-1560), nella scansione delle Scritture secondo la successione dei *tempora* vi sono dei periodi di "riposo sabbatico", nei quali v'è come una sorta di "silenzio scritturistico". Il primo di questi silenzi-sabati (*ante legem*) fu in corrispondenza della permanenza degli Ebrei in Egitto, fino alla venuta di Mosè — che, infatti, iniziò la stesura della Scrittura; il secondo corrisponde alla fine delle storie e dei profeti — vale a dire dal tempo di Esdra e di Malachia — e si conclude con Giovanni Battista, ovvero con la figura che inaugura le narrazioni evangeliche del N.T.; il terzo sabato, *sub gratia*, raccontato nel capitolo 20 dell'*Apocalisse*, è prefigurato dal versetto 8, 1: "e quando l'Agnello ebbe aperto il settimo sigillo, fu silenzio in cielo per quasi mezz'ora" (Ap. 8,1). Il secondo "silenzio scritturistico", quello che va da Esdra fino a Giovanni Battista in corrispondenza della scansione gioachimita *sub lege*, rappresenta il settimo tempo del primo *status*, il cui significato simbolico è racchiuso nelle scritture del sesto tempo: il sesto sigillo, infatti, è duplice, valendo sia per il sesto tempo che per il settimo (r. 196), ossia nel libro di *Daniele*, anche se poi, nel settimo tempo si danno scritture che non hanno valore simbolico, come accade per i libri dei *Maccabei* (rr. 204-215; 254-257).

[11]r. 102: *donorum septem largitor*

Si tratta dello Spirito Santo e dei suoi *sette* doni. La tradizione dei sette doni dello Spirito Santo nasce proprio dall'esegesi incrociata dei due passi dell'*Apocalisse* che ne fanno menzione (Ap. 1,4 e Ap. 4,5) e di *Isaia* 11, 2-3: "Su di lui si poserà lo spirito del Signore (*spiritus Domini*): spirito di sapienza (*sapientiae*) e d'intelligenza (*intellectus*), spirito di consiglio (*consilii*) e di fortezza (*fortitudinis*), spirito di conoscenza (*scientiae*) e di pietà (*pietatis*) e lo completerà lo spirito del timor di Dio (*timoris Do-*

mini)" (Is. 11,2-3). Numerosi interpreti intendono così i "sette spiriti" dell'*Apocalisse* — ovvero in base a Is. 11, 2-3 secondo i Settanta e secondo la Vulgata — come i sette doni dello Spirito Santo ma, seguendo Agostino, molti altri ritengono che lo Spirito Santo vi sia rappresentato come sette spiriti in quanto è fonte di molte grazie, giacché il numero sette "è simbolo di una molteplicità al di dentro di una unità chiusa in se stessa" (Wikenhauser 1983, p. 195). Altri ancora — ricorda Alfred Wikenhauser nel suo *Commento* all'*Apocalisse* di Giovanni — hanno interpretato i sette spiriti dell'*Apocalisse* come "angeli delle gerarchie superiori, e precisamente i sette angeli del trono o arcangeli dell'angelologia giudaica tardiva, che sono tra l'altro ricordati in Tb. 12,15. Nell'*Apocalisse* essi vengono inoltre identificati con gli angeli delle sette coppe 'che stanno innanzi a Dio' (Ap. 8,2; cfr. anche Ap. 3,1; 4,5; 5,6)" (Wikenhauser 1983, p. 195). Non così, certo, per G., che sottolinea l'interpretazione tradizionale dei sette doni dello Spirito Santo e respinge il valore generalizzante dell'interpretazione agostiniana del numero sette, ribadendone — al contrario — il significato centrale: "librum istum septenarius totus possidet numerus" (rr. 101-102)! (cfr. elenco sette doni rr. 1985-1986; rr. 2375-2384).

[12] r. 103: *a coeli camerario*

Si tratta di Giovanni Evangelista, qui poeticamente definito "tesoriere", ossia custode dei tesori del cielo, che sono sia i sette doni dello Spirito Santo tradizionalmente intesi, ma anche, come altrove G. sembra intendere, le sette *species* di intelligenza tipologica (*intelligentia typica* o *sensus typicus*: *C* V, 61ab; *P* II, 265a) e, ovviamente, i *mysteria* dell'*Apocalisse*.

[13] r. 114: *aquae vivae spirituales scripturae*

Riecheggia, nel testo di G., il passo paolino di 2Cor. 3, 6 ("la lettera uccide e lo Spirito dà vita"). Si tratta di intendere come, nell'*intelligentia spiritualis*, la stessa lettera delle Scritture si trasformi in spirito vivente, come G. afferma nel noto passo dello *Psalterium decem chordarum* che commenta Ap. 14, 6: "E qual è il vangelo dello Spirito Santo? Quello di cui Giovanni parla nell'*Apocalisse*: '*Vidi un angelo di Dio che volava in mezzo al cielo e gli fu dato un Vangelo eterno*' (Ap. 14, 6). Qual è, dunque, il suo Vangelo? Quello che procede dal vangelo di Cristo (*illud quod procedit de evangelio Christi*). Infatti '*la lettera uccide e lo Spirito dà vita*' (2Cor. 3, 6)" (*P* II, 260a). Non si tratta, quindi, di "un altro Vangelo" — o di un'altra Scrittura —, ma dell'interpretazione spirituale delle stesse Scritture letterali "dipinte sulla carta dall'inchiostro e dal calamo" (r. 115). Esplicito è, senza dubbio, il riferimento simbolico al "fiume d'acqua viva" (*fluvium aquae vitae*) dell'*Apocalisse* (Ap. 22,1 e anche Ap. 7,17).

[14] r. 122: *septem meatuum*

Nuovo riferimento al numero sette (i sette doni dello Spirito Santo) questa volta applicato al "fiume d'acqua viva" della Geru-

salemme Celeste: “Mi mostrò poi un fiume d'acqua viva limpida come cristallo, che scaturiva dal trono di Dio e dell'Agnello” (Ap. 22, 1). L'immagine apocalittica deriva da Ez. 47, 1-12.

[15] rr. 137-138: *partes singulas prout infra ostendimus distinguat*

G. rinvia alle trattazioni sulle parti dell'*Apocalisse* di rr. 1299-1319; 1839-1871; 2551-2649. Nell'*Introductorius* vi sono anche le trattazioni autonome dei capitoli IX (*E* i, 11a-12b) e XII (*E* i, 12d-13a) sul medesimo argomento.

(II: rr. 143-191)

[16] r. 148: *leonis fortitudinem*

“Leone di Giuda” è un titolo messianico che ricorre in Gen. 49,9 (cfr. Eb. 7,14). Per l'antico sviluppo di questa simbologia cfr. il *Physiologus* (II-V d.C) § 1 (tr. it., *Il Fisiologo*, a cura di F. Zambon, Milano 1975, pp. 39-40).

(III: rr. 192-365)

[17] r. 196: *sabbatizat*

“Osserva il riposo come per il sabato.” Il settimo sigillo, a differenza degli altri, è come se fosse vuoto, così come, altrove, G. spiega che al settimo tempo, al tempo sabbatico, corrisponde il “silenzio delle scritture” (rr. 1429-1560).

[18] r. 209: *duo mannae gomor*

“Vedete che il Signore vi ha dato il sabato! Per questo Egli vi dà al sesto giorno il pane per due giorni” (Es. 16, 29).

[19] rr. 217-218: *meterent... colligerent*

Leggiamo nel *Levitico*, riguardo all'Anno Sabbatico: “Non mieterai quello che nascerà spontaneamente dal seme caduto nella tua mietitura precedente e non vendemmierai l'uva della vigna che non avrai potata; sarà un anno di completo riposo per la terra. Ciò che la terra produrrà durante il suo riposo servirà di nutrimento a te, al tuo schiavo, alla tua schiava, al tuo bracciante e al forestiero che è presso di te” (Lv. 25,5).

[20] rr. 222-227: *tempus... perducat*

G. ha presente il precetto dell'*Esodo* riguardante la schiavitù: “Quando tu avrai acquistato uno schiavo ebreo, egli ti servirà per sei anni e nel settimo potrà andarsene libero, senza riscatto” (Es. 21,2; cfr. anche Dt. 15,12-13).

[21] rr. 228-229: *Lia... Rachelis*

Cfr. Gen. 29-30. G. utilizza spesso i tipi veterotestamentari di Lia e Rachele per simboleggiare l'alternativa tra vita attiva e vita contemplativa, altrove rappresentata nei tipi neotestamentari

degli apostoli Pietro e Giovanni; vedi rr. 2174-2329 e *Introductorius*, capitolo XIX (*E* i, 17d-18c). Come leggiamo nell'*Introductorius*: "Pertanto, ovunque, nelle Sacre Scritture (*in divina scriptura*), si parli di due donne o due uomini (*de duobus viris aut mulieribus*) ciò rappresenta quelle due vite (*duas vitas istas*) [attiva e contemplativa] del Santo Dio di cui spesso si fa menzione. Così, noi dobbiamo rettamente intendere, dicendo che il secondo stato spetta a entrambi i tipi di vita (*secundum statum pertinere ad utrumque*) — ovvero tanto a Pietro quanto a Giovanni (*acsi ad Petrum pariter et Ioannem*) —, mentre nel terzo stato (*ad tertium*) vi sarà una sola vita (*unam*) che spetterà a Giovanni (*quae pertinet ad Ioannem*)" (*E* i, 23b).

[22]rr. 256-257: *aedificandi... legatur*

Per G. le Scritture composte durante il settimo tempo non hanno valore simbolico, ma solo storico (*historice*) e vanno lette per edificazione (in precedenza G. aveva fatto l'esempio dei libri dei *Maccabei*: rr. 204-215). Di conseguenza, le Scritture del settimo tempo non devono essere sottoposte ad alcuna interpretazione spirituale.

[23]r. 290: *hebdomadas septuaginta duas*

Il testo della Vulgata (Dn. 9, 26) ha "sexaginta duas": "Dopo sessantadue settimane, un consacrato (*christus*) sarà soppresso [...]" e così anche i manoscritti B e C, mentre il manoscritto pavese (A) e l'edizione del Burger privilegiano la variante delle settantadue settimane (cfr. anche r. 542). Invece G. sembra leggere il versetto precedente di Daniele seguendo la lezione della Vulgata (cfr. r. 1456): "Da quando uscì la parola sul ritorno e la ricostruzione di Gerusalemme fino a un principe consacrato, vi saranno sette settimane. Durante sessantadue settimane saranno restaurati, riedificati piazze e fossati [...]" (Dn. 9, 25). Forse G. vuole giocare sul valore simbolico del numero 70 (10 volte 7).

[24]rr. 329-330: *ab hora sexta... nonam*

"Era verso mezzogiorno (*hora sexta*), quando il sole si eclissò e si fece buio su tutta la terra fino alle tre del pomeriggio (*usque in nonam horam*). Il velo del tempio si squarciò nel mezzo" (Lc. 23, 44-45; cfr. anche Mt. 27, 45-46 e Mc. 15, 33-34).

[25]rr. 339-346: *aut si duo ista... videbatur*

G. interpreta il racconto delle due bestie di Ap. 13, una proveniente dal mare e l'altra dalla terra, come la predizione di un'unione tra il rinato potere dell'islam e gli eretici dell'Occidente — che G. chiama "patarini" (*E* I, 88a; III, 130cd; III, 131ab) —, i falsi profeti predetti dal Signore stesso. In proposito v'è un passo dell'*Expositio in Apocalypsim* che accenna persino a quando G. sentì parlare, a Messina, di un progetto di alleanza tra i due nemici della cristianità (*E* III, 134a). Essi, riuniti sotto la guida dell'Anticristo, avrebbero colpito la chiesa per un periodo della durata di quarantadue mesi, ovvero tre anni e mezzo (cifra desunta dal libro di *Daniele*: Dn. 7, 25), (*E* III, 145d) (cfr. McGinn 1985, pp. 167-168).

[26]r. 369: *primum et sequens gaudium*

G. intende il sabato proprio del sesto tempo (la gioia che precede) e il sabato che è il settimo tempo (la gioia che segue) e che viene anticipato nel sesto per quanto concerne la tribolazione che gli corrisponde.

[27]rr. 370-371: *jejuniorum exordia... apud Graecos*

"La Chiesa introdusse l'uso della Quaresima prima della Comunione pasquale e si osservava in Oriente e Occidente. Però nella Chiesa orientale durava sette settimane, perché s'interrompeva ogni sabato e domenica, mentre nella Chiesa occidentale era di sei settimane, interrompendosi il digiuno solo la domenica. Verso il secolo IX fu introdotta la consuetudine obbligatoria di iniziare il digiuno quattro giorni prima della Quaresima, perché, tolte le domeniche, si avesse un digiuno di quaranta giorni. [...] Nella Chiesa orientale diverse volte era permessa la refezione, però assai scarsa, mentre nella Chiesa latina dopo il Vespro, ossia quasi al termine della giornata, v'era un'unica refezione. Durante il digiuno i fedeli si astenevano non solo dal cibo, ma anche dal vino e persino l'acqua era permessa, per estinguere la sete, solo in alcune ore determinate" (*Enciclopedia Cattolica*, vol. IV, col. 1591, voce *Digiuno*, a cura di Pietro Palazzini). "S. Girolamo, nel 384, è il primo teste del nuovo uso romano delle sei settimane di digiuno dalla sesta domenica al Giovedì Santo, in tutto quaranta giorni. [...] Nelle altre chiese, perché non si digiunava tutti i giorni della settimana, si prolungava il digiuno di due o tre settimane, cioè in una *Quinquagesima*, cominciando dalla domenica settima prima di Pasqua, specialmente nell'Italia del nord e in Gallia (Massimo di Torino e Fausto di Riez); o in una *Sessagesima*, cominciando dalla domenica ottava, o in una *Septuagesima*. [...] A Roma la *Quinquagesima* fu introdotta dopo il 520 e la *Sessagesima* la si ritrova al tempo di Gregorio I, ma quanto al digiuno, Roma si tenne alla Quaresima propriamente detta, cioè dalla domenica sesta fino al Giovedì o al Sabato Santo, considerando, secondo Cassiano, Gregorio Magno, Isidoro, questi trentasei giorni di digiuno come la decima parte dell'anno. I due giorni di mercoledì e di venerdì della *Quinquagesima* prima dell'inizio quaresimale erano giorni di preparazione; nel secolo VIII insieme con i giorni addizionali del giovedì e del sabato vennero annoverati fra i quaranta giorni di digiuno severo quaresimale e il mercoledì divenne, appunto, il 'caput quadragesimae'" (*Enciclopedia Cattolica*, vol. X, coll. 379-380, voce *Quaresima*, a cura di Pietro Siffrin).

Sembra, quindi, che G. faccia riferimento — qui e di seguito (vedi nota 29) — alla *Quinquagesima* importata nel rito latino da quello ortodosso intorno al 520, su influsso di Costantinopoli. "Il *Liber Pontificalis* dice che Felice IV ha ordinato 'ut septem ebdomadae ieiunium celebraretur Paschae'" (cfr. *Ordo Romanus* XIV,

2 e XVI, 5; ed. M. Andrieu, II, Lovanio 1951). Il *Liber Comicus* della liturgia toletana al tempo di S. Ildefonso (657-67) ha una domenica "ante carnes tollendas" corrispondente alla *Quinquagesima* romana (*Enciclopedia Cattolica*, vol. x, col. 421, voce *Quinquagesima*, a cura di Pietro Siffrin).

[28]rr. 376-377: *hebdomada... de passione*

Si tratta della settimana precedente la Settimana Santa. La Quaresima latina è dunque suddivisa in tre periodi: quattro prime settimane, Settimana di Passione, Settimana Santa, per un totale complessivo di sei settimane.

[29]r. 376: *sequenti hebdomada*

G. allude alla differenza di rito quaresimale fra la chiesa ortodossa e quella latina (vedi nota 27): la quaresima ortodossa inizia, infatti, una settimana prima e dura, quindi, sette settimane e non sei come quella latina (ecco allora che la quinta, la "Settimana di Passione", diviene la sesta e la sesta, la "Settimana Santa", diviene la settima) (cfr. rr. 1320-1321, nota 110).

[30]rr. 386-387: *pueros Hebraeorum*

G. ha presente il racconto evangelico dell'entrata di Gesù in Gerusalemme che si legge, secondo la liturgia, il giorno della Domenica delle Palme. Per G. la Domenica delle Palme (r. 382) è la festività che, simbolicamente, separa la prima tribolazione del sesto tempo (corrispondente alla "Settimana di Passione") dalla seconda tribolazione del sesto tempo (corrispondente alla "Settimana Santa") (cfr. Mt. 21, 9; Mc. 11, 9; Lc. 19, 38; Gv. 12, 13).

[31]rr. 399-400: *Petrus et Paulus... martyrizati sunt*

G. fa qui riferimento a una tradizione extracanonica, quella del cosiddetto *Certamen Apostolicum*, vale a dire alla lotta di Pietro e Paolo contro Simon Mago alla presenza dell'imperatore romano. A questa va collegata la stessa tradizione del comune martirio dei due apostoli — che, infatti, si celebra per entrambi con la stessa festività del 29 giugno. Una tradizione che, tuttavia, non fu seguita che in un secondo momento. Di conseguenza, essa ci è stata tramandata da alcuni Padri: Eusebio, *Historia Ecclesiastica*, II, 25, 7 sgg.; Ireneo, *Adversus Haereses*, III, 1, 1 sgg.; Epifanio, *Panarion (Haereses)*, 37, 6; Tertulliano, *De Praescriptione Haereticorum*, 36, e dalla tradizione apocrifa degli *Acta Petri et Pauli* (450-500 d.C.). L'episodio a cui rimanda G. si trova in *Atti di Pietro e Paolo dello Pseudo-Marcello* 36, 23-88, 7 (cfr. *Gli Apocrifi del N.T.*, a cura di M. Erbetta, vol. II, pp. 184-192; inoltre, *Apocrifi del N.T.*, a cura di L. Moraldi, vol. II, pp. 1042 sgg.), altri riferimenti nella *Passione latina di Pietro e di Paolo* 6, 23-13, 17 (ERBETTA, vol. II, pp. 195-198); in *Atti di Pietro* 22, 20-32, 22 (ERBETTA, vol. II, pp. 158-168); e *Atti e martirio di Pietro dello Pseudo-Abdia* 16, 28-20, 37 (ERBETTA, vol. II, pp. 207-210).

[32]r. 408: *solae... visiones fuerint*

G. segue, qui e altrove, l'interpretazione dei primi nove capitoli del libro di *Daniele* come nove diverse "visioni", mentre la decima va compresa nei capitoli 10-12. Questa suddivisione risale a san Girolamo, *Commentarium in Danielem* (Corpus Christianorum, Series Latina 75, pp. 755-757), ma anche nella versione greca di Teodozione si parla, pur con una diversa scansione numerica, di "horáseis" (ὁράσεις) "visioni di Daniele", anche per quelle non esplicitamente tali per il contesto (cfr. *Septuaginta Gottingensis*, XVI, 2, ed. I. Ziegler, 1954, p. 92). G. afferma che solo le ultime quattro furono effettivamente esperienze visive, per cui là dove si legge "visioni" (*visiones*) si deve leggere piuttosto "sezioni" (*incisiones*) (r. 409), tuttavia egli segue fedelmente la suddivisione di san Girolamo (p. 757): I. (Dn. 1); II (Dn. 2); III. (Dn. 3); IV. (Dn. 4); V. (Dn. 5); VI. (Dn. 6); VII. (Dn. 7); VIII. (Dn. 8); IX. (Dn. 9); X. (Dn. 10-12).

[33]r. 438: *typum gerit Antiochus*

Giunilio, nei suoi *Instituta regularia divinae legis*, definiva il "tipo" come la "manifestazione di cose sconosciute presenti, passate o future, mediante avvenimenti (*per opera*)" e a differenza della porfezia, che può essere detta un "tipo nelle parole" (*typus in verbis*), il "tipo" è "una profezia nelle cose" (*prophetia in rebus*) (Iunilius Africanus, *Instituta*, II, 16). Non abbiamo, in G., una definizione precisa di *typus*, ma solo degli esempi (cfr. saggio introduttivo). Si può dire, comunque, che per G. il *typus* non si esaurisce nel compimento della profezia (convergenza nel "tipo dei tipi", Cristo), ma nel momento in cui, in esso, si chiude una corrispondenza binaria (A.T./N.T.) assistiamo al rilancio di una ternaria (primo e secondo *status*/terzo *status*), ossia allo "sporgere" del "tipo" in direzione del futuro.

[34]rr. 451-452: *Graecus... Judaicae superstitionis imitator*

G. accusa spesso i "Greci", ovvero la chiesa ortodossa, di essere "giudaizzante". Nella prospettiva millenarista della *nova aetas* G. vede unificati il tema del ritorno della chiesa orientale in seno alla chiesa di Roma e la conversione degli Ebrei: "Dopo aver condotto il popolo dei Greci all'unità della Chiesa (*ad unitatem Ecclesiae*) e aver chiamato nuovamente alla fede quello giudaico, il Signore avvicinerà la visione della pace (*visionem pacis*) e, con l'erompere di così evidenti segni, si crederà prossima [in realtà manca ancora il conflitto escatologico finale, successivo al Millennio] la manifestazione del Regno di Dio (*manifestatio regni Dei*)" (*T* I, 140).

[35]r. 455: *Testamentum novum geminum*

La duplicità del N.T. risiede essenzialmente nel fatto che esso, a differenza dell'A.T., corrisponde a due *status*, il secondo e il terzo. In proposito, il linguaggio di G. non è sempre prudente, tanto che, talvolta, la duplicità del N.T. — vale a dire la duplicità fra la lettera evangelica e la sua *intelligentia spiritualis* — è stata tradotta con il simbolo apocalittico del "Vangelo eterno" (Ap. 14, 6). Così, nel *De vita sancti Benedicti*, G. parla degli *Evangelia no-*

va che procedono dai racconti dell'A.T. e del N.T. (*VB* 31, 65-66). Nello *Psalterium* leggiamo: "Ma ora dobbiamo trattare del quinto tempo, al cui inizio ci troviamo (*in cuius initio sumus nos*): in esso lo Spirito Santo inviato dal Figlio deve ancora compiere le opere sue (*operari opera sua*), con molta più forza che non finora (Gv. 14,12), affinché tutti imparino ad onorare lo Spirito Santo al pari del Padre e del Figlio. In che cosa? Indubbiamente nel suo Vangelo (*in evangelio eius*). Infatti non gli rende onore come si deve chi non riceve umilmente e devotamente il suo Vangelo. E qual è il suo Vangelo? Quello di cui Giovanni nell'*Apocalisse* dice: '*Vidi un angelo che volava in mezzo al cielo e gli fu dato un Vangelo eterno*' (Ap. 14,6). Qual è il suo Vangelo? Quello che procede dal Vangelo di Cristo (*illud quod procedit de evangelio Christi*). Infatti '*la lettera uccide e lo Spirito dà vita*' (2Cor. 3,6). Per questo, infatti, Colui che è la Verità stessa dice: '*Quando verrà Lui, lo Spirito di verità vi guiderà alla verità tutta intera*' (Gv. 16,13). E per mostrare che questo Vangelo sarebbe l'interpretazione del Vangelo di Cristo e della Scrittura che lo riguardava (*quod de evangelio Christi et de scriptura eius acciperet*) e che — quasi mutasse l'acqua in vino [cfr. nozze di Cana, Gv. 2,1 sgg.] — inebrierebbe gli eletti, soggiunse: '*Infatti, non parlerà da se stesso; ma dirà tutto ciò che avrà udito e vi annunzierà le cose future. Egli mi glorificherà, perché prenderà del mio e ve l'annunzierà*' (Gv. 16, 13-14)" (*P* II, 259d-260a). Nel *Tractatus*, inoltre, si legge: "Ma perché il Signore parla di Vangelo del Regno e Giovanni di Vangelo eterno se non perché quello che ci è stato tramandato da Cristo e dagli apostoli, secondo la fede nei sacramenti, è transitorio e temporale per quanto concerne i sacramenti stessi, ma è eterno per quanto riguarda quello che per mezzo loro è significato?" (*T* I, 86, 20-26). Nell'*Introductorius* si afferma esplicitamente che non vi sono tre Testamenti (*E* i, 13c).

[36]r. 456: *duos populos*

"Bisogna sapere che la lettera dell'Antico Testamento fu affidata al popolo ebraico, la lettera del Nuovo al popolo romano, mentre l'intelligenza spirituale, che procede da entrambe, è affidata agli uomini spirituali" (*C* II, 9b). Cfr. anche *P* II, 271c.

(V: rr. 462-683)

[37]r. 463: *sub ampliori gratia*

Agostino, nel *De Trinitate*, aveva proposto lo schema *ante legem, sub lege, sub gratia* (*De Trinitate*, IV, 7; CC 50, 169-171). G. modifica lo schema agostiniano rilanciando la scansione storica della grazia. Egli "opera una disgiunzione nel *sub gratia*, distinguendo una grazia che succede alla lettera veterotestamentaria e un'*altra* grazia, più efficace della precedente (*maior gratia, amplior gratia*), che succede alla lettera neotestamentaria". Allo-

ra, scrive Mottu, "riteniamo che dietro a questo schematismo vi sia il sospetto che 'la grazia' non abbia in realtà prodotto che una lettera: 'il Vangelo' non ha forse generato, come effetto storico, un nuovo legalismo e il cristianesimo un nuovo giudaismo? Si rende dunque necessario separare nuovamente la Legge e il Vangelo e compiere, se così si può dire, una nuova 'rivoluzione nella rivoluzione' evangelica" (MOTTU 1977, p. 163). Sull'antiagostinismo di G. cfr. anche GRUNDMANN 1927, pp. 91 sgg.; TÖPFER 1964, pp. 93-95. La scansione *sub lege, sub gratia, sub ampliori gratia* compare anche nel capitolo 84 del V libro della *Concordia Novi ac Veteris Testamenti* (*C* V, 112b). Nel *Tractatus*, invece, leggiamo: "Come la lettera dell'Antico Testamento precedette il tempo detto della grazia (*quod vocatur gratiae*), così la lettera del Nuovo Testamento precede il tempo che sarà quello di una grazia maggiore (*quod erit maioris gratiae*), poiché ci ha dato grazia su grazia (Gv. 1, 16). E così, come un tempo la lettera della legge fu convertita in vino, a maggior ragione, quando verrà quel tempo, l'acqua della *lectio* evangelica sarà convertita in vino, secondo la parola dell'apostolo: '*Quando verrà ciò che è perfetto, svanirà quello che è imperfetto*' (1Cor. 13, 10)" (*T* I, 191, 23-192, 1).

[38] r. 466: *unitati divinae ascribendum*

G. assegna il periodo della legge (*sub lege*) al Padre, quello della grazia (*sub gratia*) al Figlio e quello della grazia maggiore (*sub ampliori gratia*) allo Spirito Santo. Di conseguenza, il periodo precedente alla legge (*ante lagem*) va attribuito all'unità divina nel suo complesso, a tutte e tre le persone non ancora differenziatesi nelle opere dell'agire storico.

[39] rr. 468-470: *tertium tempus... geminum*

I quattro *tempora* (*ante legem, sub lege, sub gratia* e *sub ampliori gratia*) possono essere ricondotti allo schema ternario "ortodosso", pensando al tempo *sub gratia* come a un tempo "doppio" (*geminum*) — *sub gratia* e *sub ampliori gratia* —, ma possono anche essere portati a cinque, aggiungendo alla fine il periodo eterno della visione di Dio nei cieli. Infatti, nel capitolo dell'*Introductorius* corrispondente, Gioacchino afferma che, alle due tripartizioni "armonizzate" nella tetrade "prima della legge"/"sotto la legge"/"sotto la grazia"/"sotto una grazia maggiore", ne va aggiunta una terza (*tertia quoque assignatio temporum adiungenda est*), cioè quella di "tempo sotto la lettera del Vangelo (*sub littera evangelii*); tempo sotto l'intelligenza spirituale (*sub spirituali intellectu*); tempo della visione manifesta del Signore (*manifestae visionis Domini*)". Ne consegue uno schema a cinque, così sintetizzato: "I tempi, presi tutti assieme, sono cinque, anche se il quinto, che sarà nella patria celeste è chiamato tempo impropriamente e in modo non adeguato (*quintum, quod erit in patria, abusive non proprie tempus dicatur*), e tuttavia lo diciamo tempo perenne dei tempi (*perhemni saeculorum tempore*). Così il primo

tempo è quello prima della legge (*ante legem*); il secondo è quello sotto la legge (*sub lege*); il terzo è quello sotto il Vangelo (*sub evangelio*); il quarto è quello sotto l'intelligenza spirituale (*sub spirituali intellectu*); mentre il quinto è quello nella manifesta visione di Dio (*in manifesta visione Dei*)" (*E* i, 5c).

[40]r. 472: *pro loco*

G. rinvia alle rr. 241 sgg.

[41]r. 478: *tempus tertii status*

G., sviluppando il parallelo fra l'anno liturgico e la storia del mondo, paragona il periodo che va da Pasqua a Pentecoste al terzo stato, mentre il giorno stesso di Pentecoste simboleggia il giorno del Giudizio e la fine della storia (rr. 478-481). Da ciò che ha già detto e da ciò che dirà più avanti, vediamo, invece, che la Quaresima (con i suoi adattamenti — Quinquagesima ecc.) corrisponde al secondo stato (rr. 494-495) (in particolare il sesto tempo del secondo stato è analogo al Venerdì Santo: r. 484).

[42]rr. 485-486: *duorum Testamentorum concordia*

Per le varie accezioni del termine tecnico gioachimita *concordia* rinvio alle pagine a esso dedicate del saggio introduttivo.

[43]rr. 494-495: *sextam mundi aetatem*

Ricordiamo che, per G., le prime cinque età del mondo corrispondono al primo stato, la sesta al secondo e la settima al terzo. Non bisogna confondere le sette *aetates*, in cui è racchiusa l'intera storia del mondo, con le scansioni dei sette *tempora*, interne a ogni stato e a ogni *aetas* (per cui si potrà parlare, per esempio, di sesto tempo della sesta età, o del secondo *status*: cfr. r. 496).

[44]r. 500: *sicut jam superius diximus*

G. rinvia alle rr. 304-309.

[45]r. 506: *in sequentibus*

Cfr. rr. 1372-1576.

[46]r. 511: *primum est in temporibus aetatis septimae*

Come ricordiamo alla nota 43, per G. ognuna delle sette *aetates* del mondo — che corrispondono, secondo lo schema 1-5=primo; 6=secondo; 7=terzo, ai tre *status* — vi sono sette *tempora*. Così il primo *tempus* della settima *aetas* (che equivale al primo *tempus* del terzo *status*) è come se fosse l'ottavo *tempus* della sesta *aetas* che, come ricorda G., corrisponde al secondo *status*, lo *status* del Figlio e della sua risurrezione (r. 512).

[47]rr. 519-520: *Ab exitu sermonis... septem erunt*

Cfr. rr. 288-297. G. modifica qui il testo di Daniele rispetto alla versione della Vulgata: "Da quando uscì la parola sul ritorno e la ricostruzione di Gerusalemme fino a un principe consacrato vi saranno sette settimane" (Dn. 9, 25).

[48]r. 538: *in typo Salomonis*

Per G. il terzo popolo, gli uomini spirituali (*viri spirituales*) sono descritti nel glorioso regno di Salomone che viene dopo i dottori del secondo *status*, il cui tipo è quello del coraggioso Da-

vide e dopo gli Ebrei, simboleggiati da Saul (cfr. McGINN 1985, p. 141). G. scrive nel quinto libro della *Concordia* che nel popolo del terzo *status* "si deve compiere spiritualmente (*complenda sunt in spiritu*) tutto ciò che di magnifico è stato scritto dello stesso Salomone e, anche, di Gesù Cristo. Infatti, in quello stesso popolo regnerà soprattutto il Cristo (*in ipso populo regnaturus est magis Christus*)" (*C* V, 96b).

[49]rr. 542-543: *septuaginta duas*

Cfr. r. 290, nota 23. Il testo della Vulgata ha "*sexaginta duas*" (Dn. 9, 26).

[50]rr. 546-547: *in typo regum austri et aquilonis*

G. ritornerà su questi "tipi" nel finale, rr. 2582-2649.

[51]r. 557: *impetus Spiritus ad diversa dirigitur*

Abbiamo qui l'applicazione ermeneutica del detto, di ascendenza paolina (1Cor. 12, 11), "*lo Spirito soffia dove vuole*".

[52]r. 560: *ut jam dixi*

Cfr. rr. 484-485 e rr. 497-498.

[53]r. 564: *ultima caede*

Riferimento alla distruzione di Gerusalemme e all'inizio della diaspora, ovvero agli anni che vanno dalla caduta della Città Santa in mano a Tito (70 d.C.), alla repressione della rivolta di Bar-Kokheba del 135 d.C. a opera dell'imperatore Adriano.

[54]r. 578: *Lucas... fidelis historiographus*

Nel *Tractatus super quattuor Evangelia* G. esprime la sua preferenza per Luca che "conserva più chiaro l'ordine della sua narrazione (*ordinem narrationis suae*) e scrive alcune cose — e non sono poche — (*aliqua et non parva*) che sono state omesse (*praetermissa sunt*) da Matteo e da Marco" (*T* I, 134, 13-15). Nella prospettiva storico-ermeneutica di G. i quattro evangelisti corrispondono a determinate fasi della "storia della salvezza". Matteo corrisponde all'era dell'A.T. (primo *status*); Luca alla dottrina della *lactens Ecclesia* (secondo *status*); Marco alla *doctrina spiritualis* (terzo *status*); Giovanni alla conoscenza beatifica del Regno (metastoria) (*T* I, 6, 29-7, 18) (MOTTU 1977, pp. 45-46). Inoltre, G. attribuisce a Luca (*beatus Lucas*, cfr. r. 572 e *T* I, 103, 3; I, 137, 5) il ruolo di specialista della storia (*T* I, 143, 28-29) (MOTTU 1977, pp. 112-116; CONZELMANN 1962, pp. 128-157).

[55]rr. 590-594: *Videte... dolorum*

G. cita sintetizzando il testo della Vulgata che recita, per esteso, "Guardate che nessuno vi inganni; molti verranno nel mio nome, dicendo: io sono il Cristo, e trarranno molti in inganno. Sentirete poi parlare di guerre e di rumori di guerre. Guardate di non allarmarvi; è necessario che tutto questo avvenga, ma non è ancora la fine. Si solleverà popolo contro popolo e regno contro regno; vi saranno carestie e terremoti in vari luoghi; ma tutto questo è solo l'inizio dei dolori" (Mt. 24, 4-8).

[56]rr. 596-597: *quod nuper Hierosolymis accidisse didicimus*

G. si riferisce, forse, alla presa di Gerusalemme da parte di Saladino, venerdì 2 ottobre 1187. Questo sposterebbe la datazione presunta dell'*Enchiridion* dagli anni di Casamari (1183-1185) alla fine del 1187 o, intendendo più realisticamente quel "nuper" in rapporto alla trasmissione delle notizie, al 1188. Tuttavia è più probabile che qui G. si riferisca a eventi precedenti la presa di Gerusalemme o, altrimenti, che questo passo testimoni una stesura successiva del testo, sulla via della rielaborazione dell'*Introductorius*. Nella versione definitiva del *Liber introductorius* G. specifica "Saladinus qui nuper calcare coepit Sanctam Civitatem" (*E* i, 10b).

[57]r. 618: *in epistola septima*

G. rinvia non all'ordine canonico delle epistole paoline (cfr. anche r. 614) — che sono disposte secondo la lunghezza (dalla più lunga alla più breve) —, ma a una scansione per cui la 1Ts. è la sesta e la 2Ts. è la settima (secondo l'ordine della Vulgata le due *Epistole ai Tessalonicesi* sono ottava e nona).

[58]r. 632: *Veritas ipsa*

G. fa qui riferimento ai passi evangelici dedicati ai "novissimi" (*de diebus novissimis*) (cfr. Mt. 24; Mc. 13; Lc. 21).

[59]rr. 634-635: *ad propositam quaestionem redeundum est*

G. rinvia alle rr. 258 sgg.

[60]r. 644: *in octava illa generatione*

Per "ottava generazione" — come, in genere, per tutto ciò che si pone sotto il simbolismo del numero otto — G. intende la generazione del Giudizio Finale, ossia quella metastorica.

[61]rr. 651-652: *in proximo cum Judaicus convertetur ad Christum*

Il tema della conversione degli Ebrei come "segno" e presupposto del Millennio del terzo *status* è ricorrente in G. Lo troviamo anche nel breve scritto, di poco antecedente all'*Enchiridion*, intitolato *Expositio de prophetia ignota* (*EI* 151-234), dove non appaiono ancora precise allusioni ai tre *status* della storia e prevale — come, del resto, negli elementi differenziali fra l'*Enchiridion* e l'*Introductorius* — la struttura di corrispondenze fra le sette persecuzioni dell'A.T. e le sette persecuzioni del N.T. Il tema è poi ripreso estesamente nell'*Adversus Iudaeos*, "in quanto," scrive, "sento che per loro si avvicina il tempo della misericordia, il tempo della consolazione e conversione (*tempus consolationis et conversionis eorum*)" (*AI* 3, 7-8; cfr. anche *AI* 85; 100-101).

[62]r. 653: *illius concordiae... in duobus Testamentis consistit*

G. distingue, nel giro di poche righe, i due tipi di *concordia* (cfr. saggio introduttivo): quella "dei due Testamenti" e quella "dei tre stati" (rr. 657 sgg.). Per la concordia binaria (A.T./N.T.), al re Antioco dell'A.T. — che corrisponde al settimo tempo dell'A.T. — va accostato il monarca escatologico dell'*Apocalisse* chiamato Gog (corrispondente al settimo tempo del N.T., ovvero

al tempo finale). Il tipo-Antioco corrisponde al tipo-Gog anche per il parallelo con la prima e la seconda venuta del Signore: Antioco precede la prima venuta come Gog precede la seconda venuta.

[63] rr. 657-658: *concordia trium statuum*

Se per la concordia dei due Testamenti la corrispondenza era Antioco/Gog (vedi nota 62), la concordia dei tre stati — osserva G. — è triplice (*triplicatur*). Allora il rapporto binario Antioco/Gog diviene ternario: Antioco/monarca della fine del secondo *status*/monarca della fine del terzo *status* (Gog). Inoltre, anche l'aspetto soteriologico messo in evidenza dalla concordia binaria si declina per tre: Antioco/prima venuta (rivelazione del Figlio) — conversione dei gentili; monarca della fine del secondo *status*/venuta (rivelazione) dello Spirito Santo — conversione degli Ebrei e degli altri popoli; monarca della fine del terzo *status* (Gog)/seconda venuta — Giudizio Finale.

(VI: rr. 684-753)

[64] r. 684: *de duobus mannae gomor*

G. si riferisce a ciò che aveva cominciato a esporre alle rr. 241 sgg.

[65] r. 693: *Phase*

G. si dilungherà in una spiegazione "etimologica" del termine *Phase* di lì a poco (cfr. rr. 718-734).

[66] r. 698: *in aqua Jordanis designatus est*:

Per G. l'acqua del Giordano anticipa il battesimo nello Spirito, quello della Pentecoste. Ponte fra il battesimo carnale del Battista e il battesimo spirituale della Pentecoste futura è il battesimo di Cristo. Leggiamo infatti nel *Tractatus*: "Ma il battesimo di Giovanni ha significato il luogo dove siamo (*ibi sumus*), mentre il battesimo di Cristo che riceviamo significa il luogo futuro in cui saremo (*ibi futuri sumus*). Sappiamo infatti che anche a noi, alla fine del mondo, verrà dato quel battesimo che dal cielo fu dato ai santi apostoli nel giorno della Pentecoste. Tuttavia nel frattempo (*interim*) badiamo di non privarci di questo eccellentissimo sacramento, quanti siamo rinati dall'acqua e dallo Spirito Santo (*ex aqua et Spiritu Sancto*), in modo da venerare il sacramento dell'acqua (*sacramentum aquae*), santificata dalla Parola di Dio (*sanctificatae verbo Dei*)" (*T* I, 114, 10-17) (Mottu 1977, p. 138). G. tornerà sul tema del battesimo più avanti, giocando sui tipi di Giovanni Battista e di Elia come sulla simbologia dell'acqua e del fuoco (rr. 1125-1129; 1138-1146).

[67] r. 710: *circumcisio secunda*

G. allude al battesimo *in aqua* che è come una seconda circoncisione rispetto al battesimo *in Spiritu*, completamente realizzato nei *viri spirituales* del terzo *status*. Ciò valse a G. l'accusa,

da parte della Commissione di Anagni, dell'abolizione dei sacramenti (proposizione XXX; cfr. Benz 1932, p. 425), contrabbandata mediante la loro "spiritualizzazione": "Ma se nessuno è salito al cielo se non Colui che è disceso dal cielo, come potranno gli altri uomini salire al cielo se non aderendo, per mezzo del sacramento spirituale (*per spirituale sacramentum*) allo stesso Uomo celeste, che dal cielo discese proprio per compiere un giorno quello che ci ha promesso: '*Verrò di nuovo e vi prenderò con me perché anche voi siate là dove sono io*' (Gv. 14, 3)" (*T* III, 260, 11-16).

[68] r. 720: *Phase quod interpretatur 'transitus'*

Qui G. si riferisce direttamente all'etimologia ebraica di *Pesah*, "passaggio", riprodotta dal greco *Páscha* (Πάσχα) e dal latino *Pascha*. Il termine *Phase* sembra, invece, risalire al greco *phásis* (φάσις) "apparizione".

[69] rr. 741-742: *septimum gomor, quo intellectus anagogicus designatur*

Secondo le *Conlationes patrum* di Giovanni Cassiano si hanno quattro sensi scritturistici fondamentali, ricavabili dai quattro concetti di 1Cor. 14,6: *revelatio* = allegoria; *scientia* = tropologia; *prophetia* = anagogia; *doctrina* = historica expositio. Applicando questi quattro sensi alla città di Gerusalemme abbiamo: Gerusalemme città dei Giudei (senso storico); Gerusalemme come la chiesa di Cristo (senso allegorico); Gerusalemme come l'anima dell'uomo (senso tropologico); Gerusalemme come la Città Celeste di Dio (senso anagogico). La quadripartizione verrà canonizzata nel famoso distico attribuito ad Agostino di Dacia: *Littera gesta docet, /quid credas allegoria, /Moralis quid agas, /quo tendas anagogia*, dove il senso morale corrisponde al tropologico. In realtà, quest'antica ripartizione dei sensi è assolutamente sconvolta — vedi saggio introduttivo — dal nuovo quadro dell'esegesi gioachimita. In particolare, nella *Concordia* leggiamo che "l'intelligenza anagogica (*anagogica intelligentia*) è quella che ci insegna a disprezzare le cose terrene e ad amare quelle celesti (*terrena despicere et amare celestia*). Infatti, insegna che in Agar dev'essere intesa la totalità della vita presente (*totam vitam presentem*) che, per la maggior parte, è soggetta a molteplici servitù (*obnoxia est multitudine servitutis*), mentre in Sara, la donna libera, dev'essere intesa la vita futura (*vitam futuram*)" (*C* V, 60d-61a). Ne consegue che il "senso allegorico-anagogico" non verrà mai pienamente realizzato in questo mondo (*P* II, 264c-265a), lasciando ampie "zone d'ombra" sui significati anagogici della Scrittura non ancora svelati (*E* II, 110ac). Come G. scrive qualche riga più avanti "non si può ottenere il vero e perfetto sabato nei naufragi di questa vita" (r. 753). Nel *Tractatus* G. distingue precisamente *intelligentia contemplativa* e *intelligentia anagogica*: "Alcuni ritengono di poter intendere l'intelligenza contemplativa nello stesso senso di quella anagogica, e si può

anche concedere di prendere l'una per l'altra; ma propriamente differiscono, perché, a rigor di termini, l'intelligenza contemplativa è attribuita a coloro che, ancora pellegrini, vedono ancora "*come in uno specchio, in maniera confusa*" (1Cor. 13,12), mentre l'intelligenza anagogica è propriamente di coloro che, liberati dal peso del corpo, permangono nella quiete di quella purissima visione fino alla fine dei tempi" (*T* III, 287, 1-288, 5).

(VII: rr. 754-1005)

70r. 756: *veteribus nova concordare*

In questo punto G. riecheggia il testo di Agostino "*in vetere novum lateat, et in novo vetus pateat*" (Migne, *Patrologiae Cursus Completus*, Series Latina 34, 623) (cfr. Mottu 1977, pp. 105-106). "Analizziamo meglio le novità," scrive G., "se scrutiamo con maggior attenzione le cose passate (*melius ostendimus nova, si diligenter vetera perscrutamus*)" (*C* III, 25d).

71rr. 758-759: *mutuis vultibus duo... Testamenta respiciunt*

Come dimostra la *praefatio* della *Concordia*, G. ha qui in mente l'immagine dei due Cherubini dell'arca dell'alleanza, tratta dal libro di *Ezechiele*: "Mostreremo con massima chiarezza quanto grande sia la concordia in entrambi i Testamenti (*quanta sit in utriusque concordia*) e che la simboleggiavano (*designabant*) quei due Cherubini che si contemplano faccia a faccia (*duo Cherubin mutuis se vultibus contemplantia*)" (*C* p, IId) (cfr. anche *C* II, 18ab).

72r. 762: *Testamentum novum geminum est et quasi duplex*

Cfr. nota 35 alla r. 455. Qui G. specifica che lo sdoppiamento del N.T. deriva dall'esser *insieme* scrittura del Figlio e dello Spirito.

73rr. 770-771: *prima illa assignatione... concordat*

Si tratta della concordia dei due Testamenti.

74rr. 773-774: *et ideo simplex relatio... secundum*

Questa proposizione compare nel Protocollo di Anagni: "Bisogna ritenere che tra il secondo e il terzo stato sussista lo stesso rapporto di concordanza che ci fu tra il primo e il secondo (Credendum est, ut ea concordia inter secundum statum et tertium habeatur, quae habita est inter primum et secundum)" (Denifle 1885, p. 105; cfr. Mottu 1977, p. 96).

75r. 778: *in prima... definitione*

G. intende "secondo la concordia dei due Testamenti" — la *seconda definizione* è, invece, in questo contesto, la concordia dei tre stati.

76rr. 778-792: *tempus primi sigilli... mentio facta est*

"I *signacula* sacri che chiudono il grande libro del futuro hanno un progressivo significato escatologico. L'inizio di ogni 'tempo' è determinato dall'apertura di un sigillo: e già cinque dei

sette misteriosi segni si sono schiusi nel corso dei secoli" (Crocco 1976, p. 47). G. riassume la doppia corrispondenza (secondo la concordia dei due Testamenti: cfr. nota 75, r. 778) tra i "sigilli" dell'A.T. e le "aperture dei sigilli" del N.T. Ecco lo schema:

	A.T.	N.T.
I.	Giacobbe / Mosè	Incarnazione Cristo / morte di S. Giovanni Evangelista
II.	Mosè / Samuele	Morte di S. Giovanni / Costantino
III.	Samuele / Elia	Costantino / Giustiniano
IV.	Elia / Ezechia	Giustiniano / Carlo Magno
V.	Ezechia / caduta Babilonia	Carlo Magno / caduta Nuova Babilonia [epoca di G.]
VI.	Caduta Babilonia / Alessandro	Caduta Nuova Babilonia / ?
VII.	Alessandro / Giovanni Battista	?/?

Come si vede dallo schema, G. colloca la sua epoca in corrispondenza della fine della quinta apertura (r. 788). Per quanto riguarda il compimento della quinta apertura, la sesta e la settima G. rinvia, da un lato ai tipi di Alessandro Magno — sviluppando il parallelo con il monarca del libro di *Daniele* (r. 792, cfr. ripresa da r. 536) e anche direttamente, come vedremo in seguito (r. 1721) — e di Giovanni Battista (che prefigura la seconda venuta "escatologica" di Elia), dall'altro al testo stesso dell'*Apocalisse*, che è, in particolare, il libro corrispondente al settimo tempo del N.T. (cfr. rr. 2105-2107; 2125-2127). Per le varianti nel tema dei "sette sigilli" rinviamo allo scritto di Marjorie Reeves, *The Seven Seals in the Writings of Joachim of Fiore*, premesso all'edizione del testo del *De septem sigillis* di G., in collaborazione con Beatrice Hirsch-Reich (Reeves—Hirsch-Reich 1954, pp. 211-231).

[77]rr. 799-800: *non illi quae... trina est*

G. osserva che nel sistema di corrispondenze fra le persecuzioni dei sette sigilli e delle sette aperture — che è modellato secondo la concordia dei due Testamenti (r. 799) — l'autore dell'*Apocalisse* ha dovuto quasi omettere la persecuzione del sesto tempo secondo la scansione dei tre stati. La *concordia trium statuum* pertanto non va applicata allo schema del doppio settenario dei sigilli e delle loro aperture.

[78]r. 815: *novo...Moyse*

G. interpreta Mosè come tipo di Cristo nel senso che come Mosè liberò gli Ebrei dalla schiavitù carnale d'Egitto, così Cristo ha liberato il suo popolo dalla schiavitù spirituale della lettera. Questa tipologia viene sviluppata nell'ambito del rapporto binario fra il primo sigillo e la prima apertura del sigillo. Nel terzo

libro della *Concordia*, invece, G. sviluppa un analogo rapporto Christus/Moses in corrispondenza del secondo sigillo, attribuendo il primo sigillo alle figure di Giuseppe e Manasse (*C* III, 26c), tuttavia in un quadro ermeneutico completamente diverso, giocato sull'alternanza delle persone di Cristo e del Paraclito. Del resto, come osserva lo stesso G. più avanti, è possibile sviluppare una tipizzazione centrata su Gesù Cristo per quasi tutti i Padri dell'A.T. (rr. 826-828; rr. 834-836). Nel *Tractatus*, G. gioca, mediante la figura di Nicodemo, proprio sulla contrapposizione fra Mosè e il nuovo Mosè: "Nicodemo, ancora avvinto nelle tenebre della notte e incapace di cogliere il senso dei sacramenti spirituali (*spiritualia sacramenta*), risponde a Gesù e gli dice: Come può accadere questo?, quasi dicesse: 'Come potremmo ubbidire a un nuovo comandamento (*novum mandatum*) che non ci è stato dato da Mosè?'" (*T* III, 256, 18-22).

[79]r. 825: *tam nova quam vetera*

Cfr. nota 70, r. 756. Per G. la persona del Figlio ha questa centralità ermeneutica, che riepiloga il passato (il Padre), rilanciando, al contempo, il futuro (lo Spirito Santo). Cristo, pertanto, pur non essendo, come nell'esegesi tradizionale, il cardine *ad quem* di tutti i riferimenti tipologici (e ciò varrà a G. le critiche di san Tommaso: *In IV Sent.* d. 43, q. 1, a. 3, quaestiuncula 4, sol. II, ad 3; Gelinas 1974, pp. 368-375), diviene il cardine *per quem* (ecco il simbolo della "pietra angolare"), predisponendo il "rilancio" dello Spirito.

[80]r. 829: *soli patriarchae Jacob*

In questa seconda concordia Cristo/Giacobbe — la prima, secondo la concordia dei due Testamenti, aveva sviluppato il parallelo Cristo/Mosè (nota 78) — sembra esservi un rapporto triadico, almeno per quanto suggerisce questo passo del secondo libro della *Concordia* che riconduce il rapporto A.T./N.T. a quello A.T./N.T./*Intelligentia Spiritualis*: "I due significati si riferiscono ad un solo significato come i due Testamenti a una sola intelligenza spirituale (*duo igitur significantia sunt unum significatum: duo Testamenta unus spiritualis intellectus*). [...] Pertanto se Abramo designa i Padri del primo stato, lo stesso significa anche Zaccaria; se Isacco designa i Padri del secondo stato, lo stesso significa anche Giovanni Battista; se Giacobbe designa i Padri del terzo stato, lo stesso significa l'uomo Gesù Cristo. Se i dodici patriarchi designano gli ordini dei giusti ripartiti in cinque e in sette, lo stesso designano gli apostoli [...]".(*C* II, 18b). Ma il valore universale del "tipo" di Cristo è affermato subito dopo (rr. 834-836).

[81]r. 855: *concordiam cum Joseph et Josue*

Per G. l'evangelista Giovanni si pone nettamente sotto l'insegna dello Spirito Santo. Ecco allora il duplice accostamento concordistico con Giuseppe, il figlio di Giacobbe (= *Filius*) corrispondente al Paraclito tra i patriarchi (*ante legem*), e con Giosuè, il successore di Mosè (= *Filius*, vedi sopra, nota 78) corrispon-

dente al Paraclito *sub lege* (cfr. *C* III, 27a-30b; III, 30c-31c). D'altra parte, il parallelo fra le coppie Paolo-Barnaba e Mosè-Aronne delle righe precedenti (rr. 836-844) suggerisce un'altra concordia, quella accennata dal *Liber introductorius*: Pietro (= *Pater*); Paolo (= *Filius*); Giovanni (= *Spiritus Sanctus*) (*E* i, 21a-22a). Avremmo così il seguente quadro:

	(*ante legem*)	(*sub lege*)	(*sub gratia*)
Christus (*Filius*):	Giacobbe	Mosè	Paolo
Paraclitus (*Spiritus Sanctus*):	Giuseppe	Giosuè	Giovanni

[82]rr. 859-860: *alia figurarum enigmata*

Per G. ogni *figura*, ogni *typum* ha molteplici significati, in dipendenza del contesto e in rapporto alle altre *figurae* e agli altri *typi* a cui viene collegato. In questo caso la spiegazione per cui Giovanni contiene i tipi di Giuseppe e Giosuè è indubbiamente parziale (cfr. nota 81).

[83]rr. 867-868: *consummata in diebus apertionis secundae*

Nel *De septem sigillis* leggiamo, in corrispondenza dell'apertura del secondo sigillo, che "in questo secondo tempo sono contenuti i conflitti fra i pagani e i santi martiri, così come, in particolare, essi sono contenuti spiritualmente nella seconda parte dell'*Apocalisse* in cui, aperti i sette sigilli, i vari gruppi di persecutori vengono raffigurati sotto forma di cavalieri, cavalli e altri tipi di immagini" (*SS* 241b 1-10).

[84]r. 876: *Syrorum proeliis*

Per "Siriani" qui G. intende gli Aramei.

[85]r. 878: *bella Agarenorum*

Con il termine biblico "Agareni" G. intende i discendenti del figlio di Agar, Ismaele (Gen. 16), ovvero quei popoli del deserto arabico che corrispondono ai Saraceni, contemporanei di G.

[86]rr. 913-914: *a diebus Henrici imperatoris*

G. si riferisce a Enrico IV (1084-1105) ma, traslatamente, anche agli altri due imperatori del Sacro Romano Impero che portarono questo nome, Enrico V (1111-1125) ed Enrico VI (1191-1197), suo contemporaneo, con cui G. ebbe diversi colloqui e che, in seguito, divenne benefattore dell'Ordine florense. Di conseguenza, nel passaggio dall'*Enchiridion* all'*Introductorius* gli accenti antiteutonici vanno sbiadendosi. Sul brano compreso fra le rr. 911-923 cfr. TONDELLI 1953, I, pp. 142-143.

[87]r. 961: *Gesta sunt haec*

Per il brano che da qui va fino a r. 975 cfr. TONDELLI 1953, I, pp. 143-144.

[88]rr. 989-991: *ita nunc... montium*

Cfr. TONDELLI 1953, I, p. 144. Per G. il re superbissimo del secondo *status* è il re dei Saraceni.

[89]rr. 1004-1005: *quomodo in Eliae spiritu missus est baptista Joannes*

Nella concezione popolare e rabbinica del giudaismo il ritorno di Elia doveva precedere l'avvento del Messia, preparando i cuori a riceverlo (cfr. Ml. 3,23-24). G. ricupera in senso forte la figura di Elia, sviluppando un parallelismo composito con il Battista — Giovanni Battista: Gesù Cristo = Elia: seconda venuta —, denso di significati (cfr. Mottu 1977, pp. 142-153). Ma la complessità di questi rimandi è ben riassunta in questo passo del *Tractatus*: "E, mentre nel primo stato del mondo, che iniziò con Mosè, secondo la dottrina e i comandamenti generali di Dio, oppure con Abramo secondo la circoncisione, Dio Padre manifestò la sua gloria, nel secondo stato, che iniziò con Giovanni Battista (*qui incepit a*), ed avrà il suo compimento all'avvento (*in adventu*) di Elia, il Figlio si fece conoscere al popolo cristiano. Dalla divisione di questi medesimi periodi procedono i limiti dell'intelligenza tipica. Infatti la sterilità di Elisabetta, la quale comprende il primo stato che ha inizio con Abramo, si chiude con Giovanni Battista (*terminatur in*); invece il tempo della sua fecondità inizia con Giovanni Battista (*fecunditatis autem tempus, a Iohanne Baptista*); ma il suo parto (*partus*) avverrà alla fine del secondo stato, cioè all'avvento di Elia (*hoc est in adventu Heliae*). Elisabetta designa così la sinagoga della famiglia dei Leviti, cui fu dato come figlio l'ordine dei chierici. Infine il terzo stato, che inizierà con Elia (*tertius status qui incipiet ab Helia*), si riferisce propriamente allo Spirito Santo, per il fatto che in esso manifesterà la sua gloria come il Padre l'ha manifestata nel primo stato e il Figlio nel secondo" (*T* I, 23, 21-24, 10).

(VIII: rr. 1006-1298)

[90] rr. 1014-1015: *regale sacerdotium*

Si tratta della duplice aspettativa — poi interpretata dagli Spirituali del XIII secolo — di un *Papa angelicus* ("*universalis sanctus Pontifex*": *C* IV, 56b) e di un grande imperatore cristiano (il "nuovo Ciro"), che riordinasse il Sacro Romano Impero degenerato (Crocco 1976, pp. 191-194; Tondelli 1953, I, p. 144).

[91] r. 1069: *septimo signaculo*

Il settimo sigillo, che corrisponde al settimo tempo della sesta *aetas*, ha, come specifica più sotto lo stesso G., un duplice significato. Secondo la concordia binaria esso infatti corrisponde all'ultima tribolazione per opera di Gog, prima della fine del mondo. Secondo la concordia ternaria, invece, al parallelo Antioco Epifane / Gog va aggiunto un riferimento intermedio. Si tratta del "*magnus tyrannus*" (Enrico VI di Svevia?) che acuirà i contrasti dell'impero con la chiesa, finché non si dissolverà l'unità dell'impero medioevale (*E* VI, 192b). Solo allora inizierà il sabato del Millennio, ovvero la settima età del mondo e il terzo *status* (Crocco 1976, p. 48).

[92] r. 1091: *ut superius prout potui dictum est*

Cfr. rr. 558-570 sgg.

[93] rr. 1099-1102: *regnum... Saracenorum... in calce... in capite est*

G. allude alla situazione dei regni saraceni della sua epoca. Il regno saraceno orientale in decadenza a cui fa riferimento G. è probabilmente il Califfato di Baghdad, sopraffatto dai Fatimidi del Cairo (il regno occidentale).

[94] rr. 1115-1116: *quid... superius dictum est*

Cfr. p. es. rr. 258-266 sgg. Si tratta degli sviluppi esegetici successivi a Lv. 25,20-22 (cfr. anche rr. 636 sgg.; 643 sgg.; 682 sgg.; 731 sgg.).

[95] r. 1128: *major est ille qui revelatus est in igne*

Leggiamo nel *Tractatus*: "Infatti Giovanni, che battezza in acqua, designa quei sacerdoti della Chiesa che, predicando la lettera del Vangelo, per lo meno trattengono i peccatori dal commettere colpe più gravi e, imponendo loro una penitenza, li mondano quasi esteriormente; invece Gesù Cristo, che battezza in Spirito Santo e fuoco, significa gli uomini spirituali che, in virtù dell'interpretazione mistica (*misticis intellectibus*) e come con un fuoco di varie lingue, purificano l'intima coscienza dei cuori" (*T* I, 113, 5-11). Tuttavia, per G. il battesimo spirituale — quello del fuoco — è limitato, nel secondo *status*, a pochi uomini (r. 1130) — per esempio gli apostoli che lo ricevettero nella Pentecoste —, mentre nel terzo *status* esso sarà esteso a tutti i *viri spirituales* con la venuta di Elia (r. 1142).

[96] rr. 1142-1143: *Spiritus quem designat Elias*

Per G. Elia è il messaggero dello Spirito Santo e del terzo *status*. "Nel primo stato risplendette l'ordine dei laici; nel secondo quello dei chierici; nel terzo stato, secondo quello che manifestano gli inizi o, piuttosto, i profondi misteri, deve risplendere (*clarere*) l'ordine dei monaci, specie dall'avvento di Elia (*maxime autem ab adventu Helyae*), che per primo manifestò in Israele quella vita spirituale di cui parliamo [...]" (*T* I, 155, 6-10). "Sarà press'a poco in quel tempo della venuta di Elia (*in tempore quo venturus est Helyas*), per la cui bocca lo Spirito Santo manifesterà la potenza della sua gloria (*per cuius os ostendet Spiritus Sanctus virtutem gloriae suae*), che i cuori dei padri saranno ricondotti verso i figli (Ml. 3,24) e gli increduli alla sapienza dei giusti" (*T* III, 302, 1-4). Cfr. anche *C* II, 7b; V, 101b; *E* i, 13a; I, 37a; III, 147ad. Il tema del "ritorno di Elia" appare pure in Agostino: "E nel momento o in connessione con quel Giudizio Finale accadranno tali cose, così come abbiamo appreso: verrà Elia Tisbita; gli Ebrei crederanno; l'Anticristo sarà annientato; Cristo giudicherà; i morti risorgeranno; i buoni saranno separati dai malvagi; il mondo verrà bruciato e rigenerato" (*De civitate Dei* XX, 30).

[97] rr. 1163-1164: *Joannis Baptistae multiformis laboris afflictionibus*

Più radicale è l'asserzione del *Tractatus*: "Quanto più questo mondo si avvicina alla fine, tanto più disprezzabile comincia ad essere quello che è significato da Giovanni, e tanto più chiaro e sublime ciò che è significato da Cristo" (*T* III, 272, 1-3).

[98] r. 1170: *ut jam dixi*

Cfr. rr. 538 sgg. e nota 48.

[99] rr. 1179-1180: *ut superius diximus*

Cfr. rr. 558-570 sgg.

[100] rr. 1185-1186: *concordia habeatur... et secundum*

Si tratta di uno dei brani dell'*Enchiridion* riportati nel Protocollo di Anagni (Denifle 1885, p. 105; Grundmann 1927, p. 69) (cfr. anche *E* I, 82d). Scrive Mottu: "La logica del sistema è brillante: sfruttando ermeneuticamente il rapporto di correlazione tra l'Antico e il Nuovo Testamento, si ottiene lo *stesso* rapporto, cioè un rapporto "concordante" tra la lettera del Nuovo Testamento e la sua interpretazione spirituale. Parimenti, considerando questo rapporto di correlazione, ma dal lato della teologia della storia, si ottiene un rapporto similare tra il primo e il secondo stato da un lato e tra il secondo e il terzo dall'altro. La correlazione dei tre regimi di interpretazione del dato rivelato: Antico Testamento, Nuovo Testamento, *intelligentia spiritualis*, rimanda così a quella dei tre stadi della storia e viceversa (cfr. *T* I, 21, 26-22, 2; *LF* XIII)" (Mottu 1977, p. 96).

Per quanto concerne il testo latino, ci discostiamo qui dall'edizione del Burger, che legge "concordia habeatur inter secundum statum et tertium, quae *habenda* est inter primum et secundum" in base al manoscritto A dell'*Enchiridion*. Noi abbiamo preferito leggere: "concordia habeatur inter secundum statum et tertium, quae *habita* est inter primum et secundum" in base ai manoscritti B e C e come citano Denifle, Grundmann e Mottu (Denifle 1885, p. 105; Grundmann 1927, p. 69; Mottu 1977, p. 96).

[101] rr. 1214-1215: *superius diximus... de duobus gomor*

Cfr. rr. 209 sgg.; 241 sgg.; rr. 684 sgg.

[102] rr. 1231-1232: *de naufragio quod imminere perpendit*

G. fa riferimento alle persecuzioni del sesto e settimo sigillo della sesta *aetas* che precederanno l'ingresso nella settima *aetas* sabbatica, ovvero nel terzo *status*, il Millennio.

[103] r. 1248: *sicut in opere* Concordiae

G. si riferisce alla *Concordia Novi ac Veteris Testamenti*. "Diciamo che propriamente la concordia (*concordiam*) è una somiglianza di eguale proporzione (*similitudo aequae proportionis*) tra il Nuovo e il Vecchio Testamento" (*C* II, 7b) — si tratta della *concordia duorum Testamentorum*.

[104] r. 1255: *in utroque testimonio loquitur Spiritus*

L'esercizio rigoroso della *concordia* fra l'A.T. e il N.T. (cfr. r. 1248, nota 103), facendo leva sull'"accordo dei fatti e dei tempi" (r. 1253 cfr. anche rr. 1123-1124), si ribalta nella *concordia trium statuum*: "I due significati (*duo significantia*) si riferiscono ad un

solo significato (*unum significatum*), come i due Testamenti (*duo Testamenta*) ad una sola intelligenza spirituale (*unus spiritualis intellectus*)" (*C* II, 18b).

[105]rr. 1256-1264: *Denique et ego... nescio*

Si tratta di un testo autobiografico di estrema importanza, ove viene enunciato il principio esegetico *caput/membra* ("ritenendo che ciò che è trovato concorde nella testa non possa differire nel corpo": rr. 1260-1261), (Mottu 1977, pp. 102-104; cfr. anche Tondelli 1953, I, p. 148 n. 1; de Lubac 1959-1964, II/1, p. 486). Il racconto di questa esperienza è ripreso nell'*Expositio*, che narra come nella notte di Pasqua del 1183 (o del 1184) (*hora qua Leo noster de tribu Juda resurrexisse extimatur a mortuis*), G. sia entrato in possesso del meccanismo esegetico delle *concordiae* — "mi accadde di cogliere con gli occhi della mente qualcosa d'una così grande chiarezza di intelligenza (*intelligentiae claritate*) a proposito della pienezza di questo libro dell'*Apocalisse* e di tutta la concordia dell'Antico e del Nuovo Testamento" (*E* I, 39c).

[106]r. 1269: *in duobus Testamentis*

Mi discosto dall'edizione del Burger, che legge "*in duobus testibus*" in base ai manoscritti A e B, leggendo "*testamentis*" come nel manoscritto C, infatti i "due testimoni" sono il Padre e il Figlio e parlano attraverso i due Testamenti (o "testimonianze").

[107]rr. 1287-1291: *tempus tertii status... de his alias*

"Il terzo stato che avrà inizio con Elia si riferisce propriamente allo Spirito Santo, per il fatto che in quello Egli manifesterà la sua gloria, come il Padre nel primo stato ed il Figlio nel secondo. Tuttavia, siccome lo Spirito Santo non procede solo dal Figlio ma, come dicono i santi dottori, principalmente dal Padre, al fine di manifestare la sua processione con il Figlio dallo stesso Padre, venendo con il Figlio stesso all'inizio del secondo stato, anche allora (*etiam nunc*), come appare chiaramente dagli *Atti degli Apostoli* (At. 2: la Pentecoste), ha manifestato in parte (*ex parte*) la sua gloria, che manifesterà con maggiore pienezza (*plenius*) alla venuta di Elia" (*T* I, 24, 7-16). G. conclude: "Lo Spirito manifestò in parte (*ex parte*) la sua gloria all'inizio del secondo stato, e la manifesterà pienamente (*secundum plenitudinem*) all'inizio del terzo" (*T* I, 24, 22-24).

[108]rr. 1296-1298: *Primo itaque... inquiremus*

Il tema delle suddivisioni del libro dell'*Apocalisse*, oltre a essere accennato nelle righe seguenti (rr. 1299-1319), verrà ripreso nei brani rr. 1859-1871 e rr. 2551-2649.

(IX: rr. 1299-1371)

[109]rr. 1306-1307: *sub uno... sexto tempore utriusque doctrina temporis*

G. ribadisce il criterio ermeneutico riassunto nella simbologia del sesto sigillo, che è duplice, e del settimo che è "come se osservasse il sabato" — ovvero "vuoto" (r. 196). Ciò vale sia per la stesura delle Scritture "simboliche" (cfr. r. 93, nota 10), che per le persecuzioni della sesta *aetas* che sono doppie, includendo anche quelle della settima.

[110]rr. 1320-1326: *Quocirca... spiritualis intellectus apprehendere nolunt*

G. torna a parlare della chiesa ortodossa "giudaizzante" (cfr. rr. 370-377), accennando all'uso ortodosso di sospendere — a differenza dei cattolici che li sospendono solo la domenica — i digiuni di sabato (cfr. anche rr. 1334-1336), tranne che per il Sabato Santo (in cui osservano il digiuno come i Latini) (cfr. rr. 1367-1369). Ciò è all'origine della maggior durata della Quaresima greca: sette settimane invece di sei (su tutto ciò vedi alle note 27, 28, 29).

[111]rr. 1338-1340: *filius ancillae... filius liberae*

G. riprende qui, per illustrare l'opposizione fra *ecclesia Greca* ed *ecclesia Latina*, la diade *servitus/libertas* giocata sui tipi di Agar e di Sara (cfr. *C* V, 60c-61a).

[112]r. 1347: *Hoc spirituale prandium*

Per illustrare meglio il parallelo di G. riportiamo per esteso il testo biblico del *primo libro dei Re*: "Ad Elia fu rivolta questa parola del Signore: 'Vattene di qui, dirigiti verso oriente; nasconditi presso il torrente Cherit, che è ad oriente del Giordano. Ivi berrai al torrente e i corvi per mio comando ti porteranno il tuo cibo'. Egli eseguì l'ordine del Signore; andò a stabilirsi sul torrente Cherit, che è ad oriente del Giordano. I corvi gli portavano pane al mattino e carne alla sera; egli beveva al torrente. Dopo alcuni giorni il torrente si seccò, perché non pioveva sulla regione. Il Signore parlò ad Elia e gli disse: 'Alzati, va' in Zarepta di Sidone e ivi stabilisciti. Ecco io ho dato ordine ad una vedova di là per il tuo cibo'. Egli si alzò e andò a Zarepta. Entrato dalla porta della città, ecco una vedova raccoglieva legna. La chiamò e le disse: 'Prendimi un po' d'acqua in un vaso perché io possa bere'. Mentre quella andava a prenderla, le gridò: 'Prendimi anche un pezzo di pane'. Quella rispose: 'Per la vita del Signore Dio tuo, non ho nulla di cotto, ma solo un pugno di farina nella giara e un po' di olio nell'orcio; ora raccolgo due pezzi di legna, dopo andrò a cuocerla per me e per mio figlio: la mangeremo e poi moriremo'. Elia le disse: 'Non temere; su, fa' come hai detto, ma prepara prima una piccola focaccia per me e portamela; quindi ne preparerai per te e per tuo figlio, poiché dice il Signore: la farina della giara non si esaurirà e l'orcio dell'olio non si svuoterà finché il Signore non farà piovere sulla terra'. Quella andò e fece come aveva detto Elia. Mangiarono essa, lui e il figlio di lei per diversi giorni. La farina della giara non venne meno e l'orcio dell'olio non diminuì, secondo la parola che il Signore aveva pro-

nunziata per mezzo di Elia" (1Re 17,3-16). Nello sviluppo simbolico di G. il pane cotto sotto la cenere e l'olio rappresentano la fede e la carità (rr. 1349-1350), la vedova di Zarepta è la chiesa cattolica romana (rr. 1350-1351), mentre i corvi sono i teologi ortodossi (r. 1351).

[113]rr. 1352-1353: *sicut Origenis et carnales institutiones suas*

Anche nel *Tractatus super quattuor Evangelia* G. nomina due volte Origene (*T* I, 36, 9-10; I, 73, 5-6), in un contesto in cui la stella che i Magi videro *in oriente* viene identificata con l'intelligenza spirituale delle Scritture. Tuttavia, benché accesa dai Greci, la fiaccola dell'intelligenza spirituale, in seguito al loro fallimento, passò ai Latini (*T* I, 73, 6-10). Alcuni interpreti hanno ritenuto che la distinzione tra *Evangelium aeternum* ed *Evangelium temporale* in G. derivi dall'opposizione fra Vangelo "sensibile o corporale" e Vangelo "eterno o spirituale" di Origene (BLOOMFIELD 1957, p. 275), ma ciò non trova d'accordo il de Lubac (DE LUBAC 1959-1964, II/1, pp. 493 sgg.). Cfr. CROCCO 1976, pp. 108-109; MOTTU 1977, p. 237. Nella *Concordia* leggiamo un altro polemico riferimento ai Padri greci "che errarono spesso nella dottrina, come Origene e molti altri (*qui frequenter in doctrina erraverunt, sicut Origenes et multi alii*)" (*C* V, 100c).

(X: rr. 1372-1576)

[114]rr. 1380-1381: *sabbatum contemplativum*

G. interpreta il significato del sabato secondo i sensi scritturistici che sono, in questo contesto, quattro: 1. storico (o letterale); 2. morale; 3. tipologico; 4. contemplativo (o anagogico). I sensi 1, 2 e 4 corrispondono ai sensi 1, 2, 4 e 5 dei cinque sensi allegorici dell'elencazione più famosa dei sensi scritturistici gioachimiti, quella dei dodici sensi della *Concordia Novi ac Veteris Testamenti* (*C* V, 60c-61b; cfr. anche *P* II, 265a), mentre il tre riassume le sette specie dell'intelligenza tipica. Abbiamo così il sabato secondo il senso storico, che è il sabato di cui parlano letteralmente le Scritture, ovvero il riposo secondo il giorno, il mese e l'anno che leggiamo nel *Levitico* (rr. 1382-1384). V'è poi il sabato secondo il senso morale, anch'esso tripartito, che scandisce l'alternanza fra vita attiva e vita contemplativa secondo il giorno, il mese e l'anno (rr. 1384-1391). Abbiamo, quindi, il sabato secondo il senso tipologico, che è, secondo il giorno, il sabato di ciascun *tempus* della sesta *aetas*, secondo il mese, il settimo *tempus* della sesta *aetas*, secondo l'anno, la stessa settima *aetas* (rr. 1391-1404). Per quanto concerne il sabato secondo il senso contemplativo, che G. identifica con il senso anagogico (*secundum anagogen*) (r. 1404) — discordando con quanto affermerà nel *Tractatus* (*T* III, 287, 1-288, 5) (cfr. nota 69) —, esso non può che essere il sabato eterno metastorico, successivo al Giudizio, come se inglo-

bassimo la settima età del mondo nella sesta (ritornando cioè allo schema agostiniano del *De civitate Dei*) (rr. 1404-1413).

[115]r. 1384: *primus populus*

G. intende il popolo ebraico (cfr. r. 455, nota 36).

[116]rr. 1393-1394: *sextae aetatis... singulis sex temporibus*

Nel *Liber Figurarum*, nella tavola intitolata *Misterium Ecclesiae* (*LF* XIX), la suddivisione delle sette *aetates* è la seguente:

1-5, primo *status*, A.T.: (1) inizio del mondo; (2) Noè; (3) Abramo; (4) regno di Giuda; (5) tempo dei profeti ed esilio babilonese.

6, secondo *status*, N.T.: Giovanni Battista ne è il precursore, è inaugurata dal Cristo (*initiatio*) e si prolunga per tutta l'era cristiana (Tondelli 1953, I, pp. 90-95). Scrive Mottu che la sesta *aetas* "è suddivisa [...], molto suggestivamente, in sei *tempora*, per insistere sull'importanza e la consistenza intrinseche di quest'era postcristica. Il periodo della *sexta aetas* si vede dunque qualificato ed esso stesso suddiviso in sei 'tempi', di modo che si ha un simbolismo della Settimana *particolare* al periodo successivo alla venuta di Cristo nel mondo, nel quadro più generale del simbolismo della Settimana universale. Infine, la settima *aetas* è caratterizzata dal sabato o riposo eterno: '*tempus pacis et quietis, de quo dicit apostolus*: « *reliquitur sabbatismus populo Dei* » (Eb. 4, 9)' (*LF* XIX); quest'ultima età è insieme quella della '*tribulatio quae erit diebus Gog*' e della *Vigilia* o *Dies Pentecostes*, quel '*dies unus eternus qui nullo temporum clauditur fine*' (*T* I, 144, 8-9). Rileviamo", conclude Mottu, "l'importanza, nel testo che inquadra la tavola, dell'opposizione Pietro/Giovanni, l'azione/la contemplazione, con il grande dittico simbolico: lavoro (le sei età), riposo (la settima)" (Mottu 1977, p. 215). Nella tavola XVIII del *Liber Figurarum* (*LF* XVIIIa; XVIIIb), dedicata propriamente a "Le età del mondo", lo schema viene perfezionato con l'aggiunta di una *aetas octava*, la risurrezione dei morti, nettamente metastorica (Mottu 1977, pp. 215-216) (cfr. r. 644, nota 60), sicché la settima età, l'età sabbatica del Millennio o, vuoi anche, il terzo *status*, vengono pienamente confermati all'interno della dimensione storica, restituendo la carica escatologica "raffreddata" nello schema agostiniano delle sei età del mondo (vedi saggio introduttivo).

[117]rr. 1403-1404: *sabbatum aetatis septimae... tempus tertii status*

Come si può vedere, G. identifica la settima *aetas* e il terzo *status* come il sabato della storia (cfr. nota 116). Il rinvio è alle rr. 1287-1291 (cfr. nota 107).

[118]r. 1411: *per tres intelligentias mysticas*

G. intende i sensi morale (2), tipologico (3) e anagogico-contemplativo (4), non considerando, in questo passo, il senso storico (1) — che è la lettera stessa — come "intelligenza simbolica".

[119]rr. 1417-1418: *ante legem... sub gratia*

Cfr. rr. 462 sgg., nota 37.

[120]r. 1428: *expectatur Elias*:

Cfr. rr. 1004-1005, nota 89; r. 1128, nota 95; rr. 1142-1143, nota 96.

[121]r. 1456: *hebdomadae... sexaginta duae*

G. segue qui il testo della Vulgata da cui si era discostato nel riportare il versetto seguente di Daniele (Dn. 9, 26). Cfr. r. 290, nota 23 e rr. 542-543, nota 49. Il manoscritto B ha "*septuaginta duo*".

[122]r. 1468: *duo prophetae... occidendi a bestia*

Cfr. *E* III, 147ad. Esistono due tradizioni principali nell'identificazione di questi "due profeti". La prima individua in essi la coppia Mosè/Elia, la seconda, quella seguita anche da G., vi riconosce la coppia Enoch/Elia (Wikenhauser 1983, pp. 267-268).

[123]rr. 1475-1476: *generalis intellectus... in sequenti dicetur*

G. si riferisce alle righe seguenti (rr. 1477-1500) e alle sezioni dedicate alla suddivisione delle "parti principali" (*generales*) e "particolari" (*particolares*) dell'*Apocalisse* (rr. 1299-1319; rr. 1859-1871 e rr. 2551-2649). Per quanto riguarda la distinzione tra *intellectus generalis* e *intellectus specialis* (o *secundus intellectus*) si riferisce probabilmente alla diade *concordia duorum Testamentorum* (= *primus intellectus*) / *concordia trium statuum*. Sembra che G. voglia indicare, come altrove (*P* II, 262c sgg.), l'esistenza di una *concordia* per ogni *status*. Ecco allora che la concordia dei Testamenti appartiene al primo *status* e si realizza nel secondo (r. 1470); la concordia dei tre stati appartiene al secondo e si realizza nel terzo (r. 1471); mentre un terzo tipo di concordia apparterrà al terzo *status* (*in tertio intellectu ab initio tertii status usque in finem*) (r. 1474). L'*Apocalisse*, sostiene G., è suddivisibile secondo due intelligenze simboliche, ovvero quella del primo *status* (concordia A.T./N.T.) che definisce temporalmente l'*Apocalisse* come tutta la storia postcristica fino al Giudizio (*usque ad novissimum diem*) (r. 1473) (suddivisione principale), e quella del secondo *status* (concordia primo/secondo/terzo *status*) che definisce l'*Apocalisse* in rapporto all'imminenza del terzo *status* (*usque ad initium tertii status*) (r. 1473). Nel terzo *status* vi sarà una terza intelligenza che rileggerà l'*Apocalisse* nella prospettiva del terzo *status*. È probabile che G. identifichi questa terza intelligenza con il pieno sviluppo, privato di ogni residuo letterale, dell'*intelligentia spiritualis*.

[124]rr. 1491-1492: *nec usquam filium... reticetur*

La "storia di Elia", che prende avvio da 1Re 17,1 omette i precedenti del profeta, presentandolo semplicemente come "Elia, il Tisbita, uno degli abitanti di Gàlaad".

[125]rr. 1493-1497: *Si autem... procedit*

La tipologia Mosè (*Pater*)/Giovanni Battista (*Filius*)/Elia (*Spiritus Sanctus*) è sviluppata anche in *E* i, 13a e *E* I, 37a.

[126]rr. 1498-1500: *per prophetas... per doctores ecclesiae*

In questo passo, che riecheggia Gv. 5, 17, G. mette in parallelo i profeti e i dottori della chiesa, giustificando l'equazione fra

lo "spirito profetico" e l'"intelligenza spirituale", che si è sviluppata nella storia della chiesa passando dai Greci ai Latini (cfr. nota 113). Così si può formulare la seguente equazione: lo "spirito profetico": A.T. = l'"intelligenza spirituale": N.T.

[127]r. 1519: *in sexta parte libri hujus*

Ap. 16,18-19,21 corrisponde alla sesta parte e al sesto *tempus* della sesta *aetas*, cfr. *E* VI, 191c-209d.

[128]r. 1523: *ille typicus...iste...anagogicus*

G. mette in evidenza come nella suddivisione dei sabati, il terzo sabato sia quello che è imminente, ovvero il terzo *status*, se si segue il senso tipologico, mentre esso viene proiettato verso la beatitudine eterna (r. 1524), ossia nella metastoria, se si segue il senso anagogico (cfr. rr. 741-742, nota 69; r. 1404 e nota 114).

[129]r. 1525: *ante legem divinae unitatis naturae signatur*

Cfr. r. 466, nota 38.

[130]r. 1526: *per singulos trium statuum electi*

Cfr. rr. 462-463, nota 37, rr. 1417-1418, nota 119.

[131]r. 1533: *duplex esse*

"Sub gratia" e *"sub ampliori gratia"*: Cfr. rr. 468-470, nota 39. Le due modalità del conferimento dello Spirito agli apostoli G. le desume dal racconto degli *Atti* che recita: "Mentre il giorno di Pentecoste stava per finire, si trovavano tutti insieme nello stesso luogo. Venne all'improvviso dal cielo un rombo, come di vento che si abbatte gagliardo [I.], e riempì tutta la casa dove si trovavano. Apparvero loro lingue come di fuoco [II.] che si dividevano e si posarono su ciascuno di loro" (At. 2,1-3).

(XI: rr. 1577-1838)

[132]r. 1598: *hebdomada ipsa in sabbatum reputata est*

La settimana di Pentecoste sta alle sei settimane che la precedono come il sabato sta ai sei giorni della settimana.

[133]rr. 1607-1608: *post finem dies singulos octavae sequuntur*

Il sabato è il settimo giorno, quindi il giorno successivo è l'ottava. Tuttavia, se si intende la "domenica" come il settimo giorno, ossia come analogo al sabato ebraico, ecco che l'ottava diviene il lunedì, ossia l'inizio della settimana (cfr. rr. 1611-1612). L'archetipo dell'ottavo giorno è tratto da Lc. 2,21 (circoncisione di Gesù nell'"ottavo giorno"). Cfr. *T* I, 55, 30-56, 6.

[134]r. 1613: *apud multos dies sacer Pentecostes octavam non habeat*

L'allusione è al Lunedì di Pentecoste che, analogamente al Lunedì dell'Angelo che segue la Pasqua, veniva dopo la domenica di Pentecoste ed è tutt'oggi festeggiato in molti paesi, per esempio in quelli di lingua tedesca.

[135]rr. 1616-1624: *Sane... valeamus*

L'argomentazione condotta da G. è la seguente: le tre settimane significative della circoncisione del Signore, di Pasqua e di Pentecoste hanno sei giorni più solenni, e sei sabati, così suddivisi: (I) (1) sabato/domenica fra l'ottava della Natività; (2) sabato dell'Epifania/*circoncisione di Gesù*; (II) (3) sabato/domenica delle Palme; (4) Sabato Santo/*Pasqua*; (III) (5) sabato/domenica fra l'ottava dell'Ascensione; (6) sabato della Vigilia di Pentecoste/*Pentecoste*. Queste tappe dell'anno liturgico vengono poi messe in corrispondenza con la storia del mondo (rr. 1625 sgg.) secondo la sequenza alternata di sabati d'afflizione (1/3/5) e sabati di gioia (2/4/6), che corrispondono alle vigilie delle tre festività maggiori. Comunque, sia i sabati d'afflizione che i sabati di gioia sono seguiti da periodi festivi "domenicali" ugualmente lieti (rr. 1665-1666).

136 rr. 1631-1632: *Ur, quod in lingua nostra interpretatur ignis*

G. modella l'etimologia di Ur sul latino "urere", bruciare, ardere, infiammare.

137 rr. 1649-1650: *de malo in deterius... de bono... in melius*

L'argomentazione di G., un po' capziosa, è che la caduta dei giusti va verso il peggio, invece il loro stato di sofferenza o la loro morte è, come spiega la citazione successiva dai *Salmi* (rr. 1653-1655), indice di speranza che ci fa gioire.

138 rr. 1660-1661: *dies octavus... feriatus occurrit*

G. allude al giorno di Santo Stefano Protomartire.

139 r. 1662: *vicissitudo sabbatorum uniformiter servanda est*

Riassumiamo l'ordine dei sabati della storia esposto da G.:

(1) sabato d'afflizione = Abramo a Ur, (1) periodo domenicale = partenza per Canaan e l'Alleanza; (2) sabato di gioia = Mosè e Aronne nel deserto; (2) periodo domenicale = Giosuè entra nella terra promessa; (3) sabato d'afflizione = cattività babilonese; (3) periodo domenicale = ricostruzione di Gerusalemme e del Tempio sotto Ciro e Dario; (4) sabato di gioia = nascita di Cristo; (4) periodo domenicale = risurrezione; (5) sabato d'afflizione = sabato presente. Mancano, quindi, il (5) periodo domenicale, il (6) sabato di gioia, il (6) periodo domenicale (= Pentecoste).

140 rr. 1695-1704: *Verumtamen... praecipiat*

Nel tema della vedova risuonano insieme 1Re 17,17-24, visto in precedenza (la vedova di Zarepta) (cfr. nota 112), e Lc. 7, 11-17 (la vedova di Nain). Per il riferimento al nuovo Ciro, cfr. TONDELLI 1953, I, p. 144 n. 2.

141 r. 1726: *his diebus Hierosolymis ob imminentia certamina*

G. si riferisce alla situazione conflittuale che sta portando alla caduta di Gerusalemme, il 2 ottobre 1187 (cfr. rr. 596-597, nota 56).

142 rr. 1734-1735: *ut superius jam diximus*

Cfr. r. 653, nota 62 e rr. 657-658, nota 63.

143 r. 1738: *ut supra diximus*

Cfr. rr. 1014-1015, nota 90.

[144]rr. 1743-1744: *Herodes... interfector... et persecutor*

G. unifica in un tipo Erode il Grande, re effettivo (37 a.C.-4 d.C.), quello della strage degli innocenti, morto poco dopo, ed Erode Antipa, tetrarca di Galilea e Perea (morto nel 44 d.C.), l'Erode della persecuzione di Giovanni Battista e della Passione (Lc. 13,31; 23,8-11). Stessa imprecisione si verifica più sotto, riguardo a Cesare Augusto (r. 1745) — nome, per altro, che sintetizza genericamente la dignità imperiale. Infatti, durante la strage degli innocenti era imperatore Ottaviano Augusto, ma durante la Passione era imperatore Tiberio.

[145]rr. 1746-1747: *pro Romano principe qui... destruxit Hierusalem*

Anche qui G. unifica le figure storiche di Tito (distruzione del 70 d.C.) e di Adriano (135 d.C.). Cfr. r. 564, nota 53.

[146]r. 1759: *diem qui non novit occasum*

Nel *Tractatus* questo giorno è descritto con la formula "*dies unus eternus qui nullo temporum clauditur fine*" (*T* I, 144, 8-9). È la fine della storia. Per questo giorno "sono stati fatti tutti gli altri" (rr. 1758-1759).

[147]r. 1770: *ut jam dixi*

Cfr. rr. 258 sgg.; 636 sgg.; 643 sgg.; 682 sgg.; 731 sgg.; 1115 sgg.

[148]r. 1776: *sabbati aetatis septimae*

G. qui riassume sinteticamente la distinzione tra il sabato universale, ovvero il Millennio (= terzo *status*, sei *tempora* della settima *aetas*) e il sabato dei sabati, che è il settimo *tempus* del terzo *status* o della settima *aetas*. I tre sabati a cui G. si riferisce (*unum de tribus*) (r. 1775) sono forse il sabato *ante legem*, il sabato *sub lege* e il sabato *sub gratia* (inteso come il settimo *tempus* della sesta *aetas*, cioè del secondo *status* (cfr. rr. 1417 sgg.).

[149]rr. 1786-1788: *sabbatum quod praecedit... quod concludit*

G. qui intende il sabato precedente la domenica delle Palme e il Sabato Santo.

[150]r. 1810: *hebdomada quinquagesimae*

Cfr. rr. 370-371, nota 27; r. 376, nota 29 e rr. 1320-1326, nota 110.

[151]r. 1821: *secundum quod in opere* Concordiae *manifestius apparet*

Cfr. *C* III, 26ac; IV, 55ac. L'epoca di Ciro corrisponde alla quarantaduesima generazione da Giacobbe, ovvero alla figura di Zorobabele, che presiede alla chiusura del settimo sigillo dell'A.T. (*C* III, 37c-38b). Finiscono perciò le generazioni "proprie" del primo *status* e iniziano quelle (dieci) in comune con il secondo (l'*initiatio* del secondo *status*) che si concluderanno con Cristo (altre ventuno generazioni, da Adamo fino a Giacobbe, completano le sessantatré generazioni del primo *status*). G. propone d'iniziare il conto dei sette *tempora* del secondo *status* non dall'incarnazione, ma da Zorobabele per giungere al sesto *tempus* della sesta *ae-*

tas (o secondo *status*) proprio nella sua epoca (*quod jam nunc initiatum est*) (rr. 1818-1819). Nel quinto libro della *Concordia* G. propone una suddivisione basata su gruppi di dieci generazioni, che si modella sulla tradizione delle sette *aetates* del mondo, per cui ricordiamo la corrispondenza con i tre *status* (1-5) = primo; (6) = secondo; (7) = terzo: "Nei sette giorni [del *Genesi*]," scrive G., "sono simboleggiate le sette età (*septem aetates*), le quali devono essere suddivise in questo modo: la prima età conta dieci generazioni da Adamo a Noè; la seconda conta dieci generazioni da Noè fino ad Abramo; la terza conta dieci generazioni da Abramo fino a Booz; la quarta conta dieci generazioni da Booz fino ad Ozia; la quinta conta dieci generazioni da Ozia fino a Zorobabele; la sesta conta dieci generazioni da Zorobabele fino a Cristo; la settima giunge fino alla fine" (*C* V, 73b).

(XII: rr. 1839-1871)

152 rr. 1857-1859: *in sexta... in septima... in septima... in octava*

Per G. la settima sezione dell'*Apocalisse* (Ap. 20,1-20) corrisponde alla sesta età in senso agostiniano, l'ottava sezione (Ap. 20, 11-22, 21) alla settima, ovvero alla metastoria. Cfr. *E* VII, 209d-215b; VIII, 215b-224b, dove, tuttavia, G. adotta la sua suddivisione delle *aetates mundi* chiamandole rispettivamente settima e ottava.

(XIII: rr. 1872-1965)

153 r. 1885: *synagoga Judaeorum*

Questo semplice schema, sviluppato da r. 1880 sui tipi di Abramo e Sara (*vir et uxor*), verrà perfezionato nel secondo libro dello *Psalterium*, con lo schema triadico Abramo/Agar/Sara e con l'applicazione delle sette *species* dell'intelligenza tipologica. In esso, ciò che qui viene attribuito a Sara passerà sotto Agar (*P* II, 265a) (cfr. Grundmann 1927, p. 46; Mottu 1977, p. 83). Ecco allora che l'opposizione: patriarchi (Abramo)/sinagoga (Sara) si completerà in patriarchi-vescovi (Abramo)/sinagoga (Agar)/chiesa (Sara).

154 r. 1890: *unus de magnis antichristis*

In G. il termine "anticristo" non è individualizzato in senso forte. Propriamente vi sono diverse possibilità. Tutti i monarchi che compongono le teste del *draco magnus et rufus* raffigurato nel *Liber Figurarum* sono, a loro volta, "anticristi" (*LF* XIV). In particolare la sesta testa, ovvero il Saladino (ma anche, altrove, Enrico VI) e la settima, designata proprio come "anticristo massimo". Tuttavia questo settimo anticristo (forse identificabile con

l'undicesimo re di Daniele) non sarà l'ultimo. Infatti, come anticristo G. interpreta anche Gog (raffigurato come la coda, avvolta a spirale, del drago) e — per eccellenza — lo stesso Satana (cfr. in proposito LERNER 1985b, pp. 553-570).

[155]r. 1894: *Israel generaliter salvus fiat*

Cfr. rr. 651-652, nota 61.

[156]r. 1900: *lilia*

I fragili e candidi gigli rappresentano qui il nuovo monachesimo, ovvero il nuovo ordine contemplativo che G. annuncia, anticipandolo con l'istituzione dei suoi *Florenses*.

[157]rr. 1915-1916: *non sine rosae mysterio*

"La cerimonia della benedizione della rosa d'oro avveniva anticamente in S. Croce di Gerusalemme; ma quando l'imperatore trovavasi a Roma, per esservi incoronato, essa veniva a lui destinata e la cerimonia della benedizione avveniva in S. Maria in Cosmedin" (*Enciclopedia Cattolica*, vol. x, col. 1346, voce *Rosa d'oro*, a cura di Niccolò Del Re). "Il più antico ricordo della concessione di una rosa d'oro da parte del papa, risale al 1096, quando Urbano II, di passaggio per Angers, durante la predicazione della prima crociata, ne fece dono al conte Fulcone d'Angiò. Nel periodo avignonese prese poi a diffondersi l'uso di offrire la rosa d'oro a diversi illustri personaggi di ambo i sessi, a chiese e a città" (*ibid.*, vol. x, col. 1345). Tuttavia esistono attestazioni anche più antiche (un documento del 1049) e G. sembra far riferimento a un rito di consacrazione della rosa stessa, originariamente solo dorata, ma, in seguito, trasformata in un vero e proprio gioiello, "un cespo di rose interamente d'oro, e adorno di pietre preziose, il cui fiore centrale, più grande degli altri, reca al centro, entro una piccola coppa, balsamo e muschio" (*ibid.*, vol. x, col. 1345). "Attualmente la rosa d'oro viene benedetta dal papa nella domenica *Laetare* (quarta di Quaresima), prima della Messa, nella sala dei paramenti alla presenza di molti cardinali, e portata poi da lui stesso nella Cappella Sistina, ove l'affida a uno dei cardinali diaconi, e posta quindi sull'altare" (*ibid.*, vol. x, col. 1346). Sull'argomento cfr. P. LUDOVICI, *La rosa d'oro nella tradizione plurisecolare della Chiesa*, in "L'illustrazione vaticana", 8, (1937), pp. 213-216; J. KREPS, *La rose d'or*, in "Les questions liturgiques et parroissiales", 11, (1926), pp. 71-104; C. CARTANI, *La rosa d'oro pontificale*, Roma 1681; A. BALDASSARRI, *La rosa d'oro* Venezia 1759.

[158]rr. 1919-1922: *Laetabitur Hierusalem... nunc et usque in sae culum*

È la gioia di Gerusalemme successiva al penultimo conflitto escatologico, ovvero a quello che, abbattendo la nuova Babilonia, le spalanca la durata del Millennio, vale a dire del terzo *status*. Ma ciò non è ancora la fine della storia (*usque in saeculum*) (r. 1922), perché manca il conflitto finale, in conclusione del Millennio — solo allora si uscirà dalla storia e dal tempo per l'eterno.

159 r. 1933: *mense quinto*

Si tratta del mese di luglio. Le campagne militari, in età antica e nel Medioevo, si svolgevano in primavera e in estate. I sette mesi elencati da G. sono quindi, marzo (primo) — in aprile (secondo) c'è la Pasqua e dunque non si combatte —, maggio (terzo), giugno (quarto), luglio (quinto), agosto (sesto) e settembre (settimo).

160 rr. 1963-1964: *quantae perfectionis... isti numeri*

"Metto in rilievo anzitutto un elemento ulteriore dell'organizzazione 'scientifica' di Gioacchino; esso pure non è semplicemente una specificità di quest'ultimo, bensì ha valore generale; in ogni caso richiede di essere compreso, per non prenderlo come un giochetto senza regole e un arbitrio senza senso: il *sistema dei numeri*. Quell'impressione di rigore nel vedere come tutto concorda straordinariamente nello schema di Gioacchino è dovuta non per ultimo a una organizzazione dei numeri di rara regolarità. [...] Ora però se ci si aspetta un impiego esatto di grandezze matematiche, c'è sicuramente a tutti i livelli occasione di rimanere sconcertati per il suo modo arbitrario nel trattare i numeri, e di rinfacciargli di aver dovuto dappertutto accorciare per bene, falsare e se necessario manipolare gli stessi numeri, per poter far combaciare così bene tutto sotto il profilo dei numeri. Anzi ancora peggio, a quanto sembra: Gioacchino stesso più di una volta avverte il lettore di non essere troppo rigoroso col calcolo (*C* II, 10c; IV, 44c; IV, 53d), anche se però a lui interessano molto i numeri delle generazioni [...] egli è ben lontano da una concezione di calcolo matematico esatto, e quasi altrettanto lontano dalla scrupolosità per cifre cronologiche. I suoi numeri non sono valori quantitativi di statuto logico e non sono concetti di tempo fissi, bensì sono numeri 'tipici' con significati particolari, che non hanno proprio nulla a che fare con la loro collocazione nella serie numerica, e neppure derivano dalla visione storico-cronologica (*C* V, 109d)" (Grundmann 1927, pp. 49-50). Grundmann propone di chiamarla "mistica dei numeri" o "simbolica dei numeri" — G. la chiamerà, più avanti, *arithmetica spiritualis* (r. 2397) —, collegandola alla descrizione delle forme di pensiero strutturale fatte da Ernst Cassirer nella *Filosofia delle forme simboliche* (Cassirer 1924, p. 201; Grundmann 1927, pp. 51-54). G. attribuisce la *perfectio* al 3, al 5, al 7, all'8, al 10, al 12 e al 50 (cfr. Grundmann 1927, p. 61, n. 83).

(XIV: rr. 1966-2173)

161 rr. 1970-1972: *librum Actuum Apostolorum... perficiunt*

Il cinque corrisponde agli *Atti degli Apostoli*, mentre il sette corrisponde all'*Apocalisse*. Altrove G. sembra sostenere che il cinque (i cinque *ordines* principali) corrisponde ai quattro *Van-*

geli sommati agli *Atti*, mentre il sette spetta solo all'*Apocalisse*, rappresentando i sette *ordines* speciali (cfr. rr. 2001-2002; 2038-2039).

[162]rr. 1973-1974: *Quinque tribus...septem...locatae sunt*

Cfr. TONDELLI 1953, I,51. Le prime cinque sono le tribù di Ruben, Gad, Manasse, Efraim e Giuda (Gs. 13,8-17, 18). "Rimanevano tra gli Israeliti sette tribù che non avevano avuto la loro parte" (Gs. 18,2): Beniamino, Simeone, Zàbulon, Issacar, Aser, Nèftali e Dan (Gs. 18,1-19,51).

[163]rr. 1976-1977: *Quinque panes ordeacei...septem...triticei*

G. si riferisce alla prima (Lc. 9; Mc. 6; Mt. 14; Gv. 6) e alla seconda (Mc. 8; Mt. 15) moltiplicazione dei pani. Più avanti (rr. 2076-2079; rr. 2094-2114) G. Afferma che i cinque pani d'orzo rappresentano la cinque età dell'A.T., il Pentateuco o le quattro storie particolari e quella principale secondo quanto si diceva all'inizio (rr. 58 sgg., nota 5), mentre i sette pani di frumento rappresentano le sette età del N.T. (i sette *tempora* della sesta *aetas*), i quattro Vangeli, il libro degli *Atti degli Apostoli* che vale due e l'*Apocalisse*.

[164]rr. 1979-1980: *Quinque...et septem duodecim faciunt*

"Quanto grande sia la perfezione (*perfectionis*) dei numeri cinque e sette (*quinarius et septenarius numerus*), che addizionati fra loro (*simul coniuncti*) raggiungono il dodici (*ad duodenaium consurgunt*), non può essere spiegato con una facile esposizione (*non potest de facile explicari sermone*)" (*P* II, 247a).

[165]r. 1995: *Judae patriarchae qui fuit fortissimus inter fratres*

G. forse allude a Sansone (Gdc. 13,1-16,1).

[166]r. 2031: *quinque illa volumina*

G. allude ai quattro *Vangeli* e al libro degli *Atti degli Apostoli* (cfr. rr. 2094-2114).

[167]rr. 2038-2040: *Agit autem...destignati sunt*

G. formula la seguente corrispodenza: cinque tribù maggiori (Ruben, Gad, Manasse, Efraim e Giuda) = cinque chiese di ascendenza petrina (Roma, Gerusalemme, Alessandria, Antiochia, Costantinopoli) = cinque *ordines* "secolari" (sacerdoti, diaconi, vescovi, contemplatori — intendendo i vergini e chi ha fatto voto di castità — chierici: la chiesa in generale) = cinque libri (*Vangeli* di Matteo, Luca, Marco, Giovanni, *Atti degli Apostoli*) (cfr. rr. 2014-2020); sette tribù della seconda distribuzione (Beniamino, Simenone, Zàbulon, Issacar, Aser, Nèftali e Dan) = sette chiese delle sette lettere (Efeso, Smirne, Pergamo, Tiàtira, Sardi, Filadelfia, Laodicea) = sette *ordines* "contemplativi" (apostoli, martiri, dottori, eremiti, monaci, sesto *ordo*, a venire, settimo *ordo*, a venire) = sette parti dell'*Apocalisse*.

[168]rr. 2041-2045: *quinque...libri...septem partes Apocalypsis*

G. paragona i cinque pani d'orzo ai quattro *Vangeli* e agli *Atti*, di cui sottolinea il loro essere libri "storici" (*historici sunt*), che necessitano, quindi, dell'interpretazione spirituale per giun-

gere al loro nucleo simbolico (*fructus spiritualis*). Non è così per l'*Apocalisse* che si presenta direttamente come scrittura simbolica. Appare la metafora della "crosta" — o corteccia — (*sub cortice*: r. 2042), spesso impiegata da G. per esprimere l'antitesi lettera/spirito (*cortex/medulla*) (*T* I, 55, 24-39).

[169] rr. 2049-2051: *In illa prima similitudine...in ista*

Ecco le due serie, sviluppate con i rispettivi *ordines* e libri:

1. nascita = sacerdoti = Mt.	1. risurrezione = apostoli = prima parte Ap.
2. battesimo = diaconi = Lc.	2. passione = martiri = seconda parte Ap.
3. risurrezione = vescovi = Mc.	3. nascita = dottori = terza parte Ap.
4. ascensione = contemplatori = Gv.	4. ascensione = eremiti = quarta parte Ap.
5. pentecoste = chiesa generale = At.	5. dono S.S. = monaci = quinta parte Ap.
	6. dono S.S. = sesto *ordo* = sesta parte Ap.
	7. dono S.S. = settimo *ordo* = settima parte Ap.

Riguardo alla prima serie, cfr. *T* I, 6, 29-7, 18.

[170] rr. 2073-2075: *plerumque inveniatur in singulis...ordine suo*

"Cerchiamo di indagare con precisione, affinché per i molti percorsi della concordia possiamo giungere alla conoscenza di un'unica verità (*quatinus per multa concordiarum itinera ad unam veritatis notitiam pervenire possumus*)" (*C* V, 113a).

[171] r. 2098: *quinque libri Moysi*

G. allude al cosiddetto Pentateuco (*Genesi, Esodo, Levitico, Numeri, Deuteronomio*).

[172] r. 2114: *cognoscatur Dominus in fractione panis*

Allusione all'episodio di Emmaus. "Quando fu a tavola con loro, prese il pane, disse la benedizione, lo spezzò e lo diede loro. Allora si aprirono loro gli occhi e lo riconobbero" (Lc. 24, 30-31).

[173] rr. 2115-2116: *sexaginta stadiis distabat ab Hierosolymis*

Si tratta di Emmaus (Lc. 24,13). "Sessanta stadi" equivalgono a circa 11 km (1 stadio = 185 m). Talvolta, in traduzione, si legge "sette miglia" (per esempio traduzione episcopale 1971) che è la misura equivalente a circa 60 stadi (esattamente 56) (1 miglio romano = 8 stadi = 1479 m).

[174] rr. 2117-2118: *completis sex hebdomadis a septuagesima*

G. si riferisce qui alla successione delle letture del Messale romano. In effetti, dalla Settuagesima (dieci settimane prima di Pasqua) passano sei settimane per arrivare alla quarta di Quaresima (domenica di Settuagesima: —9; domenica di Sessagesima:

—8; domenica di Quinquagesima: —7; domenica prima di Quaresima: —6; domenica seconda di Quaresima: —5; domenica terza di Quaresima: —4; domenica quarta di Quaresima: —3; domenica di Passione: —2; domenica delle Palme: —1; Pasqua). Infatti nella domenica quarta di Quaresima il Messale romano prevede la lettura del miracolo della moltiplicazione dei cinque pani d'orzo secondo la versione del *Vangelo di Giovanni* (Gv. 6, 1-15).

[175]r. 2128: *de Joanne Baptista et Christo*

Da qui in poi (rr. 2128-2173) G. porta avanti uno dei suoi paralleli tipologici preferiti, quello fra Giovanni Battista e Gesù (cfr. Mottu 1977, pp. 131-142). Leggiamo nel *Tractatus*: "Quanto più questo mondo si avvicina alla fine, tanto più disprezzabile comincia ad essere quello che è significato da Giovanni, e tanto più chiaro e sublime ciò che è significato da Cristo" (*T* III, 272, 1-3) (cfr. rr. 2139-2140). D'altra parte, l'uomo Gesù Cristo è il tipo dello Spirito Santo allo stesso modo che Giovanni è il tipo di Cristo (*E* i, 23c).

[176]rr. 2149-2150: *omnia quae in mundo...veterascunt et transeunt*

Scrive Agostino: "Ti stupisci che il mondo perisca: è come se ti stupissi che il mondo invecchi. Il mondo è come l'uomo: nasce, cresce, invecchia [...]. Dimmi, è forse cosa da poco che, nella vecchiaia del mondo, Dio abbia inviato Cristo per rifarlo, quando tutto si dissolve? Cristo giunge nell'ora in cui tutto invecchia per rinnovare te stesso" (*Sermo LXXXI*, 8) (Migne, *Patrologiae Cursus Completus*, Series Latina 38, 504). Ma la prospettiva "apocalittica" di G. interpreta il rinnovamento come una vera e propria "inversione" della storia. Nel famoso passo della *Concordia* dove si elenca ciò che spetta a ogni *status* leggiamo che "il primo fu il dominio dei vecchi (*senum*), il secondo dei giovani (*iuvenum*), il terzo sarà quello dei fanciulli (*puerorum*)" (*C* V, 112bc). Cfr. Mottu 1977, pp. 217-235.

[177]r. 2157: *octava est et prima*

Cfr. rr. 1607-1608, nota 133. La settimana che ha inizio con il Lunedì dell'Angelo è sia l'ottava rispetto alle sette settimane della Quaresima, sia la prima delle sette settimane della Pentecoste. D'altra parte, se le sette settimane della Quaresima si fanno iniziare dalla prima domenica di Quaresima, la Settimana Santa non è più la settima, ma la sesta (= il Venerdì Santo è, quindi, il "sesto giorno della sesta settimana", r. 2156), sicché la settimana successiva alla Pasqua diviene la settima.

[178]r. 2161: *evacuans quod ex parte est*

Evacuare è il verbo-chiave gioachimita, desunto da 1Cor. 13, 10: "Ma quando verrà ciò che è perfetto, allora quello che è imperfetto scomparirà (*evacuabitur quod ex parte est*)". Cfr. Mottu 1977, pp. 98-100, 182-198. Per gli sviluppi di questo termine centrale nel pensiero di G. rinvio al saggio introduttivo.

[179]rr. 2165-2166: *aliae...terminatae in vigilia Pentecostes*

Si tratta delle sette settimane che precedono la Pentecoste, a partire dalla settimana successiva alla Pasqua. Qui G. sostiene

che le sette settimane da Pasqua a Pentecoste rappresentano le sette parti dell'*Apocalisse*.

Per quanto riguarda il testo latino ci discostiamo dall'edizione del Burger, che privilegia il codice pavese, leggendo "*aliae*" al posto di "*ambae*", vale a dire seguendo le lezioni dei manoscritti B e C.

180 rr. 2167-2168: "*Sollemnis...tempora*"

Si tratta dei vv. 5-8 dell'*Inno* "*Iam Christus astra ascenderat*" (XXIV - *In pentecoste*) (vv. 1-32), raccolto dal Bolisani fra gli "inni anonimi, ma con evidenti caratteristiche ambrosiane" (E. Bolisani, *L'innologia cristiana antica. S. Ambrogio e i suoi imitatori*, Padova 1963, pp. 110-113). Per il "*quo mystico septemplici...septies*" si intende sette volte sette giorni (ossia una settimana), raggiungendo (7 × 7 = 49) i cinquanta giorni prefigurati dalla Pentecoste giudaica (cfr. Es. 23, 15 e Dt. 16, 9).

181 rr. 2172-2173: *quinque corporis sensus...septem virtutes animi*

Ancora una volta G. sfrutta la somma simbolica del cinque e del sette nel dodici per rappresentare l'unione di corpo e anima nell'uomo completo (*in uno perfecto viro*). Le sette virtù (cfr. rr. 1985-1986) (*sapientia, intellectus, consilium, fortitudo, scientia, pietas, timor Dei*) sono i sette doni dello Spirito Santo di cui si è parlato all'inizio (cfr. r. 102, nota 11) e che più avanti verranno messi in parallelo con i sensi corporei (rr. 2375-2384), "in un'armonica unione" (*consona unione*) (r. 2377). In precedenza G. aveva scritto che chi manca anche di uno solo di questi elementi (sensi o virtù) "ha qualcosa in meno della perfezione" (*minus aliquid a perfectione habeat qui vel uno istorum caret*) (rr. 1983-1984).

(XV: rr. 2174-2329)

182 rr. 2175-2177: *Petrus et Joannes...noscuntur*

Cfr. Denifle 1885, p. 116; Huck 1938, p. 291; Tondelli 1953, I, p. 50 (*C* V, 59cd).

183 r. 2189: *discipulum suum qui fundaret illam et regeret vice sua*

L'unica citazione di Alessandria nel N.T. è quella che si riferisce al giudeo-cristiano Apollo (At. 18,24-28; cfr. anche 1Cor. 3, 22). Sull'origine della chiesa alessandrina cfr. Danielou 1985, p. 56.

184 rr. 2212-2213: *Macedonii, qui Paracletum sanctum Deum esse negavit*

Macedonio fu vescovo di Costantinopoli (ca. 360 d.C.) e venne accusato, forse ingiustamente, di aver negato la divinità dello Spirito Santo (r. 2219).

185 rr. 2215-2216: *Nicolaus, unus de septem,...inoboediens*

Nell'*Apocalisse* viene nominato due volte un gruppo di eretici, i "nicolaiti", da cui si guarda la chiesa di Efeso (Ap. 2,6), ma da cui è contaminata quella di Pergamo (Ap. 2,15). La tradizione attribuisce a questi eretici speculazioni di tipo gnostico e la partecipazione a banchetti sacri pagani (sacrifici ecc.). Altre informazioni, fornite da Clemente Alessandrino (*Stromata* II, 118), fanno ritenere che si trattasse di una corrente ereticale che sosteneva la condanna del Dio dell'A.T. (a ciò pare si riferisca G., r. 2220) e il libertinismo morale (Clemente riporta l'aneddoto per cui Nicola avrebbe offerto la propria moglie ad altri) (Danielou 1985, pp. 68-69). L'identificazione, criticata già da Eusebio di Cesarea (*Historia Ecclesiastica* III, 29, 1), di Nicola come uno dei sette "ellenisti" nominati negli *Atti degli Apostoli* ("Stefano, uomo pieno di fede e di Spirito Santo, Filippo, Pròcoro, Nicànore, Timòne, Parmenàs, e Nicola, un proselito di Antiochia. Li presentarono quindi agli apostoli i quali, dopo aver pregato, imposero loro le mani", At. 6, 5-6) e accettata da G. si deve a Ireneo di Lione (*Adversus haereses* I, 26, 3).

[186]rr. 2217-2218: *Arius... auctor pravi dogmatis adversus Dei Filium*

Ario di Alessandria (morto nel 336 d.C.), intendeva preservare nella Trinità l'originalità e i privilegi del Padre, il solo a essere "non-generato" e "non-divenuto" (*Aghénnetos* [ἀγένvητος] viene interpretato sia come participio di *ghennáō* [γεννάω]: generare, che di *ghíghnomai* [γίγνομαι]: divenire). Questa insistenza condusse Ario a svalutare il *Logos* (il Figlio) che "non è lui, eterno, coeterno al Padre, increato (ovvero "non-generato"/"non-divenuto") come il Padre, perché è dal Padre che egli ha ricevuto sia la vita che l'essere" (Ario e Alessandro di Alessandria) (Marrou 1985, p. 37) (per G. su Ario, cfr.: *P* I, 229d; I, 230c; I, 242d; II, 277b; *E* I, 38a; I, 71ab; *VB* 20, 44-45; *AF* 8; *LF* XXVIa).

[187]rr. 2220-2226: *offendit ergo...Pater*

G. sviluppa qui un parallelo fra storia delle eresie, storia della chiesa e scansioni intertrinitarie. Abbiamo così:

1. Giuda	Gerusalemme	[contro la divina unità]
2. Nicola	Antiochia	contro il Padre
3. Ario	Alessandria	contro il Figlio
4. Macedonio	Costantinopoli	contro lo Spirito Santo

Di conseguenza, ciascuna chiesa si è maggiormente fortificata e distinta in corrispondenza dell'eresia che l'ha colpita (cfr. rr. 2202-2213):

1. Gerusalemme	[Leone]	apostoli	prudenza
2. Antiochia	[Vitello]	discepoli	obbedienza
3. Alessandria	[Uomo]	dottori	umiltà
4. Costantinopoli	[Aquila]	contemplativi	libertà

Nelle opere maggiori G. utilizzerà diversamente il nesso fra le eresie trinitarie, la storia della chiesa e i rapporti tra le Persone: la scansione triadica dei tre *status* verrà collegata direttamente allo sviluppo di tre eresie. Per G. tre sono gli errori fondamentali in materia trinitaria registrati nel corso della storia del cristianesimo; il sabellianismo, l'arianesimo e il "quaternarismo", di cui il nostro abate riteneva colpevole la dottrina trinitaria di Pietro Lombardo. Per la trattazione di questi *tres errores* cfr. il primo libro dello *Psalterium; De articulis fidei* (*AF* 8) (Sabellio e Ario); *Expositio in Apocalypsim* (*E* I, 34a) (quaternarismo), (*E* I, 36a) (sabellianismo), (*E* I, 38a; I, 71ab) (arianesimo e sabellianismo); *De vita sancti Benedicti* (*VB* 20, 44-45) (arianesimo, sabellianismo, quaternarismo); codice di Dresda del *Liber Figurarum* (*LF* XXVIa) ("figure anti-lombardiane"). Leggiamo nel *De vita sancti Benedicti*: "Si dovrà credere in un Dio onnipotente trino e uno (*Deus omnipotens trinus et unus*), mediante quelle parole che sono state scritte ed è necessario che vengano scritte durante i tre stati. Ciò lo si comprenderà non già enigmaticamente (*in aenigmate*), come in passato (*in preteritis seculis*), ma, per così dire, faccia a faccia (*veluti facie ad faciem*) (1Cor. 13,12), poiché nel primo stato venne cancellata l'empietà di Sabellio, che negò l'esistenza delle persone (*qui personas negavit*), nel secondo l'errore di Ario, che divise l'unità divina (*qui unitatem scidit*), nel terzo la bestemmia di Pietro Lombardo, che separando l'unità dalla Trinità, vi introduce la quaternità (*qui unitatem a Trinitate dividens, quaternitatem inducit*)" (*VB* 20, 44-45).

188 rr. 2232-2234: *in primitiva ecclesia...generalis*

G. sviluppa il parallelo fra le cinque chiese petrine e i cinque tipi di *doctrina*:

1. Gerusalemme = *doctrina typica*; 2. Antiochia = *doctrina historica*; 3. Alessandria = *doctrina moralis*; 4. Costantinopoli = *doctrina contemplativa*; 5. Roma = *doctrina generalis*. Nel *Liber Figurarum*, invece, G. impiegherà il simbolismo dei quattro animali: Leone (Mc.) = *intelligentia typica*; Vitello (Lc.) = *intelligentia historica*; Uomo (Mt.) = *intelligentia moralis*; Aquila (Gv.) = *intelligentia contemplativa sive anagogica* (*LF* XV). Se ricordiamo che, in base allo schema della nota 187, Gerusalemme = Leone; Antiochia = Vitello; Alessandria = Uomo e Costantinopoli = Aquila, vediamo che si tratta di uno sviluppo della stessa concordia (cfr. anche *T* I, 143, 22-144, 9).

189 rr. 2245-2252: *Designatur enim...educandis laborat*

G. sviluppa il parallelo fra le cinque chiese petrine e i cinque *ordines generales* della vita attiva:

1. Gerusalemme	pastori (apostoli)
2. Antiochia	diaconi
3. Alessandria	sacerdoti
4. Costantinopoli	vergini (contemplativi)
5. Roma	chiesa in generale

Lo perfeziona, poi, attraverso la corrispondenza con le opere del Cristo e con gli animali simbolici (rr. 2253-2266):

1.	nascita	[Uomo]	[Alessandria]
2.	battesimo	[Colomba dello Spirito Santo]	Roma
3.	passione	[Vitello]	[Antiochia]
4.	risurrezione	[Leone]	[Gerusalemme]
5.	Ascensione	[Aquila]	[Costantinopoli]

Si comprende meglio quest'ultimo schema combinandolo con quelli della nota 187 (il secondo) e della nota 169 (rr. 2049-2053).

[190]r. 2279: *"Ecce nos reliquimus omnia, et secuti sumus te"*

G. accenna al problema, che nel XIII secolo diverrà, per certi versi, centrale, della povertà ecclesiastica (cfr. Mottu 1977, pp. 262-263). Il tema, in G., non ha ancora quei caratteri socio-economici marcati che assumerà nella predicazione francescana. È comunque significativo che egli affermi: "Sarebbe infatti bene che i cristiani tornassero alla forma della chiesa primitiva" (*C* V, 71c), alludendo all'organizzazione comunistico-monastica (*LF* XII).

[191]rr. 2280-2281: *sancti apostoli...propter labores passionis*

G. si riferisce a quanto detto alle rr. 2049-2053, dove gli apostoli erano indicati fra gli *ordines generales* (cfr. nota 169) e, inoltre, alle rr. 2202-2205 e rr. 2214-2215 dove gli apostoli sono messi in corrispondenza con la chiesa di Gerusalemme. Qui G. si appresta a sostenere che l'ordine degli apostoli appartiene sia agli ordini della vita attiva che a quelli della vita contemplativa, in quanto gli apostoli furono i fondatori della chiesa generale (r. 2282). Ciò li fa, pur avendo ancora qualcosa della simbologia del leone (*etsi aliquid habeant cum leone commune*) (r. 2289), paragonare non più ai quattro animali, bensì ai ventiquattro vegliardi dell'*Apocalisse* (Ap. 4, 4) (rr. 2290-2298).

[192]r. 2308: *quomodo sensus corporis cum virtutibus animae*

Cfr. rr. 2172-2173, nota 181. Questo parallelo verrà sviluppato da G. più avanti, alle rr. 2375-2384. Cfr. Tondelli 1953, I, p. 51.

[193]r. 2319: *quartus decimus apostolorum numerus*

I dodici più Paolo e Barnaba. Abbiamo qui un perfetto esempio di quell'*arithmetica spiritualis* di cui si parla alla nota 160. G. mostra come una stessa realtà — gli apostoli — possa corrispondere a simbologie numeriche diverse, in questo caso a quella del tre (la Trinità), per cui gli apostoli sono dodici e a quella del sette (i sette doni dello Spirito Santo), per cui gli apostoli risultano essere quattordici. Per i "tipi" di Paolo e Barnaba cfr. rr. 836-844.

[194]rr. 2321-2329: *Si enim...sufficiunt*

G. descrive la pianta della Gerusalemme Celeste con i suoi "luoghi simbolici":

Oriente	Leone	pastori
Settentrione	Vitello	diaconi
Occidente	Uomo	dottori
Meridione	Aquila	contemplatori
Blocco Centrale	[Colomba]	chierici/chiesa generale

a cui (cfr. rr. 2335-2336) vanno aggiunti i laici, raggiungendo il sette:

Sobborghi	[Cane]	continenti
Quartieri esterni	[Gregge]	coniugati

Questa organizzazione riproduce, con le integrazioni tra parentesi, lo schema della *"Dispositio novi ordinis pertinens ad tertium statum ad instar superne Jerusalem"*, rappresentata nel *Liber Figurarum*, alla tavola XII (*LF* XII) (cfr. McGinn 1985, pp. 129-130) (il "gregge" [*ovis*], codice Vaticano e di Dresda). Il disegno rappresenta una croce (i quattro quartieri e il nucleo della Gerusalemme Celeste) che sormonta due rettangoli (i sobborghi e i quartieri esterni) di base progressivamente crescente, quasi fosse il profilo di un ostensorio.

(XVI: rr. 2330-2471)

[195]r. 2341: *septem sensus quomodo septem dona Spiritus in una anima*

Come in precedenza per il numero degli apostoli (cfr. r. 2319, nota 193), così G. cerca di riportare il numero dei sensi (cinque) al numero delle virtù o doni dello Spirito (sette), mediante l'addizione di due nuovi "sensi", trascurati nell'altra prospettiva. Abbiamo così: (1) tatto; (2) gusto; (3) udito; (4) vista; (5) odorato; (6) locomozione; (7) sessualità.

[196]rr. 2350-2351: *ordo generalis...continet...duos ordines*

G. deve spiegare perché gli *ordines generales* sono cinque e non sette. La tesi è che essi vengono inglobati nell'ordine generale che si esprime nella chiesa di Roma. Ciò ha una ricaduta simbolica nelle due sedi patriarcali del nord Italia, Aquileia e Venezia, dipendenti dalla chiesa romana, ma di dignità patriarcale. Ecco allora che queste, aggiunte alle cinque chiese di ascendenza petrina, raggiungono il numero di sette.

[197]rr. 2363-2369: *Quod si...Ravennatem ecclesiam...necessitas*

Cfr. Tondelli 1953, I, p. 145. A G. non interessa, in questa sede, privilegiare una determinata chiesa al posto di un'altra. Ravenna mantiene la linea petrina in quanto fondata, secondo la tradizione, da Apollinare, discepolo di Pietro.

[198]rr. 2375-2377: *sensus corporis... septem... cum septem virtutibus animae*

G., equiparati per numero i sensi alle virtù o doni dello Spirito, può finalmente stilare la sua corrispondenza:

Virtù	*Sensi*
coraggio	tatto
saggezza	gusto
intelligenza	udito
sapienza	vista
conoscenza	odorato
pietà	locomozione
timore	sessualità

[199]r. 2388: *in reliquis duabus*

Qui G. abbozza un rapporto fra le cinque chiese di ascendenza petrina e le sette chiese di ascendenza giovannea. Di conseguenza bisognerebbe aggiungere alle cinque i due patriarcati del nord Italia (r. 2354 e nota 196), ottenendo il seguente parellelo:

Chiese petrine	*Chiese giovannee*
1. Gerusalemme	Efeso
2. Antiochia	Smirne
3. Alessandria	Pergamo
4. Costantinopoli	Tiàtira
5. Roma	Sardi
6. [Venezia]	Filadelfia
7. [Aquileia]	Laodicea

[200]r. 2393: *ut jam dixi*

Propriamente G. non ha parlato, in precedenza, né dei templari né degli ospedalieri, tuttavia, probabilmente si riferisce alla sua esclusione di tali ordini monastico-militari dalla topografia simbolica della Gerusalemme Celeste (cfr. nota 194).

[201]rr. 2393-2398: *quia sextum tempus...aequipolleat primo*

Passo particolarmente significativo di quell'*arithmetica spiritualis* (r. 2397) gioachimita di cui s'è detto in precedenza (nota 160). "Il senario equivale all'ottonario e al primo" non significa nient'altro che, essendo il cinque e il sette quantità complete in se stesse, il sesto numero è il primo di una nuova quantità organicamente completa rispetto al cinque, così come l'ottavo lo è rispetto al sette. Entrambi, dunque, sesto e ottavo, sono dinamicamente equivalenti all'uno, ossia all'inizio di una nuova serie. L'affermazione "cinque perfezioni si hanno nella decina (*quinque perfectiones denarii*)" (rr. 2395-2396) richiama un altro numero "perfetto" dell'orizzonte simbolico di G., ovvero il dieci: "Il numero dieci è integro e perfetto in se stesso (*denarius numerus perfectus est et integer in seipso*); in esso, come alla fonte di tutti gli altri numeri (*velut in fonte aliorum*), dovrebbe essere stabilito il termine della nostra ricerca (*finis inquisitionis nostrae*), sebbene anche il numero sette non manchi di una sua perfezione (*septenarius numerus non caret perfectione sua*)" (*C* II, 13a).

[202] r. 2399: *Non igitur...Philadelphiae...Laodiceae*

G. cerca di sviluppare una nuova corrispondenza. Alla concordia binaria che lo aveva costretto alla costruzione di due serie parallele di sette, eccolo ora sostituire una terza concordia (*tertiam...concordiam*) (r. 2402) che, procedendo dalla concordia binaria e riprendendo il sei e il sette come equivalenti all'uno, formula tre serie: I) cinque tribù d'Israele II) cinque chiese petrine III) cinque chiese giovannee (la sesta e la settima tornano a corrispondere alle prime della serie di cinque). Ecco allora che, modificando lo schema della nota 199 si ha:

Tribù Israele	*Chiese petrine*	*Chiese giovannee*
1. Ruben	Gerusalemme	Efeso (Filadelfia/Laodicea)
2. [Gad] (?)	Antiochia	Smirne
3. [Manasse] (?)	Alessandria	Pergamo
4. [Efraim] (?)	Costantinopoli	Tiàtira
5. [Giuda] (?)	Roma	Sardi

Ma, come mostrano i punti interrogativi, G. accenna soltanto a questa nuova concordia, passando poi ad altro.

[203] r. 2414: *sextam apostolorum*

G. abbandona l'abbozzo di corrispondenza fra tribù e chiese per un nuovo quadro in cui il termine "chiesa" è esteso anche alle comunità del primo *status*. In questa prospettiva abbiamo:

Primo: tempo dei Leviti; secondo: tempo dei Giudici; terzo: tempo dei Re; quarto: tempo da Elia fino a Zedechia; quinto: tempo della deportazione babilonese; sesto: tempo della ricostruzione del Tempio fino a Giovanni Battista; settimo: tempo della chiesa primitiva. La "chiesa degli apostoli" è sesta come comunità pre-pasquale, condividendo l'epoca del Battista, e settima come comunità post-pasquale (rr. 2415-2418) (*septima fundaretur ecclesia*). Questa concatenazione permette a G. di mostrare come la prima chiesa del secondo *status* appartenga anche al primo, essendone la sesta o la settima.

[204] rr. 2428-2429: *quaerens justificari in lege...per gratiam*

G. allude alla posizione dei gruppi giudaizzanti, che volevano conservare la legge giudaica e la circoncisione prima del battesimo. Cfr. At. 15,1-35 e la *lettera ai Galati* di San Paolo (cfr. rr. 2440-2443).

[205] r. 2431: *mutato intellectu*

Per G. all'interno di ogni stato vige la propria intelligenza (cfr. rr. 1475-1476, nota 123). Così secondo l'intelligenza in vigore durante il primo stato, la chiesa di Gerusalemme era la settima e aveva una concordia con la tribù di Dan (l'ultima delle sette tribù della seconda ripartizione della terra promessa), mentre per quella in vigore nel secondo *status* la chiesa di Gerusalemme è la prima e ha una concordia con la tribù di Ruben (la prima delle cinque tribù della prima ripartizione della terra promessa), ovvero del primogenito che ha perso la primogenitura. Di conse-

guenza la primogenitura va a Giuseppe che concorda con le chiese di Alessandria e Costantinopoli (rr. 2434-2435).

[206]rr. 2443-2450: *ordo Leviticus...leguntur*

Per G. il primo *status* ha cinque *aetates* che si concludono con la figura di Zorobabele (cfr. r. 1821, nota 151), in corrispondenza del ritorno dall'esilio babilonese. Qui G. sembra voler sviluppare una concordia fra queste cinque *aetates*, intese come il tempo delle generazioni della tribù di Giuda — che raccoglie sotto di sé le altre dodici (r. 2446) — come simboli degli ordini laici e le sette generazioni spirituali della tribù di Levi, l'*ordo Leviticus*, che invece si protrae, dopo Zorobabele, come potenza sacerdotale (rr. 2449-2550) per i due *tempora* in comune col secondo *status*, identificandosi con la comunità apostolica e con la chiesa primitiva di Gerusalemme (cfr. r. 2414, nota 203).

[207]rr. 2456-2458: *septuaginta anni...septuaginta septem*

G., assumendo come unità di misura blocchi di settant'anni, stabilisce la data dell'esilio babilonese come 49 volte (7 × 7) settant'anni dall'inizio del mondo (3430 anni) e sette volte settant'anni dalla costruzione del Tempio di Gerusalemme da parte di Salomone (490 anni). La durata stessa dell'esilio è di una settantina d'anni, ovvero una volta settant'anni. La costruzione del Tempio di Salomone è datata intorno al 960 a.C., mentre l'esilio babilonese ha inizio nel 597 a.C. e si conclude nel 537 a.C. Come si può vedere, quindi, la cronologia gioachimita è, più che altro, simbolica, volendo far coincidere il periodo dell'esilio con una sorta di tempo sabbatico (ovvero settimo tempo) (*in sabbatum reputati sunt*) (r. 2456) o, vuoi anche, come cinquantesimo periodo in analogia alla Pentecoste (49 + 1) (rr. 2459-2460).

A r. 2458, a differenza del Burger che, ancora una volta, privilegia il manoscritto pavese, leggiamo "*septuagenis*" al posto di "*septuaginta*", in base ai manoscritti B e C. In effetti, l'affermazione cha la cattività babilonese accadde 49 settantine d'anni dalla creazione del mondo e 77 settantine dal primo Tempio appare alquanto incomprensibile e cronologicamente incoerente.

[208]rr. 2469-2470: *miraculum post dies sex, ...post dies octo*

G. allude alla trasfigurazione. Matteo e Marco scrivono che avvenne dopo sei giorni (Mt. 16, 28; Mc. 9, 2), mentre Luca scrive che accadde dopo otto (Lc. 9, 28).

(XVII: rr. 2472-2550)

[209]rr. 2482-2484: *duplex fuit... aut... solos in heremo... aut communiter*

G. non vede contraddizione tra l'eremitismo e il monachesimo comunitario. Anzi la compenetrazione di questi due modelli, quello orientale dei "solitari" e quello occidentale della tradizione benedettina, stanno alla base della sua "ricerca" istituzionale

che lo portò prima al distacco dai cistercensi e poi alla fondazione dell'Ordine florense (cfr. Mottu 1977, pp. 261 sgg.).

Da queste righe in poi G. sviluppa l'ennesimo schema di corrispondenze, questa volta centrato sui rapporti fra le sette chiese giovannee e i sette *ordines speciales* della vita contemplativa (cfr. anche schema nota 169, seconda colonna):

1.	Efeso	continenti/eremiti/protomonaci
2.	Smirne	martiri/sofferenti
3.	Pergamo	dottori
4.	Tiàtira	vergini/contemplatori
5.	Sardi	monaci benedettini
6.	Filadelfia	sesto ordine a venire (rr. 2515-2517)
7.	Laodicea	settimo ordine a venire (rr. 2515-2517)

G. lascia intravedere una possibile concordia fra i primi cinque ordini (fino ai monaci di san Benedetto) contemplativi e i cinque ordini della vita attiva (cfr. rr. 2245-2252, nota 189), così è possibile una corrispondenza fra le cinque chiese petrine e le prime cinque chiese gioavannee.

[210]r. 2507: *quinque acsi in fundamentis et muris urbis*

Cfr. rr. 2321-2329, nota 194.

[211]rr. 2509-2510: *ecclesia discipulorum...ecclesia quam apostoli*

G. si riferisce alla chiesa pre-pasquale (la sesta del primo stato) e alla chiesa primitiva di Gerusalemme (la settima del primo stato) (cfr. r. 2414, nota 203, nonché quanto detto alle note 205 e 206). Si profila, quindi, in un sintetico accenno, la seguente concatenazione di *ordines*:

Primo stato

1. I g. Leviti
2. II g. Leviti (Giudici)
3. III g. Leviti (Re)
4. IV g. Leviti (da Elia a Zedechia)
5. V g. Leviti (a Babilonia)
6. VI g. Leviti
7. VII g. Leviti

Secondo stato

1. ordine degli apostoli
2. ordine dei martiri
3. ordine dei dottori
4. ordine degli eremiti
5. ordine dei benedettini
6. VI ordine secondo stato
7. VII ordine secondo stato

Terzo stato

1. I ordine terzo stato
2. II ordine terzo stato
3. III ordine terzo stato
4. IV ordine terzo stato
5. V ordine terzo stato
6. VI ordine terzo stato
7. VII ordine terzo stato

Analogamente si potrebbero concatenare i cinque ordini della vita attiva mettendoli in parallelo con i primi cinque della vita contemplativa. Per quanto concerne l'*ecclesia discipulorum Joannis et Christi* cfr. Mottu 1977, pp. 225; 260; Tondelli 1953, I, p. 167; Grundmann 1950, p. 109 n. 2.

[212]rr. 2521-2523: *illi veritate praecognita...Spiritu insufflante*

Si tratta dei *viri spirituales*. G. scrive nel *Tractatus*: "Il Signore dette quella risposta a Natanaele (cfr. Gv. 1, 50) perché si percepisca la differenza tra l'uomo spirituale e l'uomo carnale: infatti '*l'uomo carnale non comprende le cose dello Spirito di Dio, mentre l'uomo spirituale giudica ogni caso e non è giudicato da alcuno*' (1Cor. 2,14-15), di modo che i discepoli spirituali (*spirituales discipuli*) intendano di essere in grado, non per lo studio della dottrina umana, ma per la purezza della vera fede, di elevarsi all'uomo cui si riferisce, sopra di lui, l'intelligenza spirituale" (*T I*, 189, 28-190, 4).

[213]r. 2525: *septem justorum species*

G. si riferisce ai sette ordini levitici spirituali del primo stato e ai sette ordini spirituali del secondo. Cfr. rr. 2443-2450 nota 206.

[214]rr. 2529-2530: *licet septimus ordo de remissa conversatione arguatur*

G. si riferisce a quanto scritto, in proposito, nell'*Apocalisse*, nella lettera indirizzata alla chiesa di Laodicea (che è la settima): "Conosco le tue opere: tu non sei né freddo né caldo. Magari tu fossi freddo o caldo! Ma poiché sei tiepido, non sei cioè né freddo né caldo, sto per vomitarti dalla mia bocca. Tu dici: 'Sono ricco, mi sono arricchito; non ho bisogno di nulla', ma non sai di essere un infelice, un miserabile, un povero, cieco e nudo" (Ap. 3, 15-17).

[215]r. 2550: *in capite...in corpore*

Ecco un'altra versione del criterio ermeneutico *caput/membra* (Mottu 1977, pp. 102-104). Cfr. rr. 1260-1261, nota 105.

(XVIII: rr. 2551-2649)

[216]rr. 2563-2564: *animantes ceteros ordines ad exercitia sua*

Si potrebbe dire che i sette ordini spirituali — e, in generale, la simbolica del sette — rappresentano l'aspetto *dinamico* della storia, mentre i cinque ordini generali — e, complessivamente, la simbolica del cinque — rappresentano l'aspetto *statico*, una sorta di permanenza, nel meccanismo comunque orientato e vettoriale del procedere storico.

[217]r. 2589: *ut superius scripsimus*

Cfr. rr. 1928-1958.

[218]r. 2602: *synagoga Judaeorum quam designat leaena*

Cfr. Mottu 1977, pp. 212-213. Ecco lo schema delle corrispondenze sviluppate da G. nelle righe seguenti:

	Deus	*Diabolus*
1.	ordine degli apostoli/Leone (Mc.)	sinagoga dei Giudei/Leonessa
2.	ordine dei martiri/Vitello (Lc.)	impero romano/Orso
3.	ordine dei dottori/Uomo (Mt.)	popolo ariano/Leopardo
4.	ordine dei vergini/Aquila (Gv.)	nazione saracena/Bestia quarta terribile
5.	chiesa generale (Gerusalemme spirituale)	Roma (seconda Babilonia)

Bisogna notare che alla r. 2604, l'*ordo doctorum* designato in Giovanni allude al simbolo della "figura umana" e non all'evangelista che appartiene, come G. ha più volte ribadito, all'ordine delle/dei vergini.

[219]rr. 2608-2612: *In quinto...quiescunt*

Cfr. Tondelli 1953, I, pp. 75, 83, 144-145.

[220]r. 2620: *ter verbum istud dicendum*

G. allude alla fine di ciascuno dei tre stati.

[221]rr. 2621-2622: *transeant transitoria et sequantur aeterna*

Cfr. Denifle 1885, p. 114.

[222]r. 2641: *Discernentur agni ab haedis*

Allusione al passo di *Isaia*: "Sarà esaltato il Signore degli eserciti nel giudizio e il Dio santo si mostrerà santo nella giustizia. Allora vi pascoleranno gli agnelli come nei loro prati, sulle rovine brucheranno i capretti" (Is. 5, 16-17).

[223]rr. 2646-2647: *Hierusalem...sponsa...ornata monilibus suis*

G. conclude con l'immagine dell'inizio, quasi si trattasse di una composizione ad anello: ecco la sposa avvolta di vesti variopinte e adorna dei suoi gioielli (cfr. rr. 12-14, nota 1)!

Indice dei nomi e dei luoghi

Aaron, 837, 838, 1467, 1637, 1670
Abraham, 1521, 1625, 1644, 1880, 1883
Adam, 92, 1434
Aegyptus, 241, 808, 811, 814, 839, 852, 861, 880, 1194, 1419, 1420, 1421, 1436, 1442, 1461, 1462, 1512, 1539, 1638, 1975, 2345, 2420, 2607
Africa, 2606
Agareni, 878, 891
Alemanni, 1202
Alexander, 199, 438, 783, 1721
Alexandria, 2089, 2188, 2208, 2217, 2233, 2246, 2386, 2434
Aman, 339, 941, 1057, 1719
Ambrosius, 2166
Antichristus, 1890
Antiochia, 1930, 2090, 2186, 2205, 2215, 2232, 2246, 2385
Antiochus, 202, 295, 426, 438, 559, 652, 658, 664, 748, 794, 1072, 1080, 1097, 1119, 1181, 1203, 1733
Apollinaris, 2366
Aquileia, 2354
Arabes, 1930
Arius, 2217, 2220
Ariani, 1198, 2604
Arphaxat, 1025, 1026
Artaxerxes, 1677, 1703
Asia, 2607
Assuerus, 1056
Assyria, 274, 338, 559, 658, 877, 881, 883, 935, 1017, 1021, 1026, 1029, 1095, 1100, 1201, 1202, 1717, 1722
Augustus Caesar, 1745

Baal, 896
Babel, 611, 625, 1628
Babylon, 323, 782, 783, 904, 905, 910, 912, 915, 920, 927, 958, 1017, 1022, 1026, 1030, 1031, 1033, 1041, 1517, 1541, 1552, 1676, 1692, 1722, 1845, 1846, 2422, 2448, 2575, 2583, 2586, 2590, 2598, 2614
Babylon nova, 789, 1020, 1518, 1575, 2627
Balthasar, 925, 1016
Barnabas, 840, 2315
Baruch, 934
Benedictus, 2502
Benjamin, 2144
Byzantinus, 2210, 2233

Carith, 1348
Chaldaei, 882, 910, 920, 929, 988, 1013, 1022, 1028, 1201, 1517, 1626, 1644
Chananeus, 839, 862, 1196
Civitas solis, 2346, 2347
Constantinopolis, 1931, 2089, 2191, 2194, 2248, 2387, 2435
Constantinus, 786, 2191
Cyrus, 906, 924, 940, 941, 1014, 1024, 1677, 1701, 1821, 1824

Daniel, 208, 268, 303, 332, 405, 407, 408, 437, 482, 516, 519, 546, 619, 623, 644, 670, 673, 960, 976, 1038, 1045, 1048, 1085, 1094, 1104, 1107, 1114, 1118, 1174, 1207, 1370, 1455, 2595, 2629
Darius, 925, 933, 1012, 1025, 1677
David, 191, 275, 524, 540, 1171, 1215, 2362
Diabolus, 434, 544, 547, 1177, 1426, 1750, 1848, 1849, 1850, 2585, 2631, 2638, *vedi anche* Satanas

Ecclesia, *vedi* Byzantina, Constantinopolitana, Romana ecc.
Elias, 781, 895, 1004, 1075, 1134, 1142, 1143, 1147, 1348, 1428, 1467, 1478, 1484, 1488, 1491, 1494, 1495, 1753, 2421
Enoch, 1467
Ephesus, 2385, 2478
Ephraem, 366, 450, 454
Esdras, 62, 92, 144, 199, 923, 1445
Esther, 67, 79, 339, 940, 944, 1053
Ezechias, 781, 782
Ezechiel, 308, 545, 1083

Filius Dei, 109, 168, 418, 464, 665, 668, 763, 764, 765, 773, 1186, 1188, 1189, 1222, 1223, 1265, 1267, 1269, 1278, 1493, 1494, 1499, 1503, 1528, 2032, 2135, 2218, 2225, 2263, 2468
Filioque, 1497

Gad, 450, 2187
Galatae, 2440
Gog, 546, 563, 630, 656, 1002, 1004, 1074, 1080, 1082, 1167, 1464, 1747, 1778, 1850, 2634
Gomorrha, *vedi* Sodoma
Gothus, 1200
Graecus, 371, 380, 448, 451, 873, 874, 959, 1097, 1101, 1197, 1199, 1320, 1324, 1333, 1342, 1358, 1363, 2437, 2438

Hagiographorum l., 1451
Haran, 2143
Hebraei, 68, 134, 387, 1410, 2622
Henricus, 913
Herodes, 1463, 1743, 1750, 1754, 2449
Hieronymus, 68
Hierusalem, 519, 568, 596, 869, 914, 921, 997, 1091, 1180, 1726, 1747, 1869, 1915, 1919, 1929, 2116, 2391
Hierusalem nova, 912, 1313, 1575, 1578, 1845, 1855, 1863, 2317, 2577, 2584, 2586, 2609, 2614, 2630, 2646
Hierosolymitana e., 2090, 2185, 2197, 2385, 2401, 2417
Holofernes, 338, 938, 968, 984, 1031, 1717
Hospitalarii, 2392

Isaac, 1881
Isaias, 991, 1018, 2136
Israel, 237, 241, 688, 734, 801, 808, 814, 816, 842, 870, 885, 891, 895, 943, 950, 954, 986, 1024, 1195, 1196, 1198, 1200, 1419, 1421, 1442, 1511, 1568, 1638, 1672, 1716, 1881, 1894, 1909, 1910, 2505, 2624

Jacob, 184, 759, 779, 829, 835, 995, 1438, 1540, 2143
Jeremias, 934, 949, 1032, 1828, 2505
Joachim, 1, 2650
Joannes Baptista, 399, 696, 699, 712, 784, 798, 1005, 1075, 1093, 1138, 1139, 1159, 1161, 1163, 1191, 1217, 1425, 1447, 1463, 1465, 1479, 1483, 1487, 1490, 1494, 1496, 1521,

1754, 2128, 2132, 2133, 2140, 2146, 2158, 2423, 2424, 2509
Joannes Evangelista, 73, 111, 123, 147, 429, 437, 572, 621, 667, 785, 846, 900, 971, 974, 1042, 1081, 1083, 1106, 1108, 1112, 1115, 1182, 1487, 1519, 1742, 1748, 1860, 1861, 1865, 2016, 2175, 2181, 2183, 2198, 2299, 2305, 2322, 2472, 2487, 2596, 2604
Job, 66, 79
Jordanes, 448, 689, 694, 697, 698, 707, 852
Josedech, 1829
Joseph, 366, 442, 470, 667, 855, 1435, 1539, 2143, 2434
Joseph vir Mariae, 1884
Josue, 688, 855, 1671
Juda, 149, 869, 881, 903, 928, 1197, 1198, 1200, 1463, 1543, 1547, 1719, 1995, 2153, 2187, 2362, 2446, 2447, 2456
Judaea, 569
Juadei, 79, 216, 398, 452, 564, 580, 651, 659, 668, 678, 737, 814, 882, 928, 942, 1153, 1195, 1322, 1334, 1690, 1720, 1885, 2105, 2407, 2602
Judas, 2214
Judices, 2420
Judicum l., 63
Judith, 66, 80, 934, 968, 1055
Justinianus, 787

Karolus, 787

Langobardi, 1200
Laodicea, 2399, 2517
Latinus, 380, 448, 450, 873, 874, 913, 1199, 1350, 1358
Levi, 1440, 2408
Levitae, 2418
Leviticus, 2408, 2443
Lia, 228
Lucas, 74, 568, 572, 578, 2015

Macedo, 1721
Macedonius, 2212, 2218, 2222
Machabaei, 203, 417, 747, 1449, 1738
Magog, *vedi* Gog
Malachias, 1154, 1425, 1513
Manasses, 366, 368, 448
Marcus, 74, 575, 2015, 2134
Maria mater Jesu, 1884, 1885
Maria soror Marthae, 413, 744
Matthaeus, 73, 575, 587, 2014
Medus, 919, 925, 926, 947, 958, 1012, 1016, 1018, 1046, 1722
Moyses, 143, 198, 779, 780, 815, 816, 820, 834, 837, 838, 841, 1420, 1438, 1444, 1462, 1466, 1482, 1486, 1494, 1496, 1569, 1637, 1670, 2098, 2442

Nabuchodonosor, 274, 558, 935, 1020, 1717, 1722
Nehemias, 1071, 2448
Nemrod, 610
Nero, 400
Nicolaus, 2215, 2220
Noe, 608

Oliveti mons, 588
Origen, 1352

Paracletus, 1149, 1155, 2212, *vedi anche* Spiritus Sanctus
Pater Deus, 109, 163, 224, 464, 538, 721, 772, 803, 806, 1187, 1189, 1265, 1267, 1269, 1272, 1275, 1278, 1486, 1493, 1494, 1497, 1502, 1504, 1528, 1881, 1882, 1918, 2220, 2226, 2579, 2645
Paulus, 399, 614, 624, 840, 842, 2315, 2478
Pergamum, 2386, 2491
Persae, 877, 906, 920, 924, 947, 958, 989, 1025, 1046, 1200, 1678, 1821
Petrus, 399, 912, 2175, 2181, 2183, 2185, 2301, 2303, 2366, 2371
Philadelphia, 189, 2399, 2516

Pontifex Romanus, 1915
Prophetarum l., 1450

Rachel, 229
Ragau, 1027
Ravenna, 2365
Rebecca, 1881
Regum l., 63, 923, 1448, 2421
Roma, 2192, 2195, 2609
Romanus, 564, 1728, 1746, 1932, 2190, 2603
Romana e., 893, 899, 1197, 1355, 2089, 2091, 2187, 2195, 2196, 2209, 2233, 2249, 2347, 2354, 2357, 2360, 2361, 2387, 2608 *vedi anche* Babylon nova
Ruben, 449, 2186, 2402, 2433, 2439

Salomon, 278, 524, 538, 540, 667, 1119, 1170
Samaria, 883, 884
Samson, 175
Samuel, 780
Saraceni, 990, 1099, 1201, 2605
Sarah, 1880, 1885
Sardes, 2387, 2504
Sarephtena mulier, 1349
Satanas, 328, 434, 552, 627, 1167, 1777, 2632, *vedi anche* Diabolus
Saul, 540
Scythae, 1932
Simon magus, 400
Sion, 996, 2204
Smyrna, 2386, 2485
Sodoma, 630, 1516
Spiritus Sanctus, 7, 100, 105, 170, 171, 174, 177, 557, 666, 680, 700, 711, 732, 755, 763, 765, 772, 773, 832, 833, 1148, 1188, 1255, 1280, 1281, 1530, 1561, 1714, 2006, 2016, 2018, 2045, 2058, 2059, 2097, 2117, 2131, 2219, 2222, 2223, 2225, 2251, 2261, 2269, 2318, 2341, 2413, 2512, 2523, 2527, 2611
SS. datio, 2053, 2055
SS. dona, 175, 479, 708, 1166, 2269, 2318, 2341
SS. et Elias, 1142, 1488, 1495
SS. et intellectus, 1241, 1246
SS. et littera, 1323, 1423, 1430, 1478
SS. et novitas, 164, 166, 180
SS. et quinto tempus, 2010
SS. et quinto ordo, 2051
SS. et sabbatum, 1503, 1505, 1507, 1658
SS. et tertius status, 465, 705, 1238
SS. et testimonium, 69, 71
SS. in tempore septimo, 270, 416, 513, 523
SS. a Patre Filioque, 109, 1492, 1496
SS. vivificans, 487, 714, *vedi anche* Paraclitus
Susa, 1719
Syria, 876, 1931, 2607

Templarii, 2392
Teutonici, 911
Thessalonicenses, 614
Thyatira, 2387, 2492
Tobias, 66, 80, 2334
Trinitas, 467, 1522, 1527, 1534, 2316

Ur Chaldaeorum, 1626, 1644

Vandalii, 1200
Venetii, 2354

Zacharias, 1059
Zedechia, 2421
Zorobabel, 1071, 1447, 1829, 2448

Indice degli argomenti e dei temi gioachimiti

Adventus Domini, 446, 589, 650, 655, 656, 1072, 1074, 1126, 1221, 1769, 1820, 1840, 1893, 1997
Adventus Spiritus Sancti, 2016, 2051, 2161
Arithmetica spiritualis, 2397
Aetas, 647
Aetas sexta, 404, 440, 495, 504, 512, 749, 766, 1220, 1393, 1400, 1406, 1856
Aetas septima, 441, 511, 1226, 1311, 1316, 1403, 1776, 1870
Aetas octava, 1870
Aetates quinque, 2076, 2083, 2095, 2101
Aetates sex, 1916
Aetates septem, 2076, 2085, 2095
Aeternus dies, 479, 1852
Aeternus pontifex, 419
Aeternum saeculum, 1318-1319
Aeternum testamentum, 1562
Angelus sextus, 189, 389, 527, 662, 899, 971, 2147-2148
Angelus septimus, 528-529
Angelus Danielis, 644, 673, 976, 1104, 1207, 2629
Angelus Joannis, 1106
Angeli septem, 1859, 1864, 1867, 1868, 2552, 2558
Animalia quattuor 848, 2198, 2202-2213, 2259-2260, 2288, 2292-2295
Apertiones libri, 99, 159, 181, 182, 188, 312, 390-391, 784-792, 847, 853, 1194-1205, 2553
Apertione sigilli primi, 812, 853, 867
Apertione sigilli secundi, 868
Apertione sigilli quarti, 879
Apertione sigilli sexti, 963
Apertione sigilli septimi, 609, 610, *vedi anche* sigillum, signaculum

Bellum sextum, 1938
Bellum septimum, 201
Bella, 129, 132, 432, 801, 861-879, 1721-1732, 1841, 1951, 2631
Bella tyrannica, 198
Bella Machabaeorum, 1738, *vedi anche* proelium

Concordia temporum, 2395-2402
Concordia testamenti, 70-83, 485, 486, 650-657, 754-767, 778, 798, 821, 828, 834, 855, 1021, 1069-1084, 1253-1272, 1822-1829, 1967, 2080, 2081, 2185-2187, 2395
Concordia trium statuum, 657-663, 768-777, 1089-1102, 1179-1208, 1225

Concordiae liber, 1248, 1821
Contemplatio, 229, 413, 1386, 1642, 2180, 2230, 2254, 2305-2306
Contemplativa ecclesia, 1345, 2233, 2492
Contemplativa vita, 743, 2177, 2178, *vedi anche* vita activa
Contemplativus liber, 2105, 2106
Contemplativus ordo, 2016, 2326, 2519, 2520
Contemplativum sabbatum, 1360, 1361, 1380, 1381, 1405

Definitio, 427, 428, 778, 1520
Duplex aetas, 749
Duplex dies, 243, 320
Duplex intellectus, 1477
Duplex propositum, 2482
Duplex respectus, 748
Duplex sigillum, 196
Duplex significatio, 720
Duplex tempus, 319, 1533, 2548
Duplex testamentum, 762, *vedi anche* geminus

Ecclesia contemplativa, 2233
Ecclesia generalis, 1843, 2234, 2249, 2504, 2505, 2559
Ecclesia historica, 2233
Ecclesia moralis, 2233
Enchiridion, 1, 2650

Figura populi Hebraei, 134
Figurae, 860, 1122

Geminus populus Christianus, 445
Gemina pars sexta, 317, 1308, 1315, 1317
Gemina tribus Joseph, 366, 422, 470
Geminum tempus tertium, 470
Geminum testamentum novum, 455, 762 *vedi anche* duplex
Gesta mystica, 144, 245-255, 280, *vedi anche* verba mystica

Hebdomada sexta, 300-307, 374-377, 496, 560, 1086, 1088, 2156
Hebdomada septima, 500
Hebdomada octava, 2464, 2465
Hebdomadae sex, 475, 491
Hebdomadae septem, 520-522, 1456, 2459
Hebdomadae sexaginta duae, 1456
Hebdomadae septuaginta duae, 290, 542
Hebdomadae nativitatis, 737-739, 1397-1402, 1582-1624, 1786-1815, 2165
Hebdomadae Paschae, 737-739, 1397-1402, 1582-1624, 1786-1815, 2165
Hebdomadae Pentecostes, 737-739, 1397-1402, 1582-1624, 1786-1815, 2165
Hebdomadae quadragesimales, 737-739, 1397-1402, 1582-1624, 1786-1815, 2165
Hebdomadae singulae, 737-739, 1397-1402
Historia, 219, 220, 251, 579, 893, 1258, 1436
Historia ecclesiastica, 1250
Historia generalis, 58-96, 1969, 2098-2101
Historia specialis, 58-96, 1969, 2098-2101
Historialiter, 571
Historice, 256, *vedi anche* ecclesia historica, liber historicus, sabbatum historicum, sensus historicus

Introductionis summula, 56-57
Introductorius, 1838

Intellectus, 259, 1376, 1985, 2120
Intellectus anagogicus, 742
Intellectus generalis, 1475
Intellectus litteralis, 1238, 1323
Intellectus mysticus, 81, 1470, 1471
Intellectus plenus, 55
Intellectus primus et secundus, 1240-1247, 1470-1476, 2429-2434
Intellectus specialis, 1475
Intellectus spiritualis, 81, 152, 153, 715, 1325
Intellectus spiritus, 2380, 2381
Intellectus superior, 770, 2049
Intellectus typicus, 1477
Intellectus vitalis, 155
Intelligentia mystica, 219, 1411-1413

Liber historicus, 143, 934, 940, 1053, 1971, 2040-2045

Naufragium quod imminere, 1232
Naufragia huius vitae, 753

Ordo apostolicus, 2063, 2601
Ordo clericorum, 2504, 2505
Ordo diaconorum, 2246
Ordo doctorum, 2064, 2604
Ordo generalis, 2350
Ordo heremitarum, 2064
Ordo Leviticus, 2443
Ordo martyrum, 2064, 2602
Ordo militum, 2587
Ordo monachorum, 2064-2065, 2502, 2515
Ordo novus, 1955, 2147
Ordo pastorum, 2245
Ordo sacerdotum, 2247
Ordo virginum, 2248, 2605
Ordo sextus, 2145, 2515
Ordo septimus, 1865, 2516, 2529
Ordines activi, 2253, 2498, 2526
Ordines contemplativi, 2254, 2459, 2527
Ordines generales, 2280, 2302-2309, 2349-2351, 2546
Ordines quattuor, 1840-1845, 2587-2589, 2601-2605
Ordines quinque, 1956, 1987, 2001, 2021-2046, 2062-2075, 2171, 2253, 2301, 2337, 2535, 2560
Ordines septem, 2038, 2046, 2070, 2267, 2299, 2337, 2338, 2369, 2371, 2561-2563, 2573
Ordines sanctorum, 1925
Ordines speciales, 1927, 2305

Pars sexta Apocalypsis, 317-319, 353-359, 384, 442, 971, 1105, 1308-1319, 1344, 1345, 1519, 1706, 1707, 1773, 1774
Partes Apocalypsis generales, 1297-1307, 1923, 2545
Partes Apocalypsis sex, 137-139, 476, 639, 1762-1779
Partes Apocalypsis septem, 1839-1851, 2043
Partes Apocalypsis octo, 1852-1871
Partes Apocalypsis speciales, 1923-1928, 2547
Populus, 22, 28, 224, 225, 291, 490, 945, 1050, 1170, 1712
Populus ante legem, 1524-1527
Populus Arianus, 2604
Populus Christianus, 445, 447, 523, 531, 820, 840, 970, 1132, 1160, 1161, 1165, 2247, 2415
Populus Dei, 793, 804, 1410
Populus gentium, 651
Populus Graecus, 448, 451, 873, 1199, 1333, 1334
Populus Hebraeus, 134, 525, 564, 659, 838, 942, 1060, 1061, 1153, 1909, 2407, 2410, 2449

Populus Hierosolymitanus, 1929
Populus Latinus, 450, 873, 874
Populus Medorum, 1018
Populus primus, 1384, 1950, 2419
Populus secundi sabbati, 1572
Populus tertii status, 539
Populus universus, 2119
Populi, 994, 997, 1037, 1122, 1947
Populi duo, 456
Populi fideles, 804, 1329
Populi sanctorum, 534, 1050, 2629
Populi speciales, 129
Populi trium statuum, 1526
Praefatio, 140
Proelium, 327, 846, 999
Proelium Christi et Diaboli, 547, 1177
Proelium generale, 1934-1937, 1946-1947
Proelia, 591
Proelia duo sexto tempori, 337-365
Proelia ecclesiastica, 131
Proelia Gog, 545
Proelia Israelitica, 801
Proelia Machabaeorum, 417
Proelia quarto tempori, 876-884, 910, 911
Proelia quinto tempori, 876-884, 910, 911
Proelia quattuor, 2582-2600
Proelia quinque, 1928-1933, 2626-2632
Proelia septem specialia, 185, 419, 420, *vedi anche* bellum
Proprie, 1507, 1816, 1817, 1926, 1953, 2031, 2035, 2067, 2327, 2541
Proprietates, 769
Proprius, 1268, 1877, 1937, 1955, 2034, 2270, 2393, 2644

Rota, 60, 67, 84-96

Sabbatum aetatis sextae, 1400, 1401
Sabbatum aetatis septimae, 1403, 1776
Sabbatum contemplatorum, 1360, 1361, 180, 1381, 1386, 1389, 1405
Sabbatum diei septimi, 497
Sabbatum generale, 504, 1774
Sabbatum hebdomadae sextae, 491, 1088
Sabbatum historicum, 1379, 1382, 1383
Sabbatum morale, 1380, 1384
Sabbatum quadragesimae, 1397
Sabbatum sigilli septimi, 195-208, 609
Sabbatum status primi, 1328
Sabbatum status tertii, 295-300, 1343, 1415
Sabbatum temporis tertii, 472
Sabbatum temporis sexti, 235-245, 258, 310-314, 367, 401, 561, 641, 677, 750-753, 1072, 1394
Sabbatum temporis septimi, 235-245, 258, 310-314, 367, 401, 561, 641, 677, 750-753, 1072, 1394
Sabbatum typicum, 1380, 1391, 1409
Sabbatum vigiliae, 497, 498, 560-561, 797-800, 1367, 1368, 1579-1624, 1790-1794, 1809-1821
Sabbata afflictionis, 1625-1704
Sabbata laetitiae, 1625-1704
Sabbata ante legem, 505, 1417-1428
Sabbata sub lege, 505, 1417-1428
Sabbata Graecorum, 1320-1328, 1359
Sabbata partium Apocalypsis, 1762-1770
Sabbata specialia, 1780-1789
Sabbata tria, 1429-1446, 1501-1519, 1537-1576

Sabbatorum genera, 1372-1446
Sabbatismus, 793
Sabbatizare, 93, 716, 1331
Sacramentum, 9, 1126, 1127, 1256, 1257, 1285, 1534, 1989
Scripturae canonicae, 68, 205, 1092, 1450, 2320
Scripturae mysticae, 204-215
Sensus corporis, 2172, 2179, 2308, 2337-2343, 2375, *vedi anche* virtus
Sensus Scripturae anagogicus, 742, 1404, 1523
Sensus Scripturae historicus, 715, 716
Sensus Scripturae litteralis, 1238, 1323
Sensus Scripturae mysticus, 715, 1831
Sensus Scripturae spiritualis, 1325
Sensus Scripturae typicus, 1477
Sigillum, 847
Sigillum primum, 808, 851
Sigillum sextum, 919
Sigillum septimum, 609, 610
Sigilla duo, 311, 312
Sigilla sex, 198
Sigilla septem, 185, 193, 861-889
Sigillorum solutio, 181, 182, *vedi anche* apertio, signaculum
Signaculum, 939
Signaculum sextum, 209, 337, 962
Signaculum septimum, 1069
Signaculum sextum septimumque, 303, 2454
Signacula, 130, 189, 865
Signacula sex, 197
Signacula septem, 146, 150, 192, 2154, *vedi anche* apertio, sigillum
Silentium, 403, 491, 492, 798, 816, 1429-1432, 1452, 1453, 1501-1509
Status novus, 2148
Status primus, 464, 774, 1181, 1186, 1242, 1328, 1521, 1906,1907, 2146, 2147, 2419, 2430, 2451, 2524, 2541-2542
Status secundus, 464, 474-477, 482, 483, 495, 496, 499, 522, 549, 556, 774, 1079, 1092, 1093, 1130, 1185, 1186, 1191, 1192, 1205, 1221, 1234, 1241, 1247, 1329, 1336, 1342, 1470, 1471, 1521, 1816, 1818, 1906, 2067-2069, 2110, 2127, 2431, 2509, 2524, 2541, 2542
Status tertius, 296, 464, 478, 499, 507, 510, 538, 539, 705, 774, 1082, 1089, 1090, 1094, 1131, 1179, 1185, 1225, 1226, 1233, 1242, 1287, 1343, 1403, 1404, 1415, 1471, 1473, 1474, 1421, 1737, 1740, 1769, 1770, 1781, 1782, 1817, 1908, 2069, 2127, 2145, 2508, 2509, 2542
Status duo, 2109
Status tres, 462, 657-658, 768, 775-776, 799, 1078, 1183, 1520, 1537, 2402, 2524

Tempus, 6, 16, 222, 272, 305, 334, 340, 395, 424, 453, 528, 604, 836, 981, 2077
Tempus acceptabile, 1333
Tempus afflictionis, 306, 797, 908, 1369, 1625, 1627
Tempus ante legem, 465, 469, 470, 1483, 1510, 1511
Tempus Assyriorum, 1096
Tempus Babilonis, 1033
Tempus breve, 431, 622
Tempus captionis, 1751
Tempus captivitatis, 1825, 1826
Tempus dominicum, 1670
Tempus duodecim tribuum, 2445
Tempus ecclesiae orientalis, 891, 893
Tempus ecclesiae primitivae, 562, 563, 571, 711

Tempus Eliae, 1495, 2421
Tempus Esdrae, 1445
Tempus extremum, 543, 654, 1745, 1746
Tempus gaudii, 298, 1665
Tempus incarnationis, 2462
Tempus intellectus, 1245
Tempus Joannis Baptistae, 1483
Tempus Judaeorum, 737, 932
Tempus Judicum, 2420
Tempus legis et gratiae, 462, 1532
Tempus libertatis, 1677
Tempus martyrum, 2486
Tempus Moysi, 198, 1420, 1438, 1444, 1483
Tempus mysteriorum, 1227
Tempus nativitatis, 1089
Tempus resurrectionis, 1089
Tempus novum, 730
Tempus nuptiarum, 21, 22, 35
Tempus opportunum, 1550
Tempus ordinum, 1926, 2588, 2589
Tempus pacis, 502
Tempus Paschale, 477, 509, 562, 1791, 1811, 1814
Tempus plenitudinis gentium, 508
Tempus praefinitum, 1341
Tempus praesens, 879
Tempus proelii, 185
Tempus proximum, 550, 671, 962, 1833
Tempus putationis, 1896
Tempus quadragesimale, 475
Tempus regis undecimi, 1889
Tempus Regum, 2420, 2421
Tempus sabbati, 206, 401, 609, 1398, 1426, 1445, 1559, 1776
Tempus Saracenorum, 1098, 1099
Tempus seminis, 1318, 1319
Tempus silentii, 1452, 1510
Tempus solemne, 1705
Tempus sub gratia, 469, 1484, 1532
Tempus sub lege, 508, 1483, 1484, 1513
Tempus templi restituti, 1070
Tempus revelationis, 1230
Tempus spirituale, 1235, 1236
Tempus vigiliae, 1831
Tempus apertionis primae, 812
Tempus apertionis quartae, 878, 879
Tempus apertionis sextae, 790, 791
Tempus primum, 1328, 1841, 2395, 2601
Tempus tertium, 468, 469
Tempus quartum, 2495
Tempus quintum, 910, 2111, 2112, 2452, 2501, 2571, 2599
Tempus sextum, 208, 235, 245-248, 258, 260, 261, 268, 269, 304, 312, 318, 360, 367, 390, 397, 402, 404, 482, 496, 521, 559, 615, 640, 675, 676, 681, 916, 917, 974, 1006, 1011, 1012, 1035, 1103-1105, 1108, 1109, 1115, 1305-1307, 1393, 1515, 1846, 2113, 2120, 2122, 2144, 2145, 2150, 2158, 2160, 2393, 2394, 2411, 2453, 2461, 2462, 2471, 2517, 2536, 2549, 2575, 2577, 2627
Tempus septimum, 201, 231, 249, 252, 415, 416, 498, 561, 653, 654, 677, 751, 1069, 1305, 1869, 2126, 2127, 2141, 2155, 2159, 2160, 2164
Tempus octavum, 518, 650, 670, 679, 718, 727, 2462, 2471
Tempus sigilli primi, 778, 779, 808, 861, 862, 864
Tempus sigilli secundi, 779, 865
Tempus sigilli tertii, 780, 869, 872
Tempus sigilli quarti, 781, 876
Tempus sigilli quinti, 782, 880
Tempus sigilli sexti, 782, 919, 962

Tempus sigilli septimi, 783
Tempus status secundi, 474, 1206, 1209, 1329
Tempus status tertii, 478, 507, 705, 1287, 1403, 1404, 1521, 1522, 1737, 1781, 1782, 1817
Tempora, 272, 334, 395, 396, 424, 604, 981, 1852, 2123
Tempora aetatis sextae, 1393
Tempora aetatis septimae, 511
Tempora beata, 2168
Tempora chronicaria, 1441
Tempora filiorum, 824
Tempora juniora, 373
Tempora novi Testamenti, 1823
Tempora praeterita, 1559
Tempora duo, 310, 766, 1309, 1318, 2068
Tempora quattuor, 2111
Tempora quinque, 1067, 2110, 2447, 2454, 2455, 2460, 2524, 2535, 2540, 2546, 2616, 2626
Tempora sex, 200, 221, 224, 231, 254, 476, 1394, 1400, 1769, 2126, 2547
Tempora septem, 522, 1820, 1823, 1825, 1840, 2455
Temporis dimidium, 272, 334, 396, 425, 604, 605, 982
Temporum angustia, 290
Temporum computatio, 1437
Temporum concordia, 1253
Temporum cursus, 4, 5, 132, 137, 321, 759, 1433, 1472
Temporum exordium, 144
Temporum intervallis, 1395, 1396
Testamentum novum et aeternum, 1562
Tribulatio, 554
Tribulatio prima, 482, 483, 1461
Tribulatio secunda, 295-300, 489
Tribulatio sexta, 368, 369, 383, 390, 393, 608, 615, 664, 665, 793
Tribulatio Israelis, 1716-1720
Tribulatio praesens, 342
Tribulatio ultima, 567, 574, 577, 581, 586, 597, 629, 630, 794, 1073, 1179
Tribulationes duae, 302
Typus, 438, 538, 546, 696, 835, 1493, 2357
Typicus, 1380, 1391, 1409, 1477, 1523, 2232

Verba mystica, 1498-1500, 1673, *vedi anche* gesta mystica
Vigilia nativitatis, 1660
Vigilia Paschae, 497, 498, 561, 797, 1682, 1830, 1831
Vigilia Pentecostes, 477, 478, 544, 2166
Vigiliae, 1581, 1602-1608, 1795-1821
Virtus, 1708, 2072, 2261, 2377, 2397
Virtus Christi, 823
Virtus humilitatis, 2221
Virtus Sancti Spiritus, 116, 177
Virtutes, 728
Virtutes septem, 1983, 2172, 2173, 2180, 2308, 2376-2377, *vedi anche* sensus corporis
Visiones, 526, 582, 583, 1223, 1871
Visiones Danielis, 268-297, 405-437, 515-520, 531, 537, 546, 549, 619, 645, 670, 960, 961, 1048, 1099, 1124, 1174
Vita activa, 1140, 1141, 1385, 2253, *vedi anche* contemplatio

Indice dei passi della Sacra Scrittura

ANTICO TESTAMENTO

Genesi

1,27 1879
6,5-9,17 608
8,8-12 1366
10,8-12 611
10,9 626
11,1-9 1628
11,27-32 1627
12,1-2 1626
15,13 1443
19,1-25 631
28,10 2144
30,25 2144
35,18 2144
35,22 2433
48,1-22 366, 471
49,3-4 2433

Esodo

3,8 1422, 1633
5,1 1467
6,16-20 1440
12,40 1419, 1443
15,17 1571, 1675
16,1-29 472, 1305
16,1-36 245
16,16-22 684
16,22-30 2106
25,10-16 2236

Levitico

23,3 1384
23,23-25 1384
25,1-17 1384
25,5 218
25,20-22 266
25,21 636
25,21-22 682
25,22 643, 731, 1772, 2543
26,24 233

Numeri

18,20 2410
32,39 370
32,39-41 450

Giosuè

1,1-3 1672
3,1-5,12 690
5,8 692
5,10-12 693
5,12 730, 734

Giudici

1,6-15 1028

2,5 1036
2,21-3,10 1034
3,8 967
10,1-13,26 939
13,1-16,31 178
14,5-9 178
16,4-31 178

1 Samuele

16,13 1172

2 Samuele

7,11-13 276

1Re

1,28-40 525
12,1-33 872
12,20 2362
17,3-5 1348
18,38 1489
19,18 869
20,1-22,38 876

2Re

6,8-16,20 872
17,1-19,35 877, 881
17,18 884
23,29-24,7 880
25,1-30 882

1Cronache

28,1-21 1217

2Cronache

32,1-22 881
36,17-21 882
36,22-23 924, 989

Esdra

1,1-3,13 923
1,1-3 989, 1702
2,2 2448
3,1-6,22 1544
3,2 1829
3,8 1071

Neemia

2,8 1704
2,11-6,19 1544
2,17 1071

Tobia

13,22 2335

Giuditta

2,1-13,20 338
7,1-32 1718

Ester

3,1 1057
3,1-15 339
3,6-13 1720

1Maccabei

1,20-28 1181
2,25-38 660
2,31-38 238

2Maccabei

5,11-26 1181

Salmi

22,19	2240
24,8	846
73,25-26	2275
87,5	2205
104,31	1919
118,24	1761
118,26	388
118,27	1595
126,5-7	1655
133,1	2020

Cantico dei Cantici

2,11-13	1899

Sapienza

18,14	1430

Isaia

2,2-4	999
5,17	2643
13,1-22	1018
19,18	1976, 2346
44,1-28	1018
48,22	2592

Geremia

2,2-37	2506
17,19-27	1828
25,15-16	953
25,27	958
25,29	958
32,13-52,34	934
50,1-51,64	1032

Ezechiele

1,16	90
4,6	309
38,1-39,29	548, 1084
44,28	2410

Daniele

7,1-28	410, 1105
7,1-8	2595
7,7	1096
7,8	427
7,23	1040, 1045
7,23-25	982
7,25	272, 334, 396, 605
7,26	984
7,26-27	535, 1052
7,27	2629
8,1-27	1118
8,1	537
8,5	490, 1101
8,8-9	283, 411
8,10	620, 623
8,24	215, 494, 606, 661, 1087, 1371, 1832
9,1-27	412
9,25	520, 1456
9,26	543, 1456
9,27	294
11,1-39	548, 1174, 1745
12,2	647, 674
12,4	1208
12,7	425
12,9	1208

Michea

4,10	1652

Zaccaria

11,15-17	1068
14,5	1867

Malachia

3,23	1148, 1479
3,23-24	1137

NUOVO TESTAMENTO

Matteo

1,18 1892
2,1-19 1744
5,8 704, 1147
10,37 27
11,15 966
15,34 1977
15,36 2079
16,18 1357
16,28 2468, 2469
17,9 1224
17,11 1486
19,27 2279
21,42 822
22,30 649
24,3-4 590
24,6-8 594
24,9-13 602
24,20 239
24,21-22 555
24,22 306, 502
24,29 578
25,13 603, 1460

Marco

1,1-2 2136
7,37 917
8,5-6 1977
8,6 2079
9,2 2469
9,12 1486
12,10-11 822
13,24 578
13,32 1460
16,15 1001

Luca

1,46-55 1551
3,6 2032
9,10-17 2119
9,28 2470
10,42 414, 745
12,3 965
16,16 2134
18,22 2029
19,10 2287
20,17 822
20,36 481, 649
21,10 1009
21,20-21 570
21,25 581
21,28 1757
22,53 364
23,44 365
23,44-45 329
24,13-35 2114

Giovanni

1,9 1681
1,16 464
1,27 2164
1,29-36 1220
3,6 833
4,37 2124
5,17 807, 1187, 1273
6,8 1977
6,9 2079
6,13 2079
7,37-38 108
13,23 104, 855, 1108
16,7 1150
16,12-13 1282
19,23 2237
20,7 89

Atti degli Apostoli

1,1-2 2007
1,3 2009
1,5 700
2,1-2 2013
2,2-3 1532
6,1 2439

6,5 2216
11,26 2207

Romani

6,4 163
7,6 167
8,3-4 170
8,17 1509
10,4 2138
11,25-26 1894, 1910

1Corinzi

3,2 8
13,9-10 1285
15,4 517

2Corinzi

3,6 152, 488, 946, 1323
3,17 1506

Galati

3,1-6,18 2443
4,2 1341
4,6 2226

Efesini

4,10 946

1Tessalonicesi

5,3 617, 1011

2Tessalonicesi

2,4 613

Ebrei

4,9 1410
4,10 1391

2Pietro

2,2 4

1Giovanni

5,6 1488

Apocalisse

1,1-3,22 1842
1,3 124
1,4-3,22 1976, 2087
1,12-20 160
1,20 2473, 2565
2,1-4,11 2552
3,7 191
3,14-22 2400
4,1-8,1 1842
4,4 2292
4,7 2201
5,1-7,17 2554
5,1 146
5,1-10 975
5,5 150, 2154
5,6 2152
6,1-16 1194
6,1-2 850
8,1 403, 492
8,1-11,19 2555
8,2-11,18 1842
9,13 389
10,2-5 527
10,2-11 391
10,6-7 530
11,1-2 902
11,2 392
11,3-13 397

11,7 1468
11,14 663
11,19-14,20 1843
12,1-14,20 2557
12,6 1347
13,1 1105
13,1-8 342
13,2 2597
13,3 336
13,3-4 1732
15,1-16,17 1843
15,1-16,21 2559
16,13-14 350
16,18-19,21 1105, 1519, 1846
17,1 1111, 2575
17,1-18,24 323, 1020
17,3 1113
17,9-10 431, 973
17,10 622, 1082
17,12 1105
17,14 356
17,16 1044
19,1-3 1711
19,1-8 324
19,11 325
19,19 327, 359
19,20 607
19,20-21 1848
20,1-15 548, 1084, 1173
20,1-3 435, 1848
20,1-6 1775
20,1-10 1858
20,2 328
20,2-8 1748
20,4-6 1848
20,6 422, 1743
20,7 1850
20,7-8 545, 552, 1778
20,8 2634, 2635
20,10 1751, 1851
20,11-15 1851
20,11-22,21 1859
21,9 1861, 2576
21,10-11 1863
21,10-21 2323, 2508
21,12-14 1905

APOCRIFI

Atti di Pietro e Paolo

36,23-88,7 399

Bibliografia

Opere di Gioacchino da Fiore

Liber Concordiae Novi ac Veteris Testamenti, per Simonem de Luere, Venetiis 1519; (libri I-IV), a cura di E. Randolph Daniel, in "Transaction of the American Philosophical Society", 73/8, Philadelphia 1983.

Expositio in Apocalypsim, Francisci Bindoni ac Maphei Pasini, Venetiis 1527.

Psalterium decem chordarum, Francisci Bindoni ac Maphei Pasini, Venetiis 1527.

Adversus Iudaeos, a cura di A. Frugoni, Roma 1957.

De articulis fidei, a cura di E. Buonaiuti, Roma 1936.

De septem sigillis, a cura di M. Reeves e B. Hirsch-Reich, in "Recherches de théologie ancienne et médiévale", 21 (1954), pp. 239-247.

De ultimis tribulationibus, in E. Randolph Daniel (a cura di), *Prophecy and Millenarism*, Essex 1980, pp. 175-189.

De vita sancti Benedicti et de officio divino secundum eius doctrinam, a cura di C. Barraut, in "Analecta sacra Tarraconensia", 24 (1951), pp. 10-86.

De Maria Magdalena et Maria sorore Lazari, in P. De Leo (a cura di), *Gioacchino da Fiore. Aspetti inediti della vita e delle opere*, Soveria Mannelli (Cz) 1988.

Dialogi de prescientia Dei et predestinatione electorum, in J. Huck (a cura di), *Joachim von Floris und die joachitische Literatur*, Freiburg i. B. 1938, pp. 278-287; e ora in P. De Leo (a cura di), *Gioacchino da Fiore...*, cit.

Epistola domino Valdonensi e *Epistola universis Christi fidelibus*, a cura di J. Bignami-Ordier, in "Mélanges d'Archéologie et d'Histoire", 54 (1937), pp. 220-227.

Expositio de prophetia ignota Romae reperta, a cura di B. McGinn, in "Cîteaux", 24 (1973), pp. 97-138.
Intelligentia super calathis, in P. De Leo (a cura di), *Gioacchino da Fiore...*, cit., pp. 135-148.
Professio fidei, in P. De Leo (a cura di), *Gioacchino da Fiore...*, cit.
Praefatio super Apocalypsim, in J. Huck (a cura di), *Joachim von Floris und...*, cit., pp. 287-306.
Liber Figurarum, in L. Tondelli, M. Reeves, B. Hirsch-Reich (a cura di), *Il libro delle Figure dell'Abate Gioacchino da Fiore*, Torino 1953², 2 voll.
Enchiridion super Apocalypsim, a cura di E. K. Burger, Toronto 1986.
Tractatus super quattuor Evangelia, a cura di E. Buonaiuti, Roma 1930.

Principali apocrifi

Expositio magni prophete Joachim: in Librum Beati Cirilli De Magnis Tribulationibus, a cura di Lazzaro de Soardi, Venetiis 1516.
Super Hieremiam prophetam, a cura di Bernardino Benagli, Venetiis 1516.
Super Esaiam prophetam, a cura di Lazzaro de Soardi, Venetiis 1517.
Joachimi Abbatis Liber contra Lombardum, a cura di C. Ottaviano, Roma 1934.

Altre fonti

Biblia sacra iuxta vulgatam versionem, a cura di B. Fischer, J. Gribomont, H. F. D. Sparks, W. Thiele, R. Weber, Stuttgart 1983 (1ª ed. 1969).
Novum testamentum graece et latine, a cura di A. Merk, Romae 1964 (1ª ed. 1933).
La Bibbia di Gerusalemme, testo de *La Sacra Bibbia* (Cei 1971), commento *La Bible de Jerusalem*, (1973), Bologna 1985 (1ª ed. 1974).
Sinossi dei quattro Evangeli, di M.-J. Lagrange, Milano 1985.
L'Apocalisse di Giovanni, commento a cura di A. Wikenhauser, Milano 1983.

Apocalisse di Giovanni, traduzione e cura di M. Bontempelli, prefazione A. Tagliapietra, Milano 1992.

Apocrifi dell'Antico Testamento, a cura di P. Sacchi, Torino 1981-1989, 2 voll.

Apocrifi del Nuovo Testamento, a cura di L. Moraldi, Torino 1971, 2 voll.

Gli apocrifi del Nuovo Testamento, a cura di M. Erbetta, Casale Monferrato 1966-1981, 3 voll., vol. I in 2 tomi.

Apocalissi apocrife, a cura di A. M. di Nola, Milano 1978.

IRENEO DI LIONE (140-202), *Adversus Haereses*, livres I-V, in "Sources Chrétiennes", 263-264; 293-294; 210-211; 100; 152-153; a cura di A. Rousseau, L. Doutreleau, Ch. Mercier (IV-V), B. Hemmerdinger (IV), Paris 1965-1982 (tr. it., *Contro le eresie (e gli altri scritti)*, a cura di E. Bellini, Milano 1981).

TICONIO (IV sec.), *Liber de septem regulis*, a cura di F. C. Burkitt, Cambridge 1894.

GIROLAMO (347-420), *Divinae Bibliothecae*, in Migne, *Patrologia*, Series Latina 22-30 e *Supplementum*, a cura di A. Hamman, II, 17/328, Paris 1958 sgg.

AGOSTINO DI TAGASTE (354-430), *De Civitate Dei*, a cura di B. Dombart e A. Kalb, in *Corpus Christianorum*, Series latina 47-48, Turnhout 1955.

– *De Doctrina Christiana*, a cura di G. M. Green, in *Corpus Scriptorum Ecclesiasticorum latinorum*, 80, Wien 1963.

– *De Consensu Evangelistarum*, a cura di F. Weihrich, in *Corpus Scriptorum Ecclesiasticorum latinorum*, 43, Wien 1904.

– *De Trinitate*, a cura di W. J. Mountain e F. Glorie, in *Corpus Christianorum*, Series Latina 50-50A, Tournhout 1968.

– *De diversis quaestionibus 83*, a cura di Zycha, in *Corpus Scriptorum Ecclesiasticorum latinorum*, 41, Wien 1900.

– *De Genesi contra Manichaeos*, a cura di Zycha, in *Corpus Scriptorum Ecclesiasticorum latinorum*, 25, 1-2, Wien 1891-1892.

– *Sermones*, in Migne, *Patrologia*, Series Latina 38.

ADRIANO (V sec.), *Eisagoghé eìs tàs theías graphás*, a cura di F. Gössling, Berlin 1887.

EUCHERIO DI LIONE (V sec.), *Formulae spiritualis intelligentiae*, a cura di C. Wotke, in *Corpus Scriptorum Ecclesiasticorum latinorum*, 31, Wien 1894.

GIUNILIO AFRICANO (VI sec.), *Instituta regularia divinae legis*, in Migne, *Patrologia*, Series Latina 68, Paris 1868, pp. 15-42.

FLAVIO M. AURELIO CASSIODORO (480-570), *Institutiones divinarum et humanarum lectionum*, a cura di R. Mynors, Oxford 1937.

GREGORIO MAGNO (540-604), *Homiliae in Hiezechielem prophetam*, a cura di M. Adriaen, in *Corpus Christianorum*, Series Latina 142, Tournhout 1971.

GIOVANNI SCOTO ERIUGENA (810-877), *De divisione naturae*, in Migne, *Patrologia*, Series Latina 122.

RUPERTO DI DEUTZ († 1130), *Les Oeuvres du Saint-Esprit*, intr. e note di J. Gribomont, a cura di E. de Solms, in "Sources chrétiennes", 131 e 165, Paris 1967-1970, 4 voll.

– *De sancta Trinitate et operibus eius*, in Migne, *Patrologia*, Series Latina 167.

GRAZIANO (XII sec.), *Corpus iuris canonici, Decretum Gratiani*, in Migne, *Patrologia*, Series Latina 187.

PIETRO LOMBARDO (1100-1160), *Libri IV Sententiarum*, Quaracchi, Claras Aquas 1916.

ANSELMO DI HAVELBERG († 1158), *Dialogues*, Livre I, a cura di G. Salet, in "Sources chrétiennes" 118, Paris 1966.

RICCARDO DI SAN VITTORE († 1173), *De Trinitate*, a cura di G. Dumeige, Paris 1955.

GUALTIERO DI SAN VITTORE (XII sec.), *Contra quattuor Labyrinthos Franciae*, a cura di P. Glorieux, in "Archives d'Histoire doctrinale et littéraire du Moyen Age", (1952), pp. 187-335.

RALPH DI COGGESHALL (XIII sec.), *Chronicon Anglicanum*, in *Rerum Britannicarum Medii Aevi Scriptores*, a cura di J. Stevenson, tomo 66, (1875).

RUGGERO DI HOVEDEN (XIII sec.), *Gesta Henrici et Ricardi*, in *Rerum Britannicarum Medii Aevi Scriptores*, a cura di W. Stubbs, tomo 49, II, (1870).

– *Chronica*, in *Rerum Britannicarum Medii Aevi Scriptores*, a cura di W. Stubbs, tomo 51, III, (1870).

LUCA DA COSENZA († 1224), *Virtutum beati Joachim Synopsis*, in F. UGHELLI, *Italia Sacra*, Romae 1662, vol. 9, pp. 279-283.

GUGLIELMO DI SAINT-AMOUR (XIII sec.), *Tractatus brevis de periculis novissimorum temporum*, in *Opera Omnia*, Constantiae 1632.

TOMMASO D'AQUINO (1124-1274), *Opera Omnia*, iussu impensaque Leonis XIII P. M., Romae 1882 sgg.

BONAVENTURA (1221-1274), *Opera Omnia*, Quaracchi, Claras Aquas 1882-1902, 10 voll.
SALIMBENE DE ADAM (XIII sec.), *Chronica*, a cura di G. Scalia, Bari 1966, 2 voll.
PIER GIOVANNI OLIVI (1248-1298), *Lectura super Apocalypsim*, in R. MANSELLI, *La "Lectura super Apocalypsim" di Pietro di Giovanni Olivi. Ricerche sull'escatologismo medioevale*, Roma 1955.
ALIGHIERI DANTE (1265-1321), *Tutte le opere*, a cura di L. Blasucci, Firenze 1981.
GIOVANNI DA RUPESCISSA (XIV sec.), *Commentum in oraculum beati Cyrilli*, in Cod. Lat. 2599, Bibliothèque Nationale de Paris.
GREGORIO DE LAUDE (XVII sec.), *Magni divinique prophetae beati Joannis Joachim abbatis... historica et symbolica explicatio*, Napoli 1660.

Dizionari, lessici e strumenti

Acta Sanctorum, a cura di D. Papebroch, Antverpiae (Anversa) 1688, Mai VII, pp. 89-140.
Sancti Benedicti Regula, Intr., testo, apparati, tr. e commento di G. Penco, Firenze 1958.
Sacrorum conciliorum collectio, a cura di G. D. Mansi, Firenze-Venezia 1759-1798.
Conciliorum oecomenicorum decreta, a cura di C. Leonardi, Freiburg i. B. 1962.
Protocollo di Anagni, in H. DENIFLE, *Das Evangelium aeternum und die Commission zu Anagni*, in "Archiv für Literatur- und Kirchengeschichte des Mittelalters", I, (1885), pp. 49-142.
AA.VV., *Dictionnaire de spiritualité, ascétique et mystique, doctrine et histoire*, Paris 1937 sgg.
ALIQUÒ LENZI F. - ALIQUÒ TAVERRITI, F. (1955), *Gli scrittori calabresi*, Reggio Calabria, 4 voll.
ALTANER, B. (1931), *Patrologie*, Freiburg-Basel-Wien (1958[5]) (tr. it. *Patrologia*, Casale Monferrato 1977).
BALUZE, S. - MANSI, G. D. (1761), *Miscellanea Sacra*, Romae.
BLAISE, A. (1954), *Dictionnaire Latin-Français des auteurs chrétiens*, Tournhout.
CALONGHI, F. (1957[3]), *Dizionario della lingua latina*, Torino.

Castiglioni, L. - Mariotti, S. (1966), *Vocabolario della lingua latina*, Torino.

Ceillier, R. (1865-1869), *Histoire générale des auteurs sacrés et ecclésiastiques*, Paris, 17 voll.

Courcelle, P. (1943), *Les lettres grecques en Occident. De Macrobe à Cassiodore*, Paris.

Cremaschi, G. (1959), *Guida allo studio del latino medievale*, Padova.

du Cange, C., *Glossarium mediae et infimae latinitatis*, Paris 1678, 3 voll.; edizione riveduta, Niort 1883-1887, 10 voll.

Ebert, A. (1883-1889), *Histoire générale de la littérature du moyen âge en Occident*, (tr. francese), Paris.

Ehrle, F. (1890), *Historia Bibliothecae Romanorum Pontificum tum Bonifatianae tum Avenionensis*, Romae.

Enciclopedia cattolica (1953), Città del Vaticano, 12 voll.

Forcellini - De Vit (1942), *Lexicon totius latinitatis*, ristampa, Padova.

de Ghellinck, J. (1939), *Littérature latine au moyen âge*, Paris, 2 voll.

Gratien, P. (1928), *Histoire de la fondation et de l'évolution de l'ordre des Frères Mineurs au* XIII *siècle*, Paris.

de Labriolle, P. (1947[3]), *Histoire de la littérature chrétienne*, Paris.

Lampe, G. W. H. (1961), *A Patristic Greek Lexicon*, Oxford.

Lea, H. Ch. (1900), *A History of the Inquisition in the Middle Ages*, London, 3 voll. (tr. it. *Storia dell'Inquisizione. Origine e organizzazione*, Milano 1974).

Manitius, M. (1911-1931), *Geschichte der Lateinischen Literatur des Mittelalters*, München, 3 voll.

Martin, V. - Fliche, A. (a cura di), (1938 sgg.), *Histoire de l'Église*, Paris.

Niermeyer, J. F. (1954 sgg.), *Mediae Latinitatis Lexicon Minus*, Leiden.

Norberg, D. (1968), *Manuel pratique de latin médiéval*, Paris (tr. it. *Manuale di latino medievale*, Firenze 1974).

Pirot, F. - Robert, A. - Cazelle, H. (1928 sgg.), *Dictionnaire de la Bible, supplément*, Paris.

Sleumer, A. (1926), *Kirchenlateinisches Wörterbuch*, Limbourg.

Souter, A. (1949), *A Glossary of Later Latin to 600 A. D.*, Oxford.

Vacant, A. - Mangenot, E. - Amann, E. (1909-1950), *Dictionnaire de théologie catholique*, Paris.
Vigouroux, F. (1895-1912), *Dictionnaire de la Bible*, Paris.
Zumthor, P. (1957), *Histoire de la littérature latine du moyen âge*, Paris.

Bibliografia critica

Aegerter, E. (1928), *L'Évangile éternel*, Paris, 2 voll.
Anitchkof, E. (1931), *Joachim de Flore et les milieux courtois*, Roma.
Baget Bozzo, G. (1974), *Modello trinitario e modello cristologico nella teologia della storia di Gioacchino da Fiore e Tommaso d'Aquino*, in "Renovatio", 9, pp. 39-50.
Baraut, C. (1951), vedi introduzione e commento al *De vita sancti Benedicti*, cit.
Benjamin, W. (1955), *Schriften*, Frankfurt a. M. (tr. it. *Angelus Novus. Saggi e frammenti*, Torino 1981, 1ª ed. 1962).
Benz, E. (1931), *Joachim-Studien I. Die Kategorien der religiösen Geschichtsdeutung Joachims*, in "Zeitschrift für Kirchengeschichte", 50, pp. 24-111.
– (1932), *Joachim-Studien II. Die Exzerptsätze der Pariser Professoren aus dem Evangelium Aeternum*, in "Zeitschrift für Kirchengeschichte", 51, pp. 415-455.
– (1934a), *Joachim-Studien III. Thomas von Aquin und Joachim von Fiore. Die katholische Antwort auf die spiritualistische Kirchen - und Geschichtsanschauung*, in "Zeitschrift für Kirchengeschichte", 53, pp. 52-116.
– (1934b), *Ecclesia Spiritualis. Kirchenidee und Geschichtstheologie der Franziskanischen Reformation*, Stuttgart.
– (1956), *Creator Spiritus: Die Geistlehre des Joachim de Fiore*, in "Eranos-Jahrbuch", 25, pp. 285-355.
Bignami-Odier, J. (1937), *Notes sur deux Manuscrits de la Bibliothèque du Vatican contenants des traités inédits de Joachim de Fiore*, in "Mélanges d'Archéologie et d'Histoire", 54, pp. 211-254.
Black, M. (1977), *More about Metaphor*, in *Metaphor and Thought*, a cura di A. Ortony, New York-London 1979, pp. 19-43 (tr. it. *Modelli Archetipi Metafore*, Parma 1983, pp. 97-135).

Bloch, E. (1959), *Das Prinzip Hoffnung*, Frankfurt a. M., 3 voll.
– (1968), *Atheismus im Christentum. Zur Religion des Exodus und des Reichs*, in "Gesamtausgabe", 14, Frankfurt a. M. (tr. it. *Ateismo nel cristianesimo. Per la religione dell'Esodo e del Regno*, Milano 1971).
– (1977), *Experimentum mundi. Frage, Kategorien des Herausbringens, Praxis*, in "Gesamtausgabe" 15, Frankfurt a. M. (tr. it. *Experimentum mundi. La domanda centrale, le categorie del portar fuori, la prassi*, Brescia 1980).
Bloomfield, M. W. (1957), *Joachim of Flora. A Critical Survey of his Canon, Teachings, Sources, Biography and Influence*, in "Traditio", 13, pp. 249-311.
Bondatti, G. (1924), *Gioachinismo e Francescanesimo nel Dugento*, Assisi.
Bori, P. C. (1987), *L'interpretazione infinita. L'ermeneutica cristiana antica e le sue trasformazioni*, Bologna.
Buonaiuti E. (1930a), vedi *Introduzione* al *Tractatus super quattuor Evangelia*, Roma.
– (1930b), *Gioacchino da Fiore, San Bonaventura, San Tommaso*, in "Ricerche religiose", 6.
– (1931a), *Gioacchino da Fiore. I tempi, la vita, il messaggio*, Roma (Cosenza 1984).
– (1931b), *Gioacchino da Fiore*, in "Rivista Storica Italiana", 68, pp. 305-323.
– (1936), *Dante come profeta*, Modena.
– (1952), *La prima rinascita: Gioacchino da Fiore, Francesco d'Assisi, Dante*, Milano.
– (1966), *Die exkommunizierte Kirche*, antologia di testi tradotti e introdotti da E. Benz, Zürich.
Burger, E. K. (1986), vedi *Introduzione* all'*Enchiridion super Apocalypsim*, Toronto.
Cassirer, E. (1924), *Philosophie der symbolischen Formen, II: Das mythische Denken*, Berlin (tr. it. *Filosofia delle forme simboliche, II: Il pensiero mitico*, Firenze 1964).
Chenu, M. D. (1957), *La Théologie au douzième siècle*, Paris (tr. it. *La teologia nel Medioevo. La teologia nel secolo XII*, Milano 1972).
– (1958), *Histoire et allégorie au douzième siècle*, in *Glaube und Geschichte*, Festgabe Joseph Lortz, tomo II, Baden-Baden.
– (1964), *La Parole de Dieu*, Paris, 2 voll.

– (1983), *Prefazione* a H. Mottu, *La manifestazione dello Spirito secondo Gioacchino da Fiore*, Casale Monferrato, pp. 5-6.

CONGAR, Y. M. J. (1958), *Le sens de l'"économie salutaire" dans la "théologie" de saint Thomas d'Aquin (Somme théologique)*, in *Glaube und Geschichte*, cit., pp. 73-122.

CONZELMANN, H. (1962), *Die Mitte der Zeit*, Tübingen.

CROCCO, A. (1954), *L'"Età dello Spirito Santo" in Gioacchino da Fiore*, in "Humanitas", 8, pp. 728-742.

– (1955), *La formazione dottrinale di Gioacchino da Fiore e le fonti della sua teologia trinitaria*, in "Sophia", 23, pp. 192-196.

– (1957), *La teologia trinitaria di Gioacchino da Fiore*, in "Sophia", 25, pp. 218-232.

– (1960), *Gioacchino da Fiore. La più singolare e affascinante figura del Medioevo cristiano*, Napoli.

– (1966), *Simbologia gioachimita e simbologia dantesca. Nuove prospettive d'interpretazione della Divina Commedia*, Napoli.

– (1976), *Gioacchino da Fiore e il Gioachimismo*, Napoli.

CROCE, B. (1934), *L'abate Gioacchino ed Hegel*, in "La Critica", a. XXXII, p. 232.

DANIEL, E. R. (1969), *Apocalyptic Conversion: The Joachite Alternative to the Crusades*, in "Traditio", 25, pp. 127-154.

– (1980), *The Double Procession of the Holy Spirit in Joachim of Flore's Understanding of History*, in "Speculum", 55, pp. 469-483.

– (1982), *St. Bonaventure's Debt to Joachim*, in "Medievalia et Humanistica", 11.

DANIELOU, J. (1985), *L'Église des premiers temps. Des origines à la fin du IIIe Siècle*, Paris (I ed. in AA.VV., *Nouvelle Histoire de l'Église*, vol. I, 1963).

DEMPF, A. (1929), *Sacrum Imperium. Geschichte und Staatsphilosophie des Mittelalters und der Renaissance*, München-Berlin (tr. it. *Sacrum Imperium*, Messina 1933).

DEMUS, O. (1984), *The Mosaics of S. Marco in Venice*, Chicago-London.

DENIFLE, H. (1885), *Das Evangelium aeternum und die Commission zu Anagni*, in "Archiv für Literatur- und Kirchengeschichte des Mittelalters", I, pp. 49-142.

DILTHEY, W. (1910), *Der Aufbau der geschichtlichen Welt in den Geisteswissenschaften*, in *Gesammelte Schriften*, vol. VII, Göttingen-Stuttgart 1973 (tr. it. *Critica della ragione storica*, Torino 1954).

DONINI, A. (1930), *Appunti per una storia del pensiero di Dante in rapporto al movimento gioachimita*, in "Annual Report of the Dante Society", Cambridge (Mass.), pp. 48-69.

DUSSEL, E. (1977), *Filosofía de la liberación*, México (tr. it. *Filosofia della liberazione*, Brescia 1992).

ERBSTÖSSER, M.-WERNER, E. (1960), *Ideologische Probleme des Mittelalterlichen Plebejertums; Die freigerstige Häresie und ihre sozialen Wurzeln*, Berlin.

ERMINI, F. (1903), *Il "Dies irae" e l'innologia ascetica nel secolo XIII*, Roma.

FINK, K. A. (1949), *Joachim von Fiore und die Krise des mittelalterlichen Geschichtsdenkens*, in AA.VV., *Grosse Geschichtsdenkers*, Tübingen-Stuttgart, pp. 97-110.

FOBERTI, F. (1934), *Gioacchino da Fiore. Nuovi studi critici sulla mistica e la religiosità in Calabria*, Firenze.

— (1942), *Gioacchino da Fiore e il Gioacchinismo antico e moderno*, Padova.

FOURNIER, P. (1909), *Études sur Joachim de Flore et ses doctrines*, Paris.

DE FRAJA, V. (1988), *Gioacchino da Fiore: Bibliografia 1958-1988*, in "Florensia", 2, pp. 7-59.

FRANCESCHINI, E. (1935), *Il Codice Padovano Antoniano XIV, 322, e il testo del "Tractatus super quattuor Evangelia" di Gioacchino da Fiore*, in "Aevum", 9, pp. 481-492.

FRIDERICH, K. (1859), *Kritische Untersuchungen der dem Abt von Floris zugeschriebenen Kommentare zu Jesayas und Jeremias*, in "Zeitschrift für Wissenschaftliche Theologie", II.

FRUGONI, A. (1957), vedi *Introduzione* all'*Adversus Iudaeos*, Roma.

FRYE, N. (1981), *The Great Code. The Bible and Literature*, Toronto (tr. it. *Il grande codice. La Bibbia e la letteratura*, Torino 1986).

GADAMER, H. G. (1960), *Wahrheit und Methode*, Tübingen (tr. it., *Verità e Metodo*, Milano 1986).

GELINAS, Y. (1974), *La critique de Thomas d'Aquin sur l'exégèse de Joachim de Flore*, in *Tommaso d'Aquino nel suo settimo centenario*, Atti del Congresso internazionale, I, Roma-Napoli, pp. 368-375.

de Ghellink, J. (1948), *Le mouvement théologique du xii siècle,* Bruges-Bruxelles-Paris.
Gilson, E. (1922), *La philosophie au Moyen Age,* Paris (ii[a] ed. Paris 1944) (tr. it. *La filosofia nel Medioevo,* Firenze 1973).
– (1932), *L'esprit de la philosophie médiévale,* Paris (tr. it. *Lo spirito della filosofia medioevale,* Brescia 1983).
Gonnet, G. (1987), *Y-a-t-il une "Question joachimite"? À propos des dernières recherches sur Joachim de Fiore et les joachimites,* in "Heresis", 8, pp. 15-27.
Gregory, T. (1961), *Escatologia e artistotelismo nella Scolastica medievale,* in "Giornale critico della filosofia italiana", 10, pp. 163-174.
Grundmann, H. (1927), *Studien über Joachim von Fiore,* Leipzig-Berlin (ii ed., Stuttgart 1975) (tr. it. *Studi su Gioacchino da Fiore,* Genova 1989); nella traduzione italiana sono state omesse le appendici *Die Venediger Drucke* (pp. 193-198) e *Die Typologie in der Kunst* (pp. 199-207), che qui indichiamo come (1927t), dove "t" sta per edizione tedesca.
– (1929), *Kleine Beiträge über Joachim von Fiore,* in "Zeitschrift für Kirchengeschichte", 48, pp. 137-165.
– (1931), Resoconto dell'edizione del *Tractatus* di Buonaiuti, in "Zeitschrift für Kirchengeschichte", 50, pp. 487-490.
– (1932), *Dante und Joachim von Fiore,* in "Deutsches Dante-Jahrbuch", 14, pp. 210-256.
– (1935), *Religiöse Bewegungen im Mittelalter,* Berlin (tr. it. *Movimenti religiosi nel Medioevo,* Bologna 1974).
– (1950), *Neue Forschungen über Joachim von Fiore,* Marburg.
– (1960), *Zur Biographie Joachims von Fiore und Rainers von Ponza,* in "Deutsches Archiv für Erforschung des Mittelalters", 16, pp. 437-546.
– (1963), *Kirchenfreiheit und Kaisermacht im Jahre 1190 in der Sicht Joachims von Fiore,* in "Deutsches Archiv für Erforschung des Mittelalters", 19, pp. 353-396.
– (1969), *Lex und Sacramentum bei Joachim von Fiore,* in "Miscellanea Mediaevalia", 6, pp. 31-48 (ed. P. Wilpert, *Lex et Sacramentum im Mittelalter,* Berlin 1969).
– (1977), *Ausgewählte Aufsätze,* Stuttgart, 3 voll.
Heer, F. (1961), *Mittelalter,* Zürich (tr. it. *Il Medioevo (1100-1350),* Milano 1962).

HEIDEGGER, M. (1927), *Sein und Zeit,* Tübingen (tr. it. *Essere e tempo,* Torino 1970).
HENRICH, D. (1979), *Die Trinität Gottes und der Begriff der Person,* in *Identität,* (Poetik und Hermeneutik VIII), hrsg. von O. Marquard und K.-H. Stierle, München, pp. 612-620.
HIRSCH-REICH, B. (1954), *Die Quelle der Trinitätskreise von Joachim von Fiore und Dante,* in "Sophia", 22, pp. 170-178.
– (1957), *Eine Bibliographie über Joachim von Fiore und dessen Nachwirkung,* in "Recherches de théologie ancienne et médiévale", 24, pp. 27-44.
– (1959), *Eine neue "oeuvre de synthèse" über Joachim von Fiore (M. W. Bloomfield, Joachim of Flora),* in "Recherches de théologie ancienne et médiévale", 26, pp. 128-137.
– (1966a), *Joachim von Fiore und das Judentum,* in "Miscellanea Mediaevalia", 4, pp. 228-263 (ed. P. Wilpert, *Judentum im Mittelalter,* Berlin 1966).
– (1966b), *The Symbolism of Musical Instruments in the "Psalterium X Chordarum" of Joachim of Fiore and its Patristic Sources,* in "Studia Patristica", 9, pp. 540-551.
HUCK, J. C. (1903), *Ubertin von Casale und dessen Ideenkreis. Ein Beitrag zum Zeitalter Dantes,* Freiburg i. B.
– (1938), *Joachim von Floris und die joachitische Literatur,* Freiburg i. B.
JOYCE, J. (1916), *Portrait of the Artist as a Young Man* (tr. it. di C. Pavese, *Dedalus. Ritratto dell'artista da giovane,* Milano 1976).
– (1922), *Ulysses,* London (tr. it. *Ulisse,* Milano 1988).
JUNG, C. G. (1942), *Versuch zu einer psychologischen Deutung des Trinitätsdogmas* (tr. it. *Saggio d'interpretazione psicologica del dogma della Trinità,* in *Opere di C. G. Jung,* vol. XI; inoltre in *La simbolica dello spirito,* Torino 1975, pp. 193-275).
KAMLAH, W. (1935), *Apokalypse und Geschichtstheologie. Die mittelalterliche Auslegung der Apokalypse von Joachim von Fiore,* Berlin.
LEE, H. (1980), *The Anti-Lombard Figures of Joachim of Fiore: A Reinterpretation,* in *Prophecy and Millenarianism: Essays in Honour of Marjorie Reeves,* a cura di W. Ann, Essex, pp. 129-142.
DE LEO, P. (1988), *Gioacchino da Fiore. Aspetti inediti della vita e delle opere,* Soveria Mannelli (Cz).

LEONARDI, C. (1972), *L'esegesi biblica medievale come problema storico*, in B. Smalley, *Lo studio della Bibbia nel Medioevo*, Bologna, pp. VII-XXVI.
– (1992), *Gioacchino da Fiore*, in *Il Cristo: testi teologici e spirituali da Riccardo di San Vittore a Caterina da Siena*, vol. V, Milano, pp. 77-99.
LERNER, R. E. (1976), *Refreshment of the Saints: the Time after Antichrist as a Station for Earthly Progress in Medieval Thought*, in "Traditio", 32, pp. 97-144.
– (1983), *The Powers of Prophecy: The Cedar of Lebanon Vision from the Mongol Onslaught to the Down of the Enlightenment*, Berkeley.
– (1985a), *Joachim of Fiore's Breakthrough to Chiliasm*, in "Cristianesimo nella storia", 6, pp. 489-512.
– (1985b), *Antichrists and Antichrist in Joachim of Fiore*, in "Speculum", 60, pp. 553-570.
LÖWITH, K. (1949), *The Meaning of History*, Chicago (*Weltgeschichte und Heilsgeschehen. Die theologischen Vorausetzungen der Geschichtsphilosophie*, Stuttgart 1953) (tr. it. *Significato e fine della storia. I presupposti teologici della filosofia della storia*, Milano 1979).
DE LUBAC, H. (1959-1964), *Exégèse médiévale. Les quatre sens de l'Écriture*, Paris, 4 voll.
– (1979-1981), *La postérité spirituelle de Joachim de Flore*, Paris, 2 voll. (tr. it. *La posterità spirituale di Gioacchino da Fiore. I. Dagli Spirituali a Schelling*, Milano 1981, *II. Da Saint-Simon ai giorni nostri*, Milano 1983).
LUNEAU, A. (1964), *L'histoire du salut chez les Pères de l'Église. La doctrine des âges du monde*, Paris.
MAIER, A. (1964), *Zu einigen Handschriften der Biblioteca Alessandrina in Rom und ihrer Geschichte*, in "Rivista di Storia della Chiesa in Italia", 18, pp. 1-12.
MANSELLI, R. (1955), *La "Lectura super Apocalypsim" di Pietro di Giovanni Olivi. Ricerche sull'escatologismo medievale*, Roma.
– (1962), *L'attesa dell'età nuova e il Gioachimismo*, in *L'attesa dell'età nuova nella spiritualità della fine del Medioevo*, Todi, pp. 147-170.
– (1965), *Dante e l'"Ecclesia Spiritualis"*, in AA.VV., *Dante e Roma*, Firenze.
MARROU, H.-I. (1968), *Théologie de l'histoire*, Paris (tr. it. *Teologia della storia*, Milano 1979).

(1985), *L'Église de l'Antiquité tardive (303-604)*, Paris (I[a] ed. in AA.VV., *Nouvelle Histoire de l'Église*, vol. I, 1963).

McGinn, B. (1971), *The Abbot and the Doctors: Scholastic Reactions to the Radical Eschatology of Joachim of Fiore*, in "Church History", 40, pp. 30-47.

– (1975), *Apocalypticism in the Middle Ages: an Historiographical Sketch*, in "Mediaeval Studies", 37, pp. 252-286.

– (1979), *Vision of the End: Apocalyptic Traditions in the Middle Ages*, New York.

– (1982), *Awaiting and End. Research in Medieval Apocalypticism 1974-1981*, in "Medievalia et Humanistica", 11, pp. 263-289.

– (1985), *The Calabrian Abbot. Joachim of Fiore in the History of Western Thought*, New York (tr. it. *L'abate calabrese. Gioacchino da Fiore nella storia del pensiero occidentale*, Genova 1990).

– (1986), *Circoli gioachimiti veneziani (1450-1530)*, in "Cristianesimo nella storia", 7, pp. 19-39.

Moore, G. (1908), *Notes on the Divine Name JHVH*, in "American Journal of Theology", 12, pp. 47-52.

Morghen, R. (1958), *Medioevo cristiano*, Bari.

– (1983), *Dante profeta. Tra storia ed eterno*, Milano (II ed. 1989).

Mottu, H. (1977), *La manifestation de l'Esprit selon Joachim de Fiore*, Neuchâtel-Paris (tr. it. *La manifestazione dello Spirito secondo Gioacchino da Fiore*, Casale Monferrato 1983).

– (1980), *Joachim de Fiore et Hegel. Apocalyptique biblique et philosophie de l'histoire*, in AA.VV., *Storia e messaggio in Gioacchino da Fiore*, Atti del I Congresso internazionale di studi gioachimiti (19-23 settembre 1979), Napoli, pp. 151-175 (tr. it. in *ibid.*, pp. 175-194).

di Napoli, G. (1979a), *Gioacchino da Fiore e Pietro Lombardo*, in "Rivista di Filosofia Neo-scolastica", 71, pp. 635-685.

– (1979b), *La teologia trinitaria di Gioacchino da Fiore*, in "Divinitas", 23, pp. 281-312.

Ottaviano, C. (1931), *Il "Tractatus super quattuor Evangelia" di Gioacchino da Fiore*, in "Archivio di Filosofia", 1, pp. 73-82.

Papebroch, D., vedi *Acta Sanctorum*.

PAPINI, G. (1933), *Dante vivo*, Firenze.

PASZTOR, E. (1984), *Gioacchino da Fiore, San Bernardo e il monachesimo cistercense*, in "Clio", 20, pp. 547-561.

PIROMALLI, A. (1966), *Gioacchino da Fiore e Dante*, Ravenna.

POTESTÀ, G. L. (1983), *Apocalittica e dialettica*, nota introduttiva a H. Mottu, *La manifestazione dello Spirito secondo Gioacchino da Fiore*, Casale Monferrato, pp. IX-XVII.

— (1988), *Tempo ed escatologia nel Medioevo*, in "Cristianesimo nella Storia", 9, pp. 281-299.

— (1989), *Prefazione* a H. Grundmann, *Studi su Gioacchino da Fiore*, Genova, pp. VII-XVIII.

REEVES, M. (1950), *The Liber Figurarum of Joachim of Fiore*, in "Mediaeval and Renaissance Studies", 11, pp. 57-81.

— (1956), *The Arbores of Joachim of Fiore*, in "Papers of the British School at Rome", 24, pp. 124-136.

— (1969), *The Influence of Prophecy in the Later Middle Ages: a Study in Joachimism*, Oxford.

— (1974), *History and Prophecy in Medieval Thought*, in "Medievalia et Humanistica", 5, Denton (Texas), pp. 51-75.

— (1976), *Joachim of Fiore and the Prophetic Future*, London.

— (1977), *The Abbot Joachim's Sense of History*, in AA.VV., *1274. Année charnière, Mutations et Continuités*, Paris pp. 781-796.

— (1980), *The Originality and Influence of Joachim of Fiore*, in "Traditio", 36, pp. 269-316.

REEVES, M.—FLEMING, J. V. (1978), *Two Poems Attributed to Joachim of Fiore*, Princeton.

REEVES, M.—GOULD, W. (1986), *Joachim of Fiore and the Myth of the Eternal Evangel in the Nineteenth Century*, Oxford.

REEVES, M.—HIRSCH-REICH, B. (1972), *The Figurae of Joachim of Fiore*, Oxford.

RENAN, E. (1894), *Joachim de Flore et l'Évangile Éternel*, in "Nouvelles études d'histoire religieuse", (1ª ed. 1886, in "Revue des deux Mondes").

RICOEUR, P. (1975), *La métaphore vive*, Paris (tr. it. *La metafora viva*, Milano 1981).

— (1983), *Temps et récit* I, Paris (tr. it. *Tempo e racconto*, Milano 1986, 1991[2]).

ROTONDI, G. (1937), *Gioacchino da Fiore era "homo agricola"?*, in "Rendiconti del R. Istituto Lombardo di Scienze ed Arti", 70, pp. 211-214.

RUSSO, E. (1983), *Psalterium decem chordarum*, (traduzione), Chiaravalle Centrale (Cz).

RUSSO, F. (1954), *Bibliografia gioachimita*, Firenze.

— (1957), *Studi gioachimiti*, in *Scritti storici calabresi*, Napoli, pp. 109-214.

— (1958), *Gioacchino da Fiore e le fondazioni florensi in Calabria*, Napoli.

— (1968), *Rassegna bibliografica gioachimita (1958-1967)*, in "Cîteaux", 19, pp. 206-214.

SCHMIDT, R. (1955-1956), *Aetates mundi. Die Weltalter als Gliederungsprinzip der Geschichte*, in "Zeitschrift für Kirchengeschichte", 67.

SELGE, K. V. (1989), *Postfazione* a H. Grundmann, *Studi su Gioacchino da Fiore*, Genova, pp. 205-210.

SMALLEY, B. (1952), *The Study of the Bible in the Middle Ages*, Oxford (tr. it. *Lo studio della Bibbia nel Medioevo*, Bologna 1972).

SPICQ, C. (1944), *Esquisse d'une histoire de l'exégèse latine au Moyen Age*, Paris.

TARDIEU, M. (1981), *Le Manichéisme*, Paris.

TOCCO, F. (1884), *L'eresia nel Medioevo*, Firenze.

— (1909), *Studi Francescani*, Napoli.

TÖPFER, B. (1960), *Eine Handschrift des Evangelium aeternum des Gerardino von Borgo San Donnino*, in "Zeitschrift für Geschichtswissenschaft", 8, pp. 156-163.

— (1964), *Das kommende Reich des Friedens. Zur Entwicklung chiliastischer Zukunftshoffnungen im Hochmittelalter*, Berlin (tr. it. *Il regno futuro della libertà. Lo sviluppo delle speranze millenaristiche nel medioevo centrale*, Genova 1992).

TONDELLI, L. (1942), *Gli inediti dell'Abate Gioacchino da Fiore*, in "Archivio Storico per la Calabria e la Lucania", 12, pp. 1-12.

— (1943), *Gioacchino da Fiore e il Concilio Laterano* IV, in "La Scuola Cattolica", 71.

— (1944), *Da Gioacchino a Dante. Nuovi studi*, Torino.

— (1953²), *Il Libro delle Figure dell'Abate Gioacchino da Fiore*, I. *Introduzione e Commento*, Torino.

VAUCHEZ, A. (1975), *La spiritualité du Moyen Age occidental*, Paris (tr. it. *La spiritualità dell'occidente medioevale*, Milano 1978).

WENDELBORN, G. (1974a), *Die Hermeneutik des kalabresischen Abtes Joachim von Fiore*, in "Communio Viatorum", 17, pp. 63-91.
– (1974b), *Gott und Geschichte. Joachim von Fiore und die Hoffnung der Christenheit*, Wien-Köln.
WESSLEY, S. (1980), *"Bonum est Benedicto mutare locum": The Role of the "Life of Benedict" in Joachim of Fiore's Monastic Reform*, in "Revue Bénédictine", 90, pp. 314-328.
WEST, D. C. (a cura di) (1975), *Joachim of Fiore in Christian Thought: Essays on the Influence of the Calabrian Abbot*, New York, 2 voll.
WEST, D. C.–ZIMDARS-SWARTZ, S. (1983), *Joachim of Fiore: A Study in Spiritual Perception and History*, Bloomington.
WIEDMANN, F. (1988), *Anstössige Denker. Die Wirklichkeit als Natur und Geschichte in der Sicht von Aussenseitern*, Würzburg (tr. it. *Pensatori d'urto. Punti di vista controcorrente sulla realtà come natura e storia*, S. Domenico di Fiesole 1990).
YEATS, W. B. (1959), *The Tables of the Law* (1897), in *Mythologies*, London, pp. 293-307 (tr. it. in *Rosa Alchemica*, a cura di R. Oliva, Torino 1976, pp. 29-45).
– (1928), *The Tower*, London (tr. it. *La Torre*, Milano 1984).
YERUSHALMI, Y. H. (1982), *Zakhor*, Seattle-London (tr. it. *Zakhor. Storia ebraica e memoria ebraica*, Parma 1983).

Indice

11 IL "PRISMA" GIOACHIMITA
Introduzione all'opera
di Gioacchino da Fiore
di *Andrea Tagliapietra*

13 *Il pensiero*
18 1. Gioacchino esegeta: la teoria ermeneutica
31 2. Gioacchino teologo: la dottrina trinitaria
40 3. Gioacchino filosofo: l'interpretazione della storia

51 *Vita e cronologia*

73 *Gli scritti*
76 1. Opere principali
90 2. Opere minori
97 3. Opere perdute, dubbie e apocrife

107 *Introduzione al testo dell'*Enchiridion

123 *Nota filologica*

127 ENCHIRIDION SUPER APOCALYPSIM
SULL'APOCALISSE

327 Apparati

329 *Commentario*
377 *Indice dei nomi e dei luoghi*
381 *Indice degli argomenti e dei temi gioachimiti*
389 *Indice dei passi della Sacra Scrittura*
395 *Bibliografia*

Stampa Grafica Sipiel
Milano, ottobre 2008